Jean-Pierre Pernaut

L'Almanach 2013 des RÉGIONS

Michel LAFON

Préface

« France ! ô belle contrée, ô terre généreuse
Que les dieux complaisants
formaient pour être heureuse […]. »
André de Chénier, « À la France »

Passionnés d'histoire, amoureux de la nature, gourmands invétérés, férus d'art, voyageurs émerveillés, ou tout simplement curieux, ce troisième opus de *L'Almanach des régions* est pour vous. Page à page, les régions françaises comme les départements d'outre-mer dévoilent leurs secrets à travers neuf rubriques.

Grâce à la rubrique du 13 heures, vous découvrirez ou redécouvrirez des lieux remarquables, en image, mais aussi grâce à une description approfondie mêlant souvent la petite histoire à la grande. Chaque jour, également, vous salivorez en découvrant une spécialité régionale. Mais rassurez-vous, la rubrique « À table » vous propose autant de recettes à confectionner pour satisfaire votre appétit ! Et en attendant que cuisent ou refroidissent votre plat fleurant bon les produits du terroir, pourquoi ne pas découvrir l'une des deux nouvelles rubriques de cet almanach, « Il était une fois en… » ? Chaque jour, en effet, un encart illustré vous rappelle un fait notable qui a eu lieu à cette même date, en d'autres temps, proches ou reculés. Et pour le dessert, n'hésitez pas à savourer une « Devinette » ou un « Record », afin de parfaire votre culture et de satisfaire votre curiosité ! Afin de digérer, rien de mieux qu'une belle balade : n'oubliez pas alors de consulter votre almanach afin de tout savoir sur les espèces animales et végétales que vous aurez admirées, et selon les plantes cueillies à l'occasion, peut-être trouverez-vous comment les utiliser en vous plongeant dans la rubrique « Savoirs d'antan » ?

Enfin, chaque week-end, prenez le temps de lire, de vous reposer, ou, pourquoi pas de voyager. Les samedis et dimanches, *L'Almanach des régions* vous permet de faire les trois à la fois, en vous faisant découvrir un lieu propice à la promenade, réelle ou imaginaire : un village, une île, une ville… À l'occasion d'un événement culturel, parce que le temps en cette saison y est clément, pour y apprécier une gastronomie de saison ou pour son patrimoine immuable, « Suivez le guide » et profitez de l'atmosphère particulière d'un petit bout de France !

Jean-Pierre Pernaut

mardi 1er janvier

lever : 8 h 44
coucher : 17 h 04

Jour de l'An

Devinette

Quel fromage originaire de Savoie est aussi appelé le « prince des gruyères » ?

Le beaufort. Ce fromage au lait de vache, à pâte pressée cuite, a été surnommé ainsi par le célèbre gastronome Jean Anthelme Brillat-Savarin, au xixe siècle.

Faune & flore

L'âne du Cotentin

Basse-Normandie

Robuste, doux et travailleur, cet âne au pelage principalement gris est typique de la Manche et de ses environs. Il a longtemps été utilisé pour transporter le lait, les récoltes, et fait aujourd'hui un excellent compagnon de randonnée, pour le plaisir des petits… comme des plus grands !

La rubrique du 13 h

LA PORTE DES ALLEMANDS

Lorraine

La porte des Allemands est un des plus anciens monuments de Metz. Appartenant à un ensemble de remparts aujourd'hui détruits, ce vestige médiéval atteste de l'importante histoire militaire de la ville. La porte est en réalité un ensemble de ponts qui enjambent la Seille – l'un des ponts était d'ailleurs muni de herses pouvant barrer la rivière. Après avoir joué un rôle défensif, la porte des Allemands est devenue un musée ; elle est aujourd'hui fermée au public. Depuis la porte, une promenade le long de la Seille, puis de la Moselle mène au centre historique et commerçant de Metz.

À table !

Les échaudés

Midi-Pyrénées

Appelé aussi « le petit jeannot », l'échaudé est un biscuit triangulaire parfumé à l'anis, non sucré et très sec. La pâte se compose de farine, d'eau, de sel et de grains d'anis. Lors de sa fabrication, il est échaudé (poché à l'eau bouillante) et sorti de l'eau dès qu'il remonte en surface. La cuisson est achevée à four très chaud. Facile à transporter, il se déguste à tout moment de la journée. Mais c'est trempé dans du vin parfumé à la cannelle qu'il était autrefois consommé.

Il était une fois en 2000

Les « givrés » de Dunkerque

Nord-Pas-de-Calais

Afin de marquer joyeusement le changement de millénaire, quatre-vingts nageurs courageux se jettent à l'eau le 1er janvier 2000, au départ de la plage de Dunkerque-Malo. La température de la mer du Nord avoisinant les 5 °C ce jour-là, ils sont logiquement surnommés les « givrés ». Leurs tenues extravagantes et colorées ne sont pas sans rappeler celles du carnaval, autre grand événement de la ville. Depuis ce premier bain, le rang des courageux ne cesse de croître un peu plus chaque année, attirant par la même occasion une foule de spectateurs bien moins téméraires. Tous les participants sont ensuite invités à se réchauffer autour d'une traditionnelle soupe à l'oignon.

mercredi 2 janvier

lever : 8h44
coucher : 17h05

St Basile

À table !

Nouzillards au lait

Pays de la Loire

Pour 4 personnes

Prendre 750 g de nouzillards (châtaignes angevines). Faire une incision circulaire autour de chacune et les jeter dans une grande casserole d'eau bouillante. Couvrir et laisser bouillir 5 min. Retirer du feu. Avec l'écumoire, prendre les nouzillards 1 à 1 pour les éplucher. Dans une 1re casserole, couvrir les nouzillards pelés d'eau bouillante et laisser cuire 45 min. Quelques minutes avant la fin de la cuisson, porter à ébullition, dans une 2de casserole, 1 l de lait. Égoutter les nouzillards, les disposer dans des assiettes creuses et verser le lait bouillant, saler et poivrer.

La rubrique du 13 h

LE FORT D'AUTHEVERNES

Haute-Normandie

Bien qu'il n'ait pas l'apparence d'un château fort – il n'y a pas de tour d'angle et aucune trace de fossés extérieurs –, le fort possède malgré tout une architecture défensive. Il s'agit en réalité d'une maison forte des XIIe et XVe siècles, composée de plusieurs bâtiments : le logis du seigneur et les granges, qui abritaient la garnison et dont il ne reste que les fondations. En effet, Authevernes, aujourd'hui petit village de l'Eure, marquait autrefois la frontière entre le duché de Normandie et le royaume de France : la fortification était donc indispensable.

Faune & flore

L'utriculaire citrine

Poitou-Charentes

Difficile de croire que cette délicate fleur jaune cache, sous la surface de l'eau, de redoutables pièges pour les minuscules organismes aquatiques.
De fait, l'utriculaire citrine, dont les feuilles en forme d'outre sont munies d'un clapet, aspire ses proies, qu'elle détecte grâce à des poils sensitifs.

Savoirs d'antan

Les températures sont au plus bas, vous devez partir travailler, et votre pare-brise est recouvert de glace. Vous trouverez bien, dans vos armoires, un vieux collant qui ne vous est plus d'aucune utilité. Remplissez-le de gros sel et frottez la glace.

Il était une fois en 1946

Jean Monnet, premier commissaire au plan

Poitou-Charentes

Connu pour être l'un des pères fondateurs de l'Europe, Jean Monnet est un économiste émérite, qui a quitté Cognac à 18 ans, pour voyager à travers le monde. De retour avant la Seconde Guerre mondiale, il occupe diverses fonctions au gouvernement, jusqu'en janvier 1946, où il est nommé à la tête du Commissariat général du plan, qui vient d'être créé. Alors qu'il est chargé d'appliquer le premier « plan de modernisation et d'équipements » pour la France, sa gérance connaît un grand succès, notamment grâce à une planification concertée et à des objectifs réalistes. En 1988, à l'occasion du centenaire de sa naissance, ses cendres sont transférées au Panthéon.

jeudi 3 janvier

lever : 8 h 43
coucher : 17 h 06

Ste Geneviève

Faune & flore

Le grand murin

Alsace

Comme toutes les chauves-souris vivant dans la région, le grand murin est une espèce protégée, dont le tiers de la population nationale niche dans les Vosges et le Jura alsacien. Mais inutile d'espérer le voir à cette époque de l'année, l'animal ne sortant de son hibernation que vers le mois d'avril.

À la vôtre !

Île-de-France

Créé en 1880 à Neauphle-le-Château (Yvelines), le Grand Marnier est une liqueur à base de cognac et d'oranges. Exporté à 90 %, il peut être dégusté pur, utilisé en cuisine, ou décliné en cocktails, comme la margarita. Le Cordon Rouge étant la recette originale, il fut – et reste aujourd'hui – la référence.

La rubrique du 13 h

LA PLACE MASSÉNA À NICE

Provence-Alpes-Côte d'Azur

Située dans le centre de Nice, la place Masséna en est en quelque sorte le poumon. Si sa physionomie peut parfois surprendre – rectangulaire et bordée d'immeubles rouges au nord, arrondie et dégagée au sud –, c'est parce qu'il s'agit, en réalité, de la réunion de deux places que le Paillon, un petit fleuve qui se jette dans la baie des Anges, séparait autrefois, avant d'être couvert au XIXe siècle. Traversée aujourd'hui par une ligne de tramway, la place Masséna est très prisée des Niçois et des touristes, qui arpentent, nombreux, ses dalles disposées en damier.

À table !

Gratin de ravioles de Romans

Rhône-Alpes

Pour 2 personnes
Préchauffer le four à 200 °C. Séparer 4 plaques de ravioles (petits carrés de pâtes farcis de fromage blanc, comté, œufs et persil). Les mettre dans un plat à gratin, parsemer de 1 c. à soupe de ciboulette, verser 20 cl de crème liquide. Saler et poivrer. Recouvrir de 50 g de gruyère râpé. Mettre au four 15 min environ.

Il était une fois en 1658

La mort de Jacques Dyel du Parquet

Martinique

En 1635, l'île de la Martinique devient française, colonisée par l'aventurier Pierre Belain d'Esnambuc. En 1636, ce dernier nomme son neveu, Jacques Dyel du Parquet, pour la gouverner, au nom de la Compagnie des îles d'Amérique. Cette décision est confirmée à la mort d'Esnambuc, en 1637. Devenu lieutenant général de l'île, Dyel du Parquet assoit son autorité dans les Caraïbes, en allant notamment renforcer le pouvoir français contre les Indiens à la Grenade : la légende dit que, parti avec trois cents hommes, il n'en aurait perdu qu'un au cours des combats. En 1650, il rachète la Martinique à la Compagnie des îles d'Amérique, ruinée. Il s'éteint le 3 janvier 1658.

vendredi 4 janvier

lever : 8 h 43
coucher : 17 h 07

St Odilon

À table !

Les cornets de Murat

Auvergne

Spécialité de la ville de Murat, ces cornets sont des biscuits à base de farine, œufs et sucre. Ils sont roulés à la main en forme de cornes, alors qu'ils sont encore chauds. Ils se dégustent aussi bien nature, à l'apéritif, qu'en dessert, fourrés à la crème Chantilly ou pâtissière, au fromage blanc sucré, avec de la glace ou des fruits de saison.

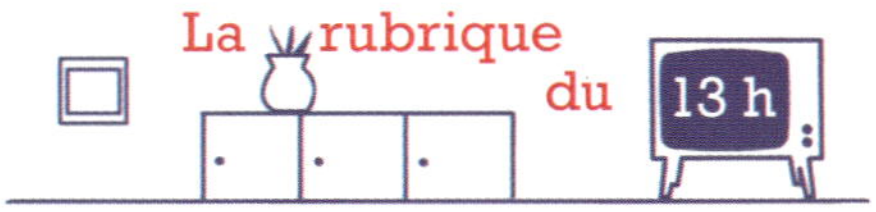

LE PONT DE PIERRE DE BORDEAUX

Aquitaine

Symbole historique de la ville, le Pont de pierre de Bordeaux est le premier pont à enjamber la Garonne. Sa construction est décidée par Napoléon Ier, afin de rendre plus aisé le franchissement du fleuve par son armée, alors en guerre contre l'Espagne. Les travaux, dirigés par Claude Deschamps et Jean-Baptiste Billaudel, débutent en 1810. Très vite, les deux ingénieurs sont confrontés à la violence des courants ; ils parviennent à assurer la stabilité des piles en consolidant les pierres avec la vase du fleuve. L'empereur ne verra finalement pas l'ouvrage, achevé en 1822.

Un record en Lorraine

Le village de Chambley-Bussières a accueilli, en juillet 2011, la douzième manifestation Mondial Air Ballons, lors de laquelle a été enregistré le record du monde de départ en ligne de montgolfières, soit trois cent quarante-trois engins.

Faune & flore

Le coco de Paimpol

Bretagne

Bénéficiant d'une appellation d'origine contrôlée depuis 1998, ce haricot, consommé demi-sec, est une plante exigeante, dont la réussite dépend avant tout des conditions climatiques. Sa culture est exclusivement réservée aux maraîchers, ce qui a tendance à courir sur le haricot des jardiniers amateurs !

Il était une fois en 1737

Naissance de Louis Bernard Guyton de Morveau

Bourgogne

Figure emblématique de l'École polytechnique, dont il fut le directeur pendant plusieurs années, Louis Bernard Guyton de Morveau est né le 4 janvier 1737, à Dijon. Destiné à la magistrature, il est avocat général au parlement de Dijon pendant vingt-sept ans, mais c'est sûrement en tant que chimiste qu'il est le plus connu. Il participe même au *Supplément à l'Encyclopédie* de Diderot et d'Alembert. Dans les années 1780, chimiste révolutionnaire, il propose la première forme de classification chimique des éléments, dont les traits essentiels resteront valables pendant deux siècles. On doit également à ce savant féru d'expériences la découverte des propriétés désinfectantes du chlore et de la future eau de Javel.

samedi 5 janvier
St Édouard

dimanche 6 janvier
Épiphanie

Suivez le guide !
Alsace

S'oxygéner en Alsace

La plaine d'Alsace, au nord-est de la région, est une vaste zone traversée par le Rhin. De la frontière avec l'Allemagne aux premiers massifs des Vosges, elle révèle une très grande diversité de paysages à apprécier été comme hiver.

Des milliers de kilomètres de sentiers vous conduisent à travers les vignes, sur les collines et les coteaux. L'hiver, au milieu de la brume et des sapins, vous verrez parfois surgir, au détour d'un chemin, les ruines d'un château fort. Quittez ensuite cette atmosphère romantique et paisible, pour découvrir des villages colorés et pleins de caractère, avec leurs fermes pittoresques et leurs maisons à colombages traditionnelles.

On ne peut pas quitter l'Alsace sans avoir fait un petit détour par Strasbourg, et surtout par le centre historique de la ville, que l'on appelle la « Grande Île ». Ce quartier compte quelques-uns des monuments strasbourgeois les plus emblématiques de l'époque médiévale, dont le palais Rohan, l'ancienne résidence des princes-évêques, plusieurs églises et la cathédrale, vers laquelle convergent une multitude de ruelles étroites et tortueuses. Donnez rendez-vous à vos amis au cœur de la ville, place Kléber, la plus célèbre place de Strasbourg, avant d'aller flâner le long des canaux et d'admirer les maisons qui se reflètent dans l'eau. Le soir, imprégnez-vous de l'ambiance strasbourgeoise dans les winstubs : ces tavernes sont idéales pour goûter des plats authentiques, arrosés bien entendu de vin alsacien !

lundi 7 janvier

lever : 8 h 42
coucher : 17 h 11

St Raymond

Faune & flore

La bécassine des marais

Franche-Comté

Ce petit habitant des marais est un oiseau rare, seuls trois cents couples ayant été recensés dernièrement en France. Le bassin du Drugeon sera le lieu idéal pour l'observer, mais il faudra être patient : la bécassine des marais est farouche et peut disparaître facilement dans la végétation.

À table !

La Prunelle de Troyes

Champagne-Ardenne

Appelé autrefois « Prunelle de Champagne », ce digestif est fabriqué depuis 1840 dans la distillerie du Cellier Saint-Pierre, face à la cathédrale de Troyes. Des noyaux de prunelles sont broyés, puis mis à macérer dans de l'alcool. Après double distillation, l'alcoolat est enrichi, selon une recette dont le secret est bien gardé. La Prunelle de Troyes est servie en « trou champenois » sur un sorbet, en cocktail ou en digestif.

La rubrique du 13 h

LE CHÂTEAU DE CHEVERNY

Centre

Le château de Cheverny, situé à quelques kilomètres de Blois et de Chambord, est un des plus célèbres châteaux de la Loire, notamment parce qu'il a servi de modèle à Hergé pour créer le château de Moulinsart. Édifié en pierre de Bourré, une pierre tendre de la vallée du Cher, le château fut bâti au XVIIe siècle, sur les vestiges d'une ancienne forteresse, au cœur d'un parc immense. Il fut épargné par le temps – il est la propriété de la même famille depuis six siècles – et offre, entre autres splendeurs, une décoration intérieure de style Louis XII, quasi authentique.

À la vôtre !

La Réunion

« Dom-Tom » rime avec rhum, mais saviez-vous que la commune de Cilaos, sur l'île de La Réunion, est productrice de vin ? Environ trente mille bouteilles, déclinées en sept cuvées, sont issues du vignoble chaque année : rouge, blanc sec ou moelleux, et – bien sûr – rosé, pour accompagner le fameux rougail saucisses !

Il était une fois en 1970

Corse, vingt-deuxième région métropolitaine de France

Corse

C'est en ce début de janvier 1970 que la Corse, rattachée depuis dix ans à la région Provence-Côte d'Azur, devient la vingt-deuxième région métropolitaine de France. Idéalement située dans la Méditerranée occidentale, la Corse a été régulièrement un enjeu important pour les puissances qui se disputaient la maîtrise de cette mer. Indépendante depuis 1735, elle est conquise par la France en mai 1769, lors de la bataille de Ponte Novu. Dès cette date, l'île de Beauté est organisée selon le modèle général français, mais bénéficie de certains privilèges en matière de douane et de fiscalité. Aujourd'hui encore, cette région a un statut spécial qui porte le nom de « collectivité territoriale de Corse. »

mardi 8 janvier

lever : 8 h 42
coucher : 17 h 12

St Lucien

Faune & flore

Grand nettoyage d'hiver

Et si vous profitiez de cette période peu propice aux travaux d'extérieur pour faire un peu de rangement ? Nettoyez tous vos outils, en désinfectant bien ceux utilisés pour la coupe. N'hésitez pas à revoir l'agencement de votre abri de jardin : cela vous facilitera la vie lors du retour des beaux jours.

Devinette

De quoi les toits bourguignons colorés sont-ils traditionnellement recouverts ?

De tuiles vernissées. Typique de la Bourgogne, leur assemblage coloré orne principalement des édifices religieux ou des bâtiments de l'époque des ducs de Bourgogne, comme l'hôtel-Dieu de Beaune.

La rubrique du 13 h

LE BEFFROI DE LILLE

Nord-Pas-de-Calais

Avec ses cent quatre mètres de haut, ce beffroi est le plus haut de la région. Il fait partie de l'hôtel de ville de Lille, inauguré en 1932, après la reconstruction de la ville suite aux bombardements de la Première Guerre mondiale. Son style néoflamand, son architecture en béton armé et ses briques rouges lui ont valu d'être inscrit au patrimoine mondial de l'Unesco. Ouvert au public – le hall d'entrée abrite des collections d'art contemporain –, il offre un magnifique panorama à trois cent soixante degrés sur Lille et sa région, puisqu'il permet d'observer jusqu'à trente kilomètres à la ronde, par beau temps.

À table !

Le Fougerus

Île-de-France

Légèrement plus grand que le coulommiers, le Fougerus est un fromage au lait cru de vache, réalisé autrefois à la ferme pour une consommation familiale. De la famille des bries, sa pâte est assez grasse, souple et fruitée. Son nom vient de l'habillage de frondes de fougères qui lui donne son parfum. Fabriqué aujourd'hui de façon artisanale à Tournan-en-Brie, il est affiné en cave humide et tempérée pendant 2 à 6 semaines.

Il était une fois en 1722

Premiers pas de la porcelaine

Limousin

Le nom de la ville de Limoges évoque instantanément l'art de la porcelaine. Mais c'est grâce à un père jésuite résidant en Chine, François Xavier d'Entrecolles, que l'on apprit à fabriquer et à produire cette matière. Dans une lettre célèbre, datée de janvier 1722, il détaille la technique de fabrication de la porcelaine chinoise. Tout au long du XVIIIe siècle, de nombreux albums illustrés arriveront également en France, permettant de reproduire chaque étape de la fabrication. Des échantillons de kaolin – matériau indispensable qui donne la transparence et la blancheur si caractéristiques de la porcelaine – seront également expédiés. Il faudra attendre l'année 1771 pour que la première manufacture soit créée.

mercredi 9 janvier

lever : 8 h 42
coucher : 17 h 13

Ste Alix

À table !

Sandre au vin gris de Toul

Lorraine

Pour 4 personnes
Cuire 4 portions de sandre en filets, côté peau, dans une poêle. Finir la cuisson au four à 160 °C, sur une plaque, avec un peu d'huile, peau dessus, 10 à 15 min. Faire revenir des échalotes émincées dans 20 cl de gris de Toul (vin blanc). Après réduction de moitié, monter avec 100 g de beurre. Servir le sandre, nappé d'un filet de sauce, avec du chou revenu à la poêle.

La rubrique du 13 h

LE PRIEURÉ D'AIRAINES

Picardie

L'église Notre-Dame du prieuré est le plus ancien édifice religieux de la Somme et un des rares exemples d'architecture romane du département. Érigée au XIIe siècle, sous l'impulsion de l'ordre de Cluny, elle est accolée à un prieuré datant du XVIe siècle. Après avoir été vendue comme bien national à la Révolution, pour devenir une exploitation agricole, elle est rendue au culte. Quant au prieuré, il s'agit aujourd'hui d'un haut lieu d'art contemporain de la région : ses bâtiments conventuels ont accueilli les œuvres des plus grands artistes du XXe siècle.

Faune & flore

Le bouquetin

Rhône-Alpes

Si cet animal compte parmi les plus populaires de nos montagnes, c'est peut-être parce qu'il est présent dans la région depuis des millénaires ; ou bien à cause de sa quasi-disparition, au XIXe siècle. Aujourd'hui, le petit ruminant est de retour dans les Alpes françaises, qui abritent 10 % de la population européenne.

Savoirs d'antan

Lutter contre la fatigue avec de la bière ? Mais quelle idée ! Deux à trois cuillerées de levure de bière par jour vous permettront de retrouver la forme, et de fortifier vos cheveux par la même occasion.

Il était une fois en 1755

Société académique de Cherbourg

Basse-Normandie

Avec comme devise « Religion et Honneur », la société académique de Cherbourg est créée en janvier 1755 par six personnalités locales, dont Pierre Anquetil, qui en sera le premier président. Profitant de l'essor économique de la ville, grâce à la construction du port de commerce de Caligny, intellectuels, scientifiques et artistes se réunissent pour partager leurs connaissances. Au cours de ses deux siècles et demi d'existence, elle aura reçu notamment l'abbé de Beauvais, Hippolyte de Tocqueville et, plus récemment, l'écrivain Gilles Perrault.

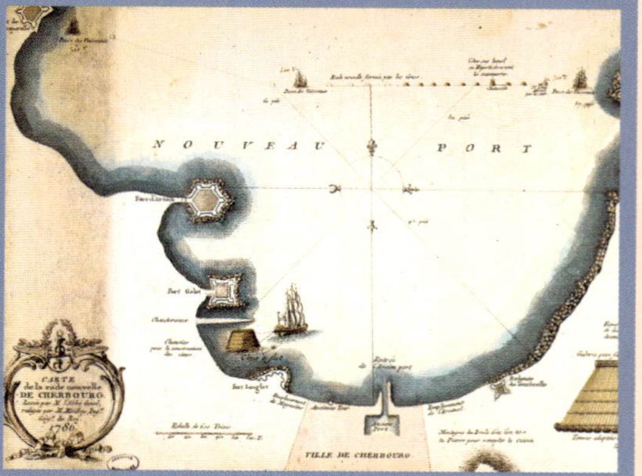

jeudi 10 janvier

lever : 8 h 41
coucher : 17 h 15

St Guillaume

Faune & flore

Le biset de ville

Île-de-France

Comment ne pas évoquer ce pigeon urbain, dont se plaignent tant les Parisiens ? Avec le pigeon colombin et la palombe, ils seraient plus de quatre-vingt mille à nicher dans les combles des immeubles, les halls de gare, les ponts… soit environ un pigeon pour vingt-cinq habitants !

Un record en

Franche-Comté

En 1968, le record de la température la plus basse enregistrée en France métropolitaine est établi à Mouthe, dans le Doubs. Cet hiver-là, les Meuthiards voient leur thermomètre afficher - 36,7 °C.

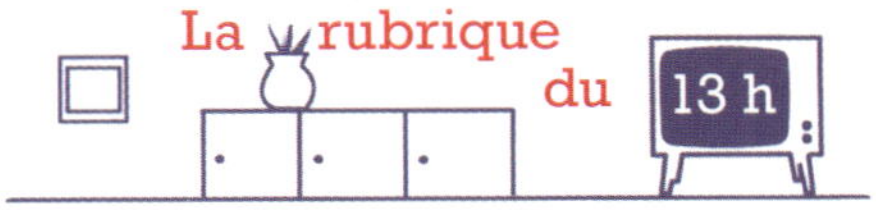

LE CHÂTEAU DE PAU

Aquitaine

Aujourd'hui Musée national, le château de Pau est surtout célèbre pour avoir vu la naissance d'Henri IV, auquel une grande partie des collections est consacrée. En plus de son parc qui offre un panorama sur les Pyrénées, on peut admirer un impressionnant ensemble de tapisseries des XVIIe et XVIIIe siècles, issues de la manufacture des Gobelins. Avant d'être ce chef-d'œuvre de style Renaissance, le château de Pau fut une place forte, bâtie sur un éperon rocheux, aux XIIe et XIIIe siècles, puis un imposant château fort au XIVe siècle, comme l'atteste encore le donjon en briques.

À table !

Poulet sauté d'Yvetot aux pommes

Haute-Normandie

Pour 4 personnes

Couper en morceaux un poulet de 1,5 kg. Les faire revenir dans une sauteuse. Sortir les morceaux et déglacer avec 20 ml de calvados et un peu d'eau. Préchauffer le four à 180 °C. Éplucher et couper 5 pommes reinettes en tranches de 1 cm d'épaisseur. Dans une cocotte en fonte, placer une couche de pommes, les morceaux de poulet, puis couvrir avec le reste des pommes, en salant et poivrant chaque couche. Verser le jus de calvados. Fermer la cocotte et mettre au four ¾ d'heure.

Il était une fois en 1928

Commanderie de Rayssac

Midi-Pyrénées

Le 10 janvier 1928, la commanderie de Rayssac, à Cambon d'Albi, est enfin inscrite au titre des monuments historiques de la ville. Le château de Rayssac, bâti au XIIIe siècle, servait de commanderie, c'est-à-dire à la fois de lieu de prière, de forteresse, et de communs (écuries, granges, fournil), successivement pour les Templiers et les Hospitaliers, qui devinrent au XVIe siècle l'ordre des chevaliers de Malte. Ils étaient chargés d'assurer la protection des biens des vicomtes d'Albi. Après y avoir accueilli au XVIIe siècle Richelieu voyageant depuis le Languedoc, le château fut mis à sac et les biens des Templiers furent disséminés pendant la Révolution.

À table !

La dame blanche du Poitou

Poitou-Charentes

Pour 4 personnes
Faire bouillir 50 cl de lait avec ½ gousse de vanille. Laisser tiédir. Casser 4 œufs en séparant les blancs des jaunes. Battre ces derniers avec 125 g de sucre, jusqu'à ce que le mélange devienne mousseux. Ajouter le lait tiédi, sans la gousse. Reverser dans une casserole. Sur feu doux, faire cuire, en remuant jusqu'à frémissement. Battre les blancs en neige en incorporant le sucre vanillé. Verser dans un moule à soufflé beurré. Faire cuire 20 min à 180 °C. Démouler et servir avec la crème froide autour.

La rubrique du 13 h

LES BATEAUX-LAVOIRS DE LAVAL

Pays de la Loire

Apparus au milieu du XIXe siècle, les bateaux-lavoirs étaient des établissements publics et payants permettant de laver son linge dans la Mayenne, alors que l'aménagement des quais ne permettait pas l'accès au fleuve. Ils comportaient en général deux niveaux : on faisait sécher le linge au premier étage, à côté des cuves dans lesquelles bouillait la lessive, tandis que l'étage inférieur servait au battage. L'activité s'est arrêtée un siècle plus tard, et il ne reste aujourd'hui que deux exemples de cette tradition lavalloise, deux bateaux-lavoirs restaurés et classés monuments historiques.

À la vôtre !

Picardie

Le sud du département de l'Aisne produit 10 % du champagne AOC français. Couvrant trois mille hectares, le vignoble est exploité par huit cents viticulteurs, et une route touristique du champagne élaboré en Picardie s'étend de Crouttes-sur-Marne, à l'ouest, à Dormans, à l'est, en plein cœur de la vallée de la Marne.

Faune & flore

Le mouflon corse

Corse

C'est de Corse et de Sardaigne que ce petit bovidé adepte des milieux montagnards est exclusivement originaire. Son nom de code ? *Muvra*, un terme qui n'est pas sans rappeler le nom d'un célèbre ensemble polyphonique, I Muvrini ou « les petits mouflons », en corse !

Il était une fois en 2009

« Un voyage en Alsace »

Alsace

« Un voyage en Alsace » est une exposition exceptionnelle qui se termine le 11 janvier 2009 à la galerie de La Filature de Mulhouse. En effet, il aura fallu attendre 2009 pour découvrir plus de cent cinquante clichés inédits du célèbre photographe Robert Doisneau. Né d'une commande d'éditeur qui n'a jamais vu le jour, ce reportage sur la région dormait jusqu'alors dans l'atelier de l'artiste, à Montrouge. Les photographies prises durant l'été 1945, alors que Robert Doisneau est encore débutant, montrent déjà son talent incroyable pour retranscrire des scènes de la vie quotidienne, racontant une Alsace éternelle.

Suivez le guide !
Rhône-Alpes

Bonneval-sur-Arc : charme et authenticité

Les vacances scolaires viennent de se terminer : chanceux qui pouvez vous évader maintenant, les pistes sont à vous ! Ski, raquettes ou contemplation de la montagne enneigée, quelle que soit votre activité, il y a fort à parier que vous trouverez votre bonheur à Bonneval-sur-Arc…

Nichée au pied du col de l'Iseran, le plus haut col routier d'Europe (deux mille sept cent soixante-dix mètres), la petite station familiale n'a rien perdu du charme typique des villages de montagne. Bonneval-sur-Arc, sis à la porte du parc national de la Vanoise, fait ainsi partie des « Plus beaux villages de France » : n'ayant pas subi les outrages du temps et des guerres, pierres et lauzes anciennes composent une architecture traditionnelle, dont on ne saurait se lasser. Point d'antennes ni de fils électriques gâchant le paysage : nous sommes bien ici au cœur d'un village authentique, à la vie pastorale encore très active.

À l'aventure… ou pas !

Depuis cet écrin de quiétude juché à mille huit cent cinquante mètres d'altitude, on peut regagner des pistes de ski alpin ou de fond, des chemins de randonnée, à pied ou en raquettes, conduisant aux somptueux glaciers de la Vanoise. Nombreux sont également les amateurs ou spécialistes de l'escalade à venir dans les environs pour gravir les incroyables cascades de glace qui se forment dès l'automne. Pour les plus frileux, mais non moins curieux, l'Espace neige et montagne vous assure de profiter de l'alpinisme sans effort. Il s'agit en effet d'un musée présentant les débuts de l'alpinisme à Bonneval-sur-Arc, au début des années 1900, les métiers d'autrefois, ainsi que l'artisanat local.

La Grande Odyssée

Ce week-end, Bonneval-sur-Arc accueille comme chaque année, et jusqu'au 16 janvier, la Grande Odyssée, une course de chiens de traîneau internationale de plus de huit cents kilomètres. Les participants traversent alors plusieurs fois le village, pour la plus grande joie des petits et des grands : un spectacle à ne pas rater !

lundi 14 janvier

lever : 8 h 39
coucher : 17 h 20

Ste Nina

À table !

La bourriquette

Limousin

Pour 6 personnes
Faire revenir sans coloration 4 échalotes hachées. Ajouter 3 bouquets d'oseille fraîche légèrement hachée et 1 c. à soupe de farine. Remuer. Couvrir avec 2 l d'eau. À ébullition, adjoindre 4 pommes de terre coupées en cubes, assaisonner. Cuire 1 h 15 min. Avant la fin de la cuisson, pocher 6 œufs, 1 à 1, dans 2 l d'eau bouillante additionnée de vinaigre. Servir la soupe avec 1 œuf et des croûtons, dans des assiettes creuses.

Savoirs d'antan

En plein cœur de l'hiver, vous trouvez votre chevelure trop terne. Appliquez sur vos cheveux, après votre shampoing, le mélange suivant, et à proportion égale : jus de citron, vinaigre et eau tiède.
Massez pendant quelques minutes, puis rincez.

La rubrique du 13 h

CARANTEC

Bretagne

Située dans la baie de Morlaix, la ville de Carantec n'est pas seulement une station balnéaire prisée des vacanciers. Elle possède un riche patrimoine historique, comme le château du Taureau, qui fait partie des fortifications mises en œuvre par Vauban à Carantec, comme dans beaucoup de ports du littoral, à la fin du XVIIe siècle, pour contrer une éventuelle attaque des Anglais. Plusieurs îles dépendent de Carantec, comme l'île Callot – à laquelle on accède par une chaussée submersible et où vit une poignée d'habitants – ou un ensemble de sept îlots classés réserve ornithologique.

Faune & flore

L'angélique des estuaires

Aquitaine

Localement abondante, cette ombellifère de la même famille que la carotte est en fait une espèce rare, qui ne pousse qu'à proximité des estuaires français. C'est donc un véritable trésor national, qu'il s'agit aujourd'hui de protéger de la dégradation des berges, ainsi que de certaines plantes invasives.

Il était une fois en 2000

Mort d'Alphonse Boudard

Provence-Alpes-Côte d'Azur

Le 14 janvier 2000, Alphonse Boudard « calanche » à Nice, ville ensoleillée où il s'était retiré quelques années auparavant. Cet amoureux d'argot et d'histoires truculentes se lance dans l'écriture à 33 ans, après quelques séjours à l'hôpital et en prison qui lui inspireront ses premiers romans, *La Cerise* et *L'Hôpital*. Il évoquera, dans toutes ses œuvres, la France populaire des années 1940, à travers des histoires de gangsters, de proxénètes ou d'escrocs. Il reçoit le grand prix du roman de l'Académie française pour l'un de ses derniers livres, *Mourir d'enfance*.

mardi 15 janvier

lever : 8 h 38
coucher : 17 h 21

St Rémi

Faune & flore
L'iguane des petites Antilles
Martinique

Ce gecko martiniquais figure parmi les dernières espèces endémiques à s'être maintenues – non sans que l'homme n'intervienne, il est vrai. Car, voilà, ce petit reptile a tendance à s'accoupler avec l'iguane commun, donnant naissance à une espèce hybride et provoquant ainsi la disparition de sa propre espèce.

Devinette

Dans quelle célèbre ville de Lorraine trouve-t-on le musée de l'Image ?

À Épinal. Cette ville, connue pour son imagerie, a ouvert, en 2003, un musée qui propose l'une des plus importantes collections d'images populaires françaises et étrangères.

La rubrique du 13 h

LE THÉÂTRE GALLO-ROMAIN DE LYON
Rhône-Alpes

Appelé « amphithéâtre des Trois Gaules » ou « amphithéâtre des Martyrs », en raison des supplices infligés aux premiers chrétiens, ce monument gallo-romain est une découverte récente. On connaissait son existence, mais on ignorait son emplacement exact, et il ne fut mis au jour qu'en 1958. Édifié en 19 apr. J.-C., il pouvait accueillir jusqu'à vingt mille personnes et servait au rassemblement annuel des représentants des nations gauloises, avant d'être ouvert à tout le peuple. Il offre aujourd'hui un très beau panorama sur la ville de Lyon.

À table !
Jambon à la chablisienne
Bourgogne

Faire revenir, dans du beurre, 2 échalotes hachées. Ajouter 50 cl de chablis, poivrer et laisser évaporer presque totalement le liquide. Ajouter ½ l de crème fraîche, 2 c. à café de concentré de tomates, saler et porter à ébullition 5 min. Lier avec 1 c. à soupe de Maïzena. Dans un plat à four, rouler 4 tranches épaisses de jambon, les chauffer doucement, puis arroser de sauce. Chauffer à 180 °C quelques minutes avant de servir.

Il était une fois en 1790
Création du département de l'Aube
Champagne-Ardenne

À la veille de la Révolution française, l'organisation territoriale du royaume est d'une grande complexité, et les circonscriptions militaires, administratives et ecclésiastiques ne se recoupent pas toujours. Pour simplifier cette géographie administrative, l'Assemblée nationale décide alors de découper la France en départements. Celui de l'Aube est créé le 15 janvier 1790 et doit son nom à une rivière, l'un des principaux affluents de la Seine ; beaucoup d'autres départements verront leur nom choisi ainsi, en fonction de la géographie et de l'hydrographie du pays.

mercredi 16 janvier

lever : 8 h 38
coucher : 17 h 23

St Marcel

À table !

Les pralines de Montargis

Centre

Fabriquées depuis le XVIIe siècle, les pralines sont des amandes mondées, tout d'abord séchées, puis mélangées dans un sirop de sucre. Tandis qu'elles sont brassées sans interruption, le caramel, en cristallisant, enrobe chacune d'entre elles. L'aspect brillant est donné par la gomme arabique dont elles sont recouvertes pour les préserver de l'humidité. Les pralines sont utilisées dans la confection de tartes ou de brioches.

La rubrique du 13 h

LE CHÂTEAU D'AULTERIBE

Auvergne

Ce château fort, bâti à la fin du XVe siècle, a conservé son aspect médiéval jusqu'au XIXe siècle, époque où il fut rénové dans un style romantique, avec notamment l'ajout de deux tours. Situé sur la commune de Sermentizon, dans le Puy-de-Dôme, il fut légué à l'État par son propriétaire en 1954. L'édifice est classé aux monuments historiques, tout comme sa collection de meubles, tapisseries et objets d'art. Le château accueille d'ailleurs des ébénistes d'art, qui étudient et restaurent le mobilier dans le cadre de leur formation.

Faune & flore

La rose de Noël

Corse

Cette magnifique hellébore a la particularité de fleurir en plein hiver – d'où son nom. Si vous souhaitez la cultiver, choisissez de préférence un emplacement semi-ombragé. En hiver, paillez le pied, car la rose de Noël est, malgré tout, sensible aux grands froids.

Un record en *Languedoc-Roussillon*

La réserve de Sigean, près de Narbonne, accueille trois mille huit cents animaux sur plus de trois cents hectares, qui reconstituent le plus fidèlement possible leur habitat naturel. Grâce à cela, pour la première fois au monde, deux pélicans à dos rose y sont nés en captivité.

Il était une fois en 1871

La bataille d'Héricourt

Franche-Comté

Alors qu'en 1870 Napoléon III vient de se rendre aux Allemands, un gouvernement provisoire se crée et décide de poursuivre la guerre. À l'initiative du général Bourbaki, cent quarante mille soldats, regroupés sous le nom de « l'armée de l'Est », se dirigent vers la place forte de Belfort. Après trois jours de combats, du 15 au 17 janvier 1871, cette armée improvisée et peu équipée n'arrive pas à s'imposer face à des Allemands plus aguerris. La bataille d'Héricourt coûte la vie à plusieurs milliers de soldats, et les survivants se réfugient en Suisse, avant d'être désarmés en février. La tentative de libération de Belfort est un échec.

jeudi 17 janvier

lever : 8 h 37
coucher : 17 h 24

Ste Roseline

Faune & flore
Le phoque veau marin
Picardie

Bien que l'été soit la saison idéale pour observer ce sympathique animal se reposer sur le sable, il n'est pas impossible qu'il se montre à vous en hiver, lors d'une promenade dans la baie de Somme. Le tout est de venir un peu avant la marée haute, le phoque profitant de la montée des eaux pour pêcher.

Savoirs d'antan

Pour vaincre la toux, il existe une petite recette toute simple. Mélangez un blanc d'œuf, le jus d'un citron et deux cuillères à soupe de sucre. Vous avez devant vous un sirop des plus naturels qui soient !

La rubrique du 13 h

LES SOUTERRAINS DU LITTORAL DE VAUX-SUR-MER
Poitou-Charentes

Ces souterrains servaient de postes d'observation en cas d'invasion ennemie à l'embouchure de l'estuaire de la Gironde : les guetteurs donnaient l'alerte et pouvaient ainsi empêcher les Anglais d'atteindre Bordeaux. Creusés par la main de l'homme, ils servaient aussi de pêcheries. Présents aujourd'hui sous les plages de Nauzan et de Saint-Sordelin – appelés localement des « conches » –, ces souterrains sont très endommagés : le sable les a envahis, ce qui a provoqué un effondrement de la voûte par endroits ; il peut être très dangereux de s'y aventurer.

À table !
La carotte de Tilques
Nord-Pas-de-Calais

Le cœur historique de cette production est Tilques, située au cœur du parc naturel régional du Nord-Pas-de-Calais. Cultivée aujourd'hui par une petite dizaine d'agriculteurs, c'est une variété tardive et très rustique, à grand feuillage. Son cœur est gros et tendre. Si on la conservait autrefois en silos, elle se garde aussi dans un endroit frais et humide. Cette carotte est consommée de début octobre à mars, plutôt cuite que crue, dans les soupes ou les pot-au-feu.

Il était une fois en 1477
La croix de Lorraine
Lorraine

Symbole de la France libre du général de Gaulle, la croix de Lorraine est initialement l'héritage de la dynastie des ducs d'Anjou et de Lorraine, apparaissant au moment de la bataille de Nancy, en janvier 1477. Après la défaite et la mort de Charles le Téméraire, René II adopte officiellement cette croix victorieuse et l'associe à la région. Ses deux branches horizontales représentent, pour celle du haut, l'écriteau INRI – Jésus le Nazaréen, roi des Juifs – fixé par Ponce Pilate et, pour la seconde, les deux bras du Christ. Liée au souvenir des croisades, elle traverse les siècles comme emblème de la victoire et du patriotisme français.

vendredi 18 janvier

lever : 8 h 36
coucher : 17 h 26

Ste Prisca

Faune & flore
La taille des pommiers et des poiriers
Pays de la Loire

Il est bientôt temps de tailler vos fruitiers : voici donc quelques conseils. Par temps sec et à l'aide d'outils propres, supprimez les branches courbées ou déformées, ainsi que celles qui se contrarient. Vous améliorerez ainsi la santé, mais aussi l'espérance de vie et le rendement de vos arbres.

À table !
Truite à la normande
Basse-Normandie

Faire préparer 4 truites par le poissonnier. Les saler et les cuire dans une poêle avec 60 g de beurre clarifié. Les réserver au chaud. Retirer le beurre de la poêle et y laisser réduire, après ébullition, 50 cl de crème fraîche épaisse, du sel, du poivre et de la ciboulette ciselée (1 bouquet). Dresser chaque truite sur une assiette, napper de sauce et agrémenter de 2 tranches de citron.

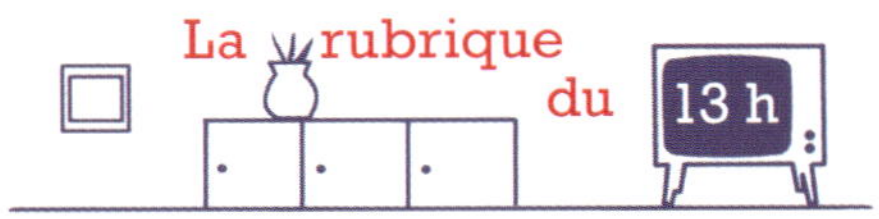

LECTOURE
Midi-Pyrénées

Sur les chemins de Compostelle, cette ancienne cité gallo-romaine revendique un riche patrimoine culturel et historique. Labellisée « Ville d'art et d'histoire », Lectoure a été une ville épiscopale dès le VIe siècle et l'est restée jusqu'à la Révolution ; elle possède une cathédrale gothique, Saint-Gervais-et-Saint-Protais, bâtie à l'emplacement d'un temple gallo-romain. Au cœur du pays gascon, érigée sur un éperon rocheux, l'ancienne capitale du comté d'Armagnac est également un centre thermal et le point de départ de nombreuses balades dans la vallée du Gers.

Devinette

Quelle ville d'Alsace est traditionnellement connue pour ses sapins de Noël ?

Sélestat. C'est dans cette ville que l'on trouve le plus ancien sapin, datant du XVIe siècle, qui laisse à penser que la coutume du sapin avait déjà remplacé, à cette époque, celle de la branche décorée.

Il était une fois en 1800
Création de la Banque de France
Île-de-France

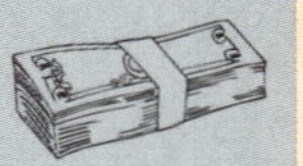

Afin de permettre la relance de l'économie et l'augmentation de la quantité de monnaie en circulation, le Premier consul Napoléon Bonaparte édite un décret, le 18 janvier 1800, annonçant la création de la Banque de France. Dès son ouverture, cette banque reçoit trente millions de francs apportés par de riches notables, afin de faire face aux demandes de remboursement et d'amorcer son activité. Bonaparte en est le premier actionnaire : il y a placé des fonds en guise de témoignage de confiance. Elle a le privilège exclusif d'émettre des billets de banque, d'abord pour Paris, où elle a son siège, puis pour toute la France, en 1848.

Suivez le guide!
Aquitaine

Promenade dans le temps à Sarlat

Sous un beau soleil d'hiver, profitez d'une magnifique matinée pour vous aventurer dans un dédale de rues sinueuses : le dépaysement est immédiat, vous voici transporté dans des temps reculés.

Vous êtes à Sarlat, à une dizaine de kilomètres de la vallée de la Dordogne, au cœur du Périgord noir. Protégée par de sombres forêts de chênes et de châtaigniers, Sarlat-la-Canéda – du nom des deux communes qui ont fusionné en 1965 – a su garder son caractère médiéval. La découverte à pied de la vieille ville est un enchantement : sur la place du Peyrou, admirez la cathédrale Saint-Sacerdos et son clocher-porche ou le magnifique hôtel Renaissance qui a vu la naissance du penseur Étienne de La Boétie. Au détour d'une rue pentue, des maisons anciennes surgissent : leurs façades ciselées dans le calcaire blond sont ornées de tourelles; coiffées de lauzes grises, elles rappellent un savoir-faire ancestral et semblent immuables.

Le charme et la beauté de la cité ne sont pas ses seuls atouts : on vient aussi à Sarlat pour sa gastronomie. Le samedi, jour de marché, la ville s'anime, et la seule évocation de quelques-unes des spécialités de la région éveille les papilles! Comment résister à un confit d'oie ou de canard, à une omelette aux cèpes, à un filet d'huile de noix sur des légumes croquants ou encore à un foie gras truffé? Et comment parler des produits sarladais sans citer la truffe, ce « diamant noir » qui fait la renommée de la cuisine périgourdine?

Les truffes du Périgord sont réputées les plus savoureuses et les plus parfumées, ainsi, chaque année, le troisième week-end de janvier, la fête de la Truffe attire à Sarlat les visiteurs du monde entier. Fins gourmets ou simples curieux se donnent rendez-vous pour une dégustation inoubliable. Si l'expérience vous tente, vous pourrez également visiter une truffière et assister à une démonstration de cavage.

lundi 21 janvier

lever : 8 h 33
coucher : 17 h 30

Ste Agnès

À table !

Le zimmetkuche ou gâteau à la cannelle

Lorraine

Pour 6 à 8 personnes
Battre 2 œufs et 200 g de sucre. Ajouter 250 g de farine, ½ paquet de levure chimique, 10 cl d'huile et 20 cl de lait, pour obtenir une pâte homogène. Verser dans un moule à tarte dont le fond est recouvert de papier de cuisson. Mélanger 3 c. à soupe de crème fraîche, 3 c. à café de sucre et 2 c. à café de cannelle. Verser uniformément sur la pâte. Cuire à 160 °C pendant 45 min.

La rubrique du 13 h

ÉGLISE NOTRE-DAME-DES-LAVES

La Réunion

Cette église de la commune de Sainte-Rose, à l'est de l'île, est un édifice récent, qui a connu bien des mésaventures. Bâtie en 1927, l'église est détruite en 1948 par un cyclone. Reconstruite, elle doit faire face, en 1977, à l'éruption du piton de la Fournaise. Une impressionnante coulée de lave entoure l'édifice, faisant exploser les vitraux, mais, alors que les fidèles craignent le pire, la lave stoppe sa progression sous le porche. Depuis cet événement, l'église a été rebaptisée, et on peut toujours s'étonner devant cette coulée de lave solidifiée.

Faune & flore

Le mouton boulonnais

Nord-Pas-de-Calais

Une tête fine aux accents bleutés et des oreilles bien dressées, tels sont les signes distinctifs de ce mouton robuste, typique de la région. Sauvée in extremis dans les années 1980, la race connaît aujourd'hui une véritable renaissance, grâce à sa viande à la fois savoureuse et pauvre en matières grasses.

Un record en *Rhône-Alpes*

Que peut-on faire avec trois tonnes de pommes de terre, trois cents kilos de crème fraîche et cinq kilos d'ail ? Le plus gros gratin dauphinois du monde ! C'est à l'initiative de l'office du tourisme de l'Alpe-d'Huez que ce nouveau record a été établi, le 29 janvier 2010.

Il était une fois en 1637

Querelle du Cid

Haute-Normandie

Quelques jours seulement après la création de sa nouvelle pièce de théâtre, en janvier 1637, l'auteur Pierre Corneille essuie les critiques de ses rivaux dramaturges et des spectateurs qui considèrent *Le Cid* comme une véritable révolution. Accusé de n'avoir pas respecté les règles du théâtre classique, il verra sa pièce condamnée par l'Académie française. La version définitive est imprimée en 1661, après que l'auteur a modifié son œuvre, en concentrant son écriture sur l'intrigue principale et sur la tragédie.

mardi 22 janvier

lever : 8 h 32
coucher : 17 h 32

St Vincent

Faune & flore

Les pelouses sèches

Centre

Ces grandes étendues herbeuses, dont la végétation dépasse rarement les trente centimètres de hauteur, sont des milieux naturels exceptionnels, sur lesquels poussent nombre d'espèces remarquables. Un environnement unique, donc, mais en forte régression depuis le début du XXe siècle.

À la vôtre!

Basse-Normandie

Qui a dit qu'il faisait mauvais temps en Normandie? Non loin de Saint-Pierre-sur-Dives, dans le Calvados, un sol riche et un microclimat sec et chaud permettent l'élaboration des Arpents du Soleil, un vin se déclinant en six cuvées, dont un pinot noir qui s'accorde idéalement avec un canard à la rouennaise!

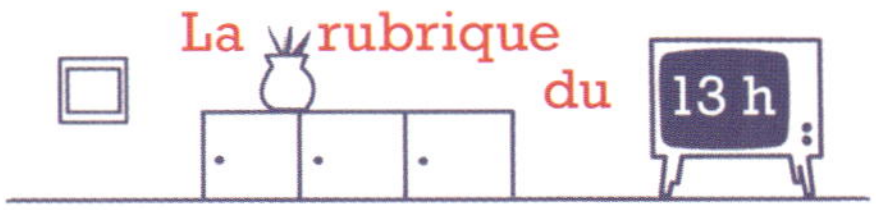

LE CHÂTEAU DE POURTALÈS

Alsace

Ce château du XVIIIe siècle a connu une période de rayonnement et de développement grâce à la comtesse Mélanie de Pourtalès, qui l'a réorganisé et en a modifié la physionomie. Il devient ainsi, au XIXe siècle, un haut lieu de la diplomatie et une adresse très prisée des gens de lettres ; il le restera jusqu'à sa fermeture en 1939. Niché au cœur d'un magnifique parc de vingt-quatre hectares appartenant à la ville de Strasbourg, le château de Pourtalès est classé monument historique depuis 1984 ; c'est aujourd'hui un hôtel et un centre d'études.

À table!

Soupe de courge

Provence-Alpes-Côte d'Azur

Faire dorer, dans un faitout, avec un peu d'huile, 2 oignons finement coupés. Peler et couper 2 pommes, râper 3 cm de gingembre et ajouter aux oignons. Parfumer avec 1 gousse d'ail et 1 c. à café de curry. Laisser mijoter. Couper en petits cubes 1 kg de courge épluchée. Ajouter dans le faitout et recouvrir de 1 l d'eau. Cuire 45 min, puis mixer. Servir chaud avec de la crème et des lardons.

Il était une fois en 1975

Valéry Giscard d'Estaing dîne chez les Français

Auvergne

L'ancien maire de Chamalières, Valéry Giscard d'Estaing, inaugure pendant son mandat présidentiel une nouvelle manière de faire de la politique. Cet énarque à l'image princière souhaite dîner chez une famille française, une fois par mois, afin de discuter de son quotidien. Le 22 janvier 1975, il inaugure son premier dîner chez l'habitant, les caméras de télévision nous faisant découvrir des salles à manger rustiques et un président prompt à jouer de l'accordéon. Cette volonté de regarder « la France au fond des yeux » ne recevra pas un accueil unanime, ses détracteurs l'accusant de faire de la « politique spectacle » en organisant sa vie de famille comme une grande entreprise de communication politique.

mercredi 23 janvier

lever : 8 h 31
coucher : 17 h 34

St Barnard

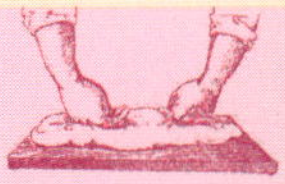

À table !

Mique levée au petit salé

Aquitaine

Pour 8 personnes
Mélanger 500 g de farine et 250 g de beurre fondu, 30 g de levure de boulanger délayée dans un peu de lait tiède, 5 œufs, 1 à 1, et 75 cl de lait. Une fois la pâte bien souple, mettre à lever 1 h 30. La rabattre, la laisser lever 1 h. Faire cuire 2 kg de petit salé dans un faitout rempli d'eau. Ajouter au petit salé 3 carottes, 2 poireaux, 1 navet, 1 chou vert, 1 oignon, 5 pommes de terre, épluchés et coupés. Cuire 30 min. Placer la mique dans le bouillon. Cuire 25 min de chaque côté.

Un record en *Pays de la Loire*

De 1919 à 1924, les coureurs du Tour de France devaient parcourir une étape de quatre cent quatre-vingt-deux kilomètres entre Les Sables-d'Olonne et Bayonne. Elle reste aujourd'hui encore la plus longue étape du Tour de France.

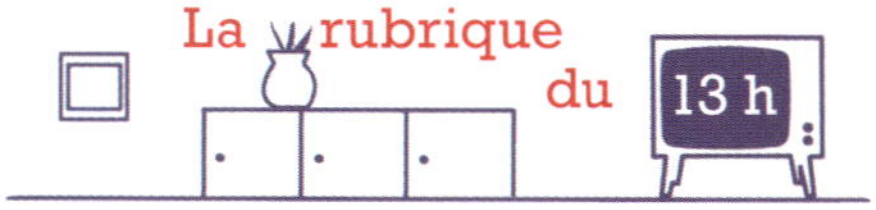

LA CITADELLE DE ROCROI

Champagne-Ardenne

Cette petite ville du département des Ardennes, à trois kilomètres seulement de la frontière belge, offre un plan de fortifications unique. Bâties au milieu du XVIe siècle, sous Henri II, elles ont été légèrement remaniées par Vauban en 1675 et font de Rocroi une véritable place forte. La ville est encerclée par deux enceintes : la première, composée de cinq bastions, est défensive, tandis que la seconde, composée de demi-lunes, est à la fois défensive et offensive. Ces imposants remparts en forme d'étoile font de Rocroi une étape incontournable pour tous les amoureux d'architecture militaire.

Faune & flore

Le chasselas de Moissac

Midi-Pyrénées

La culture de ce produit phare est réservée à la région, puisque seuls trois territoires peuvent bénéficier de l'appellation d'origine contrôlée. Ce raisin de table, reconnaissable à sa couleur dorée et à ses grains fins, est à l'origine de la première station uvale de France, dans les années 1930.

Il était une fois en 1893

Mort de l'archevêque Joseph Alfred Foulon

Rhône-Alpes

La devise de Joseph Alfred Foulon, archevêque de Lyon de 1887 jusqu'au jour de sa mort, le 23 janvier 1893, était *In multa patientia*, « avec grande patience ». Il lui fallut la mettre en pratique quand, évêque de Nancy, il dut accepter le partage de son diocèse lors de la guerre avec la Prusse. Au premier concile du Vatican, en 1869, étant peu favorable au dogme de l'infaillibilité défini par Pie IX, il se plaça dans le courant minoritaire, ce qui lui valut des inimitiés. Devenu archevêque, il rédigea la lettre pastorale sur le culte de la Vierge à Lyon, en 1891, ce qui en fit un prélat progressiste. À sa mort, son cœur fut déposé au séminaire Notre-Dame-des-Champs à Paris.

jeudi 24 janvier

St François de Sales

Faune & flore

Le chabot

Bourgogne

Peut-on imaginer un poisson mauvais nageur ? C'est pourtant l'une des caractéristiques du chabot, qui, pour se déplacer, effectue de petits bonds. Capable de changer de couleur pour mieux se fondre dans son environnement, il passe le plus clair de son temps tapi au fond des cours d'eau peu profonds.

Devinette

Qu'est-ce qu'un molusson ?

Un berrichon, un bateau emblématique de la grande époque de la batellerie qui circulait sur le canal de Berry. On l'appelait « molusson » s'il était fabriqué à Montluçon : le nom du bateau variait en fonction de sa ville d'origine.

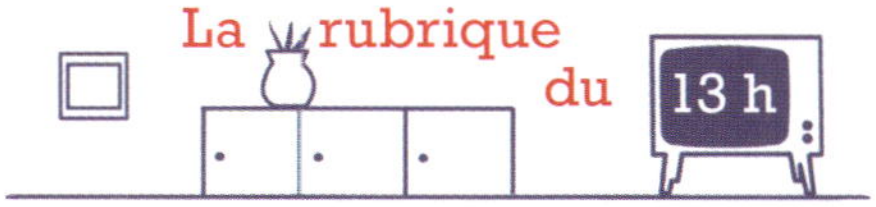

LE CHÂTEAU DE FLERS

Basse-Normandie

Le château de Flers, dans l'Orne, est un édifice datant principalement des XVIe et XVIIIe siècles. Ancienne demeure des comtes de Flers, il appartient à la municipalité depuis 1901 et abrite aujourd'hui le musée de la ville. Les collections permanentes du musée comportent trois principaux fonds : les beaux-arts, les arts décoratifs et l'histoire locale. Le parc du château est, quant à lui, le poumon de Flers : il comporte une partie boisée, deux étangs où l'on peut pêcher – auxquels s'ajoutent les douves du château –, et il est classé première réserve ornithologique urbaine.

À table !

L'erbsesupp

Alsace

Dans une grande marmite avec couvercle, mettre 2,5 l d'eau, 300 g de pois cassés, 1 feuille de laurier, du sel, du poivre, 2 oignons piqués de clous de girofle, 2 gousses d'ail, 1 pomme de terre. Chauffer à feu vif, puis baisser et laisser mijoter 1 h 30. Retirer la feuille de laurier et mixer. Faire rissoler dans une poêle 2 tranches de lard fumé coupées en lamelles et 2 tranches de pain rassis en dés. Les répartir dans les assiettes sur la soupe.

Il était une fois en 1955

Les Diaboliques, *Henri Georges Clouzot*

Poitou-Charentes

C'est en s'entourant du plus grand secret qu'Henri Georges Clouzot organise le tournage de son nouveau film, *Les Diaboliques*. Adaptant un roman de Boileau-Narcejac, il situe l'histoire de ces deux femmes animées d'une vengeance commune à Niort, dont il est originaire. Pour préserver le suspense de l'histoire, dont la puissance réside dans la surprise finale, les journalistes sont interdits sur le plateau de tournage, et la sortie du film, en janvier 1955, est elle-même auréolée d'un grand mystère. Henri Georges Clouzot exige que les portes des salles de cinéma soient fermées dès le début du film, tandis qu'un panneau circule, priant les spectateurs de ne pas divulguer le dénouement à leur entourage.

vendredi 25 janvier

lever : 8 h 29
coucher : 17 h 37

Conversion de St Paul

À table !

La coupetado

Languedoc-Roussillon

Pour 10 personnes

Placer 20 pruneaux et 60 raisins secs au fond d'un plat à four beurré. Couvrir avec 10 tranches de pain sec, en s'arrêtant à 2 cm du bord. Battre 1 l de lait avec 5 œufs, 20 morceaux de sucre et de la vanille. Verser cette crème homogène sur les tranches, en tassant pour que le pain soit recouvert. Cuire à 180 °C, un peu moins de 1 h. Elle doit être gonflée et dorée. Elle est servie, une fois refroidie, en tranches nappées de confiture ou de chantilly.

La rubrique du 13 h

LE PALAIS GRANVELLE

Franche-Comté

Le palais Granvelle, à Besançon, est un bâtiment de style Renaissance – italienne et flamande –, qui témoigne de la prodigieuse ascension de la famille qui lui a donné son nom. En effet, en l'espace de quelques décennies, cette famille modeste de la vallée de la Loue est devenue l'une des plus influentes de la région, notamment grâce à Nicolas Perrenot de Granvelle, garde des Sceaux et proche de Charles Quint. Une aile du palais est aujourd'hui un musée consacré à l'horlogerie, et la cour d'honneur accueille diverses manifestations culturelles.

Faune & flore

Le sapin pectiné

Lorraine

Avec une hauteur pouvant atteindre soixante mètres, le sapin pectiné est le plus grand arbre d'Europe. Très présent dans les forêts d'altitude vosgiennes, il vit généralement aux côtés de hêtres. Son bois, légèrement rosé, a longtemps servi en menuiserie.

À la vôtre !

Midi-Pyrénées

Typique de la région Midi-Pyrénées, le Pousse-Rapière est un apéritif faisant référence à l'épée qui équipait les Gascons du XVIe siècle. Il est servi très frais, dans une flûte ; on additionne à un volume de liqueur Pousse-Rapière (liqueur d'Armagnac) six volumes de vin sauvage mousseux du château Monluc.

Il était une fois en 1919

André Citroën crée sa marque automobile

Pays de la Loire

Après avoir fait son service militaire au Mans, le jeune ingénieur André Citroën se lance dans l'industrie de l'armement. Mais la fin de la Première Guerre mondiale lui fait perdre brutalement toutes ses commandes de munitions, l'obligeant à une reconversion rapide. Préparé à cette éventualité et voyant l'essor incroyable de l'automobile en France, il transforme son usine en quelques mois. Le 25 janvier 1919, la marque Citroën est née, et la première voiture, la Citroën type A, est produite en grande série. Son emblème est un double motif en V, reprenant ainsi le sigle de son ancienne usine d'engrenages à chevrons.

Suivez le guide !
Poitou-Charentes

Angoulême, une ville haute en couleur !

À l'occasion de la quarantième édition du Festival de la bande dessinée (du 31 janvier au 3 février cette année), Angoumoisins et Angoumoisines se préparent à accueillir les maîtres du neuvième art et… vous, peut-être ? Partons en promenade, le temps d'un week-end, au bord de la Charente, avec Corto Maltese…

Surveillant la rivière, c'est bien le héros d'Hugo Pratt, en effet, que vous apercevrez sur la rive. Tout de bronze vêtu, il est l'œuvre du sculpteur italien Livio Benedetti, grand ami d'Hugo Pratt. Devant le Centre national de la bande dessinée et de l'image, c'est Hergé qui vous observe, lequel s'est également vu dédier une rue dans la cité charentaise ! Et, au détour d'un immeuble ou d'une maison, laissez-vous surprendre par les murs peints, inspirés de personnages illustres tels que Cubitus, Gaston Lagaffe ou Blake et Mortimer.

Mais Angoulême n'est pas que la vitrine de la bande dessinée, et son patrimoine architectural, de la cathédrale Saint-Pierre, de style roman, au Vieil-Angoulême, protégé par ses remparts classés monument historique, réjouiront les amateurs d'histoire. Un voyage dans le temps, en somme, au cœur d'une ville culturelle ouverte, qui a su concilier les arts d'hier et d'aujourd'hui.

Ci-contre :
« L'image des remparts de Béziers, ma ville natale, est comme le prolongement des remparts d'Angoulême, la ville qui m'a offert le Grand Prix », affirma Max Cabanes, lauréat du festival en 1990. Il est vrai que son œuvre se fond parfaitement dans le paysage ensoleillé de la Charente…

lundi 28 janvier

lever : 8 h 25
coucher : 17 h 41

St Thomas d'Aquin

À table !

Salade amiénoise

Picardie

Pour 4 personnes
Laver et égoutter les feuilles vertes d'une laitue. Enlever les cônes à la base de 500 g d'endives. Couper celles-ci en tronçons. Passer sous l'eau et sécher. Éplucher 125 g de pommes et en faire des rondelles. Disposer dans un saladier la laitue, les endives, les pommes, puis 40 g de noix. Mélanger 1 dl d'huile et 2 c. à soupe de jus de citron. Saler, poivrer, puis verser sur la salade. Servir avec un bourgogne ou un saint-julien.

La rubrique du 13 h

L'ARC DE TRIOMPHE DE L'ÉTOILE

Île-de-France

Cet arc de triomphe est un monument incontournable pour les touristes comme pour les Parisiens : douze avenues s'échappent de la place de l'Étoile. Sa construction débute en 1806, sur ordre de Napoléon, pour symboliser les victoires françaises. Hélas, les défaites qui suivent et la chute de l'empereur interrompent les travaux, qui ne reprennent qu'en 1824. Inauguré en 1836 par Adolphe Thiers, l'arc de triomphe mesure cinquante mètres de haut pour quarante mètres de large. Aujourd'hui encore, il reste un symbole militaire, puisqu'il abrite la flamme éternelle et que c'est sous sa voûte que repose le soldat inconnu.

Faune & flore

Le phragmite aquatique

Haute-Normandie

L'estuaire de la Seine est une halte migratoire d'importance pour ce grand voyageur, capable de parcourir chaque année des milliers de kilomètres. Et ce, parce qu'il offre des conditions de vie optimales à cet adepte des zones humides, qui est aussi le passereau le plus menacé d'Europe.

Savoirs d'antan

Vous avez cassé un verre sur votre sol. Pour ne pas vous blesser en ramassant les morceaux, munissez-vous d'une boule de mie de pain ou de pâte à modeler, et tamponnez le sol.

Il était une fois en 1908

Croix de Bain-de-Bretagne classée monument historique

Bretagne

À Bain-de-Bretagne, une jolie ville d'Ille-et-Vilaine, on ne dénombre pas moins de trois monuments classés : le château de la Robinais, le moulin de Pommeniac et, bien sûr, cette étonnante croix gothique en pierre. Située dans l'ancien cimetière, elle date du XVe siècle et représente une couronne ornée de quatre lobes, sur lesquels il est encore possible d'admirer d'un côté la Vierge tenant l'Enfant et de l'autre le Christ entre la Vierge et Marie-Madeleine. Le 28 janvier 1908, la croix du cimetière est classée aux monuments historiques et, n'ayant pu conserver qu'une partie de son fût, elle repose désormais sur un socle carré plus moderne.

mardi 29 janvier

lever : 8 h 24
coucher : 17 h 43

St Gildas

À table !

Colombo guyanais

Guyane

Pour 4 personnes

Faire macérer 500 g de porc dans une marinade (citron, sel, poivre, ail). Éplucher et couper 2 courgettes, 1 aubergine, ½ concombre, 200 g de haricots verts, 4 pommes de terre, 1 poivron. Faire revenir la viande, puis ajouter les légumes. Remuer de temps en temps. Délayer 2 c. à soupe de poudre de colombo dans la marinade et arroser la viande. Ajouter un peu d'eau, et, après ébullition, réduire. Laisser mijoter au moins 45 min.

Faune & flore

La barbe de Jupiter

Provence-Alpes-Côte d'Azur

C'est dans le Var, notamment sur les îles d'Hyères, que s'épanouit le mieux cet arbuste à feuilles persistantes. Il faut dire qu'il est particulièrement bien adapté à ce milieu : poussant spontanément en bord de mer, il supporte très facilement les fortes températures ainsi que l'exposition au vent.

La rubrique du 13 h

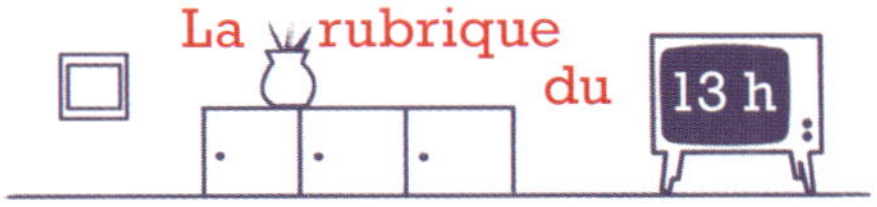

LA BIBLIOTHÈQUE MUNICIPALE D'AJACCIO

Corse

La bibliothèque municipale d'Ajaccio occupe l'aile nord du palais Fesch, un bâtiment du XIXe siècle, situé dans le quartier du Borgu, où se trouve également le musée des Beaux-Arts de la ville. La chapelle a été dessinée par Alexis Paccard et, à l'entrée, l'escalier monumental flanqué de deux lions témoigne de l'importance des lieux et de ses ressources. En effet, le fonds ancien atteint aujourd'hui quarante mille ouvrages, dont les plus anciens remontent au XVe siècle – la bibliothèque détient notamment vingt-neuf incunables.

Un record en Aquitaine

L'estuaire de la Gironde est le plus vaste d'Europe, avec ses six cent trente-cinq kilomètres carrés de superficie. Il est commun à deux fleuves, la Garonne et la Dordogne, qui se rejoignent au bec d'Ambès, soixante-quinze kilomètres avant l'océan Atlantique.

Il était une fois en 1904

Création du prix Femina

Centre

Afin de proposer une alternative au prix Goncourt, un prix littéraire décerné à des hommes, par un jury tout aussi masculin, vingt-deux collaboratrices du journal *La Vie heureuse* se réunissent en 1904 pour créer le prix Femina, sous la direction de la poétesse Anna de Noailles. Le prix s'appelle d'ailleurs à ses débuts « prix Vie heureuse » et prend son nom actuel dans les années 1920. Il est attribué chaque année par un jury exclusivement féminin, et il a déjà récompensé nombre d'écrivains de la région, dont Marguerite Audoux, en 1910, pour son roman *Marie-Claire*.

À table !

Chou-fleur à la dijonnaise

Bourgogne

Parer le chou-fleur, le séparer et le laver en petits bouquets. Les cuire pendant 15 min à l'eau bouillante.
Dans une petite casserole, faire bouillir pendant 1 min 2 c. à soupe de crème fraîche. Hors du feu, mélanger avec 50 g de gruyère râpé. Ajouter 2 c. à soupe de moutarde forte et 2 c. à soupe de mayonnaise. Remuer. Dresser le chou-fleur égoutté dans le plat de service et napper de sauce. Servir sans attendre.

La rubrique du 13 h

LE MUSÉE DE LA RÉSISTANCE DE LIMOGES

Limousin

Situé dans le cœur historique de Limoges, dans un ancien couvent des Sœurs de la Providence datant des XVIIe et XVIIIe siècles, ce musée est dédié à tous ceux qui ont payé de leur vie leur combat pour la liberté, principalement en Haute-Vienne. Outre l'exposition permanente divisée en dix thèmes, le musée accueille des expositions temporaires et un centre de conférences et de documentation, pour les chercheurs. Il se veut également un lieu pédagogique à destination des nouvelles générations, afin de continuer à faire vivre la mémoire.

Devinette

Qu'est-ce que la garbure ?

Une soupe gasconne. Composée principalement de viandes confites et de légumes de saison, cette soupe épaisse, qui connaît bien des variantes, était la base de l'alimentation des paysans gascons.

Faune & flore

Le gypaète barbu

Rhône-Alpes

Mesurant un mètre vingt de longueur en moyenne, ce rapace possède une envergure pouvant atteindre trois mètres. Ses dimensions impressionnantes le placent donc parmi les plus grands oiseaux d'Europe, mais aussi les plus vulnérables, l'animal ayant un taux de reproduction particulièrement faible.

Il était une fois en 2001

Les orphelins du Titanic

Languedoc-Roussillon

Le 30 janvier 2001, Michel Marcel Navratil, l'un des derniers Français rescapés du *Titanic*, s'est éteint à l'âge de 93 ans, à Montpellier. Suite au naufrage du bateau, deux jeunes enfants, Michel et son frère, qui n'ont pas été réclamés par leurs parents, vont devenir célèbres malgré eux. Leur photo circule aux États-Unis, avec, pour légende, « les orphelins du *Titanic* ». Leur père ayant péri dans la catastrophe, il faudra attendre que cette photo soit publiée dans *Le Figaro* pour que leur mère, restée en France, les identifie. Devenu professeur de philosophie, Michel Marcel Navratil restera marqué par cette tragédie et ira à la rencontre d'autres survivants aux États-Unis, en 1987.

jeudi 31 janvier

lever : 8 h 22
coucher : 17 h 46

Ste Marcelle

Faune & flore

La griffe de sorcière

Basse-Normandie

Originaire d'Afrique du Sud, elle en a fait du chemin pour venir s'implanter sur les littoraux bas-normands ! Aujourd'hui, cette plante grasse pose un véritable problème écologique, tant elle envahit les milieux rocheux et dunaires, au détriment des espèces indigènes, dont elle compromet la survie.

Savoirs d'antan

Vous avez envie de vous relaxer, et vous l'avez bien mérité ! Préparez-vous une tisane, en faisant bouillir, dans vingt centilitres d'eau, deux cuillerées à soupe de fleurs de camomille et une cuillerée à soupe de feuilles de menthe séchées. Filtrez, ajoutez une cuillerée à café de miel et une cuillerée à café de jus de citron, puis buvez.

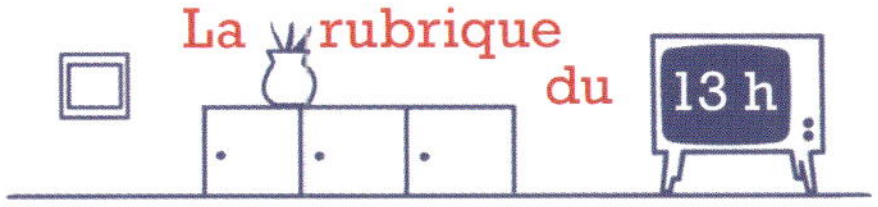

L'ABBAYE DE FONTENAY

Bourgogne

Au cœur d'un vallon de bois et d'étangs, cet ancien monastère cistercien, fondé en 1118 par saint Bernard, est un chef-d'œuvre de l'architecture romane. Aujourd'hui propriété privée ouverte au public, l'abbaye est dans un état de conservation exceptionnel. En effet, après la Révolution, l'abbaye est vendue, mais elle évite la destruction en étant transformée en papeterie, grâce à la dérivation du ruisseau de Fontenay par les moines. Restaurée à partir du début du xxe siècle, l'abbaye de Fontenay est désormais inscrite au patrimoine mondial de l'Unesco.

À table !

L'Amande royale

Franche-Comté

Spécialité de Lons-le-Saulnier, l'Amande royale est fabriquée depuis 1899 de père en fils. Elle a la forme d'une grosse amande chocolatée. C'est en réalité du pralin composé de noisettes, d'amandes grillées, de chocolat et de sucre dans de la nougatine. Cette dernière, moulée en forme de coquille, est constituée de sucre, d'amandes et de vanille, et est ensuite roulée dans du cacao.

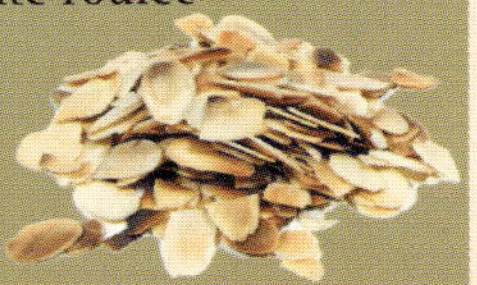

Il était une fois en 1030

Mort de Guillaume V de Poitiers

Aquitaine

Le règne de Guillaume V, qui vécut de 969 à 1030, fut pacifique et tourné vers les arts. Il n'avait gardé de son père belliqueux, Guillaume IV, dit « Fier-à-bras », qu'une intelligence relative de la guerre, ce qui lui coûta cher contre la brutalité des invasions vikings en 1006. Lorsqu'il mourut à l'abbaye de Maillezais, le 31 janvier 1030, il légua à la postérité, grâce à son ami Fulbert, l'évêque de Chartres, un conseil d'obligations qui sera utilisé pendant tout le Moyen Âge sur les devoirs entre suzerains et vassaux. Son acte le plus déterminant aura été son soutien au mouvement spirituel de la paix de Dieu, qui visait à obtenir la pacification du monde chrétien occidental par l'Église.

vendredi 1er février

lever : 8 h 20
coucher : 17 h 48

Ste Ella

À la vôtre!
Poitou-Charentes

Créé par hasard en 1589, le pineau des Charentes est une mistelle, un apéritif sucré élaboré en mélangeant du moût de raisin frais et de l'alcool. Idéalement servi à 6 °C, il s'accorde aussi avec le foie gras ou les fromages à pâte persillée. Cultivé sur mille cinq cents hectares, le pineau existe en rosé (ou rouge) et en blanc.

À table !

Salade de pissenlit de Montmagny
Île-de-France

Faire revenir 1 échalote émincée et 100 g de lardons. Cuire 2 œufs durs, les écaler. Trier et laver 250 g de pissenlit de Montmagny. Sécher les feuilles et disposer dans un saladier. Préparer une vinaigrette avec 1 c. à café de moutarde, du sel et du poivre, 1 c. à soupe de vinaigre de xérès et 3 c. à soupe d'huile. Verser lardons, échalotes et vinaigrette sur la salade et disposer les œufs découpés en quartiers.

La rubrique du 13 h

LA CATHÉDRALE SAINT-GATIEN DE TOURS
Centre

Non loin des rives de la Loire, la cathédrale rythme la vie religieuse de Tours depuis le IVe siècle. L'édifice était à l'origine dédié à saint Maurice, mais, après sa destruction, l'église est rebâtie au XIIe siècle et consacrée alors à saint Gatien, le premier évêque de Tours. Un incendie l'endommage gravement, si bien que la cathédrale ne sera réellement achevée qu'au XVIe siècle ; le mélange des styles est d'ailleurs facilement repérable. La cathédrale a ensuite traversé le temps sans encombre : on peut encore admirer de splendides vitraux du XIIIe siècle ou un orgue du XVIe siècle.

Faune & flore

L'azuré des mouillères
Auvergne

Parmi les nombreuses espèces de papillons présentes en Auvergne, l'azuré des mouillères fait sans aucun doute partie des plus remarquables. Résident des milieux humides, ce petit papillon se trouve effectivement en nombre dans la région, qui abriterait l'une des plus grandes populations d'Europe.

Il était une fois en 1918

Occupation de Valenciennes
Nord-Pas-de-Calais

Le 1er février 1918 n'est pas encore un jour d'espoir pour les habitants de Valenciennes. De par sa position géographique, la ville minière a connu une occupation ininterrompue de troupes allemandes presque dès le début de la Première Guerre mondiale. En cette date, alors que l'avancée des Alliés est connue de tous, contre toute attente, la fameuse 17e armée allemande, qui a combattu les bolcheviques sur le front russe, s'installe en ville. Il faudra attendre jusqu'au mois de novembre pour que Valenciennes soit libérée par les troupes canadiennes, au prix de combats acharnés.

samedi 2 février

Chandeleur

dimanche 3 février

St Blaise

Suivez le guide !

Bretagne

Vannes à l'heure de la Chandeleur

Nichée au cœur du golfe du Morbihan, Vannes est une ville remplie de poésie. Ici, la mer et la terre sont inextricablement liées, offrant des paysages changeants et féeriques.

Le port, bordé de maisons anciennes, est le point de départ pour explorer les îles de cette mer intérieure, qui, selon la légende, en compte autant que de jours dans l'année. Vous y verrez peut-être, amarré, le *Corbeau des mers*, un langoustier qui répondit à l'appel du 18 juin 1940 du général de Gaulle, en conduisant trente-deux personnes en Angleterre, avant de reprendre son service à la pêche.

Depuis sa fondation par les Romains, dans le creux d'une ria, Vannes a conservé les principaux vestiges de sa riche histoire. Dans les pittoresques rues de la vieille ville, il y a tant de beautés et de curiosités à découvrir ! De nombreuses maisons à pans de bois jalonnent les rues étroites qui entourent la cathédrale ; leurs étages en surplomb abritent parfois des statues de saints protecteurs. Vannes regorge de trésors qu'elle ne dévoile pas toujours immédiatement ; alors, déambulez dans les vieux quartiers, le long des remparts et de leurs lavoirs, au bord des douves, et laissez-vous surprendre par les merveilles de la cité des Vénètes.

« À la Chandeleur, l'hiver se meurt ou prend vigueur ! »

Et quoi de plus réconfortant, par une froide après-midi d'hiver, que de déguster une crêpe qui fume encore dans l'assiette ? Profitez de votre séjour en Bretagne, lors de cette ancienne fête païenne reprise par les chrétiens, pour déguster d'authentiques galettes et crêpes bretonnes. Autrefois nourriture quotidienne des travailleurs à faibles revenus, elles sont devenues un emblème de la cuisine armoricaine. Au froment, simplement accommodées de beurre salé et de sucre, ou au sarrasin, garnies avec la traditionnelle saucisse ou de l'andouille de Guémené, crêpes et galettes régalent toutes les papilles, accompagnées bien sûr d'une bolée de cidre !

lundi 4 février

lever : 8 h 16
coucher : 17 h 53

Ste Véronique

Faune & flore

Le discoglosse peint

Languedoc-Roussillon

Le littoral du Languedoc-Roussillon est le seul endroit de France où vous pourrez côtoyer ce petit amphibien mesurant, en moyenne, six centimètres de longueur. Le discoglosse peint se distingue des autres espèces par ses motifs vifs et sa tendance au cannibalisme.

À table !

Tourte bigourdane

Midi-Pyrénées

Pour 10 personnes
Battre 4 blancs d'œufs en neige. Mélanger 250 g de beurre ramolli avec 200 g de sucre et 2 sachets de sucre vanillé. En battant, ajouter les 4 jaunes d'œufs, puis 250 g de farine et 1 sachet de levure, 30 g de rhum et 30 g de pastis. Incorporer les blancs. Verser dans un grand moule beurré et fariné. Cuire 45 min à 150 °C. Une fois la tourte refroidie, saupoudrer de sucre glace et servir.

La rubrique du 13 h

LE MUSÉE DES BEAUX-ARTS DE ROUEN

Haute-Normandie

Né pendant la Révolution, le musée des Beaux-Arts de Rouen est un des plus importants musées de région. Dès la fin du XIXe siècle, il est d'ailleurs cité comme le musée le plus complet de France, après celui de Paris ; aujourd'hui encore, il est un temple de la peinture du XIXe siècle et possède la plus importante collection impressionniste, après celle du musée d'Orsay. Au cœur de la ville, le musée – un bâtiment de la fin du XIXe siècle, conçu comme un palais des beaux-arts – présente des collections de dessins, peintures, sculptures et divers objets d'art du XVe siècle à nos jours.

Savoirs d'antan

Le froid et les changements brusques de température sont mauvais pour notre corps et réveillent les douleurs articulaires. Les quelques plantes qui peuvent vous aider sont l'harpagophytum, la reine-des-prés, le saule blanc et le cassis. Vous pouvez également opter pour les cataplasmes de feuilles de chou ou d'argile.

Il était une fois en 1794

Abolition de l'esclavage

Picardie

Le 4 février 1794, la Convention – l'assemblée constituante qui dirigea la France entre 1792 et 1795 – abolit l'esclavage. Le marquis de Condorcet, philosophe, politicien girondin, né à Ribemont, en Picardie, en fut sans doute l'un des principaux instigateurs, mais il eut aussi une position ambiguë sur la fin de la traite des Noirs, souhaitant un moratoire de soixante-dix ans avant qu'ils puissent accéder au statut de citoyens : il jugeait l'esclavage d'un autre âge, mais estimait la transition dangereuse. Victime de la domination des Jacobins à la Convention, il fut arrêté et jeté en prison, où il mourut mystérieusement, en mars 1794.

mardi 5 février

lever : 8 h 14
coucher : 17 h 55

Ste Agathe

Faune & flore

L'échalion

Poitou-Charentes

Si vous souhaitez cultiver cette variété d'oignons proche de l'échalote, sachez que la « cuisse de poulet du Poitou » aime les sols légers, plutôt sableux. Semez-la directement en place, sur un emplacement suffisamment ensoleillé, en laissant une bonne vingtaine de centimètres entre chaque rang.

Un record à *Mayotte*

Le 31 mars 2011, à la suite d'une consultation de la population, Mayotte est devenue le plus jeune département français d'outre-mer. Les Mahorais avaient choisi, lors de l'indépendance des Comores, de rester français.

La rubrique du 13 h

LE MÉMORIAL DE CAEN

Basse-Normandie

Lorsqu'il est inauguré par François Mitterrand en 1988, le Mémorial de Caen se veut un musée consacré à la Seconde Guerre mondiale. Il retrace aujourd'hui toute l'histoire du XXe siècle et de ses conflits. Ses quatorze mille mètres carrés racontent bien des horreurs, mais le Mémorial est avant tout un musée pour la paix. En effet, c'est dans un esprit de réconciliation que la première pierre est posée à Caen, ville largement détruite par les bombardements, à l'emplacement d'un blockhaus. Le Mémorial possède également un immense jardin dédié à tous les soldats morts à la guerre.

À table !

Canard de Challans aux navets

Pays de la Loire

Pour 6 personnes

Faire cuire un canard de Challans de 1,5 kg, 1 h environ, à 220 °C. Éplucher et laver 1,5 kg de navets. Les couper en petits morceaux. Dans une cocotte, les faire revenir 5 min. Ajouter 250 g d'oignons épluchés et hachés. Saler, poivrer, ajouter thym, laurier et 2 c. à soupe d'eau. Couvrir et laisser mijoter 15 min. Présenter le canard entouré des petits navets.

Il était une fois en 1807

Mort de Pascal Paoli

Corse

Le 5 février 1807 s'éteignait le Père de la Corse, en exil à Londres. Pascal Paoli, général, homme des Lumières, aura passé moins de temps sur l'île que dans son exil londonien. Pourtant, ayant pris la tête des chefs corses révoltés contre Gênes, qui tente d'annexer l'île en 1755, il est élu, cette même année, général en chef de la nation corse. Il donne à la Corse une Constitution, le droit de vote dans le cadre d'un suffrage indirect, une marine de guerre, et entretient une correspondance avec les grands philosophes de son temps. La Corse est saluée comme le premier État démocratique, et Paoli est pour Voltaire un « despote éclairé ». Toutefois, la Révolution naissante aura raison de cette indépendance.

mercredi 6 février

lever : 8 h 13
coucher : 17 h 56

St Gaston

À table !

Tarte au beaufort

Rhône-Alpes

Pour 6 personnes

Réaliser une pâte brisée avec 150 g de farine, 75 g de beurre et 1/3 de verre d'eau. Étaler et disposer dans un moule. Préparer un mélange avec 3 œufs, 3 c. à soupe de crème fraîche, du sel et du poivre. Battre l'ensemble. Répartir, sur le fond de tarte, des lamelles de beaufort (prévoir 200 à 300 g). Recouvrir avec le mélange. Cuire 35 min à 180 °C. Déguster avec une salade verte.

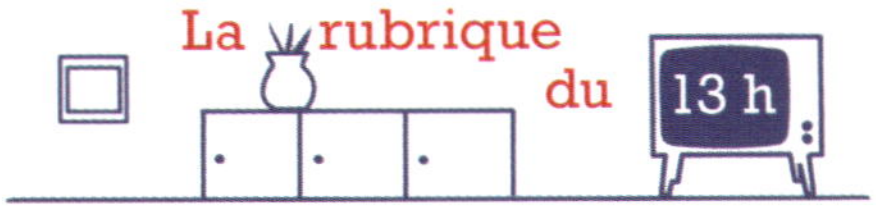

LA GARE DE METZ

Lorraine

Édifiée entre 1905 et 1908, la gare de Metz correspond à une volonté de Guillaume II de germaniser la ville. Ainsi, elle n'est pas bâtie dans la même pierre que les vieux quartiers messins. Son architecture symbolise la puissance de l'Empire allemand et les pouvoirs religieux et temporels de l'empereur : la partie des départs évoque une église, avec la tour de l'horloge, tandis que celle des arrivées suggère un palais impérial. La gare est aussi un bâtiment stratégique : elle a été construite de manière à ce que sept cent cinquante mille chevaux avec soldats puissent embarquer en vingt-quatre heures.

Devinette

Quelle opérette de Robert Planquette voit son intrigue se dérouler à Corneville, en Haute-Normandie ?

Les Cloches de Corneville. Créée en 1877, cette opérette fait référence à une vieille légende normande sur les cloches de l'abbaye de Corneville, que les Anglais avaient tenté de voler pendant la guerre de Cent Ans.

Faune & flore

L'isoète à spores épineuses

Limousin

À première vue, cette minifougère aquatique semble tout à fait commune. Il s'agit pourtant d'une espèce très singulière, et rares sont ceux qui l'ont observée de près. Alors, imaginez la surprise des scientifiques, lorsqu'en 2008 ils en ont découvert plus de mille pieds, près de l'étang de la Crouzille, en Haute-Vienne !

Il était une fois en 1143

Mort de Hugues II de Bourgogne

Bourgogne

Après les partages carolingiens, héritier de la Burgondie mérovingienne, le duché de Bourgogne, avec Dijon pour capitale, est, entre le IXe et le XVe siècle, le premier duché capétien. La mort d'Hugues de Bourgogne, le 6 février 1143, marque une date importante pour le duché : c'est la fin d'un règne prospère – Hugues portait le surnom de « Pacifique » –, aux alliances solides. Il avait combattu Henri Ier d'Angleterre, auprès de Louis VI, ce qui renforçait son pouvoir et assurait la paix du duché. La Bourgogne a maille à partir avec la papauté et le nouveau roi de France, Louis VII, à qui elle refuse de rendre hommage.

jeudi 7 février

lever : 8 h 11
coucher : 17 h 58

Ste Eugénie

Faune & flore

Le chou cabus

Alsace

À vos râteaux ! Le moment de semer vos premiers choux d'été est arrivé ! Privilégiez les semis en terrines, en laissant la largeur d'un doigt entre les graines. Si toutefois vous choisissez de semer en place, creusez au préalable un sillon d'environ un centimètre de profondeur.

À la vôtre !

Aquitaine

Pétrus est un des vins de Bordeaux les plus prestigieux. D'appellation pomerol, ce vignoble s'étend sur onze hectares environ et se compose à 95 % de merlot. Il présente en outre une particularité : Pétrus n'est pas un château et ne peut donc pas être appelé « château-pétrus ». On y trouve simplement un chai, depuis 2002.

La rubrique du 13 h

LA VILLA KÉRYLOS

Provence-Alpes-Côte d'Azur

Cette villa, construite sur l'un des caps de Beaulieu-sur-Mer, à la Belle Époque, est un hommage à la Grèce antique. Il s'agit en effet de la reconstitution complète d'une demeure du IIe siècle av. J.-C., sur le modèle des maisons nobles de l'île de Délos. Toute la conception de cette villa a été pensée dans les moindres détails. Ainsi, les éléments de confort moderne sont masqués, l'architecte a repris des matériaux utilisés à l'époque, comme le stuc ou le marbre et les mosaïques, et les fresques qui décorent la maison s'inspirent de scènes mythologiques.

À table !

Le lentillon de Champagne

Champagne-Ardenne

Pour 4 personnes

Dans un peu d'huile, faire revenir 1 oignon haché et 1 gousse d'ail. Éplucher et couper en dés une carotte. L'ajouter à l'oignon et faire dorer. Verser dessus 200 g de lentillons (lentilles fines et rosées) avec un bouquet garni. Recouvrir d'eau et laisser cuire environ 30 min. Saler et poivrer en fin de cuisson. Le lentillon ainsi cuisiné accompagne avantageusement le porc. Froid, il constitue une excellente salade.

Il était une fois en 1941

Le Populaire du Centre

Centre

Le 7 février 1941 est un jour noir pour le quotidien *Le Populaire du Centre*, fondé en 1905, et pour son ancien rédacteur en chef Paul Faure, ancien ministre du Front populaire. Le régime de Vichy vient de décider de transformer le quotidien en un instrument de propagande, appelé *L'Appel du Centre*, qui existera jusqu'en 1944. Néanmoins, des rédacteurs et des techniciens du journal (correcteurs et imprimeurs, notamment) continueront la publication clandestine du vrai *Populaire du Centre*, distribué sous le manteau, malgré des risques considérables de dénonciation ou d'arrestation. Il renaîtra de ses cendres le 25 octobre 1944, deux mois après la libération de Limoges.

vendredi 8 février

lever : 8 h 10
coucher : 18 h 00

Ste Jacqueline

À table !

Les pâtes de fruits d'Auvergne

Auvergne

La fabrication de la pâte de fruits en Auvergne est très ancienne. Cette confiserie était déjà appréciée sous le règne de Louis XI et représentait un présent d'exception. À ce titre, et dès le XVe siècle, elle a voyagé à travers la France, pour séduire de grands noms de l'histoire, tels que Richelieu ou Voltaire. C'est pendant le second Empire que le procédé de fabrication fut industrialisé.

La rubrique du 13 h

LE CHÂTEAU DE SERRANT

Pays de la Loire

Situé à Saint-Georges-sur-Loire, à quelques kilomètres d'Angers, le château de Serrant est un magnifique témoignage des siècles passés, surtout grâce à son mobilier somptueux. En effet, cette ancienne forteresse médiévale, devenue un château de style Renaissance, passe pour le château le mieux meublé de France. Demeure privée, Serrant est cependant ouvert au public ; on peut notamment se promener dans son parc à l'anglaise et visiter sa bibliothèque, riche de plus de douze mille ouvrages – certains remontent au XVe siècle –, dont la première édition de l'*Encyclopédie* du siècle des Lumières.

Faune & flore

Le guillemot de Troïl

Bretagne

Présent sur l'ensemble de la façade atlantique pendant la période hivernale, cet oiseau aux allures de manchot niche exclusivement en Bretagne. Bien qu'il vive au sein de très grandes colonies, l'observer n'est pas une entreprise facile, l'animal ayant un faible pour les falaises les plus escarpées.

Savoirs d'antan

Rien de tel qu'une petite béchamel maison pour améliorer vos plats. Afin d'éviter de faire des grumeaux en la préparant, versez le lait froid en une seule fois et, surtout, ne le diluez pas.

Il était une fois en 1976

Mayotte refuse l'indépendance par référendum

Mayotte

D'abord protectorat français jusqu'en 1892, puis colonie rattachée à Madagascar en 1912, Mayotte est appelée à se prononcer sur son indépendance, par référendum, le 8 février 1976. Contrairement aux habitants des trois autres îles de l'archipel des Comores – dont elle fait partie – qui ont voté l'indépendance, la population de l'île aux Parfums souhaite, par une écrasante majorité – 99,4 % –, rester au sein de la République française. Elle aura un statut particulier de collectivité territoriale jusqu'en 2011, année où elle deviendra le cent unième département du pays.

Suivez le guide !
Nord-Pas-de-Calais

Gare au chahut !

À Dunkerque, ville de pêcheurs, renaît chaque année, pendant les jours gras, le carnaval à l'état brut, le carnaval-chahut, la fête des fous, le monde renversé : le carnaval traditionnel comme il se doit !

Riche d'une histoire mouvementée, des corsaires aux bombardements destructeurs de la Seconde Guerre mondiale, Dunkerque est aujourd'hui une ville paisible, dans laquelle il fait bon vivre. Baignée par la mer du Nord et troisième port de France, elle est une station balnéaire réputée, notamment grâce au quartier de Malo-les-Bains, une bande de littoral que l'on surnomme la « Reine des plages du Nord ». Il est toutefois un événement majeur qui réveille la ville et réchauffe les cœurs chaque année, aux alentours du Mardi gras : le carnaval. Les Dunkerquois ne manqueraient pour rien au monde ces festivités, qui commencent à la fin du mois de janvier pour s'achever au début du mois d'avril.

L'origine du carnaval remonte au XVIIe siècle : il provient de ces fêtes que les riches armateurs offraient à leurs marins, à la veille d'une expédition dangereuse vers les mers d'Islande. Un jour, l'une de ces fêtes coïncida avec le défilé masqué du Mardi gras : le carnaval de Dunkerque était né.

Le long des canaux, dans les rues de toute la ville, les bandes déambulent au rythme de la fanfare, guidée par le tambour-major, vêtu d'un uniforme napoléonien. Déguisés et accrochés entre eux par les coudes, les carnavaleux marchent paisiblement au son des fifres. Mais, quand les fifres s'arrêtent et que seules les trompettes de la clique se font entendre, c'est le chahut ! Les bandes chantent jusqu'au bout de la nuit et terminent par une chanson à la gloire du grand corsaire Jean Bart, l'enfant du pays. Quand ils ne défilent pas dans les bandes, les carnavaleux célèbrent les jours gras avec des bals : ils frappent aux portes des « chapelles » – des maisons privées –, en espérant détenir le bon mot de passe.

lundi 11 février

lever : 8 h 05
coucher : 18 h 04

Notre-Dame de Lourdes

À table !

Mouclade de Saintonge

Poitou-Charentes

Pour 2 personnes
Cuire 1,5 kg de moules avec 20 cl de vin blanc, du thym et du laurier. Les laisser s'ouvrir, retirer les coquilles et réserver les moules. Filtrer et réserver le jus. Dans une poêle, faire revenir 2 oignons hachés. Ajouter 2 c. à soupe de farine et cuire 2 min à feu doux. Verser le jus des moules, cuire 10 min. Ajouter 2 c. à soupe de crème fraîche et 1 jaune d'œuf. Cuire 2 min en remuant. Ajouter les moules et réchauffer pendant 10 min à feu doux. Servir sans attendre.

La rubrique du 13 h

L'ABBAYE DE LONGPONT

Picardie

Notre-Dame de Longpont est une ancienne abbaye cistercienne transformée en carrière de pierres pendant la Révolution. Au cœur d'un parc boisé, en lisière de la forêt de Villers-Cotterêts, on peut désormais admirer les ruines de l'abbatiale gothique, qui avait la taille d'une cathédrale et dont il ne reste que le fronton principal et les murs extérieurs ; les bâtiments conventuels ont été aménagés en demeure privée et peuvent être loués pour des réceptions, les bénéfices étant utilisés pour restaurer l'abbaye.

Devinette

Quelle ville organise la fête du Cassoulet ?

Castelnaudary. Chaque année, depuis douze ans, lors de la dernière semaine du mois d'août, Castelnaudary célèbre le cassoulet à travers diverses festivités : spectacles, concerts, ateliers culinaires, jeux et dégustation de cassoulet.

Faune & flore

Le papier buvard se met au vert !

Vos tiroirs sont remplis de papier buvard dont vous ne savez plus quoi faire ? Utilisez-le au jardin ! Placez-en sur vos terrines de semis à fines graines. En veillant à ce que le buvard reste constamment humide, vous maintiendrez ainsi un environnement frais, idéal pour la levée de vos graines.

Il était une fois en 1939

Arrivée des réfugiés espagnols

Midi-Pyrénées

Entre 1936 et 1939, l'Espagne plonge dans la guerre civile. À cause de ses alliés fascistes, l'Allemagne et l'Italie, les franquistes poussent les républicains vers le nord. Jusqu'au 12 février 1939, ce sont cinq cent mille réfugiés apeurés qui traversent les Pyrénées, souvent à pied et dans des conditions effroyables, quittant une Espagne tombée aux mains de la dictature. Après les fameux « camps du mépris », dans les Pyrénées-Orientales, où les réfugiés sont parqués par une France incapable de gérer leur nombre, la région Midi-Pyrénées finira par assimiler la quasi-totalité de ce flot d'Espagnols brisés par la guerre, Toulouse devenant la ville symbole des réfugiés espagnols et de leurs fiers descendants.

mardi 12 février

lever : 8h03
coucher : 18h06

Mardi gras

Faune & flore

Le wallaby de Bennett

Île-de-France

Inutile de traverser la planète pour observer le wallaby à cou rouge à l'état sauvage ! Depuis les années 1970, une petite colonie échappée d'un zoo a élu domicile dans la forêt de Rambouillet. Et l'animal semble bien s'y plaire, puisque l'on compte aujourd'hui une cinquantaine d'individus.

La rubrique du 13 h

L'ASCENSEUR À BATEAUX DES FONTINETTES

Nord-Pas-de-Calais

En service pendant quatre-vingts ans, cet ascenseur à bateaux unique en France permettait de relier Saint-Omer à Aire-sur-la-Lys. Construit à la fin du XIXe siècle, il fonctionnait à la manière d'une balance hydraulique. On compensait ainsi une différence de niveau de treize mètres entre le bassin de l'Aa et celui de la Lys, et il remplaçait cinq écluses. Devenu trop petit, il cède sa place à une grande écluse, en 1967, et échappe de peu à la destruction. Il est aujourd'hui un lieu de promenade et un musée, qui fait découvrir l'histoire du monde de la batellerie.

À table !

Chaussons normands

Haute-Normandie

Pour 4 personnes

Éplucher et couper en morceaux 2 pommes granny-smith. Les tremper dans un fond de calvados. Sur 1 pâte feuilletée, étaler les pommes et, par-dessus, 1 camembert entier coupé en dés. Refermer avec une 2de pâte feuilletée. Couper en 4 et fermer chaque part. Badigeonner avec 1 jaune d'œuf. Cuire sur une feuille de papier sulfurisée, 20 min environ, à 200 °C. Servir en apéritif ou en entrée.

À la vôtre !

Corse

Datant du VIe siècle av. J.-C., le vignoble corse parcourt tout le littoral de l'île. Ses quatre cent cinquante producteurs exploitent quotidiennement plus de sept mille hectares et proposent des vins blancs, rouges et rosés de grande qualité, façonnés par des terroirs très différents et la proximité de la mer Méditerranée.

Il était une fois en 1536

Amiral Chabot

Basse-Normandie

Personnalité hors norme, amiral de France, Philippe Chabot (1492-1543), comte de Brion, possédait, parmi ses titres, la prestigieuse distinction de gouverneur de Normandie. Familier de François Ier, il est fait prisonnier avec lui à la bataille de Pavie, lors des guerres d'Italie. Captif, il s'illustre comme fin négociateur, en œuvrant avec succès à la libération du roi. La date du 11 février 1536 est d'une importance capitale pour l'influence de la France en Italie : Chabot s'empare alors de la Bresse et de la Savoie, qui intègrent pour de bon le territoire français.

mercredi 13 février

lever : 8 h 02
coucher : 18 h 08

Ste Béatrice

À table !
Poulet à la Gaston Gérard
Bourgogne

Pour 4 personnes

Dans une sauteuse, faire dorer un poulet fermier en morceaux. Ajouter sel, poivre, 1 oignon haché, du thym et 2 verres de vin blanc sec. Couvrir et cuire 45 min à feu doux. Réserver les morceaux au chaud dans un plat à four. Éliminer la graisse de cuisson. Incorporer doucement 150 g de comté râpé, 1 c. à soupe de moutarde de Dijon et 300 g de crème fraîche. Verser la sauce sur le poulet. Enfourner 15 min à 180 °C.

Un record en
Basse-Normandie

La quarantaine d'habitants de la commune du Mont-Saint-Michel voit défiler du monde toute l'année. Son rocher est en effet le lieu le plus visité en France, après l'Île-de-France, plus de trois millions de personnes venant admirer, chaque année, ce site classé au patrimoine mondial de l'Unesco.

La rubrique du 13 h

LE CHÂTEAU DE LA GROULAIS
Pays de la Loire

À Blain, en Loire-Atlantique, l'ancien château d'Olivier de Clisson et ses quatre hectares accueillent les visiteurs amateurs d'histoire. Le château de la Groulais est une ancienne forteresse médiévale du XIIe siècle, rasée, puis reconstruite au cours des XIIIe et XIVe siècles. Endommagé pendant les guerres de Religion, le château est ensuite démantelé par Richelieu, et la Révolution achève de le dégrader. Sauvé de la destruction par Marie Bonaparte au début du XXe siècle, il propose des expositions et reconstitutions historiques ; c'est également un lieu de réception.

Faune & flore
L'œillet superbe
Champagne-Ardenne

Cette plante délicate porte bien son nom : sa fleur, d'une beauté exceptionnelle, semble avoir été finement ouvragée. Mais, s'il fait la fierté des habitants de la région, l'œillet superbe est une espèce qu'il faut avant tout préserver, au risque de le voir définitivement disparaître.

Il était une fois en 1837
Vote de la construction du canal de Marseille
Provence-Alpes-Côte d'Azur

Les Marseillais ont sans aucun doute plaisir à se remémorer Maximin Dominique Consolat, qui fut maire de Marseille de 1832 à 1843. Ils lui rendent hommage en se promenant au bord du canal de Marseille, dont il fit voter la construction le 13 février 1837. Il captait l'eau de la Durance, à Pertuis, et les travaux durèrent quinze ans, à cause de son tracé sinueux de quatre-vingts kilomètres, dont dix-sept souterrains. Le canal de Marseille est encore la principale source d'approvisionnement en eau potable de la ville et de ses environs. Il inspira Pagnol avec les fameux raccourcis de Bouzigue, le gardien du canal, dans *Le Château de ma mère*.

jeudi 14 février

lever : 8h00
coucher : 18h09

St Valentin

Faune & flore
La sittelle corse
Corse

Nul autre oiseau n'est plus corse que ce petit passereau, puisqu'il s'agit de la dernière espèce endémique de la région. C'est aussi la seule sittelle à vivre sur l'île : vous n'aurez donc aucun mal à l'identifier, si vous la rencontrez, au cours d'une balade dans la forêt de Tartagine ou de l'Ospedale.

À la vôtre !
Haute-Normandie

Situé à dix minutes de Fécamp, l'écomusée de la Pomme et du Cidre propose à petits et grands de découvrir les secrets de fabrication d'un cidre traditionnel. Les nombreuses variétés de pommes de ses cinq hectares de pommiers à cidre y sont récoltées manuellement et ne subissent aucun traitement chimique.

La rubrique du 13 h

LE MUSÉE DÉPARTEMENTAL BRETON DE QUIMPER
Bretagne

Fondé à la moitié du XIXe siècle, le Musée départemental breton de Quimper a pour vocation de retracer l'histoire du Finistère. Installé dans l'ancien palais épiscopal de la ville, un magnifique bâtiment construit du XVIe au XIXe siècle accolé à la cathédrale, le musée présente des collections aussi riches que variées : des costumes traditionnels, des fresques, du mobilier remontant au XVIIe siècle, des céramiques – une salle retrace l'histoire des faïenceries quimpéroises – ou encore le fruit des fouilles archéologiques effectuées dans le département.

À table !
Soupe au munster
Lorraine

Pour 6 personnes
Éplucher et émincer 1 poireau. Éplucher et couper en dés 600 g de pommes de terre. Dans un faitout, faire cuire les poireaux, 5 min, à feu doux, dans un peu de beurre. Ajouter les pommes de terre, 50 cl de bouillon de volaille et 50 cl de bière. Porter à ébullition et laisser frémir 20 min. Mixer. Retirer la croûte du munster. Ajouter à la soupe 20 cl de crème liquide et le munster en petits morceaux. Laisser à feu doux, le temps que le fromage fonde.

Il était une fois en 842
Serment de Strasbourg
Alsace

Lorsque Charlemagne meurt en 814, son empire rassemble presque toute l'Europe de l'Ouest. Ses héritiers – ses trois petits-fils – se disputent les trois morceaux de l'empire, au cours de jeux d'alliances, de trahisons et de guerres interminables, qui culminent dans la bataille de Fontenoy-en-Puisaye, en 841, sans doute la plus violente et barbare de cette époque. Le 14 février 842, les deux vainqueurs – les aînés – prêtent le célèbre serment de Strasbourg, un pacte de non-agression, le premier document rédigé dans une langue romane qui deviendra le français. Il permettra de déterminer les limites de trois royaumes au traité de Verdun, en 843 : France, Allemagne et Italie.

vendredi 15 février

lever : 7 h 58
coucher : 18 h 11

St Claude

Un record en PACA

Jeanne Calment détient à elle seule plusieurs records. Même après sa mort – en 1997 –, elle reste la doyenne de l'humanité, puisque personne n'a vécu aussi longtemps qu'elle à ce jour. Elle est aussi l'actrice la plus âgée à avoir joué dans un film, depuis son rôle dans *Vincent et moi*, à 114 ans ; elle y raconte sa rencontre avec Vincent Van Gogh.

À table !

Le sanciau

Centre

Pour 4 personnes

Mélanger 60 g de farine, 2 c. à soupe de sucre et 1 pincée de sel. Incorporer 1 œuf battu dans 2 verres de lait. Battre au fouet. Éplucher et couper en lamelles 3 pommes. Les faire dorer dans une poêle avec du beurre, puis les faire fondre à feu doux. Verser la pâte et cuire toujours à feu doux 5 min environ. Retourner à l'aide d'une assiette. Cuire 5 min. Déguster chaud, en dessert ou au goûter.

La rubrique du 13 h

LE LAC DU SALAGOU

Languedoc-Roussillon

Situé à une cinquantaine de kilomètres de Montpellier, implanté principalement sur la commune de Clermont-l'Hérault, le lac du Salagou est autant apprécié des hommes que de la faune et de la flore ; on y pêche d'ailleurs des poissons de belle taille. Le lac naît en 1969, lorsqu'on décide de construire un barrage sur le ruisseau du Salagou, afin d'obtenir une retenue d'eau pour irriguer les cultures. D'une longueur d'environ sept kilomètres pour une superficie de sept cent cinquante hectares, le lac est parfait pour pratiquer la voile et la baignade : l'été, la température de l'eau avoisine 28 °C !

Faune & flore

Le kiwi de l'Adour

Aquitaine

Le kiwi fait partie des produits phares de la région, fière d'offrir des conditions optimales à ce petit fruit originaire de Chine. Principalement cultivé dans le bassin de l'Adour, où il bénéficie d'un label rouge et d'une IGP (indication géographique protégée), le kiwi est une vraie source de vitamines. Idéal en cette période de grand froid !

Il était une fois en 1871

Reddition de Belfort

Franche-Comté

Dans la guerre franco-allemande de 1870-1871, le siège de Belfort demeure une date clé du sacrifice français. Après la chute de Strasbourg, le 28 septembre 1870, Belfort reste, contre l'empire de Prusse, le dernier rempart pour que l'armée française ne soit pas prise à revers. Sous les ordres du colonel Denfert-Rochereau, la ville est érigée en une place forte soutenue par dix-sept mille sept cents hommes. Le 15 février 1871, après plus de trois mois d'un siège meurtrier, quatre cent mille obus tirés, plus de cinq mille morts, et des défenses presque détruites, l'armistice met fin au siège. Contraints de rendre les armes, Denfert-Rochereau et ses hommes sortent vaincus, mais auréolés d'un prestige qui passera à la postérité.

Suivez le guide !
Provence-Alpes-Côte d'Azur

Au cœur du Queyras

Saint-Véran est un petit village situé dans les Hautes-Alpes, probablement habité à l'origine, une partie de l'année seulement, par les bergers en transhumance. Il faut dire que les conditions de vie, jadis, y étaient fort difficiles, et pour cause : le village – le plus haut d'Europe – se situe à deux mille quarante-deux mètres d'altitude.

Le mélèze roi

Au fil du temps, la population s'est sédentarisée, et de hauts chalets, les « fustes », bâtis en mélèze, ont poussé à flanc de montagne. La partie supérieure des maisons était alors réservée au foin, afin qu'il sèche. Au rez-de-chaussée, les murs, maçonnés, permettaient aux hommes et aux bêtes de se tenir chaud. Certaines de ces habitations typiques et centenaires, sont encore habitées aujourd'hui, mais ont un peu évolué. La plus célèbre de ces bâtisses est le chalet Montjoie : situé au départ dans une autre commune, il fut acheté par l'architecte Jacques Couëlle, démonté, puis reconstitué par celui-ci à Saint-Véran et transformé en hôtel ! « Il ne suffit pas de créer des volumes qui, à l'intérieur, offrent à l'homme un espace heureux, et qui, à l'extérieur, soient beaux : il faut que les volumes s'intègrent à l'environnement. » Ainsi parlait l'architecte, qui a réussi son pari !

Saint Véran et le dragon

Au VIe siècle, alors que Saint-Véran s'appelait Sainte-Marie-Madeleine, la légende raconte qu'un terrible dragon ravageait les environs de Fontaine-de-Vaucluse. Saint Véran, alors évêque de Cavaillon (de 585 à 589) et aujourd'hui saint patron des bergers transhumants, entreprit d'agir en conséquence : armé d'un crucifix, il alla voir la bête diabolique, la mena sur un mont du Vaucluse et lui ordonna de quitter la région. Et l'on sait comme les monstres sont dociles, quand il s'agit de saintes exhortations : s'exécutant, le dragon prit son envol. Un peu rouillé sans doute, il s'écrasa non loin de là, près de Sainte-Marie-Madeleine, et les habitants du lieu, informés du miracle par des bergers venus de Provence, donnèrent à leur village le nom du saint évêque.

lundi 18 février

lever : 7 h 53
coucher : 18 h 16

Ste Bernadette

À table !

Le pain tourné

Limousin

Appelé aussi « pain tordu », ce pain est une spécialité du Limousin, et plus particulièrement de la Haute-Vienne. Il est constitué de farine de blé, d'un peu de pâte fermentée, d'eau, de sel et de levure. Après le pétrissage et le pesage, les pâtons sont étirés, fendus, puis tordus en vrille. Une fois cuit, le pain présente une mie très alvéolée, et sa croûte épaisse et dorée lui assure une bonne conservation.

Devinette

Quelle abbaye du Maine-et-Loire fut une prison, pendant plus de cent cinquante ans ?

L'abbaye de Fontevraud. En 1804, Napoléon décide de la transformer en établissement de détention, et elle le reste jusqu'en 1963. Aujourd'hui, c'est un centre culturel qui œuvre à son développement et à sa promotion.

La rubrique du 13 h

L'ABBAYE DE LÉONCEL

Rhône-Alpes

Cette ancienne abbaye cistercienne du XIIe siècle a longtemps été le monastère le plus important du Vercors, par l'étendue de son domaine, mais aussi par son rayonnement culturel. Cependant, l'abbaye est ravagée au XIVe siècle, et seule l'église romane de style provençal reste debout. Le monastère décline à partir du XVIIe siècle et ne compte plus qu'une poignée de moines au moment de la Révolution et de sa dissolution ; l'église devient alors paroissiale. Aujourd'hui, les bâtiments annexes abritent la mairie de Léoncel, l'école et un gîte, tandis qu'une association continue d'œuvrer pour restaurer l'abbaye.

Faune & flore

Le coati

Guyane

S'agit-il d'un singe, d'un raton laveur ou d'un panda ? La réponse est : un peu des trois ! Ce sympathique habitant des forêts guyanaises est un animal remarquable, qui, pour se déplacer plus facilement dans les arbres, est capable d'inverser la position de ses pieds par un simple mouvement de la cheville. Attention, si mignon soit-il, le coati demeure un animal sauvage...

Il était une fois en 1899

Édouard Feray, élu maire d'Évreux

Haute-Normandie

Le 18 février 1899 marque le couronnement de la carrière du grand pionnier de la spéléologie, Édouard Feray : c'est le jour où il est élu maire d'Évreux, en Haute-Normandie. Rien ne prédestinait ce pharmacien à devenir un scientifique intrépide. Sa carrière est liée à une bataille oubliée : la « guerre des eaux ». Paris achète alors un grand nombre de sources locales, pour assurer ses besoins en eau : Feray se spécialise donc en hydrogéologie, afin de rechercher des sources. Nous lui devons des techniques révolutionnaires pour l'époque, ainsi que la topographie de plusieurs cavités normandes, quelques-unes n'ayant toujours pas été retrouvées par les plus chevronnés des spéléologues contemporains.

mardi 19 février

lever : 7 h 51
coucher : 18 h 18

St Gabin

Savoirs d'antan

Si des auréoles apparaissent à l'endroit où vous venez de détacher un vêtement, faites bouillir de l'eau, puis exposez le tissu au-dessus de la vapeur. L'auréole disparaîtra petit à petit, et votre linge retrouvera sa jeunesse d'antan.

Faune & flore

Le fulmar

Picardie

Les longues ailes du fulmar sont très bien adaptées à son mode de vie, l'oiseau passant le plus clair de son temps en haute mer. Lorsqu'il vient à terre, il devient d'ailleurs très maladroit, au point de devoir se jeter dans le vide pour s'envoler, tant il lui est difficile de se dresser sur ses pattes !

La rubrique du 13 h

LA MAISON DE LA SALERS

Auvergne

La maison de la Salers a ouvert ses portes dans une grange du XVIIe siècle, au cœur du Massif central. Situé à Saint-Bonnet-de-Salers, cet espace ludique et pédagogique est entièrement dédié à la race bovine salers et à ses produits. On peut d'ailleurs y déguster de la viande grillée ou des fromages, comme le salers et le célèbre cantal. La maison de la Salers met en valeur un terroir et un savoir-faire exceptionnels, à travers des expositions et des animations, tout au long de l'année ; des rencontres entre les producteurs locaux et le public sont également organisées.

À table !

Andouille de Vire chaude

Basse-Normandie

Pour 4 personnes

Couper en rondelles 800 g d'andouille de Vire, 1,2 kg de pommes de terre épluchées et 2 oignons pelés. Dans une cocotte, répartir en plusieurs couches, en alternant, pommes de terre, oignons, andouille. Verser 30 cl de vin blanc. Couvrir. Cuire à feu doux, au moins 30 min, jusqu'à l'obtention de pommes de terre moelleuses.

Il était une fois en 1943

L'espoir renaît à Beauvais

Picardie

De par sa position stratégique, la ville de Beauvais a déjà été pilonnée à huit reprises entre 1914 et 1918. En juin 1940, les avions de la Luftwaffe utilisent des bombes incendiaires qui terrorisent la population et déclenchent sans doute le plus grand incendie que la ville ait connu. Le 19 février 1943, l'espoir renaît pour la population : afin de réduire les privations, les communes avoisinantes de Marissel, Notre-Dame-du-Thil, Saint-Just-des-Marais et Voisinlieu sont annexées. La reconstruction commence en 1945, et le général de Gaulle, devant l'ampleur des dégâts, aura ces paroles émues à propos du sacrifice de Beauvais : « Bonne ville de France, [...] cité meurtrie, cité mutilée... »

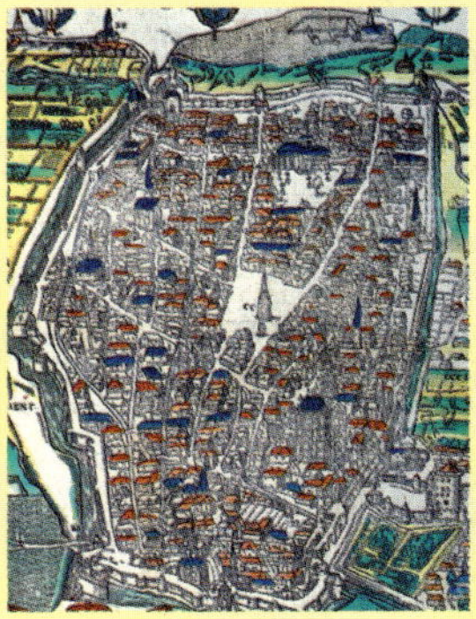

mercredi 20 février

lever : 7 h 49
coucher : 18 h 19

Ste Aimée

À table !

Gâteau breton

Bretagne

Pour 6 personnes
Mélanger 300 g de farine et 175 g de sucre semoule. Ajouter 3 jaunes d'œufs et mélanger. À la main, rendre la pâte sablonneuse. Incorporer 125 g de beurre demi-sel, en petits morceaux, jusqu'à l'obtention d'une pâte homogène. Dans un moule beurré, étaler la pâte à la main. Dorer avec 1 jaune d'œuf et tracer des motifs avec une fourchette. Cuire à 180 °C, 45 min. Ce gâteau se conserve plusieurs jours et se déguste avec un verre de cidre breton.

La rubrique du 13 h

LA BASILIQUE SAINT-JUST DE VALCABRÈRE

Midi-Pyrénées

Située en Haute-Garonne, à l'écart de la ville, au milieu des champs, la basilique impressionne par sa grande sobriété. Pour y pénétrer, il faut d'abord franchir le portail du cimetière, qui fait le tour de l'édifice : Saint-Just est en effet une église funéraire et une zone d'inhumation, depuis la présence romaine. Pour bâtir cette basilique de style roman aux XIe et XIIe siècles, les constructeurs ont d'ailleurs réutilisé des pierres, des colonnes, des chapiteaux et des bas-reliefs prélevés dans les villas antiques des alentours.

Faune & flore

Le molosse de Cestoni

Languedoc-Roussillon

Cette espèce, surtout présente dans les régions méditerranéennes, ne porte pas son nom pour rien : après la grande noctule, le molosse de Cestoni est la plus grande chauve-souris de France. Habitant des falaises rocheuses, il s'établit parfois en ville, sous un pont ou dans la fissure d'un vieux bâtiment.

À la vôtre !

PACA

Il y a deux mille six cents ans, les Phocéens implantèrent la vigne en Provence, et ils élaboraient déjà un vin qui s'apparentait au rosé que nous connaissons aujourd'hui. Il existe, de nos jours, de grands rosés de Provence, dont la palette aromatique complexe témoigne d'un savoir-faire et d'un enrichissement façonnés par les siècles.

Il était une fois en 1876

Martin Nadaud entre à la Chambre des députés

Limousin

Né en 1815 dans une famille paysanne de la Creuse, Martin Nadaud est un maçon et un homme politique socialiste, qui a œuvré toute sa vie pour la défense de la dignité et des conditions de vie de la classe ouvrière. Après un exil en Angleterre sous le second Empire, il revient en France et entre à la Chambre des députés le 20 février 1876, représentant républicain de l'arrondissement de Bourganeuf. Son origine sociale et son parcours professionnel font de Martin Nadaud un homme engagé, aux convictions modernes, qui plaide notamment pour l'instauration de retraites ouvrières, pour la laïcité de l'enseignement et pour l'instauration d'un droit de grève.

jeudi 21 février

lever : 7h47
coucher : 18h21

St Pierre

Faune & flore

Le boulant lillois

Nord-Pas-de-Calais

L'énorme renflement qu'il possède au niveau de la gorge confère à ce pigeon une allure peu commune. Cette boule, davantage ovale que ronde, peut d'ailleurs se révéler très gênante pour l'oiseau. Presque disparu de France dans les années 1980, le boulant lillois est aujourd'hui de retour dans la région.

La rubrique du 13 h

LA CORDERIE ROYALE DE ROCHEFORT

Poitou-Charentes

Achevée en 1669, la corderie royale est le principal bâtiment de l'arsenal de Rochefort. Pendant deux siècles, elle a fabriqué des centaines de kilomètres de cordages marins à partir de chanvre ; les cordages étaient ensuite goudronnés pour résister au temps et aux intempéries. Concurrencée par les câbles métalliques, les cordages synthétiques et mise à mal par le déclin de la voile au profit des machines à vapeur, la corderie ferme en 1876. Progressivement laissée à l'abandon, elle est incendiée par les Allemands en 1944. Reconstruite, elle abrite désormais divers organismes, dont le Centre international de la mer.

À table !

Pommes de terre à la picarde

Picardie

Éplucher et couper en lamelles 1 kg de pommes de terre et 2 poireaux. Dans une cocotte, les faire revenir avec un peu d'huile. Verser 1/4 de litre de bouillon. Couvrir et cuire à feu moyen 15 min. Couper 2 tranches de jambon en dés. Ajouter, dans la cocotte, le jambon et 2 c. à soupe de crème fraîche. Laisser sur le feu 5 min.

Savoirs d'antan

Pour faire durer une bougie plus longtemps, frottez la mèche avec du gros sel avant de l'allumer. Le sel permettra, en effet, de ralentir la combustion, et votre bougie vous éclairera ainsi plus durablement.

Il était une fois en 2000

Jean Yanne reçoit le prix Alphonse Allais

Île-de-France

Depuis 1954, le prix Alphonse Allais, créé à l'initiative de l'auteur Henri Jeanson, célèbre les artistes « entre fumisterie et poésie ». L'écrivain et humoriste reconnu, qui s'écriait : « On étouffe ici ! Permettez que j'ouvre une parenthèse », n'aurait pas été peu fier de voir le prix Allais remis à Paris, le 21 février 2000, au regretté Jean Yanne, pour son livre *Pensées, répliques et anecdotes* : ce dernier voyait lui-même Allais comme l'un de ses pères spirituels. La légende lui prête ces mots, jamais confirmés, à la remise du prestigieux trophée : « Chaque fois qu'on peut dire quelque chose en quatre mots, ce n'est pas la peine de s'étaler. »

À table !

Tomme des quatre dames de Forcalquier

Provence-Alpes-Côte d'Azur

Cette tomme de chèvre est recouverte de 4 feuilles de châtaignier, en l'honneur des 4 filles du comte de Forcalquier qui, au XIIIe siècle, devinrent reines : Marguerite épousa Louis IX, roi de France, Éléonore, le roi d'Angleterre Henri III, Sancie, Richard de Cornouailles, roi des Romains, et Béatrice, Charles d'Anjou, roi de Naples et de Sicile. Il peut être accompagné d'un vin blanc des coteaux du Ventoux.

Un record en *Auvergne*

Le plus grand volcan d'Europe se trouve en Auvergne : ses restes forment aujourd'hui les monts du Cantal, qui occupent la majeure partie du département du même nom. Ce stratovolcan, vieux de treize millions d'années, s'est éteint il y a deux millions d'années déjà.

La rubrique du 13 h

LE CHÂTEAU DE LA MOTTE-TILLY

Champagne-Ardenne

Dans le département de l'Aube, le château de la Motte-Tilly et son parc dominent une boucle de la Seine. Cette majestueuse demeure du XVIIIe siècle est érigée sur une ancienne motte féodale : c'est d'ailleurs de là que le château tient son nom. Parfait symbole d'architecture classique, il a gardé un mobilier contemporain de sa construction. Il s'ouvre sur de splendides jardins à l'anglaise et à la française, aménagés autour d'un miroir d'eau. Le château est aujourd'hui la propriété des monuments historiques.

Faune & flore

L'effraie des clochers

Bourgogne

Cette élégante dame blanche niche, comme son nom l'indique, dans les clochers des églises, les combles des vieux bâtiments… Mais cet oiseau nocturne de nature solitaire se raréfie. Une tendance à laquelle la région compte bien mettre un terme, grâce à la mise en place de nichoirs.

Il était une fois en 1918

Jean Hugo, La Fête de Washington

Lorraine

Jean Hugo (1894-1984), l'arrière-petit-fils du grand écrivain, Victor Hugo, a eu une carrière de peintre très riche, côtoyant Picasso, Éluard, Cendrars tout au long de sa vie. Sa période la plus créative, inspirée du cubisme, correspond à l'époque où il était aide de camp en Lorraine et interprète auprès des forces expéditionnaires américaines, pendant la Première Guerre mondiale. Il fut confronté très rapidement aux horreurs de la guerre, et son cubisme, à l'inverse de certains peintres marqués par les horreurs du combat, ne fut pas teinté de cynisme ou d'effroi, mais plutôt d'une fantaisie et d'un humour saisissants. L'un de ses chefs-d'œuvre, *La Fête de Washington*, fut dessiné dans un carnet à croquis, le 22 février 1918.

Suivez le guide !

Limousin

Trouver refuge dans les monts de Guéret

De la vallée de la Creuse à celle de la Gartempe, en passant par le massif forestier de Chabrières, le territoire des monts de Guéret constitue un véritable havre de paix, en plein cœur de la nature limousine.

Si le terme « guéret » signifie « terre labourée et non ensemencée » ou même « terre laissée en jachère », on a coutume de l'employer en poésie pour toute terre propre à porter les grains, autrement dit pour des terres fertiles. Nul doute que le mot convient fort bien à la région, et ce n'est pas le massif de Chabrières, qui s'étend sur plus de deux mille hectares, qui viendra nous contredire ! Forêt mystérieuse, elle conserve aujourd'hui en son sein des animaux légendaires... C'est après l'avoir parcourue un certain temps que vous les découvrirez : au milieu de leur habitat naturel, paisibles, dans de vastes enclos, vivent les loups de Chabrières. Le premier enclos, surprenant, vous enferme, tandis que les loups évoluent en plein air. En grimpant ensuite sur le chemin de ronde, vous dominerez une vaste clairière jonchée de granite et, au-delà, la vallée de la Creuse, et vous pourrez admirer les animaux protégés, comme en liberté. La promenade continue, offrant de nouveaux points d'observation, entre faune et flore.

Si le temps est beau, ce sera également l'occasion de se perdre dans le labyrinthe végétal géant ou d'aller se reposer sur les rives du lac de Courtille... Mais, s'il est moins clément, la balade peut se poursuivre dans les rues de Guéret, interrompue par une visite du musée d'Art et d'Archéologie, qui recèle des trésors locaux – découverts lors de fouilles ou retraçant l'histoire de la peinture creusoise –, mais aussi plus exotiques. L'orfèvrerie limousine côtoie ainsi des pièces asiatiques et les œuvres de peintres flamands. Une salle attirera particulièrement les férus de naturalisme : le cabinet d'histoire naturelle, où sont regroupés une centaine d'animaux empaillés du monde entier.

lundi 25 février

lever : 7 h 40
coucher : 18 h 27

St Roméo

À table !

Soupe aux haricots blancs

Corse

Pour 6 personnes

Verser 1 kg de haricots blancs frais dans de l'eau bouillante. Retirer après quelques minutes. Couper en cubes 3 pommes de terre épluchées. Parer et couper en rondelles 2 poireaux. Parer et découper en lanières 1 chou. Peler et hacher 1 oignon. Découper 150 g de poitrine salée en dés. Dans une marmite, couvrir l'ensemble avec 3 l d'eau. Laisser mijoter 3 h. En fin de cuisson, ajouter 2 gousses d'ail finement hachées.

Devinette

Quelle infrastructure sportive de la ville de Roubaix a été transformée en musée ?

La piscine. Depuis 2001, la piscine de la ville, devenue le musée d'Art et d'Industrie André-Diligent, n'accueille plus que des visiteurs chaussés, venus contempler sculptures, photos, peintures et textiles.

La rubrique du 13 h

LA PASSERELLE MIMRAM

Alsace

La passerelle Mimram, également appelée « passerelle du jardin des Deux Rives », doit son nom à celui qui l'a imaginée, Marc Mimram. Au cœur d'un jardin de cent cinquante hectares, elle a permis une revalorisation des rives du Rhin. En effet, cette passerelle enjambe le fleuve pour relier Strasbourg à Kehl, en Allemagne. Imaginée sur le modèle d'un pont suspendu, elle est considérée comme un chef-d'œuvre d'architecture, mais aussi et surtout comme un symbole de l'amitié franco-allemande. Réservée aux piétons et aux cyclistes, elle gomme la frontière entre les deux pays.

Faune & flore

La mâche

Pays de la Loire

Délicieuse en salade, la mâche est facile à cultiver et trouvera facilement sa place dans votre jardin. Le semis est très facile à réaliser et sera bien moins onéreux que l'achat de plants. Veillez juste à ce que la terre ne soit pas trop meuble. Une fois les graines en place, arrosez régulièrement.

Il était une fois en 1912

Naissance d'Émile Allais

Rhône-Alpes

Sur les pistes comme en dehors, Émile Allais semble toujours avoir eu une longueur d'avance. Né le 25 février 1912 à Megève, il s'initie au ski dès son plus jeune âge et fait son service militaire chez les chasseurs alpins, ce qui lui permet de skier tout un hiver et de se faire remarquer par la Fédération française de ski. L'année suivante, en 1936, il devient le premier médaillé français aux jeux Olympiques, mais c'est surtout au Championnat du monde de ski alpin de 1937, à Chamonix, qu'il marque l'histoire de ce sport, avec pas moins de trois médailles d'or : descente, slalom et combiné.

mardi 26 février

lever : 7 h 38
coucher : 18 h 29

St Nestor

Faune & flore
L'ophrys abeille
Centre

La jolie fleur de cette orchidée très convoitée par les amateurs du genre ressemble à s'y méprendre à une abeille. C'est d'ailleurs un véritable leurre, attirant les mâles d'une certaine espèce d'abeilles, qui assurent alors la pollinisation de la plante.

La rubrique du 13 h

LE FORT DU CAP LÉVI
Basse-Normandie

À Fermanville, dans le val de Saire, au cœur d'un espace naturel protégé, le fort du cap Lévi domine la mer. Napoléon Ier ordonne son édification au début du XIXe siècle, afin de compléter la défense de la rade de Cherbourg. Les travaux durent de 1801 à 1806, mais l'ouvrage militaire reste inachevé. Le fort, qui s'élève à près de vingt mètres au-dessus du niveau des hautes mers, est déclassé en 1875. Utilisé pendant les deux guerres mondiales, il est partiellement détruit par les bombardements de 1944. Il est aujourd'hui ouvert à la visite et a été aménagé en chambres d'hôtes.

À table !
Spéculoos
Nord-Pas-de-Calais

Mélanger 150 g de cassonade avec 1 c. à café de cannelle. Incorporer 150 g de beurre mou en morceaux jusqu'à l'obtention d'une pâte homogène. Pétrir en ajoutant 250 g de farine et ½ sachet de levure chimique. Laisser 2 h au réfrigérateur. Étaler au rouleau pour atteindre 3 à 4 mm d'épaisseur. Découper et disposer les biscuits sur une plaque recouverte de papier sulfurisé. Cuire 10 min à 200 °C. Conserver dans une boîte hermétique.

À la vôtre !
Lorraine

S'étendant sur moins de deux cents hectares, le vignoble lorrain est parmi les plus petits de France. Il compte néanmoins deux AOC, dont, depuis 1998, l'appellation côtes-de-toul, produite au sud de la vallée de la Moselle, qui se déguste aussi bien en apéritif qu'en accompagnement des célèbres quiches ou potées lorraines.

Il était une fois en 1960
De Gaulle, discours de Narbonne
Languedoc-Roussillon

Le 13 février 1960 a lieu un événement historique : la *Gerboise bleue*, la première bombe atomique française, explose dans l'atmosphère du désert du Tanezrouft, dans le Sahara algérien. Il s'agit sans doute de l'un des plus gros secrets d'État français. Le discours historique du général, prononcé à Narbonne le 26 février 1960, alors qu'il commence à être critiqué sur « les événements en Algérie » liés à la guerre d'indépendance et aux attentats, souligne sa position ferme face à la puissance américaine. Il dit, en effet, à propos de la *Gerboise bleue* : « C'est une démonstration que la France a faite de ce qu'elle vaut. » Six ans plus tard, la France sort de l'Otan et, par là même, du giron d'influence américain.

mercredi 27 février

lever : 7 h 36
coucher : 18 h 31

Ste Honorine

À table !
Le brie de Nangis
Île-de-France

Ce fromage au lait de vache est produit en Seine-et-Marne. Né dans la commune de Nangis, il est désormais fabriqué à côté de Tournan-en-Brie. De la famille du brie de Coulommiers, sa pâte jaune est molle, sa croûte est blanche avec des stries rouges et brunes. Il est affiné pendant 4 semaines, et son goût est légèrement plus fort que celui du brie de Meaux. Il peut être dégusté avec un verre de pinot noir ou de saint-estèphe.

Devinette

Quel sport pratique-t-on sur un trinquet ?

La pelote basque. Le trinquet est une aire de jeu couverte, quadrangulaire, délimitée par quatre murs. Elle mesure vingt-huit mètres de long sur dix mètres de large, environ.

La rubrique du 13 h

LE DÉSERT ROUGE DES PADZAS DE DAPANI
Mayotte

Ce site très touristique se trouve au sud de Mayotte. On appelle « padzas » des endroits ravinés par l'érosion, où ne pousse plus aucune végétation ; bien souvent, l'homme, par ses activités de déforestation, est responsable de ce phénomène géologique. La promenade commence au fond d'une gorge entourée de parois à l'aspect incandescent. Cette terre rouge, qu'on appelle « latérite », est très fréquente sur l'île, et, lorsqu'on arrive au sommet, la vue sur le lagon contraste fortement avec la couleur de la roche, ce qui rend le site encore plus exceptionnel.

Faune & flore
Le martinet pâle
Midi-Pyrénées

Habitant des côtes rocheuses, le martinet pâle se montre parfois bien urbain, en investissant toute cavité qu'il jugera suffisamment grande pour accueillir sa nichée. Après avoir passé l'hiver en Afrique, il sera bientôt de retour dans la région… N'hésitez pas à guetter son arrivée !

Il était une fois en 2009
Plan énergie solaire
Poitou-Charentes

C'est en tant que présidente du conseil régional de Poitou-Charentes que Ségolène Royal lance le Plan énergie solaire, le 27 février 2009. La région, qui dispose déjà de deux fois plus de centrales photovoltaïques par habitant que la moyenne française, fait un pas de plus vers une économie durable, qui tend à réduire la pollution et le gaspillage des ressources naturelles. En effet, les panneaux photovoltaïques permettent de convertir l'énergie solaire en énergie électrique. Le plan souhaite ainsi développer ces centrales solaires, sur tous les bâtiments publics que la région administre, et aider les entreprises et les coopératives agricoles à leur implantation.

jeudi 28 février

lever : 7 h 34
coucher : 18 h 32

St Romain

Faune & flore
La violette odorante
Haute-Normandie

Impossible de manquer cette petite violette des haies et des bois normands, tant son parfum est prononcé. Elle fait d'ailleurs partie des rares espèces de violettes qui sont utilisées en parfumerie. Ses feuilles comme sa fleur sont comestibles et agrémenteront salades, soupes et pâtisseries.

Un record en
Alsace

Catherine Trautmann est, en France, la première femme à la tête d'une ville de plus de cent mille habitants, quand elle est élue en 1989 à Strasbourg, dont elle est originaire. Elle devient, par la suite, la première femme ministre de la Culture, en juin 1997.

La rubrique du 13 h

LE SITE ARCHÉOLOGIQUE DE MANDEURE
Franche-Comté

Le petit bourg de Mandeure, dans un méandre du Doubs, était autrefois une importante ville antique : le site d'Epomanduodurum, qui s'étend sur cent quatre-vingts hectares environ, était établi sur l'axe commercial du Rhin à la Méditerranée. À la fin du XIXe siècle, des fouilles ont mis au jour les vestiges d'une véritable cité gallo-romaine, notamment un sanctuaire et un théâtre, le seul édifice encore visible de l'agglomération antique. Datant de la fin du Ier siècle, il pouvait accueillir dix-huit mille spectateurs, répartis sur quatre niveaux de gradins appuyés sur la falaise naturelle.

À table !

Soupe de chou-fleur à l'ail de Cherrueix
Bretagne

Pour 6 personnes
Parer 1 chou-fleur et le séparer en bouquets. Éplucher 2 pommes de terre et les couper en 4. Faire cuire l'ensemble 15 min dans 800 ml d'eau bouillante. Faire blanchir 4 gousses d'ail de Cherrueix épluchées. Ajouter à la soupe et mixer jusqu'à obtention d'un mélange homogène. Incorporer 3 c. à soupe de crème fraîche. Réchauffer. Ajuster l'assaisonnement et servir avec de fines tranches de lard grillé.

Il était une fois en 1899
Louis Coulon, Le Journal illustré
Auvergne

Louis Coulon est un ouvrier mouleur de Montluçon qui a marqué la région par son physique étonnant. En effet, né en 1826, cet Auvergnat atypique a entretenu sa barbe des années durant : elle atteint alors une longueur exceptionnelle de trois mètres et trente-cinq centimètres ! Une particularité qui ne passe pas inaperçue, lorsqu'il va la laver dans les eaux du Cher, attirant ainsi une foule de curieux. Jouant de son physique et profitant d'une notoriété grandissante, le père Coulon prend régulièrement la pose devant les photographes, qui utilisent son image pour nombre de cartes postales de l'époque ou en couverture du *Journal illustré*, en février 1899.

vendredi 1er mars

lever : 7h32
coucher : 18h34

St Aubin

À table !

Rata du Nord

Nord-Pas-de-Calais

Pour 4 personnes

Faire revenir 4 tranches de lard et 4 saucisses fumées dans une cocotte. Retirer et faire revenir 5 oignons. Ajouter 2 kg de pommes de terre épluchées et coupées en morceaux, de l'eau à mi-hauteur, du thym, du laurier, 1 cube de bouillon, le lard et les saucisses. Couvrir et laisser sur le feu pour que les pommes de terre soient bien cuites (20 min environ). Servir.

Savoirs d'antan

Vous ne supportez plus de tomber nez à nez avec une araignée chaque soir en allant vous coucher ? Suspendez quelques brins de menthe fraîche le long des murs ou aux plafonds qu'elles colonisent, et elles iront s'installer ailleurs.

La rubrique du 13 h

LE JUGEMENT DERNIER DE VAN DER WEYDEN

Bourgogne

Les hospices de Beaune sont mondialement célèbres, mais le prestigieux vignoble n'est pas le seul à faire leur renommée. À l'intérieur de l'ancien hôpital devenu musée, on peut admirer une œuvre du XVe siècle : un retable du peintre flamand Rogier Van der Weyden. Composé de neuf panneaux de bois, ce polyptyque, qui narre le Jugement dernier, est exceptionnel à plus d'un titre : le diable n'est pas représenté dans l'enfer, et, une fois ses neuf panneaux de chêne ouverts, le retable mesure cinq mètres soixante sur deux mètres quinze ; enfin, l'œuvre n'a jamais quitté les hospices, depuis plus de cinq cents ans.

Faune & flore

Le campagnol de Fatio

Rhône-Alpes

Il existe nombre d'espèces de campagnols en France, mais vous ne trouverez celle-ci que dans les prés et les bois alpins. Proche du campagnol souterrain, il devient actif à la nuit tombée, bien qu'il lui arrive de s'aventurer hors de son terrier en plein jour, si la végétation est suffisamment dense.

Il était une fois en 1943

Évacuation de Saint-Nazaire

Pays de la Loire

Après la défaite française de 1940, le port de Saint-Nazaire, en Loire-Atlantique, de par sa position stratégique face à l'océan Atlantique, est immédiatement occupé par la flotte de guerre allemande, la Kriegsmarine. Les raids aériens n'ayant donné que peu de résultats, les Alliés décident la destruction totale de la ville, au prix d'une gigantesque offensive coordonnée, anéantissant plus de la moitié de la cité. Après une attaque dans la nuit du 28 février 1943, Saint-Nazaire est évacuée dès le 1er mars, et les habitants se réfugient dans les communes avoisinantes de la presqu'île de Guérande et en Brière. Le 11 mai 1945, la ville sera la dernière d'Europe à être libérée.

Suivez le guide!
Ile-de-France

« La vraie demeure des rois, la maison des siècles. »

Ainsi parlait Napoléon Bonaparte du château de Fontainebleau, alors qu'il était prisonnier à Sainte-Hélène, en août 1816. Il faut dire que l'empereur déchu a beaucoup investi, au lendemain de la Révolution, dans ce bijou architectural à l'histoire particulièrement riche…

Le château de Fontainebleau

La première mention du château dans une charte royale date de 1137. De cette époque médiévale ne subsiste qu'un donjon, mais ces pierres marquent le début d'une très longue histoire : au fil des siècles, et jusqu'au second Empire, les comtes, ducs, rois et empereurs se succèdent, chacun ajoutant une pierre à l'édifice. Agrandissements ordonnés par François Ier, escalier en fer à cheval construit sous le règne de Louis XIII, réaménagé sous Napoléon Ier, pour la visite du pape Pie VII venu assister au sacre, Fontainebleau ne cesse d'évoluer. Demeure officielle des souverains français depuis le XVIe siècle, le château a conservé en son sein un nombre incroyable d'œuvres d'art, et l'on peut y visiter aujourd'hui, outre les sublimes galeries, jardins et appartements, pas moins de quatre musées.

Une forêt millénaire

Le château de Fontainebleau n'est pas le seul trésor historique des environs : les arbres de la forêt auront eux aussi mille histoires à vous raconter ! Impressionnistes et poètes l'ont arpentée en leur temps, afin de nous livrer leurs sensations, mais rien ne vaut une promenade personnelle, pour s'en faire une idée par soi-même, en empruntant des sentiers dont certains ont été tracés dès le XVIe siècle, notamment pour la chasse à courre. Très étendue, la forêt de Fontainebleau offre des paysages très variés, tantôt sablonneux, tantôt rocheux, et une grande diversité végétale. Laissez-vous porter par les chênes et les pins jusqu'à la Roche Éponge, jusqu'au grand point de vue des gorges de Franchard, ou encore jusqu'à la caverne des Brigands, fameux repaire sous Louis XV, où il fait bon aujourd'hui se balader.

lundi 4 mars

lever : 7 h 26
coucher : 18 h 38

St Casimir

Faune & flore

Le laser à trois lobes

Lorraine

La Lorraine est la seule région de France où il est possible d'observer, à l'état sauvage, le laser à trois lobes. Il se distingue des autres ombellifères par la forme de ses feuilles, divisées en trois lobes – d'où son nom. En outre, la plante donne de petites graines, dont l'odeur n'est pas sans rappeler celle du cumin, son cousin.

À table !

Pain Paillasse de Lodève

Languedoc-Roussillon

Ce pain, à farine blanche, a pour particularité sa fermentation en masse après pétrissage. Près du four, la pâte est ensuite renversée sur une planche farinée, découpée, puis le pâton façonné est déposé sur la pelle à enfourner. Son nom vient du terme « paillasse » ou « paillassou », corbeille tressée utilisée pour la mise en forme des miches. Sa croûte est ambrée, et sa mie, de couleur crème, est très alvéolée.

La rubrique du 13 h

LE PONT COLOMBIER DE VEYRAC

Limousin

Ce colombier, classé monument historique, est unique en France, puisqu'il est le seul bâti sur une rivière, le Glanet. Construit au XVIIe siècle, il comprend cinq arches et un étage qui était réservé aux pigeons et auquel on accédait par une trappe. Ancienne dépendance du château de Veyrac, une commune du département de la Haute-Vienne, à quelques kilomètres de Limoges, l'édifice rectangulaire est percé de part en part et permet ainsi de passer d'une rive à l'autre. Propriété privée, il était autrefois utilisé pour se rendre au verger du château.

À la vôtre !

Franche-Comté

Une commune jurassienne est choisie tous les ans pour recevoir, début février, la prestigieuse Percée du vin jaune. Cet événement rassemble en moyenne quarante-cinq mille passionnés du fleuron viticole de la région. On peut y goûter le nouveau millésime avant embouteillage et participer aux enchères de bouteilles rares.

Il était une fois en 1790

Création du département de la Dordogne

Aquitaine

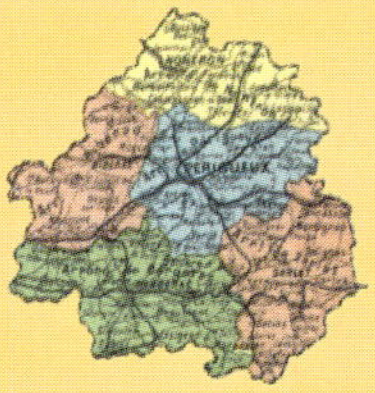

Le Périgord, ou *Pereigord* en occitan, est un ancien comté du duché d'Aquitaine. Il est divisé en quatre parties : au nord, le Périgord vert, de par ses forêts de chênes et de châtaigniers ; au centre, le Périgord blanc, à cause du sol calcaire autour de Périgueux ; le Périgord noir, au sud-est, sans doute l'appellation la plus ancienne, due à ses chênes très sombres ; enfin, le Périgord pourpre, situé autour de Bergerac et dont le nom rappelle les feuilles de vignes automnales. Le comté est rattaché au royaume de France par l'édit de 1607 – il appartenait auparavant au royaume de Navarre – et, le 4 mars 1790, à la Révolution, le département de la Dordogne est créé, s'inscrivant à peu près dans les frontières de l'ancienne province du Périgord.

mardi 5 mars

lever : 7 h 24
coucher : 18 h 40

Ste Olive

Un record en Bourgogne

C'est à Dijon que naquit Gustave Eiffel, un visionnaire qui croyait en ses rêves et qui, à force de persévérance, a convaincu le gouvernement de le laisser construire ce qui était, à l'époque, la plus haute tour jamais construite, la tour Eiffel.

Faune & flore

Le loup

Provence-Alpes-Côte d'Azur

Après avoir été exterminé dans les années 1930, le loup est de retour en France. C'est dans le parc du Mercantour que les premiers spécimens ont été aperçus, au début des années 1990. Si aujourd'hui l'espèce ne cesse de progresser, sa protection fait débat et pose un véritable problème au niveau national.

La rubrique du 13 h

BELVÉDÈRE-CAMPOMORO

Corse

La Corse n'a pas volé son surnom d'« île de Beauté », comme en témoigne le petit village de Belvédère-Campomoro. Au sud de l'île, ce village de pêcheurs en ravira plus d'un : les amoureux de la nature d'abord, avec le panorama qu'il offre sur le golfe du Valinco, ses plages de sable fin d'un côté, son paysage granitique, son maquis et sa côte sauvage de l'autre. Le village séduira aussi les passionnés d'histoire, qui seront intrigués par plusieurs monuments mégalithiques et admiratifs devant la tour de Campomoro – protégée par une fortification en étoile –, la plus grande tour génoise de Corse.

À table !

Cocktail de crevettes à l'avocat

Guadeloupe

Pour 4 personnes

Pour réaliser la sauce, mélanger 4 c. à soupe de ketchup, 4 c. à soupe de mayonnaise, et 3 gouttes de Tabasco. Évider 4 avocats, en réservant les peaux, et ajouter la chair à la sauce. Mélanger. Répartir dans les peaux des avocats et disposer dessus 200 g de crevettes cuites et décortiquées. Agrémenter avec des feuilles de salade verte et des œufs durs coupés en quartiers.

Il était une fois en 1743

Jean-Simon Barthélemy

Picardie

Jean-Simon Barthélemy, peut-être l'un des plus grands peintres d'histoire, naît à Laon le 5 mars 1743. Alors qu'il est encore élève de l'École royale, l'ambassadeur d'Autriche le remarque et lui demande d'exécuter le décor de la salle de bal du mariage de Marie-Antoinette et du futur Louis XVI. Une fois diplômé, il se spécialise dans la peinture d'histoire et compose *Le Siège de Calais* et *Le Triomphe de Flore*. Mais sa représentation du général Bonaparte visitant les fontaines de Moïse, révélée en 1808, d'un format jugé trop petit, l'amène à se croire disgracié. Il retourne à Laon et peint un de ses ultimes chefs-d'œuvre, *Bacchante* (1764).

mercredi 6 mars

lever : 7 h 22
coucher : 18 h 42

Ste Colette

À table !

Foutimassons

Pays de la Loire

Réaliser une pâte homogène, en incorporant progressivement 1 kg de farine et 1 paquet de levure, 4 œufs, 100 g de sucre, 10 cl de lait et un peu de fleur d'oranger. Laisser reposer la boule compacte 2 h. Étaler la pâte et découper des losanges. Faire cuire dans un bain d'huile chaude, en retournant avec une écumoire. Égoutter sur un papier absorbant. Saupoudrer de sucre et servir chaud ou froid, en dessert ou au goûter.

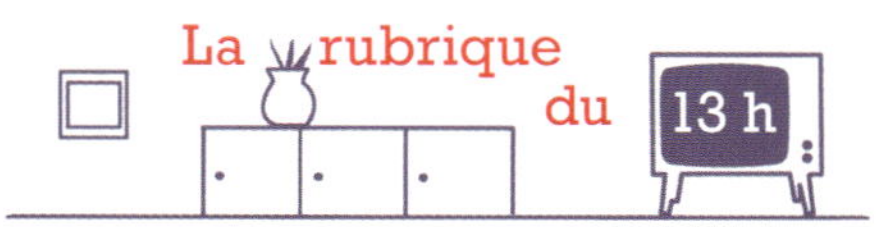

LA RÉSERVE AFRICAINE DE THOIRY

Île-de-France

Dans le département des Yvelines, une petite ville abrite un zoo pas comme les autres. Dans le domaine du château de Thoiry, un château de style Renaissance également ouvert au public, une réserve africaine a été créée. À bord de leur voiture, les visiteurs s'offrent un safari de quelques kilomètres : ils circulent au milieu d'une vingtaine d'espèces africaines herbivores, qui vivent en bonne intelligence dans l'enceinte du parc. Au cœur d'espaces paysagers, on peut observer beaucoup d'autres espèces, notamment dans le parc des ours, le parc des tigres ou la réserve d'Amérique du Nord.

Faune & flore

La carotte de Créances

Basse-Normandie

Plus colorée, plus douce, plus riche en goût… Cette carotte normande possède bien des atouts. Elle pousse dans un milieu très spécifique, les mielles, grandes étendues de sable côtières. Très appréciée des gastronomes, elle fait aujourd'hui la fierté de sa ville d'origine, Créances, dans la Manche.

Savoirs d'antan

Quelques astuces pour économiser la batterie de votre téléphone portable. Désactivez le système de localisation, utilisez le Wi-Fi plutôt que le réseau mobile, diminuez la luminosité, désactivez le Bluetooth, enlevez le son des touches et réduisez, si vous le pouvez, l'utilisation d'applications.

Il était une fois en 1813

Maquette de Brest

Bretagne

Le vieux Brest était entouré de remparts construits par Vauban, et, rive gauche, à partir de la porte Landerneau, la ville s'organisait autour de deux rues principales. Au XIXe siècle, la cité est considérée par les historiens comme une des villes les plus insalubres de France, mais un événement particulier fait chaud au cœur des Brestois : le 6 mars 1813, à Paris, en allant voir les plans-reliefs du roi au Grand Palais, Bonaparte découvre, stupéfait, la maquette immense de la ville de Brest, reconstituée à la perfection. Il dit à cette occasion : « Voilà un magnifique ouvrage ! C'est beau, c'est très beau ! » Ce travail d'orfèvre nous offre une vision du Brest d'avant la reconstruction de 1945, quand la rive gauche existait encore.

jeudi 7 mars

lever : 7 h 20
coucher : 18 h 43

Ste Félicité

Faune & flore

L'apollon arverne

Auvergne

C'est au cœur du parc naturel régional des Volcans d'Auvergne que vit ce papillon typiquement montagnard. L'apollon arverne est un animal rare, dont la survie dépend de la présence d'une plante, l'orpin reprise, car c'est de ses feuilles que se nourrit la chenille.

Devinette

Dans quelle forêt s'est implanté le premier parc à thèmes en France ?

Dans la forêt d'Ermenonville, dans l'Oise. C'est en 1963 que le parc à thèmes La Mer de sable s'installe sur une grande étendue sablonneuse, située au centre de la forêt. Curiosité de la nature propice au thème du Far West, mis à l'honneur dans ce parc.

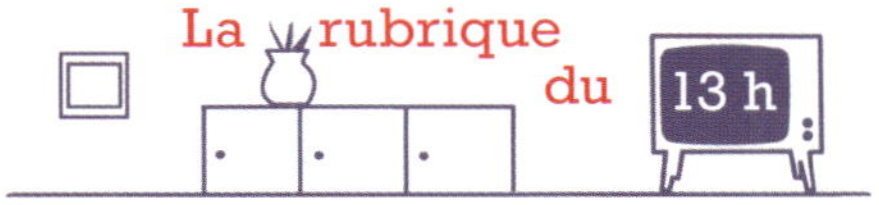

LE CAP DE LA HÈVE

Haute-Normandie

Ce cap, classé site remarquable, marque la rencontre entre les falaises de la Côte d'Albâtre et l'estuaire de la Seine. Il culmine aujourd'hui à plus de cent mètres de haut, même s'il a beaucoup rétréci avec le temps, subissant l'assaut des vagues et des vents. L'homme a compris l'intérêt stratégique de cet éperon dès la préhistoire : le cap est un poste d'observation et de défense idéal. Il protège ainsi l'anse de Sainte-Adresse, ville qui doit sans doute son nom aux marins heureux de quitter les courants de la baie de Seine, pour arriver dans son port.

À table !

Chou rouge aux pommes à l'alsacienne

Alsace

Couper 1 chou rouge en lanières. Mettre à cuire pendant 2 h, à chaleur moyenne, dans une cocotte, 1 c. à soupe de graisse d'oie, 1 oignon haché, 20 cl de vin rouge, 200 g de lardons et le chou. Éplucher et couper 2 pommes en quartiers. Ajouter au chou et laisser cuire 30 min. Servir chaud avec de la viande de porc ou de la volaille, ou froid en salade.

Il était une fois en 1715

Naissance d'Aignan-Thomas Desfriches

Centre

Le musée des Beaux-Arts d'Orléans conserve de nombreuses œuvres de l'artiste amateur Aignan-Thomas Desfriches. Né à Orléans le 7 mars 1715, ce fils d'une famille de négociants est pourtant promis à une grande carrière artistique, et part tôt se former à Paris chez le peintre Nicolas Bertin. Mais, en 1738, la mort de son père le rappelle dans sa ville natale et l'oblige à reprendre l'affaire familiale en difficulté. Néanmoins, il ne délaisse pas le dessin et continue de reproduire des paysages qui s'inspirent des bords du Loiret, ou des scènes de la vie quotidienne.

vendredi 8 mars

lever : 7 h 18
coucher : 18 h 45

St Jean de Dieu

Un record en Bretagne

Le pétrolier *Erika* détient le triste record de la marée noire la plus désastreuse que la France ait connue. Le 12 décembre 1999, le bateau fait naufrage au large de la Bretagne et pollue plus de quatre cents kilomètres de côtes. À la suite de cette catastrophe, des mesures ont été prises au niveau international pour un meilleur contrôle des navires pétroliers.

À table !

Pain au jambon de Luxeuil et au comté

Franche-Comté

Pour 4 personnes

Délayer, au centre de 210 g de farine, 10 g de levure de boulanger avec 2 c. à soupe de lait tiède. Ajouter 1 œuf battu, 50 g de beurre en morceaux, 10 cl de lait et 1 c. à café de sel. Pétrir longuement, puis couvrir d'un linge. Laisser lever 1 h. Couper en dés 70 g de jambon et 70 g de comté. Étaler la pâte et répartir le jambon et le comté. Replier plusieurs fois. Enfourner à four froid et cuire 30 min à 200 °C.

La rubrique du 13 h

L'OSSUAIRE DE DOUAUMONT

Lorraine

La nécropole de Douaumont est un monument de guerre créé après la bataille de Verdun. À côté du cimetière national, contenant plus de quinze mille tombes de soldats identifiés ayant combattu pour la France, on peut voir un long bâtiment à la forme particulière : l'ossuaire de Douaumont. Il s'agit d'un cloître, protégeant quarante-six tombeaux – correspondant aux différentes zones de bataille –, au milieu duquel s'élève une tour de quarante-six mètres, qui renferme à son sommet une lanterne des morts. Ce lieu de recueillement abrite les ossements d'environ cent trente mille soldats inconnus, toutes nationalités confondues.

Faune & flore

La cloque du pêcher

Languedoc-Roussillon

Le champignon responsable de cette maladie ravageuse est indéniablement l'ennemi numéro un du pêcher. C'est au début du printemps que vous pourrez constater les premiers dégâts. Surveillez bien l'arbre, si vous observez des symptômes, et appliquez de la bouillie bordelaise dès le gonflement des bourgeons.

Il était une fois en 1778

Naissance de Jean Thomas Arrighi de Casanova, Corte

Corse

Jean Thomas Arrighi de Casanova, né le 8 mars 1778 à Corte, était le cousin par alliance de Napoléon Bonaparte. Il se destina très jeune à la carrière militaire, et il est indéniable que sa parenté aida à son avancement. Plusieurs fois blessé, il se distingua lors de toutes les campagnes napoléoniennes. Soupçonné de bonapartisme sous la monarchie de Juillet, il s'illustra sous le second Empire, après le coup d'État du 2 décembre 1851. Il mourut sénateur, gouverneur des Invalides et maintes fois décoré le 22 mars 1853, et il restera dans les mémoires comme le fervent défenseur de son cousin l'empereur.

Suivez le guide !
Pays de la Loire

La ville du cheval

Le poète Joachim Du Bellay ne se trompait pas lorsqu'il louait dans ses poèmes la « douceur angevine ». Pourquoi ne pas s'évader à Saumur le temps d'un week-end ?

Vous y dégusterez les produits de la région, comme le saumur champigny ou les galipettes, ces gros chapeaux de champignons de Paris séchés au feu de bois et garnis d'ail, de beurre et de persil. Vous profiterez également des bords de Loire ; selon les saisons, le fleuve est tumultueux, dangereux pour la navigation, ou parfois apaisé, s'écoulant lentement entre les piles du pont Cessart. Ici, les paysages ne sont jamais les mêmes, les bancs de sable et les îles se déplaçant au gré des courants.

Dominant les bords du fleuve capricieux, le château médiéval offre un magnifique point de vue sur Saumur. La vieille ville et ses remarquables maisons à pans de bois ont été miraculeusement épargnées par les bombardements de la Seconde Guerre mondiale. Une envie de sortir des sentiers battus ? Quittez les ruelles de la cité et rejoignez les coteaux, pour vous laisser tenter par un séjour insolite dans une habitation troglodyte. Aménagées dans les nombreuses grottes d'où l'on extrayait autrefois le tuffeau, ces « cavernes » permettent de se ressourcer en toute sérénité.

La capitale de l'équitation

Depuis près de deux siècles, Saumur est la capitale de l'équitation. Nombreux sont les touristes qui visitent l'École nationale d'équitation – une école d'excellence où les élèves apprennent les différentes techniques équestres pour pouvoir ensuite les enseigner – et, surtout, le Cadre noir. D'abord utilisée à des fins militaires, l'école devient civile en 1968. Ce groupe de cavaliers d'élite donne des spectacles dans toute l'Europe et représente souvent la France lors de compétitions internationales. C'est grâce au Cadre noir que l'équitation française est désormais inscrite par l'Unesco au patrimoine culturel immatériel de l'humanité.

lundi 11 mars

lever : 7 h 12
coucher : 18 h 49

Ste Rosine

À table !

Le mussy-l'évêque

Champagne-Ardenne

Ce fromage est l'un des sept fromages artisanaux, dont le chaource, produits à Mussy-sur-Seine. Il porte l'ancien nom de la commune, abandonné au moment de la Révolution française. Il est fabriqué avec du lait entier de vache ; l'ajout de crème le rend particulièrement fondant. Il pèse 300 g et nécessite un affinage de 2 semaines minimum.

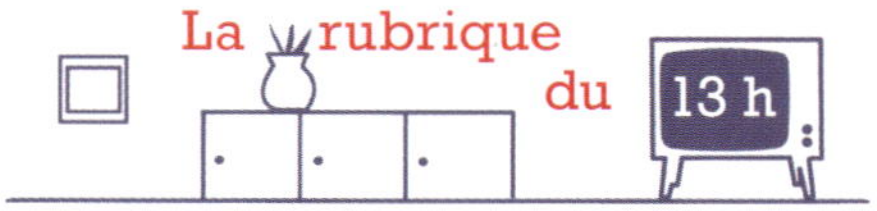

SAINT-JEAN-CAP-FERRAT

Provence-Alpes-Côte d'Azur

Surnommé la « Perle de la Côte d'Azur », Saint-Jean-Cap-Ferrat est un site d'exception : entre Monaco et Nice, jouxtant Villefranche-sur-Mer, la presqu'île regorge de criques creusées dans ses falaises calcaires, au cœur d'une végétation foisonnante. On peut y visiter l'église Saint-Jean-Baptiste, datant du XIe siècle, ainsi que la chapelle Saint-Hospice, ou encore se promener sur le vieux port, construit par les forçats du bagne de Villefranche. Enfin, on peut rêver devant les luxueuses villas Belle Époque, qui témoignent du passé aristocratique de Saint-Jean-Cap-Ferrat.

Faune & flore

Le vison d'Amérique

Bretagne

Importé dans les années 1920 pour la production de sa fourrure, le vison d'Amérique est en pleine expansion, au détriment de son cousin européen, qui compte parmi les mammifères les plus menacés d'Europe. Le vison d'Amérique est très présent en Bretagne, où il est considéré comme une espèce invasive.

Savoirs d'antan

Il est agréable, lorsque nous nous promenons sur la plage, de ramasser des coquillages, qui nous rappelleront nos vacances passées. Pour les nettoyer et enlever toute trace du sable qui se loge à l'intérieur, trempez-les dans une eau très salée.

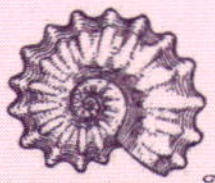

Il était une fois en 1906

Catastrophe de Courrières

Nord-Pas-de-Calais

Au lendemain d'une des plus grandes tragédies de l'histoire du charbon, le 11 mars 1906, le bilan est très lourd. En effet, la quasi-totalité de l'effectif des mineurs qui sont descendus le 10 mars dans les fosses du bassin minier entre Courrières et Lens s'est retrouvée soufflée par une explosion transformant la galerie en fournaise. Les secours s'organisent, mais, alors que les sauveteurs ont atteint la profondeur de cent quatre-vingts mètres, une équipe d'ingénieurs des Mines de l'État donne l'ordre de stopper définitivement les recherches, une décision jugée prématurée par les mineurs et leur famille, à peine vingt-quatre heures après la catastrophe. Au total, ce sont plus de mille mineurs qui y auront laissé la vie.

mardi 12 mars

lever : 7 h 10
coucher : 18 h 51

Ste Justine

Faune & flore

Le pleurote du panicaut

Poitou-Charentes

Sur l'île d'Oléron, ce champignon, réputé pour sa saveur délicate, est si populaire qu'il possède divers surnoms, le plus connu étant celui de « doridelle ». On le trouve sur les racines ou la souche d'un vieux panicaut, où il ne pousse qu'une fois la plante morte.

Devinette

Quel élevage d'agneaux trouve-t-on notamment dans la baie du Mont-Saint-Michel ?

Les prés-salés. Ces ovins ont la particularité de pâturer dans les herbages de la baie du Mont-Saint-Michel, dont les végétaux sont particulièrement chargés en sel, la mer les recouvrant lors des grandes marées.

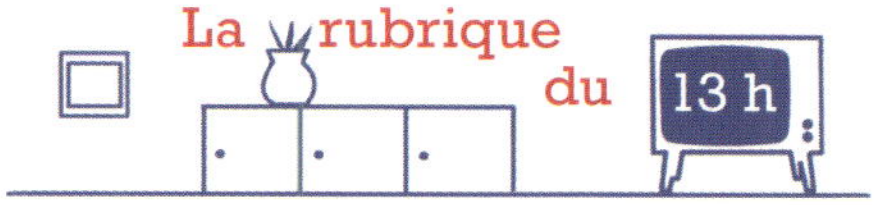

LA TOUR PEY-BERLAND À BORDEAUX

Aquitaine

Cette tour, du nom de l'archevêque de Bordeaux qui l'a commanditée au XVe siècle, culmine à une soixantaine de mètres, au cœur de la ville. Parfait exemple de gothique flamboyant, elle est élevée pour devenir le clocher de la cathédrale Saint-André. En effet, on veut doter l'édifice de cloches plus importantes, mais leur poids et les vibrations émises risquent de le menacer ; c'est pourquoi le clocher et son bourdon de plus de onze tonnes sont séparés de la cathédrale. Il faut gravir deux cent trente et une marches pour arriver au sommet de la tour et jouir d'une vue incroyable sur Bordeaux.

À table !

Millassine

Midi-Pyrénées

Mélanger 3 œufs et 125 g de sucre. Ajouter 125 g de farine, puis 50 cl de lait et enfin 50 g de beurre fondu. Aromatiser à votre convenance, avec du citron, du Grand Marnier ou de la vanille. Préchauffer le four à 180 °C. Beurrer un moule, verser la préparation et enfourner 25 min. En fin de cuisson, le dessous doit être pris, alors que le dessus bouge encore. Ce gâteau s'apprécie tiède ou froid.

Il était une fois en 1895

Déportation d'Alfred Dreyfus en Guyane

Guyane

Le 12 mars 1895 marque une date peu connue de l'histoire d'Alfred Dreyfus : son arrivée en Guyane, au bagne, après sa dégradation et sa condamnation infondée pour espionnage militaire et haute trahison, officiellement en « déportation perpétuelle dans une enceinte fortifiée ». Il reste un mois sur l'île Royale, qui n'est pas fortifiée, une des îles du Salut sur la côte guyanaise, à proximité de Kourou. Il sera ensuite transféré sur l'île du Diable, où il ne connaîtra plus aucune liberté de mouvement. Alfred Dreyfus bénéficiera d'une grâce présidentielle en 1899, sous la pression populaire, et sera réhabilité en 1906.

À table !

L'omble chevalier

Rhône-Alpes

Habitant des lacs alpins depuis les périodes glaciaires, ce poisson noble est de la famille des saumons. Sa morphologie est proche de celle de la truite, et sa teinte est variable en fonction du milieu et de son stade physiologique. Il vit entre 30 et 70 m de fond. Son poids peut atteindre 2 kg, et il mesure jusqu'à 50 cm. Les gourmets pourront apprécier, à Aix-les-Bains, l'omble chevalier aux carottes et au miel de bourgeons de pin.

La rubrique du 13 h

LA MAISON DE JULES VERNE À AMIENS

Picardie

C'est dans cette maison que l'écrivain à l'imaginaire hors du commun a écrit la plupart de ses romans et où il a passé une grande partie de sa vie. La maison de Jules Verne, agrémentée d'une tour surmontée d'un belvédère, est aujourd'hui un musée qui plonge le visiteur dans le monde de l'auteur des *Voyages extraordinaires* et au cœur du XIXe siècle, un siècle de découvertes et d'innovations. La visite est théâtralisée, et les guides revêtent les costumes des personnages les plus célèbres de l'univers de Jules Verne, de Passepartout à Michel Strogoff, mais aussi celui de l'écrivain lui-même.

Faune & flore

La saxifrage œil-de-bouc

Franche-Comté

Dans le bassin du Drugeon se cache une petite rareté : la saxifrage œil-de-bouc. Sa fleur jaune, très délicate, ressemble à s'y méprendre à celle du bouton-d'or. Les deux plantes n'ont pourtant rien de commun, la saxifrage poussant exclusivement dans les bas-marais alcalins.

À la vôtre !

Pays de la Loire

Le vignoble ligérien est un des plus diversifiés de France. Parmi les soixante-huit appellations qu'il compte sur plus de soixante-dix mille hectares, on trouve celle de vouvray, qui produit 60 % de vins pétillants élaborés en monocépage (chenin), dont certains domaines sont mondialement réputés et rivalisent avec de très bons champagnes.

Il était une fois en 1975

Château de Chassy

Bourgogne

Sur la commune de Montreuillon, au nord-ouest de Château-Chinon, se trouve le château de Chassy, flanqué de ses deux tours rondes. Le château fut reconstruit en 1649, l'ancienne maison forte ayant été détruite dans la guerre opposant Louis XI et Charles le Téméraire en 1475. La chapelle intérieure semble contenir des éléments anciens et antérieurs à la reconstruction. La tradition évoque le passage de l'abbé de Clairvaux à Chassy, en 1146 : il y aurait trouvé refuge, sur le point d'être dévoré par des loups affamés, au cœur de l'hiver. Après la famille Talleyrand-Périgord, son dernier propriétaire illustre fut le peintre Balthus, entre 1953 et 1961. Le 13 mars 1975, le château de Chassy fut classé monument historique.

jeudi 14 mars

lever : 7 h 06
coucher : 18 h 54

Ste Mathilde

À table !

Petalou poitevin

Poitou-Charentes

Pour 6 personnes
Cuire, puis éplucher 250 g de pommes de terre. Les passer au presse-purée, ainsi que 125 g de chabichou du Poitou (fromage frais). Mélanger, puis incorporer 3 œufs, 30 g de beurre fondu, 5 cl de lait, du sel et du poivre. Étaler dans un plat 1 pâte brisée et verser la préparation en égalisant la surface. Cuire 15 min à 200 °C, puis étaler dessus du beurre fondu. Enfourner à nouveau, 30 min au moins.

Faune & flore

Lutter contre les chenilles

Si vous souhaitez venir à bout des chenilles sans utiliser de produit chimique, essayez donc ceci : laissez macérer, pendant deux jours, un kilo de feuilles de sureau dans dix litres d'eau, filtrez, puis pulvérisez. Traitez ainsi votre potager pendant une quinzaine de jours.

La rubrique du 13 h

LA CITÉ INTERNATIONALE DE LA DENTELLE ET DE LA MODE

Nord-Pas-de-Calais

La Cité internationale de la dentelle et de la mode est un lieu qui célèbre le savoir-faire des dentelliers à jamais liés à l'histoire économique de Calais. Pendant deux siècles, ils ont fait battre le cœur du quartier Saint-Pierre : aussi la municipalité a-t-elle voulu leur rendre hommage. Pour cela, elle a racheté l'ancienne usine Boulart, une usine bâtie dans les années 1870 et qui a stoppé toute activité en 2000. Le site a été réhabilité et agrandi pour accueillir des expositions, des conférences, des défilés, mais aussi un centre de documentation, une bibliothèque spécialisée et une tissuthèque.

Devinette

Quel fromage frais est très souvent utilisé dans la cuisine corse ?

Le brocciu. Il s'agit d'un fromage blanc frais, préparé avec du petit-lait additionné de lait entier de brebis ou de chèvre. Il peut se manger nature ou bien entrer dans la composition de nombreux plats et desserts corses.

Il était une fois en 1812

Jugement des émeutiers de la faim à Caen

Basse-Normandie

Depuis 1811, Caen et ses environs connaissent la disette. Après un hiver extrêmement rigoureux, la population est en train de mourir de faim. Devant le peu d'implication des pouvoirs publics, des émeutes éclatent au moulin Montaigu. Le préfet et le maire sont pris à parti et malmenés. Le soir même, avec l'aide des gendarmes, l'ordre est rétabli. Par peur des émeutes, quatre mille soldats sont appelés en renfort dans Caen. Des arrestations ont lieu, et soixante et une personnes – souvent innocentes – sont jugées le 14 mars 1812. Parmi elles, six seront exécutées le lendemain, et il faudra attendre le passage à Caen du duc de Berry, en 1815, pour que les condamnés des émeutes de la faim soient enfin amnistiés.

vendredi 15 mars

lever : 7 h 03
coucher : 18 h 56

Ste Louise

À table !

Soupe aux monstrueux d'Elbeuf

Haute-Normandie

Faire revenir, dans une cocotte, 2 tranches de lard coupées en dés avec 2 oignons épluchés et émincés. Éplucher et couper en morceaux 3 carottes, 2 navets, 1 cœur de chou frisé, 2 poireaux monstrueux d'Elbeuf et 1 kg de pommes de terre. Ajouter les légumes au lard et aux oignons. Saler et poivrer. Verser 2 l d'eau. Couvrir et laisser cuire 1 h 30. Servir avec des tranches de pain de campagne grillées, découpées en croûtons.

La rubrique du 13 h

LA MAISON DE LA MAGIE ROBERT-HOUDIN À BLOIS

Centre

En 1981, les descendants de Robert-Houdin – un pseudonyme composé de son nom et de celui de sa femme – confient à la ville de Blois le soin d'exposer les accessoires de ce fils d'horloger devenu illusionniste. C'est ainsi que naîtra cette maison-musée, qui retrace toute l'histoire de la magie à travers des objets, des affiches, des jeux visuels, des spectacles et des ateliers. Robert-Houdin – c'est en son hommage que le roi de l'évasion, Harry Houdini, choisit son nom – a révolutionné le monde de l'illusion, en associant la mécanique de l'horlogerie aux techniques de la prestidigitation.

Faune & flore

L'outarde canepetière

Champagne-Ardenne

Étonnant oiseau que la rare outarde canepetière. L'observer est une chance, car elle est d'un naturel très méfiant. C'est pendant la période nuptiale, à la mi-avril, que l'animal est le plus visible, au moment où le mâle trépigne littéralement sur place, afin d'attirer l'attention des femelles.

À la vôtre !

Bourgogne

Le troisième dimanche de novembre, la Vente des hospices de Beaune voit se réunir des enchérisseurs friands de côte-de-nuits et côte-de-beaune. L'ensemble des fonds collectés sert à entretenir les hospices ainsi que d'autres institutions hospitalières.

Il était une fois chaque année

Ail d'Auvergne

Auvergne

La valeur marchande de l'ail était telle qu'on l'appelait autrefois « l'or blanc ». Utilisé comme vermifuge, il sert aussi d'expectorant en cas de bronchite. Les spécificités de l'ail d'Auvergne sont liées au terroir de Limagne, où il se cultive depuis des siècles : ses gousses sont de couleur rosée, regroupées par dix à dix-huit, et dégagent un parfum franc. Attention, la qualité du sol, la météo et un fond de mystère que les moins croyants appelleront du « folklore » interdisent de planter de l'ail d'Auvergne après le 15 mars ! Sinon, le séchage ne se fait jamais complètement. Une recommandation traditionnelle, suivie scrupuleusement par les producteurs locaux depuis la nuit des temps.

Suivez le guide !
Basse-Normandie

Vous prendrez bien un peu de boudin ?

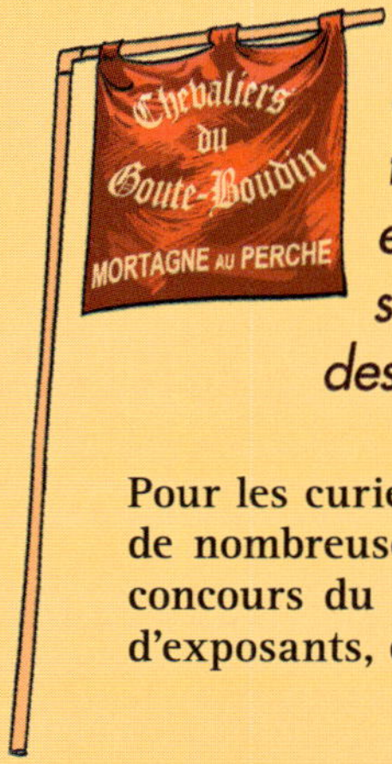

Chaque année a lieu à Mortagne-au-Perche un événement que les amateurs de charcuterie ne manqueraient pour rien au monde : la foire au boudin. Cette commune de l'Orne devient, le temps d'un week-end, le lieu de rendez-vous des meilleurs artisans du monde entier : ils s'affrontent lors d'un concours organisé, depuis 1963, par la Confrérie des chevaliers du goûte-boudin.

Pour les curieux, c'est l'occasion d'assister à la fabrication du « sang cuit » et de déguster de nombreuses recettes traditionnelles ou revisitées. Et, pourquoi pas, de participer au concours du plus gros mangeur de boudin ! La foire, qui rassemble plus d'une centaine d'exposants, célèbre les richesses du terroir percheron.

Mortagne-au-Perche, cité médiévale que le dicton populaire qualifie de « plus beau bourg de France », est idéale comme point de départ pour une exploration de la campagne percheronne. Ce territoire, au carrefour de la Beauce, de la Normandie et du Maine, regorge de trésors insoupçonnés. En toute saison, les collines du parc naturel régional du Perche offrent une palette de couleurs saisissante à qui prend le temps de les contempler : les bruns et les jaunes des champs alternent avec les verts des forêts et des prairies ; çà et là, les ocres des manoirs se détachent sous le ciel clément de cette partie de la Normandie. Le Perche compte plus de quatre cents manoirs, construits en pierre calcaire, la pierre locale. Autrefois logis seigneuriaux aux portes de Paris, ils sont aujourd'hui restaurés par des amoureux des pierres et de la région.

lundi 18 mars

lever : 6h57
coucher : 19h00

St Cyrille

Savoirs d'antan

Les mauvaises odeurs ont envahi votre réfrigérateur, et cela vous incommode dès que vous l'ouvrez. Coupez un citron en deux, déposez-le dans une petite assiette et placez-la dans le Frigidaire. Le fruit absorbera les odeurs.

À table !

Knedele

Lorraine

Pour 4 personnes

Faire une purée avec 400 g de pommes de terre cuites et épluchées. Râper 400 g de pommes de terre épluchées. Mélanger purée, pommes de terre râpées, 1 œuf battu, du sel et du poivre. Incorporer 100 g de farine. La pâte doit être homogène et ferme. Former des quenelles avec 2 c. à soupe. Les cuire, 6 à 8 min, dans de l'eau bouillante additionnée de gros sel. Les servir recouvertes de lardons grillés et de crème fluide réchauffée.

La rubrique du 13 h

LE CHÂTEAU DE TERRE-NEUVE

Pays de la Loire

Érigé à Fontenay-le-Comte, en Vendée, le château de Terre-Neuve est une propriété privée habitée toute l'année, mais qui ouvre ses portes aux visiteurs en saison. Construit en 1580 pour un compagnon d'Henri IV, ce château est renommé pour sa cheminée aux symboles alchimiques, ses boiseries en provenance du château de Chambord et sa collection d'objets, de tableaux, de vêtements et de meubles des XVIIe et XVIIIe siècles. Tout au long des siècles, des invités de marque y séjournèrent, comme Agrippa d'Aubigné ou Georges Simenon, qui y écrivit plusieurs romans pendant la Seconde Guerre mondiale.

Faune & flore

Le ciste

Corse

Petit arbrisseau méditerranéen, le ciste pousse en abondance dans le maquis corse, et ce grâce à sa capacité à se régénérer après un incendie – voire à en tirer parti. Il se reconnaît facilement à ses nombreuses fleurs blanches à cœur jaune, qui ont toutefois la particularité d'être très éphémères.

Il était une fois en 2009

Début de la rénovation de l'escalier monumental d'Auch

Midi-Pyrénées

Œuvre d'art néoclassique, reliant la partie haute à la partie basse de la ville d'Auch, dans le Gers, l'escalier monumental porte bien son nom : trente-cinq mètres de dénivellation, trois cent soixante-quatorze marches, une construction en six volées, dont quatre doubles. Agrémenté de jardinets et de fontaines murales, il fut mis en chantier en 1854, afin de relier les deux parties de la ville, Auch étant construite sur une colline extrêmement escarpée. L'escalier est célèbre pour la sculpture érigée en son centre en 1931 : une statue du plus illustre des Gascons, le capitaine des mousquetaires du roi, le comte d'Artagnan. Le 18 mars 2009, le maire d'Auch, Franck Montaugé, en demanda la rénovation de l'escalier : elle devrait s'achever cette année.

mardi 19 mars

lever : 6 h 55
coucher : 19 h 02

St Joseph

À table !

Le Cyrano

Limousin

Ce chocolat est fabriqué depuis 1970 à Saint-Junien, dans le département de la Haute-Vienne. Son nom a été choisi en hommage à Jean Piat, qui interprétait à l'époque le personnage de Cyrano de Bergerac. Cette délicieuse confiserie est élaborée à partir d'un pruneau macéré dans une liqueur, garni de praliné, enrobé de chocolat, puis roulé dans du sucre glace.

Faune & flore

Le frelon asiatique

Aquitaine

Introduit en France de manière accidentelle, le frelon asiatique est un vrai nuisible, car il se nourrit principalement d'abeilles, espèce déjà très menacée en France. Chaque année, diverses campagnes sont ainsi organisées dans la région afin de piéger cet animal, dont la piqûre s'avère parfois mortelle.

La rubrique du 13 h

LA FACULTÉ DE MÉDECINE DE MONTPELLIER

Languedoc-Roussillon

Officialisée en 1220, la faculté de médecine de Montpellier est la plus ancienne du monde à être toujours en activité. À l'époque, la ville est un carrefour des savoirs, faisant le lien entre la France et tous les pays du bassin méditerranéen. Pendant la Renaissance, la faculté fournit la moitié des médecins du roi et compte d'illustres élèves, comme Nostradamus ou Rabelais. Établie dans un ancien monastère, qu'elle occupe depuis 1795, elle renferme une des plus riches bibliothèques de France, avec de précieux ouvrages qui n'appartiennent pas tous au domaine médical.

Un record en

Haute-Normandie

La ville du Havre, surnommée la « Porte océane », abrite le premier port français pour le commerce extérieur et le trafic de conteneurs. Objet de la plus grande attention de la ville et de la région, il est constamment modernisé et peut désormais accueillir les plus grands porte-conteneurs du monde.

Il était une fois en 1789

Cahier de doléances de Champagney

Franche-Comté

Alors que les Français s'apprêtent à rédiger leurs doléances au roi Louis XVI pour le rassemblement des états généraux, un bourg va se distinguer par l'un de ses vœux. En effet, le 19 mars 1789, les habitants de Champagney demandent au roi l'abolition de l'esclavage. Loin des ports négriers qu'étaient Nantes et Bordeaux à cette époque, les Champagnerots ont entendu parler de l'esclavage par Jacques Antoine Priqueler, un officier originaire de la ville, proche de la Société des amis des Noirs, et s'émeuvent de ces pratiques. Pour rendre hommage à la requête de leurs ancêtres, la ville de Champagney a créé en 1971 la maison de la Négritude et des Droits de l'homme.

mercredi 20 mars

lever : 6 h 53
coucher : 19 h 03

Printemps

À table !

Carottes à la nivernaise

Bourgogne

Pour 6 personnes
Éplucher 1,2 kg de carottes. Leur donner des formes régulières, en taillant les pointes et les tronçons. Cuire 40 min dans de l'eau bouillante salée. Égoutter et réserver 20 cl de l'eau de cuisson. Dans une cocotte, verser l'eau de cuisson et les carottes. Ajouter 50 g de beurre et 1 c. à soupe rase de sucre. Mélanger et laisser réduire à couvert, à feu doux, jusqu'à ce que les carottes soient recouvertes d'un sirop doré.

Devinette

Quelle plante servant à l'élaboration d'une liqueur est très répandue en Auvergne ?

La gentiane jaune. Cette plante de grande taille pousse naturellement sur les flancs des volcans d'Auvergne, et sa racine très imposante, pouvant mesurer plus d'un mètre et peser jusqu'à sept kilos, est transformée en liqueur.

La rubrique du 13 h

L'ABBAYE MARITIME DE BEAUPORT

Bretagne

Édifiée en bord de mer au début du XIIIe siècle, l'abbaye de Beauport siège au milieu de la lande sauvage, des vergers et des prés salés où paissent moutons, vaches et poneys, offrant une vue incomparable sur la baie de Paimpol. L'église abbatiale est tombée en ruine après la Révolution, mais quelques vestiges de son passé subsistent, comme ces coquilles Saint-Jacques marquant une étape pour les pèlerins s'aventurant sur les chemins de Compostelle. Tandis que les fleurs s'épanouissent contre la vieille pierre, le bâtiment qui jouxte l'abbaye propose une exposition retraçant son histoire.

Faune & flore

L'ylang-ylang

Mayotte

Cultivé pour son essence très souvent utilisée en parfumerie, l'ylang-ylang est la production phare de l'île, puisqu'il représente plus de 80 % de ses exportations. Il joue donc un rôle très important dans l'économie locale, chaque arbre pouvant donner jusqu'à quatre kilos de feuilles par récolte.

Il était une fois en 1799

Naissance de Clémentine Clicquot

Champagne-Ardenne

Le 20 mars 1799 naissait à Reims Clémentine Clicquot. Pour sa mère, Barbe Nicole Clicquot, née en 1777, c'était le couronnement d'une vie de labeur intense, et la première descendante directe d'une lignée qui allait s'étendre sur plusieurs générations et accéder à une célébrité mondiale sans égale pour la qualité de son champagne. Nicole Clicquot, pas encore veuve, dont le mari – il mourrait en 1805 – avait fondé la Maison Clicquot, fut la première femme à diriger une maison de champagne. Inventeur de la table de remuage, permettant d'obtenir des vins plus clairs, elle maria sa fille Clémentine au comte de Chevigné, grâce à qui elle put acquérir des vignes du meilleur cru, encore réputées aujourd'hui.

jeudi 21 mars

lever : 6h51
coucher : 19h05

Ste Clémence

Faune & flore

La pomme de terre Pompadour

Picardie

L'arrivée du printemps annonce le début de la plantation de cette pomme de terre exclusivement picarde. Dans un sillon d'une dizaine de centimètres de profondeur, déposez les plants, en les espaçant de trente à quarante centimètres. Arrosez régulièrement entre les rangs, en évitant les feuilles.

À la vôtre !

Nord-Pas-de-Calais

Le genièvre est un vin de malt à base d'orge et de seigle élaboré depuis des siècles dans le nord de la France. On compte aujourd'hui trois distilleries de genièvre en France, toutes dans le Nord-Pas-de-Calais, et des variétés aromatisées aux fruits (pomme, cerise, groseilles, etc.) ont récemment modernisé sa recette.

La rubrique du 13 h

L'AQUEDUC DE SAINT-NAZAIRE-EN-ROYANS

Rhône-Alpes

Emblème de ce village médiéval, aux portes du Vercors, l'aqueduc de Saint-Nazaire-en-Royans a été construit en 1876. D'une longueur de deux cent trente-cinq mètres pour trente-cinq mètres de hauteur, il permet à l'eau de s'écouler entre l'Isère et la Drôme. Après un passage par l'office de tourisme et l'espace muséographique Royans et Vercors, on accède au sommet grâce à un ascenseur panoramique. Une voie piétonne a été aménagée au-dessus du canal de la Bourne, permettant ainsi d'admirer la vue sur le massif du Vercors et sur le lac artificiel, au pied de l'aqueduc.

À table !

Les croquets de Charost

Centre

Dans un saladier, verser 375 g de farine, 90 g de poudre d'amandes, 210 g de sucre en poudre, 1 sachet de levure chimique et 3 pincées de sel. Mélanger avec 135 ml d'huile de pépin de raisin et 90 ml d'eau de fleur d'oranger. Ajouter 3 blancs d'œufs. Malaxer pour avoir une pâte homogène. Ajouter 90 g d'amandes et 60 g de noisettes concassées. Réaliser des boudins de 7 cm de long et de 2 cm de large, et disposer sur du papier sulfurisé. Enfourner à 160 °C, 30 min environ.

Il était une fois en 1919

L'Alsace change de pays

Alsace

Depuis la guerre contre la Prusse, l'Alsace et une partie de la Lorraine appartenaient à l'Empire allemand. Date historique la plus symbolique après l'armistice de 1918 : le 28 juin 1919, à la suite du traité de Versailles, voit venir l'Alsace-Lorraine dans le giron français. L'administration en est confiée à un commissaire général français, qui devint président de la République, Alexandre Millerand. Tout ne fut pas rose : la francisation fut obligatoire, et une centaine de milliers de germanophones furent expulsés vers l'Allemagne. La ville de Landau, elle, restera définitivement allemande.

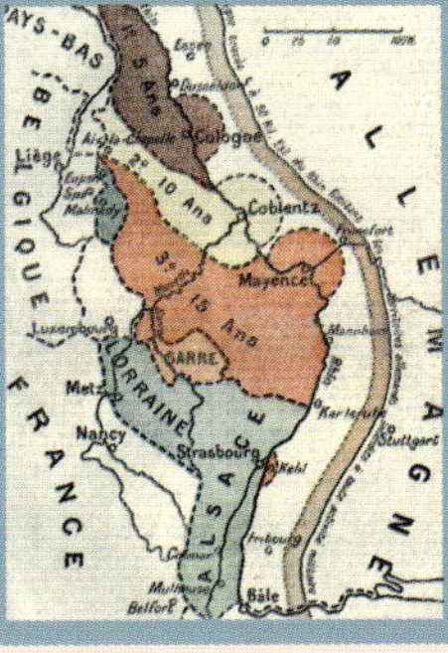

vendredi 22 mars

lever : 6 h 49
coucher : 19 h 06

Ste Léa

À table !

Bulots au cidre et aux pommes

Basse-Normandie

Dans une casserole, recouvrir 1,5 kg de bulots de Granville d'eau froide, additionnée de thym et de laurier. Porter à ébullition, cuire 20 min et laisser refroidir dans l'eau de cuisson. Décortiquer et couper en morceaux. Dans une sauteuse, faire revenir, dans 100 g de beurre, les bulots, 2 pommes épluchées et coupées en dés. Faire flamber avec 30 cl de cidre et 10 cl de calvados. Laisser réduire, puis ajouter 3 c. à soupe de crème fraîche.

La rubrique du 13 h

LA VILLA MAJORELLE

Lorraine

La villa Majorelle, également connue sous le nom de « villa Jika », était autrefois la maison de maître de l'ébéniste et décorateur Louis Majorelle, membre fondateur de l'école de Nancy. La villa est d'ailleurs un symbole de l'Art nouveau, la première de Nancy à être entièrement réalisée dans ce style. Bâtie de 1901 à 1902, elle se distingue par sa ferronnerie omniprésente, ses fenêtres en demi-cercles et ses motifs floraux, que l'on retrouve à l'extérieur comme à l'intérieur. Partiellement détruite après un bombardement en 1916, elle est aujourd'hui classée et appartient à l'État.

Faune & flore

Le chêne sessile

Île-de-France

Du haut de ses trente mètres en moyenne, celui que l'on appelle aussi « chêne rouvre » est roi dans la forêt de Ferrières. Plus rustique que le chêne pédonculé, il donne un bois noble, que l'on réservait au XVIIIe siècle à la construction de bateaux ainsi qu'à l'ébénisterie.

Un record en *Midi-Pyrénées*

Le viaduc de Millau détient plusieurs records, dont celui de plus haut pont routier du monde. Depuis son inauguration en 2004, des millions de visiteurs sont venus admirer ce chef-d'œuvre d'architecture routière.

Il était une fois en 1871

Commune de Marseille

Provence-Alpes-Côte d'Azur

Inspirée de la Commune de Paris, la Commune de Marseille, lancée le 22 mars 1871, ne durera que jusqu'au 5 avril 1871. Après une paix avec l'Allemagne aux conditions très dures pour la France, le terrain est propice aux rébellions. Gaston Crémieux, avocat, journaliste et écrivain, prend la tête des insurgés, qui, sur le modèle des communards parisiens, veulent instaurer une république sociale et faire de Marseille une ville autogérée. Là, les versaillais auront tôt fait de dépêcher des troupes, et l'insurrection sera matée dans le sang, après des combats de rue acharnés. Crémieux, arrêté, sera fusillé, et restera dans les mémoires comme un martyr de la Commune.

Suivez le guide !
Champagne-Ardenne

Le printemps est là : champagne !

Prendre la route, pourquoi pas en écoutant Le Sacre du printemps *de Stravinsky ou en fredonnant « … y a le printemps qui chante » avec Claude François, pour aller fêter l'arrivée de la saison des amours à Reims en dégustant du champagne… Voilà une escapade qui ne se refuse pas !*

« Il n'est cité que je préfère à Reims : c'est l'ornement et l'honneur de la France », se plaisait à dire Jean de La Fontaine. Alors, avant de se verser une première coupe, promenons-nous dans les rues, en admirant le patrimoine architectural de la Ville des sacres : la cathédrale Notre-Dame, le palais du Tau et l'ancienne abbaye royale Saint-Remi, tous trois inscrits au patrimoine mondial de l'Unesco et ayant sans nul doute participé à l'obtention, par la ville de Reims, du label « Ville d'art et d'histoire ».

Une fois que vous avez déambulé au cœur du patrimoine architectural de Reims et visité quelques caves au passage, la campagne champenoise s'offre à vous : en route pour le parc naturel de la Montagne de Reims ! Sa particularité ? La plus grande concentration de hêtres tortillards en Europe, les faux de Verzy : on en compte plus de huit cents. Le parc, sis dans le département de la Marne, regroupe soixante-huit communes, dont des villages viticoles grands crus ou premiers crus – une hiérarchisation établie en fonction des sous-sols, de la déclivité des coteaux, de l'exposition optimale et des cépages, pinot noir et chardonnay. C'est sur ces terres superbes qu'est fabriqué le nectar pétillant qui a fait la renommée de la région.

Ci-dessus :
Dominant une mer de vignes, l'étonnant phare de Verzenay, conçu en 1909 par Joseph Goulet – qui avait créé une maison de champagne –, domine les prestigieux coteaux champenois. Depuis 1999, le musée de la Vigne en Champagne y a ouvert ses portes.

lundi 25 mars

lever : 6 h 42
coucher : 19 h 11

St Humbert

À table !

La fricassée de Limoux

Languedoc-Roussillon

Pour 6 personnes

Couper en petits morceaux 200 g de foie de porc, 2 kg de viande de porc et 1 rognon. Les faire revenir dans une marmite. Ajouter 2 oignons épluchés et émincés, 2 gousses d'ail mixées et 150 g de jambon de pays en dés et faire revenir. Verser 7,5 cl de vinaigre de vin et 1 petite boîte de concentré de tomates. Laisser évaporer légèrement. Ajouter 15 cl de vin blanc sec, de l'eau pour couvrir et du thym. Laisser mijoter doucement 2 h.

La rubrique du 13 h

LE VOLCAN DE LEMPTÉGY

Auvergne

Le volcan de Lemptégy, entré en éruption il y a trente mille ans et aujourd'hui éteint, se situe au cœur de la chaîne des Puys, à quelques kilomètres de Clermont-Ferrand. Avant de devenir un site culturel, il a fait l'objet d'une exploitation : à partir de 1945, on extrait des scories, c'est-à-dire des morceaux de roche volcanique projetés au moment de l'éruption. Cette activité s'arrête en 2006. Depuis 1992, les entrailles du volcan sont ouvertes au public. Ce site grandiose offre l'opportunité de découvrir de l'intérieur l'anatomie d'un volcan et de s'initier à la volcanologie.

Faune & flore

La zostère

Bretagne

Nombre de végétaux sous-marins jouent un rôle primordial dans la biodiversité aquatique. C'est le cas de la zostère, une plante capable de vivre en complète immersion.

Elle forme de vastes herbiers servant de cachette, de garde-manger ou encore de pouponnière pour une grande variété d'organismes.

Savoirs d'antan

Vos plantes vertes sont ternes, et vous souhaitez leur redonner un peu de vigueur. Arrosez-les avec un reste de thé froid. Les feuilles de thé, enfoncées dans la terre, après infusion, peuvent également être utilisées comme engrais dans vos pots de fleurs.

Il était une fois en 1945

Visite de Raoul Dautry au Havre

Haute-Normandie

Déjà touchée pendant la Première Guerre mondiale, avec six mille morts, la ville du Havre est occupée dès 1940 par quarante mille soldats allemands. Pénuries, censure et antisémitisme sont de rigueur. Cent trente-deux bombardements sont lancés par les Alliés pendant toute la Seconde Guerre mondiale. Les nazis, avant de quitter la ville, ont détruit toutes les infrastructures portuaires et coulé beaucoup de navires. Le 25 mars 1945 marque un tournant décisif pour les quatre-vingt mille sinistrés : Raoul Dautry, le ministre de la Reconstruction et de l'Urbanisme, vient promettre une reconstruction rapide.

mardi 26 mars

lever : 6 h 40
coucher : 19 h 12

Ste Larissa

Faune & flore

La jacinthe des bois

Nord-Pas-de-Calais

Les monts de Flandre abritent une flore fragile, dont fait partie la jolie mais toxique jacinthe des bois. Dès avril, et jusqu'au mois de juin, elle forme dans les sous-bois de vastes tapis mauves aux accents bleutés, offrant aux promeneurs un spectacle des plus ravissants.

La rubrique du 13 h

LES REMPARTS DE LANGRES

Champagne-Ardenne

Habitée depuis plus de deux mille ans, la ville de Langres, dans le département de la Haute-Marne, figure parmi les plus belles de France. Avec son chemin de ronde et ses imposants remparts qui entourent presque toute la cité, elle a gardé l'image d'une ville fortifiée du XVIe siècle. Cet imposant dispositif défensif ne manque pas de frapper le visiteur, à l'image de la tour du Petit Sault, une tour d'artillerie aux murs de sept mètres d'épaisseur, ou de la porte des Moulins, la plus belle des six portes que comptent les remparts, construite entre 1642 et 1647 et percée de deux ouvertures.

À table !

Omelette au morbier

Franche-Comté

Pour 4 personnes

Faire griller dans une poêle 12 tranches fines de poitrine fumée. Les poser sur du papier absorbant. Couper en tranches fines 125 g de morbier. Battre 6 œufs dans un saladier. Ajouter le morbier et les tranches de lard. Faire fondre du beurre dans une poêle. Verser le contenu du saladier. Cuire à feu moyen. Lorsque le fond est doré, retourner l'omelette. Servir bien chaud.

Devinette

Quelle île des Yvelines a été peinte par Claude Monet et Pierre Auguste Renoir ?

L'île de la Grenouillère. Appelée aussi « île de la Chaussée » ou « île de Croissy », cette petite île, située entre Bougival et Croissy-sur-Seine, a inspiré ces deux peintres impressionnistes en 1869, époque où elle était très prisée par la bourgeoisie parisienne.

Il était une fois en 1957

Édouard Herriot

Rhône-Alpes

Ancien professeur de rhétorique, maire de Lyon jusqu'en 1957, Édouard Herriot (1872-1957) est une figure emblématique de la Ligue des droits de l'homme. Il en fonde la section lyonnaise, après s'être engagé auprès d'Anatole France et d'Émile Zola en faveur d'Alfred Dreyfus. Ministre, député radical, il s'abstient lors du vote des pleins pouvoirs au maréchal Pétain pour la révision de la Constitution. Il démissionne de l'ordre de la Légion d'honneur en 1942 : il est alors assigné à résidence. Élu à l'Académie française en 1946, prix international de la paix en 1954, il meurt le 26 mars 1957, et ses funérailles nationales sont retransmises à la télévision.

mercredi 27 mars

lever : 6 h 38
coucher : 19 h 14

St Habib

À table !

Petites galettes bretonnes

Bretagne

Dans une terrine, mettre 150 g de sucre, 250 g de farine et ½ sachet de levure. Incorporer doucement, à la main, 60 g de beurre, 1 œuf et 1 c. à soupe de lait. Pétrir jusqu'à ce que la pâte ne colle plus aux doigts. En faire une boule, l'aplatir au rouleau et découper les biscuits avec un verre. Utiliser 1 jaune d'œuf pour dorer chacun d'entre eux. Disposer sur du papier sulfurisé. Cuire à 165 °C, 15 min environ.

La rubrique du 13 h

LES PIGEONNIERS DU TARN

Midi-Pyrénées

On trouve beaucoup de pigeonniers dans le Sud et tout particulièrement dans le Tarn, où on en dénombre environ mille sept cents à l'heure actuelle. Symboles seigneuriaux, ces pigeonniers ont été construits à l'époque où le pigeon avait toute sa place dans la basse-cour : on l'élevait pour le manger, mais aussi pour sa fiente, engrais très apprécié dans la culture du pastel. On définit les pigeonniers du Tarn selon plusieurs types : les pigeonniers de type toulousain avec un toit à deux pans, les pigeonniers sur piliers, sur arcades, les pigeonniers tours et les pigeonniers bâtiments.

Faune & flore

Le sérapias en cœur

Pays de la Loire

Dans la région, vous ne trouverez cette orchidée, qui doit son nom à la forme de sa fleur, que dans les prairies humides de Vendée. Fleurissant dès le début du mois d'avril, le sérapias en cœur se reconnaît facilement à sa tige grêle et à ses grandes fleurs pourpres.

Un record en

Corse

Le GR 20 est sans conteste le sentier de grande randonnée le plus difficile de France. Ce parcours montagneux de plus de deux cents kilomètres n'est pas conseillé aux marcheurs du dimanche : persévérance et endurance sont indispensables pour en venir à bout.

Il était une fois en 1615

Mort de Marguerite de Valois

Auvergne

Marguerite de Valois épousa Henri III de Navarre, le futur Henri IV, alors qu'elle n'avait que 19 ans. Son mariage devait asseoir la réconciliation entre catholiques et protestants, mais le massacre de la Saint-Barthélemy réduisit cet espoir à néant. Contrainte par son mari de s'exiler en Auvergne, elle y resta pendant plus de vingt ans. Leur mariage fut finalement annulé en 1593 et elle put rentrer à Paris en 1605, où elle mena grand train. Elle mourut, abhorrée par son roi et son peuple, le 27 mars 1615. Alexandre Dumas l'appela « la reine Margot » dans son roman éponyme, et ce surnom a perduré.

jeudi 28 mars

lever : 6 h 36
coucher : 19 h 15

St Gontran

Faune & flore

L'avocette élégante

Haute-Normandie

Cet adepte des marais côtiers et salants fait incontestablement partie des plus élégants, avec son plumage noir et blanc et son long bec légèrement courbé. La grâce est également ce qui caractérise la seule avocette présente en France, qui, dès fin mars, se livre à une parade nuptiale des plus complexes.

La rubrique du 13 h

LE MUSÉE DES ARTS DU COGNAC

Poitou-Charentes

Le musée des Arts du cognac, avec ses mille six cents mètres carrés d'exposition, a pour but de faire comprendre au visiteur l'histoire du cognac – qui ne peut être dissociée de celle de la ville – et toutes les étapes de son élaboration : de la viticulture jusqu'au négoce, en passant par l'œnologie, la distillation et la tonnellerie. Installé dans l'ancien hôtel Perrin de Boussac aujourd'hui rénové, entre vieilles pierres et architecture moderne, le musée se trouve dans le quartier médiéval, à proximité des quais de la Charente, où l'on embarquait autrefois sur des gabarres les tonneaux du précieux élixir.

À table !

Bœuf limousin sauté

Limousin

Pour 4 personnes

Éplucher et couper en morceaux 3 pommes du Limousin et 3 poires conférences. Les faire dorer à la poêle dans 50 g de beurre. Ajouter 1 verre de cidre, 150 g de raisins secs et 150 g de cerneaux de noix. Cuire 10 min et réserver au chaud. Couper en dés 600 g de poire (morceau de viande de bœuf). Faire sauter dans une poêle, jusqu'à la cuisson désirée. Servir dans les assiettes avec le mélange de fruits.

Savoirs d'antan

Comment tricoter tranquillement, sans avoir à veiller à ce que le chat ne joue pas avec la pelote de laine? Placer la pelote dans une boîte en carton, fermée par un couvercle percé d'un petit trou, et y faire passer le fil. Elle se dévidera dans sa boîte et ne s'échappera plus !

Il était une fois en 1994

Eugène Ionesco

Île-de-France

Français d'origine roumaine, Eugène Ionesco, né en 1909, passe son enfance entre la France et la Roumanie. Il est l'un des principaux représentants du théâtre de l'absurde, notamment avec *La Cantatrice chauve*, qui connaît un échec lors de sa création en 1950. Mais les intellectuels s'intéressent à lui, notamment Alfred Jarry et les écrivains du Collège de 'Pataphysique. Viennent ensuite des œuvres qui connaissent le succès, comme *Rhinocéros*, *Le roi se meurt*, et d'autres pièces faisant la satire de notre société et du pouvoir. Endossant bien malgré lui le rôle de l'écrivain établi, il est élu à l'Académie française en 1970. À sa mort, le 28 mars 1994, à Paris, il gagne définitivement le panthéon des grands écrivains du xxe siècle.

vendredi 29 mars

lever : 6 h 34
coucher : 19 h 17

Ste Gladys

À table !

Salade de pommes de terre au cantal et à la saucisse d'Auvergne

Auvergne

Pour 4 personnes
Éplucher 1 kg de pommes de terre cuites et encore chaudes. Couper en dés et disposer dans un saladier. Enlever la croûte d'un morceau de 250 g de cantal et découper en petits morceaux. Couper en fines tranches ½ saucisse sèche. Ajouter aux pommes de terre le fromage, la saucisse et quelques cerneaux de noix. Arroser d'une vinaigrette. Mélanger doucement.

La rubrique du 13 h

LE PHARE DE GATTEVILLE

Basse-Normandie

Situé à terre, à deux kilomètres au nord de la pointe de Barfleur, qu'il signale, le phare de Gatteville a été construit en 1834. Il a remplacé un ancien phare de trente-deux mètres, aujourd'hui reconverti en sémaphore. Cette impressionnante tour en granit culmine à près de soixante-quinze mètres, ce qui en fait le deuxième plus haut phare d'Europe. Après une ascension de trois cent soixante-cinq marches, les plus courageux se voient récompensés d'une vue à trente kilomètres à la ronde. Le phare est devenu l'emblème de la commune, qui s'appelle désormais « Gatteville-le-Phare ».

Faune & flore

Le mélèze

Provence-Alpes-Côte d'Azur

Parfois appelé « pin de Briançon », le mélèze est une espèce endémique des Alpes, où il pousse à partir de mille quatre cents mètres d'altitude. Donnant généralement un bois de très bonne qualité, cet arbre a la particularité de pouvoir être cultivé en bonsaï.

À la vôtre !

Alsace

Le vignoble alsacien s'étend sur quinze mille six cents hectares, et ses cent dix-neuf communes viticoles produisent cent cinquante millions de bouteilles par an (90 % de blancs). La route des vins d'Alsace vous emmène sur cent soixante-dix kilomètres de vignes, de Marlenheim au nord à Thann au sud, à la rencontre de trois cents domaines et de quarante-neuf de ses cinquante et un grands crus !

Il était une fois en 1967

Ancienne abbaye Saint-Lomer

Centre

L'abbaye Saint-Lomer existe depuis près de mille ans, fortifiée au XIVe siècle contre les attaques anglaises. Les invasions normandes du Xe siècle auraient poussé les moines de Saint-Lomer jusqu'à Blois. Pendant les guerres de Religion, l'abbaye fut entièrement saccagée, mais reconstruite ensuite par les bénédictins réformés et l'abbaye fut affectée à l'hôtel-Dieu après la Révolution. En 1845, l'architecte Pinault, puis le célèbre Jules de la Morandière y adjoignirent des bâtisses, dont, en 1856, la grille sublime qui sert encore aujourd'hui à fermer le jardin face à la Loire. Elle fut inscrite au patrimoine des monuments historiques le 29 mars 1967.

Suivez le guide !
Midi-Pyrénées

Sous le ciel bleu de Saint-Félix-Lauragais

Bleu comme la teinture pastel qui a donné son surnom au pays du Lauragais : « pays de Cocagne ». Partons dans les environs de Toulouse, où, dit-on, « plus on dort, plus on gagne », pour la fête de la Cocagne.

N'espérez pas, cependant, fermer l'œil : le dimanche comme le lundi de chaque week-end pascal, et ce depuis plus de quarante ans, on est là pour en prendre plein la vue ! Pour preuve, voici comment les habitants furent conviés à la première édition de la fête de la Cocagne, en 1972 : « Alors, bonnes gens et gentes dames, Saint-Félix, le pays de Cocagne, va ainsi très vite, et pendant deux jours, se parer de rétrospective et de rêve, de camelots et de troubadours, d'acrobates et de magiciens, de manants et de damoiseaux, de ménétriers et de vilains, de larrons et de chevaliers et pour tout dire... de tout un peuple ! » Avant de nous plonger à notre tour dans la joyeuse effervescence de la vie de cocagne, posons le décor.

Saint-Félix-Lauragais est un village dans lequel se tint, en 1167, le concile cathare dirigé par Nicétas, évêque venu de Constantinople pour l'occasion, afin d'organiser les églises cathares d'Occitanie. Nul doute qu'il fut charmé par ce qu'il vit, comme nous le sommes aujourd'hui : depuis Saint-Félix-Lauragais, situé sur les hauteurs, le panorama est incroyable. Du Sidobre et de la Montagne Noire jusqu'au Canigou et au pic du Midi d'Ossau, rien n'échappe à l'œil de l'ancienne bastide, habitée depuis des siècles, grâce à sa position dominante idéale. Histoire et traditions artisanales, paysannes et gastronomiques, voilà les ingrédients de la fête de la Cocagne, ancrée dans un terroir que Saint-Féliciennes et Saint-Féliciens sont fiers de vous faire partager, en toute convivialité.

lundi 1er avril

lever : 7 h 28
coucher : 20 h 21

Lundi de Pâques

Devinette

Sur quelle île bretonne trouve-t-on le plus grand phare d'Europe ?

Sur l'île Vierge. Construit entre 1897 et 1902, avec ses trois cent quatre-vingt-dix-sept marches et ses quatre-vingt-deux mètres cinquante de haut, il est le plus haut phare du monde en pierre de taille.

À table !

Rabotes picardes

Picardie

Pour 4 personnes

Découper 4 carrés dans une pâte feuilletée. Peler et évider 4 pommes de Picardie. Poser sur les carrés, remplir la cavité centrale avec du sucre mélangé à de la cannelle et 1 noisette de beurre. Relever les coins de la pâte et les mouiller pour les coller. Ménager une cheminée. Dorer avec 1 œuf. Faire cuire 30 min à 180 °C. Déguster chaud ou froid.

La rubrique du 13 h

LA SAVANE DES ESCLAVES

Martinique

Ce parc de deux hectares, situé sur la commune des Trois-Îlets, est né grâce à la volonté et à l'énergie de Gilbert Larose. Martiniquais, il a reconstitué un village traditionnel du XIXe siècle : pour bâtir les cases traditionnelles, il ne s'est servi que d'outils disponibles à l'époque, il a utilisé du bois et, pour la toiture, des feuilles de canne à sucre. Le jardin médicinal et le potager sont eux aussi cultivés selon des pratiques ancestrales. Une exposition consacrée à l'esclavage est installée dans une des cases, pour que jamais l'histoire et la culture de la Martinique ne soient oubliées.

Faune & flore

La coronelle lisse

Bourgogne

La coronelle lisse, le plus petit serpent de nos régions, est un animal peu agressif, capable cependant de mordre s'il se sent menacé. Parfois confondu avec la vipère, cet amateur de petits mammifères, de lézards et de jeunes serpents est aujourd'hui en nette régression.

Il était une fois en 1966

Parc du château de la Mogère

Languedoc-Roussillon

À Montpellier, près du quartier de l'Odysseum, se dresse le château de la Mogère. C'est une folie montpelliéraine classique, c'est-à-dire une maison de plaisance bâtie sous l'Ancien Régime. Construit en 1745, sur ordre de Fulcran Limozin, le secrétaire du roi, le château, entouré de pins, est surmonté d'un fronton. L'extérieur offre un mélange de jardin à la française et de parc à l'anglaise, avec un buffet d'eau sublime, qui a fait sa réputation. La fontaine est classée aux monuments historiques dès 1945, tandis que le parc l'est depuis le 1er avril 1966.

mardi 2 avril

lever : 7 h 26
coucher : 20 h 23

Ste Sandrine

À table !

Brouillade aux oursins

Corse

Pour 3 personnes
Ouvrir 6 oursins. Prélever le corail avec une petite cuillère, en enlevant les parties noirâtres. Fouetter 6 œufs avec le contenu de 2 oursins. Dans un bain-marie, faire fondre 30 g de beurre. Ajouter les œufs battus et le reste de corail, faire chauffer, sans cesser de remuer avec une cuillère en bois. Arrêter la cuisson lorsque l'ensemble est crémeux. Poivrer et servir aussitôt.

Faune & flore

La fougère des marais

Lorraine

C'est dans les prairies tourbeuses et les bois humides de Lorraine que cette petite fougère aime à pousser, souvent à proximité d'aulnes. Entièrement glabre, elle a pour particularité d'être capable de prendre racine sous l'eau et de vivre en partie immergée.

La rubrique du 13 h

LE MUSÉE D'UNTERLINDEN

Alsace

À Colmar, dans le département du Haut-Rhin, le musée d'Unterlinden est l'un des musées des Beaux-Arts les plus visités de France. Établi dans un ancien couvent de dominicaines du XIIIe siècle, le musée existe depuis 1853. Outre une collection d'art populaire et un ensemble d'œuvres picturales des XIXe et XXe siècles, il propose des collections archéologiques régionales. Son joyau reste le fameux *Retable d'Issenheim*, un chef-d'œuvre de l'art religieux du XVIe siècle, exposé dans l'ancienne église du couvent.

Un record en Limousin

Brive-la-Gaillarde est la première ville française à avoir réussi à se libérer par ses propres moyens, lors de la Seconde Guerre mondiale. Cet exploit lui a valu de recevoir la croix de guerre.

Il était une fois en 926

Aymar d'Angoulême

Poitou-Charentes

Fils d'Émenon, comte de Poitiers, Aymar (ou Adémar) d'Angoulême s'illustre en repoussant une incursion viking en 889. Puis il est amené à s'engager dans les conflits d'intérêt qui opposent son cousin Eudes, roi des Francs, et le frère de ce dernier, Robert, marquis de Neustrie, aux fils de Ramnulf II, comte de Poitiers. La ville devient le centre de guerres de clans et la victime de sièges, passant plusieurs fois aux mains des uns et des autres. Quant à Aymar, il poursuit sa vie au milieu des luttes d'influence qui sévissent alors dans la région. Le 2 avril 926, quand il meurt à Poitiers, où il est enterré, il ne laisse aucune descendance reconnue.

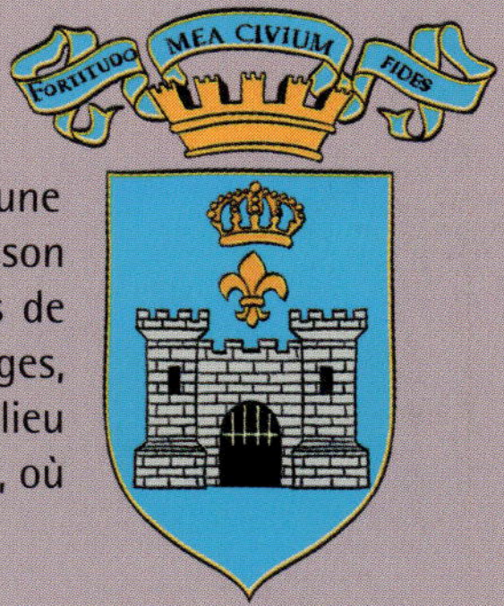

mercredi 3 avril

lever : 7 h 24
coucher : 20 h 24

St Richard

À la vôtre !
Centre

Injustement méconnu, le vignoble orléanais s'étend sur quatre communes du Centre, pour une superficie de cent quatre-vingt-neuf hectares. Les cinq cépages de la région, associés au silex du terroir, donnent des vins rouges amples et tanniques, des blancs minéraux et floraux et des rosés aux arômes épicés, très prisés en période estivale !

À table !
Galettes briardes
Île-de-France

Pour 5 personnes

Dans un saladier, mélanger 500 g de farine, 100 g de beurre et 150 g de brie sans la croûte. Ajouter 2 jaunes d'œufs. Saler et poivrer. Lier l'ensemble avec un peu de lait. Laisser reposer. Abaisser la pâte jusqu'à une épaisseur de 8 mm. Découper des petites galettes avec un verre. Poser sur une plaque recouverte de papier sulfurisé. Étaler du lait à la surface des galettes. Faire cuire à 165 °C, 15 à 20 min. Elles sont idéales pour l'apéritif.

La rubrique du 13 h

LE DINO-ZOO
Franche-Comté

Si vous vous êtes déjà demandé ce que vous ressentiriez face à un tyrannosaure, le Dino-Zoo est fait pour vous ! Situé entre Pontarlier et Besançon, ce parc préhistorique montre diverses espèces de dinosaures terrestres et marins, dans ce qui aurait pu être leur environnement il y a des millions d'années. Les créateurs du Dino-Zoo ont privilégié le réalisme : les dinosaures sont représentés en action, dans une jungle de douze hectares, composée d'essences végétales existant pendant la préhistoire. Le parc propose également des scènes retraçant l'évolution de l'homme de Cro-Magnon.

Faune & flore
Le pachyure étrusque
Midi-Pyrénées

Avec ses sept centimètres de longueur en moyenne, cette minuscule musaraigne est le plus petit mammifère non seulement de France, mais aussi d'Europe. Difficile donc de repérer cet habitant des terrains chauds, herbeux et rocailleux qui, en outre, est essentiellement nocturne.

Il était une fois en 2010
Inauguration du parc végétal Terra botanica
Pays de la Loire

C'est au cœur de l'Anjou que se situe le premier parc européen consacré au végétal, inauguré officiellement le 3 avril 2010. Cet immense espace de cent dix mille mètres carrés est organisé autour de quatre thématiques (le végétal convoité, généreux, mystérieux ou encore apprivoisé), qui permettent de faire découvrir aux visiteurs plusieurs aspects de la richesse végétale, tels que la capacité d'adaptation à l'environnement ou l'intérêt que les plantes ont suscité dans l'histoire, lors de différentes expéditions. À la fois ludique et pédagogique, ce parc est équipé de nombreuses attractions, dont un étonnant cinéma en quatre dimensions.

jeudi 4 avril

lever : 7h22
coucher : 20h26

St Isidore

Faune & flore

L'oignon doux des Cévennes

Languedoc-Roussillon

Une chair tendre, un goût délicat et une excellente conservation : telles sont les qualités de ce gros oignon blanc, cultivé depuis maintenant deux siècles dans la région. La culture en terrasses, typique de la région, est idéale, car elle offre un bon ensoleillement et une terre bien drainée.

Savoirs d'antan

Pour conserver les carottes plus longtemps, pensez à retirer les feuilles après l'achat ou la cueillette. En effet, le feuillage déshydrate la racine du légume et le fait se ramollir plus rapidement.

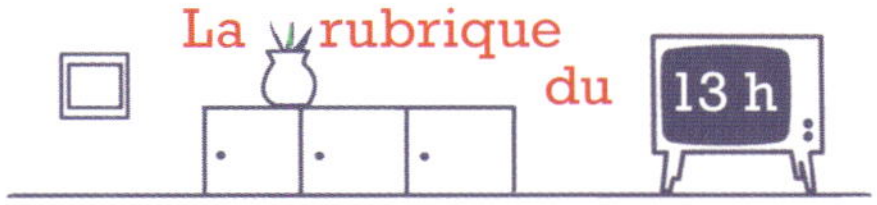

LE JARDIN DE BARDOT

Limousin

Ce jardin centenaire a la particularité d'être situé sur un versant des gorges de la Dordogne. Il doit son nom à son créateur, Joseph Mas, dont le surnom était Bardot. Au début du XXe siècle, Joseph Mas et sa femme Maria décident de devenir maraîchers et de profiter de l'ensoleillement de ces gorges. Comme le terrain est en très forte pente, ils créent des terrasses soutenues par des murets de pierres sèches. Laissé peu à peu à l'abandon, le jardin est aujourd'hui propriété du conservatoire régional des espaces naturels du Limousin, qui l'a restauré.

À table !

Andouille de Cambrai aux poireaux

Nord-Pas-de-Calais

Pour 4 personnes

Couvrir d'eau froide, dans un faitout, 1 andouille de Cambrai. Amener au frémissement, couvrir et laisser cuire 3 h. Laisser tiédir dans l'eau. Éplucher, couper dans la longueur et lier 8 blancs de poireaux. Cuire 40 min dans de l'eau salée bouillante. Égoutter et passer sous l'eau froide. Délayer 2 c. à soupe de moutarde avec 6 c. à soupe de vinaigre et 20 cl d'huile d'olive. Servir l'andouille coupée en rondelles, entourée de poireaux et nappée de sauce.

Il était une fois en 1381

Second traité de Guérande

Bretagne

C'est en 1365 qu'est signé le premier traité de Guérande, mettant fin à la guerre de Succession de Bretagne. Malheureusement, dès 1373, les hostilités reprennent entre le duc Jean IV – allié à Édouard III, roi d'Angleterre – et Charles V, et se prolongent jusqu'en 1380. Émus de cette situation, les barons bretons demandent à Jean IV de faire la paix avec le nouveau roi Charles VI et de renvoyer ses alliés anglais. Le roi consent à des négociations, et un second traité de Guérande est conclu et ratifié le 4 avril 1381. Jean IV est reconnu duc de Bretagne, mais il faudra attendre le mois de septembre pour qu'il vienne à Compiègne présenter au roi l'hommage protocolaire prévu par le nouveau traité.

vendredi 5 avril

lever : 7 h 19
coucher : 20 h 27

Ste Irène

À table !

Navettes proven,ales

Provence-Alpes-Côte d'Azur

Pour 8 personnes
Battre dans un saladier 200 g de sucre et 2 œufs. Quand le mélange est blanc, ajouter 500 g de farine, 5 cl d'huile et 50 ml d'eau de fleur d'oranger. Obtenir une pâte lisse. Découper en forme de bateaux de 7-8 cm de long, avec une entaille au milieu. Les disposer sur une plaque et laisser reposer 2 h. Enfourner à 180 °C et les sortir lorsqu'elles sont à peine dorées.

Un record en Île-de-France

Avec pas moins de cinq césars – le dernier lui a été décerné en 2010 pour le film *La Journée de la jupe* –, Isabelle Adjani, née à Paris, est à ce jour l'actrice française la plus césarisée, qui plus est dans la catégorie reine, celle de la meilleure actrice.

La rubrique du 13 h

LA CHAPELLE DES GRECS D'AJACCIO

Corse

La chapelle Notre-Dame-du-Mont-Carmel se dresse depuis le XVIIe siècle au bord de la route menant aux îles Sanguinaires. Elle doit son surnom à la présence d'une communauté grecque en Corse. Fuyant l'oppression ottomane, les Grecs s'établissent dans la région d'Ajaccio au XVIIIe siècle, et la chapelle leur est prêtée pour la pratique de la religion orthodoxe. Désormais propriété de la municipalité, rendue au culte catholique, la chapelle des Grecs fait l'objet d'un classement à titre de monument historique.

Faune & flore

Le grèbe à cou noir

Centre

Plutôt fréquent dans la région, le grèbe à cou noir est un oiseau exclusivement aquatique, qui ne rejoint la terre ferme qu'à de rares occasions. Il vit près des étangs riches en végétation. Celle-ci lui sert à construire son nid, sorte de petit radeau amarré aux berges grâce aux joncs et aux roseaux.

Il était une fois en 1609

Sainte épine, église Saint-Jean-Baptiste de Libourne

Aquitaine

L'église Saint-Jean-Baptiste, à Libourne, conserve en ses murs une relique remarquable : l'une des soixante-dix épines qui auraient composé la couronne posée sur la tête du Christ, avant sa crucifixion. Au cours des siècles, les longues épines de cette couronne tressée ont probablement été dispersées par des dons des rois de France ou des empereurs byzantins. C'est au cours d'une lutte qui l'aurait opposé au duc d'Aquitaine Hunald que Charlemagne en aurait offert une à l'église Saint-Thomas de Libourne, avant qu'elle ne soit transférée solennellement, le 5 avril 1609, dans celle de Saint-Jean-Baptiste, où elle peut être admirée lors des journées du Patrimoine.

Suivez le guide !

Limousin

Qu'il fait doux, au bord du Doubs…

« Besançon n'est pas seulement une des plus jolies villes de France », écrivait Stendhal, dans Le Rouge et le Noir, *« elle abonde en gens de cœur et d'esprit ». En effet, outre les frères Lumière, la ville franc-comtoise vit naître Charles Nodier et Victor Hugo, qui surent si bien raconter notre pays…*

Lovée dans un méandre du Doubs, Besançon, Ville d'art et d'histoire, vit tranquillement sous la vigilance de la citadelle érigée par Vauban, il y a plus de quatre siècles, sur la colline qui ferme la cité. Grâce à cette situation géographique remarquable, Besançon constitua des siècles durant un point stratégique : investie par Jules César en 58 avant Jésus-Christ, soumise à l'autorité des ducs de Bourgogne en 843, puis, en 1032, à celle du Saint Empire romain germanique, elle échoit à Charles Quint en 1519. Louis XIV la conquiert une première fois en 1668, puis la reprend à l'Espagne en 1674. En 1678, le traité de Nimègue rattache définitivement la Franche-Comté et Besançon à la France. Mais les Bisontins n'ont gardé rancune à personne de ces temps agités, la devise du drapeau comtois affirmant : « Qui que tu sois, là où flotte le drapeau comtois, tu es chez toi… » C'est donc avec chaleur qu'ils vous feront partager leur incroyable patrimoine, historique, architectural, mais aussi gastronomique : le week-end au fil du Doubs s'annonce excellent !

« Ce siècle avait deux ans ! Rome remplaçait Sparte,
Déjà Napoléon perçait sous Bonaparte,
Et du premier consul, déjà, par maint endroit,
Le front de l'empereur brisait le masque étroit.
Alors dans Besançon, vieille ville espagnole,
Jeté comme la graine au gré de l'air qui vole,
Naquit d'un sang breton et lorrain à la fois
Un enfant sans couleur, sans regard et sans voix !
Si débile qu'il fut, ainsi qu'une chimère,
Abandonné de tous, excepté de sa mère,
Et que son cou ployé comme un frêle roseau
Fit faire en même temps sa bière et son berceau.
Cet enfant que la vie effaçait de son livre,
Et qui n'avait pas même un lendemain à vivre,
C'est moi. »
Victor Hugo, *Les Feuilles d'automne*, 1831

lundi 8 avril

lever : 7 h 13
coucher : 20 h 32

Ste Julie

À table !

Pois du Cap

La Réunion

Pour 2 personnes

La veille, mettre à tremper dans de l'eau 250 g de pois du Cap secs. Égoutter et verser dans une marmite. Ajouter 2 volumes d'eau. Laisser cuire 1 h à partir de l'ébullition. Dans une cocotte, faire revenir 1 oignon épluché et émincé, 3 gousses d'ail épluchées et pilées, 1 c. à café d'un mélange 4 épices et du thym. Bien mélanger. Incorporer les pois. Laisser mijoter 15 min avec un peu d'eau, jusqu'à ce que les pois soient fondants. Servir avec du riz ou du maïs.

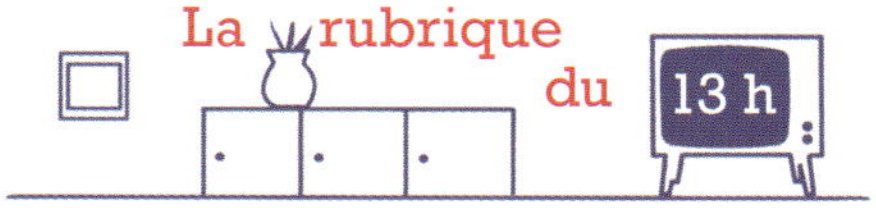

LE CHÂTEAU DU CLOS DE VOUGEOT

Bourgogne

Ce château ravira les amoureux de la vigne comme les férus d'histoire et d'architecture, puisque le clos de Vougeot est à la fois une magnifique demeure Renaissance et un vignoble réputé. Autrefois propriété de l'abbaye de Cîteaux, qui a créé le fameux vignoble au XIe siècle, le château est aujourd'hui la propriété et le siège de la Confrérie des chevaliers du tastevin, tandis que les vignes sont réparties entre plusieurs dizaines de viticulteurs. Le château est ouvert toute l'année au public, qui ne manquera pas d'admirer le grand cellier et la cuverie du XIIe siècle.

Faune & flore

La guimauve

Basse-Normandie

Ce n'est pas dans les jardins, mais en bord de mer, que pousse la guimauve officinale. Elle est si fréquente ici qu'elle ne bénéficie d'aucun statut de protection. Aujourd'hui remplacées par de la gélatine, les racines ont longtemps servi dans la confection de la pâte de guimauve.

Savoirs d'antan

Il existe un moyen très pratique pour nettoyer son micro-ondes : faites chauffer à l'intérieur, pendant cinq minutes, un bol d'eau avec du jus de citron, laissez la vapeur agir et se répandre, puis passez une éponge sur les parois. Le citron aide à dégraisser et à chasser les mauvaises odeurs.

Il était une fois en 1951

Laurence Sémonin, la Madeleine Proust

Franche-Comté

La Madeleine Proust, c'est un personnage haut en couleur, incarné sur scène par la comédienne Laurence Sémonin. Née à Morteau, le 8 avril 1951, cette ancienne institutrice se lance dans l'écriture d'un premier spectacle en 1982, *La Madeleine Proust en forme*, imaginant le monologue d'une paysanne veuve du Haut-Doubs, à l'humour caustique et à l'accent typique. Forte de son succès rencontré dans les salles de Franche-Comté, la Madeleine Proust pose un regard aiguisé sur ses contemporains dans trois autres spectacles, dont *La Madeleine Proust fait le tour du monde*, qui sera joué à l'Olympia en 2006.

mardi 9 avril

lever : 7 h 11
coucher : 20 h 33

St Gautier

Faune & flore

Le tétras-lyre
Champagne-Ardenne

C'est la période idéale pour observer les mâles parader, s'affrontant dans des « arènes » en des danses et, plus rarement, des combats. Dans la région, le tétras-lyre se rencontre seulement dans les Ardennes, où on ne le trouve que très localement, l'oiseau ayant tendance à se faire de plus en plus rare.

À la vôtre !
Bretagne

Ses premières productions datant de l'âge de bronze, l'hydromel est une des premières boissons alcoolisées bues par l'homme. Considéré par les Celtes comme le breuvage des dieux, il résulte de la fermentation de miels variés dans de l'eau et se déguste aujourd'hui aussi bien en apéritif qu'en digestif.

La rubrique du 13 h

L'ABBAYE DE MONTIVILLIERS
Haute-Normandie

Fondée entre 682 et 684 par saint Philibert, l'abbaye de Montivilliers, près du Havre, n'a aujourd'hui plus aucune vocation monastique. Après plusieurs années de travaux, elle a ouvert ses portes au public en 2000. Les visiteurs peuvent constater que l'abbaye a évolué au fil des siècles et qu'elle présente des styles architecturaux très différents. À l'intérieur, un musée retrace l'histoire de la Normandie et du monastère et compare l'architecture des abbayes normandes ; le réfectoire gothique du XIIIe siècle est un lieu d'expositions temporaires.

À table !

Spaetzles
Alsace

Pour 4 personnes

Mettre 500 g de farine dans une terrine. Ajouter 5 œufs battus en omelette, 5 g de sel et 25 cl d'eau. Travailler énergiquement. La pâte doit rester coulante. Faire bouillir 5 l d'eau salée. Sur une planchette, étaler une petite quantité de pâte. Découper et faire glisser les lamelles dans l'eau. Répéter l'opération jusqu'à épuisement de la pâte. Lorsque les spaetzles remontent à la surface, les égoutter et les passer dans l'eau froide. Réchauffer à la poêle.

Il était une fois en 1832

Edgar Raoul-Duval
Picardie

Né à Laon le 9 avril 1832, Edgar Raoul-Duval, tout comme son père, intègre très jeune la magistrature et s'intéresse rapidement à la politique. Dès 1871, il est élu à l'Assemblée nationale, député de Seine-Inférieure d'abord, puis de l'Eure, sous l'étiquette « Union des droites », ne cachant pas ses sympathies bonapartistes. Il est également connu pour son amitié avec Gustave Flaubert ; les lettres que lui enverra ce dernier seront publiées.

mercredi 10 avril

lever : 7h09
coucher : 20h35

St Fulbert

À table !

Le sel de Noirmoutier

Pays de la Loire

Les marais salants de Noirmoutier sont actuellement exploités par une quarantaine de sauniers, sur une surface de 100 hectares environ. Surnommé « or blanc », le sel de Noirmoutier a un mode remarquable de production, qui préserve ses propriétés. En effet, il n'est ni lavé, ni traité. Le gros sel est utilisé pour les courts-bouillons, alors que la fleur de sel, ajoutée à la fin de la cuisson de légumes ou de viandes grillées, développera ses qualités.

La rubrique du 13 h

LA CITADELLE DE BLAYE

Aquitaine

Depuis son éperon rocheux dominant l'estuaire de la Gironde, la citadelle de Blaye protégeait autrefois Bordeaux des incursions anglaises. Édifiée au XVIIe siècle sous la direction de Vauban, elle offre désormais un magnifique panorama sur l'un des plus vastes estuaires d'Europe. Avec son château médiéval – les Romains avaient déjà établi un castrum sur le site –, sa place d'armes, ses casernes, son couvent et son église, la citadelle est une véritable ville dans la ville et figure aujourd'hui sur la liste du patrimoine mondial de l'Unesco.

Faune & flore

Potager et petits espaces

France

Si vous ne disposez que de peu d'espace pour votre potager, adoptez une disposition en carrés. Délimitez bien les emplacements afin d'obtenir des carrés d'au moins trente centimètres de côté. Si vous avez un mur à proximité, profitez-en pour planter des espèces grimpantes, en prévoyant un grillage.

Devinette

Pour quel élevage sont connus les Charentais ?

Les escargots. Plus précisément le petit-gris, appelé aussi « cagouille ». Avec quatre cents tonnes par an – la moitié de la production annuelle française –, la Charente-Maritime est le département qui produit le plus d'escargots.

Il était une fois en 1805

Bataillons de Livourne

Corse

C'est Napoléon Bonaparte qui, en 1796, grâce au soulèvement populaire des habitants contre l'occupant, récupéra la Corse tombée aux mains des Anglais trois ans plus tôt, sous la houlette de Pascal Paoli. Devenu Premier consul, et craignant la présence anglaise en Méditerranée, il décide la levée de cinq bataillons d'infanterie légère – des volontaires enrôlés pour trois ans. Même si les engagés sont d'abord peu nombreux, ils assurent un travail de vigie de tous les instants, recherchant criminels et espions et attaquant les navires de guerre anglais qui osent venir mouiller sur les côtes corses. C'est à partir du 10 avril 1805 que les bataillons, envoyés à Livourne, en Toscane, s'illustreront dans la guerre contre les Bourbons napolitains, alors alliés des ennemis de Napoléon, la Russie et l'Autriche.

lever : 7 h 07
coucher : 20 h 36

St Stanislas

Faune & flore
Le chamois
Franche-Comté

Proche de la chèvre, ce petit ruminant se rencontre dès les premiers plateaux montagnards. Capable de gravir des centaines de mètres de dénivelé en seulement quelques minutes, le chamois passe l'hiver dans la forêt, avant de partir un peu plus haut, dès le printemps, en quête d'herbe plus verte.

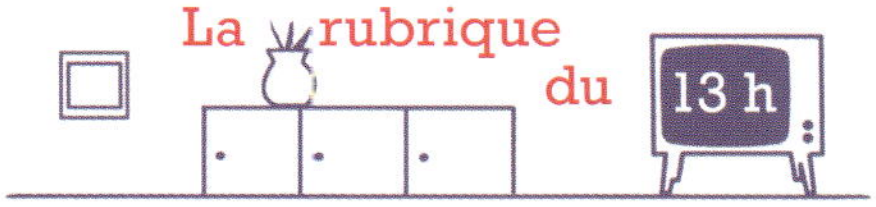

LE MOULIN DE DAUDET
Provence-Alpes-Côte d'Azur

Ce moulin, mesurant cinq mètres soixante de haut pour six mètres de diamètre, se situe sur la commune de Fontvieille, dans les Bouches-du-Rhône, à quelques kilomètres d'Arles. Contrairement à ce que l'on pourrait croire, Alphonse Daudet n'a jamais habité ce moulin. Il s'en est cependant inspiré pour écrire son œuvre la plus célèbre : *Les Lettres de mon moulin*. Construit en 1814, le moulin a vu ses ailes clouées au sol un siècle plus tard. Restauré dans les années 1930, il a été transformé en un musée consacré à l'auteur de « La chèvre de M. Seguin ».

À table !
Croquants d'Albi
Midi-Pyrénées

Pour 20 biscuits
Préchauffer le four à 160 °C. Fouetter manuellement 2 blancs d'œufs, ajouter 200 g de sucre et fouetter à nouveau. Incorporer 60 g de farine. Verser 125 g d'amandes effilées. Déposer, à l'aide de cuillères à soupe, des petits tas de la préparation sur une plaque recouverte de papier sulfurisé. Faire cuire 15 min environ. Laisser refroidir avant de déguster. Conserver dans une boîte métallique.

Savoirs d'antan

Pour redonner de la douceur et de l'éclat à vos cheveux secs, préparez un masque simple. Mélangez, dans un bol, de l'huile d'olive et un jaune d'œuf, appliquez la mixture sur vos cheveux, recouvrez d'un film plastique, puis rincez une demi-heure après.

Il était une fois en 1905
Grèves de Limoges
Limousin

Parallèlement à l'industrialisation et au développement des secteurs de la porcelaine et de la chaussure, des grèves sans précédent se répandent dans la ville de Limoges, au début du XXe siècle. En février 1905, un premier mouvement de contestation éclate, rejoint dès le mois d'avril par celui des ouvriers des deux grandes usines de porcelaine Haviland, qui réclament le renvoi de leurs contremaîtres. Malgré un appel à la négociation du président du Conseil Maurice Rouvier, le conflit se durcit, et l'armée est envoyée en renfort. Il faudra attendre la fin du mois pour que le travail reprenne, sans que les ouvriers aient obtenu gain de cause.

À table !

Ratafia de Champagne

Champagne-Ardenne

Ce vin doux est servi à l'apéritif, en accompagnement d'un melon, de terrines ou d'un dessert. Il entre dans la composition de sauces. Titrant 18°, il est élaboré à partir de moût (jus de raisin) et d'alcool (fine de Champagne). Il est vieilli en fûts de chêne et y acquiert sa couleur ambrée. Fruité et sucré, le ratafia est servi frais.

À la vôtre !

Languedoc-Roussillon

Le Languedoc-Roussillon abrite le plus grand vignoble du monde, soit deux cent quarante mille hectares. Ses trente mille vignerons produisent douze millions d'hectolitres par an, et la diversité des terroirs, des cépages et de l'ensoleillement donne une pléiade de vins, tantôt puissants, tantôt floraux, tantôt minéraux, tantôt fruités.

La rubrique du 13 h

LA MAISON DES TÊTES À METZ

Lorraine

À proximité de la cathédrale, la maison des Têtes est la demeure bourgeoise d'un riche orfèvre du XVIe siècle. L'architecture du bâtiment de trois étages fait le lien entre le style gothique du Moyen Âge et la Renaissance, en particulier à cause de ces « têtes » qui ont donné son nom à la maison. Il s'agit de cinq figures représentées en habit d'époque ; leur identité n'est pas connue. Les bustes qui ornent aujourd'hui la façade de la maison sont des copies : les originaux se trouvent au musée de la Cour d'Or de Metz et dans un musée de Boston.

Faune & flore

La grande mulette

Poitou-Charentes

On la pensait définitivement éteinte, pourtant cette perle rare est bel et bien présente dans la région. Celle-ci abrite la plus grande population de France – si ce n'est du monde. Dotée d'une incroyable longévité, la grande mulette est toutefois une espèce très fragile, car elle est sensible à la pollution.

Il était une fois en 1992

Quatre-vingt-dixième Paris-Roubaix

Nord-Pas-de-Calais

Souvent surnommée « l'Enfer du Nord », en référence aux pavés mythiques qui recouvrent de nombreux secteurs de son parcours, cette course cycliste est une compétition prestigieuse et reconnue depuis sa création en 1896. Inspirée de courses plus anciennes comme le Paris-Bordeaux, elle comporte près de deux cent quatre-vingts kilomètres entre Paris, son départ, et le vélodrome de Roubaix. Le 12 avril 1992, c'est le coureur Gilbert Duclos-Lasalle qui remporte la victoire pour la quatre-vingt-dixième édition, un exploit qu'il réitérera l'année suivante. Certaines zones pavées de la course portent le nom de champions, et Gilbert Duclos-Lasalle a la sienne, dans la commune de Cysoing.

samedi 13 avril
Ste Ida

dimanche 14 avril
St Maxime

Suivez le guide !
Centre

La vie de château

Les bords de la Loire ont vu naître bien des puissants : ducs, comtes et souverains qui y bâtirent de nombreux châteaux rivalisant de beauté. Laissez-vous entraîner sur la route de la Vallée des rois, pour parcourir l'histoire de France au fil des plus beaux châteaux et des grandes villes du Val de Loire, de Gien à Blois, en passant par Sully-sur-Loire, Beaugency et Chambord, ou encore sur la route des dames de Touraine, sur les traces de Catherine de Médicis, d'Agnès Sorel ou de Diane de Poitiers, de Chenonceaux à Loches.

Les châteaux de la Loire révèlent l'architecture sous toutes ses formes : les maîtres d'œuvre ne s'interdisaient aucun projet grandiose et veillaient au raffinement de chaque détail. Pour les têtes couronnées, c'était une façon d'asseoir leur pouvoir et de cultiver la beauté. D'ailleurs, les belles demeures de la Loire ont séduit également bon nombre d'artistes et d'intellectuels au fil des siècles, faisant de la région le pays des belles-lettres.

Qui dit château dit bien souvent jardins exceptionnels. D'ailleurs, ne surnomme-t-on pas la vallée de la Loire « le Jardin de la France » ? La douceur de vivre de la région et son climat particulièrement agréable ont favorisé l'essor de l'art français du jardin, empreint de charme

et d'élégance. Il n'y a qu'à contempler les terrasses à la française du château d'Ussé, dessinées par Le Nôtre, ou le jardin d'inspiration médiévale du château de Langeais pour s'en convaincre. Et que dire des magnifiques jardins du château de Villandry, recréés par

un propriétaire enthousiaste au début du XXe siècle, Joachim Carvallo ? Dans ces jardins, étagés sur trois niveaux, on assiste à l'union de l'art avec la nature. Tout n'est qu'émerveillement, partout où le regard se pose : sur le jardin d'ornement composé de buis ou sur le jardin d'eau avec son bassin, ses fontaines et ses pelouses. Chaque pas conduit à un moment de paix, dans les allées du potager en damier ou dans celles du jardin des simples, où poussent les plantes culinaires et médicinales.

lundi 15 avril

lever : 6 h 59
coucher : 20 h 42

St Paterne

À table !

Crêpes vonnassiennes

Rhône-Alpes

Pour 4 personnes
Cuire dans de l'eau salée 500 g de pommes de terre. Les éplucher et les réduire en purée, en incorporant 15 cl de lait. Laisser refroidir. Ajouter 3 c. à soupe de farine, 3 œufs, 4 blancs d'œufs et 2 c. à soupe de crème fraîche épaisse. Bien mélanger. Faire fondre du beurre dans une poêle. Verser 1 c. à soupe de pâte pour former une crêpe. Retourner avec une spatule. Servir chaud en accompagnement ou avec du sucre semoule.

Devinette

Quel sportif originaire de Franche-Comté a été médaillé d'or aux jeux Olympiques en 1992 ?

Fabrice Guy. Né à Mouthe, il remporte la médaille d'or en combiné nordique aux jeux Olympiques d'Albertville, où il était aussi porte-drapeau de la délégation française.

La rubrique du 13 h

L'HÔTEL GOÜIN À TOURS

Centre

C'est dans le quartier du Vieux-Tours, centre animé et pittoresque, que l'on peut admirer le dernier hôtel Renaissance de la ville, dont la façade est un chef-d'œuvre. L'hôtel Goüin doit son nom à une famille de banquiers qui était propriétaire de la demeure au XVIIIe siècle. Fortement endommagé pendant la Seconde Guerre mondiale, il a été reconstruit à l'identique. Abritant autrefois les collections de la Société archéologique de Touraine, il s'agit aujourd'hui d'un musée consacré à la région.

Faune & flore

Le chou-fleur

Bretagne

Savez-vous planter les choux ? Eh bien, les Bretons, eux, connaissent bien ce légume aujourd'hui disponible en différentes couleurs. Semez-le à la volée, en recouvrant légèrement les graines de terre. Au moment de repiquer les jeunes pousses, prévoyez au moins trente centimètres entre les plants.

Il était une fois en 1832

Naissance d'Eugène Poubelle à Caen

Basse-Normandie

L'inventeur de la poubelle, c'est lui ! En succédant au baron Haussmann, en 1883, dans les fonctions de préfet de la Seine, Eugène Poubelle, brillant universitaire, est amené à trouver des solutions sanitaires pour la capitale, afin de passer du tas d'ordures au récipient fermé. Il propose des boîtes métalliques aux dimensions et poids codifiés, qui seront rapidement adoptées, malgré l'opposition des concierges, qui y voient un surplus de travail, et des chiffonniers, qui pensent perdre leur gagne-pain. En effet, Eugène Poubelle ne se contente pas d'organiser une collecte, mais, précurseur dans le domaine du tri sélectif, il propose de séparer les ordures en trois catégories, que nous utilisons actuellement : les déchets putrescibles, les papiers – et chiffons – et le verre.

Un record en Champagne-Ardenne

À Reims, le 12 mars 2011, Yohann Diniz a battu le record du monde de distance sur piste en marche athlétique, parcourant cinquante kilomètres en trois heures et trente-cinq minutes. Ce n'était pas une promenade de santé : il a marché, en moyenne, à plus de treize kilomètres à l'heure !

Faune & flore

Le butor étoilé

Alsace

Dépêchez-vous, il ne reste plus beaucoup de temps pour l'observer ! En effet, le butor étoilé s'envole vers des latitudes plus septentrionales dès le retour des beaux jours. Pour le rencontrer, rien de plus simple : cherchez-le parmi la végétation des roselières qui ponctuent la région.

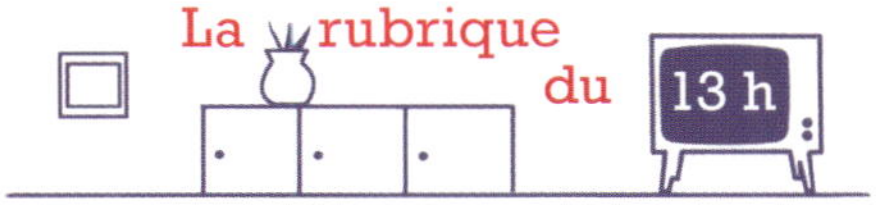

LES JARDINS DES RENAUDIES

Pays de la Loire

Ce parc floral magnifique est l'œuvre du pépiniériste Jean Renault. Créé à Colombiers-du-Plessis, en Mayenne, le jardin des Renaudies est divisé en plusieurs espaces, dont le plus important est le jardin à l'anglaise : d'une superficie de quatre hectares, il compte environ trois mille variétés de végétaux. Au fil de la promenade, on peut apprécier un bassin et une roue à aubes restaurée. On trouve également dans ces jardins un potager et, en saison, un labyrinthe de maïs. Enfin, une ferme du XIXe siècle fait revivre les savoir-faire d'autrefois, avec un fournil et l'exposition de vieux outils.

À table !

Morue à la limousine

Limousin

Pour 6 personnes

La veille, dessaler 600 g de morue. L'amener à frémissement dans un récipient rempli d'eau froide. Éteindre et laisser pocher 10 min. Retirer la morue. Cuire dans l'eau de cuisson du poisson 1 kg de pommes de terre épluchées et coupées. Effeuiller la morue, retirer les arêtes. Faire revenir 2 gousses d'ail épluchées et écrasées. Ajouter 20 cl de crème. Dans un plat, disposer une couche de pommes de terre, une de morue et une de pommes de terre. Recouvrir avec la crème. Enfourner 10 min à 200 °C.

Il était une fois en 1879

Mort de Bernadette Soubirous

Bourgogne

Aînée d'une famille de neuf enfants, Bernadette Soubirous est une jeune fille chétive et asthmatique, qui manifeste très tôt un fort sentiment religieux. Devenue bergère à 14 ans, elle témoigne de dix-huit apparitions de la Vierge Marie dans la grotte de Massabielle, près de Lourdes, entre les mois de février et de juillet 1858. Un témoignage qui attise les curiosités et la rend célèbre dans toute la France. Plusieurs couvents sont alors prêts à l'accueillir, lorsqu'elle émet le souhait de devenir religieuse. Elle quitte ses Pyrénées natales à 22 ans, pour entrer au couvent des Sœurs de la Charité de Nevers, où elle s'éteint le 16 avril 1879, vaincue par la maladie.

mercredi 17 avril

lever : 6 h 55
coucher : 20 h 45

St Anicet

À table !

Pommes de terre au brillat-savarin

Haute-Normandie

Pour 2 personnes
Cuire au four 20 min, à 200 °C, 2 grosses pommes de terre lavées et emballées dans de l'aluminium. Laisser refroidir. Faire dorer 4 tranches de poitrine fumée. Découper un chapeau dans les pommes de terre. Prélever la chair à la cuillère. Dans un saladier, écraser 100 g de brillat-savarin avec 1 œuf. Ajouter la chair et les tranches de poitrine coupées en morceaux. Mélanger. Farcir les enveloppes des pommes de terre. Disposer dans un plat. Enfourner 10 min à 200 °C.

La rubrique du 13 h

LE CHÂTEAU DE PIERREFONDS

Picardie

En forêt de Compiègne, au milieu de quatorze mille hectares de calme et de verdure, le château de Pierrefonds semble tout droit sorti d'un conte de fées. Construit à la fin du XIVe siècle par Louis d'Orléans, le château est détruit en 1617. L'architecte Viollet-Leduc le restaure au XIXe siècle à la demande de Napoléon III, conjuguant Moyen Âge et Renaissance. Il rend à l'édifice sa splendeur médiévale, notamment en matière de défense : le chemin de ronde, par exemple, permet de comprendre comment le château pouvait résister aux assauts de l'ennemi.

Savoirs d'antan

Au lieu de jeter des fruits trop mûrs que vous n'avez pas eu le temps de manger, pensez à en faire des compotes ! Découpez-les en morceaux, faites-les cuire avec du sucre et de l'eau pendant trente minutes, puis passez-les au mixeur, si nécessaire.

Faune & flore

Le céleri branche

Languedoc-Roussillon

Cultivé depuis des décennies dans le bassin d'Elne, le céleri branche peut être semé en place dès avril. Prévoyez toutefois une étape de repiquage, environ six semaines après le semis. Espacez bien les plants et arrosez régulièrement : vous obtiendrez alors une savoureuse récolte, dès le mois d'octobre.

Il était une fois en 1067

Mort de saint Robert de Turlande

Auvergne

Saint Robert de Turlande serait né à Paulhenc, dans le Cantal, aux alentours de 1001. Élevé par les chanoines de Brioude, ordonné prêtre, il bâtit un hôpital pour les pèlerins et les pauvres. Rapidement, sa vie de chanoine l'ennuie, et il part au mont Cassin pour méditer sur la règle de saint Benoît, qui fait autorité dans les monastères. En 1043, accompagné de deux chevaliers pénitents, il s'installe sur des terres au climat rude, où trône une chapelle en ruine appelée « Casota », qu'il transforme bientôt en *casa Dei* (« maison », « chaise de Dieu »). Il meurt le 17 avril 1067 à la Chaise-Dieu, en Haute-Loire. Dès 1070, le pape Alexandre II le canonise pour sa vie généreuse et ascétique.

jeudi 18 avril

lever : 6 h 53
coucher : 20 h 47

St Parfait

À la vôtre !

Rhône-Alpes

Situé sur Ampuis, ancien comptoir grec puis romain, le côte-rôtie est la plus ancienne appellation de la vallée du Rhône et une des plus prestigieuses. Composée de syrah et de 20 % de viognier environ, ses arômes puissants et fruités s'accordent idéalement avec une côte de bœuf ou un gigot d'agneau.

Faune & flore

La malmignatte

Corse

Parmi les trente-cinq espèces d'araignées endémiques de la Corse, celle-ci fait sans doute partie des plus dangereuses. Sa morsure, très douloureuse, est en effet à craindre. Mesurant une quinzaine de millimètres, la malmignatte est facilement identifiable grâce à ses grosses taches rouges.

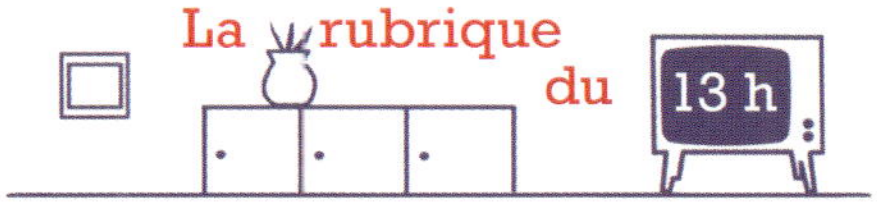

La rubrique du 13 h

LA FRANCE MINIATURE

Île-de-France

À proximité de Versailles, à Élancourt, se trouve France miniature, le plus grand parc miniature d'Europe. L'attention est portée à chaque détail, et les plus beaux sites de France sont mis en scène dans un espace de cinq hectares, dessiné comme une carte de France. En quelques heures, le visiteur traverse les régions de notre beau pays, découvrant cent seize monuments et des paysages reconstitués. Outre des villages ou des châteaux, on retrouve les océans et les fleuves de l'Hexagone, ainsi que plus de trois kilomètres de voies ferrées.

À table !

Velouté aux asperges de Lorraine

Lorraine

Pour 4 personnes

Éplucher et laver 500 g d'asperges. Couper les pointes et les disposer dans une mousseline. La nouer. Couper le restant des asperges. Éplucher, laver et couper 3 pommes de terre. Dans 1 l d'eau, faire cuire pommes de terre et asperges 30 min à feu moyen ; ajouter la mousseline 10 min avant la fin de la cuisson. Retirer la mousseline et passer le contenu de la casserole à la moulinette. Verser dans une soupière, sortir de la mousseline les pointes et les ajouter au velouté.

Il était une fois en 1736

Mort de Claude Charles Le Roy de la Potherie

Guadeloupe

Né à Paris en 1663, Claude Charles Le Roy de la Potherie découvre la Nouvelle-France, en Amérique du Nord, en 1698, alors qu'il vient d'y être nommé commissaire de la marine. Il se passionne tant pour l'histoire de cette contrée, alors colonie française, qu'il rédige un ouvrage riche de quatre volumes : *Histoire de l'Amérique septentrionale*. À travers ce livre, l'auteur peint un tableau assez complet du Canada et de ses habitants, et fait des Amérindiens des acteurs à part entière de l'histoire de l'Amérique du Nord française. En 1701, il est nommé à la lieutenance d'une compagnie en Guadeloupe, où il reste jusqu'à sa mort, le 18 avril 1736.

vendredi 19 avril

lever : 6h52
coucher : 20h48

Ste Emma

À table !

Miel d'acacia de Franche-Comté

Franche-Comté

C'est sa douceur et son aspect liquide qui font le succès de ce miel. Le robinier, ou faux acacia, que les abeilles visitent, a une durée de vie de 300 ans et donne des fleurs blanches, qui fleurissent en mai et en juin. Le miel est limpide, d'une couleur très claire ; son parfum est discret. Il est en grande partie responsable, dans l'ensemble des hydromels, de cette note florale dite « note de fleurs blanches ».

La rubrique du 13 h

LA CITADELLE DE LILLE

Nord-Pas-de-Calais

Pour défendre la ville nouvellement conquise, Louis XIV, en 1667, charge Vauban de bâtir une citadelle à Lille. L'architecte militaire choisit les marais à l'ouest de la cité pour construire un édifice à cinq branches, qu'il gouvernera et baptisera par la suite la « reine des citadelles ». La citadelle est achevée après trois ans de travaux : elle compte cinq bastions reliés par un mur, ainsi que cinq demi-lunes, le tout entouré de fossés. C'est dans l'arsenal de la citadelle – détruit en 1919 par un incendie, mais restauré ensuite – que se trouve la partie la plus ancienne de l'édifice.

Un record en *Auvergne*

Le cantal, le saint-nectaire, le bleu d'Auvergne, le salers et la fourme d'Ambert font de l'Auvergne la région française qui détient le plus de fromages AOC.

Faune & flore

La mara des bois

Aquitaine

Des fruits très parfumés et un rendement optimal : voilà pourquoi la mara des bois est si populaire auprès des gourmets comme des jardiniers. Cette petite fraise est donc une variété de haute qualité, qui trouvera facilement sa place dans votre jardin, si le sol n'est pas trop calcaire.

Il était une fois en 1705

Trêve durant la guerre de Succession d'Espagne

Provence-Alpes-Côte d'Azur

Après la prise de la ville et du château par les troupes françaises en 1691, Nice est encore une fois assiégée au début de la guerre de Succession d'Espagne, en 1705. Le duc de Savoie a de nouveau rejoint les Habsbourg, et les soldats de Louis XIV retournent se battre pour interdire le passage aux troupes savoyardes. Le marquis de Caraglio, acquis aux Habsbourg, défend chèrement la ville contre les assauts du duc de la Feuillade. Le 10 avril, Caraglio ordonne à ses troupes d'abandonner toutes les positions et de se retrancher dans le château. La ville se rend le 13 avril, et une trêve de six mois est signée le 19 avril 1705.

Suivez le guide !
Guyane

Bienvenue au paradis !

La Guyane ne se laisse pas apprivoiser facilement. La plus grande région de France regorge encore de secrets, qu'elle ne révèle totalement qu'aux initiés, qu'à ceux qui le méritent. Paradis marin, végétal et minéral, la Guyane, avec ses paysages de carte postale, est un condensé de trésors naturels.

Ses sept millions et demi d'hectares de forêt tropicale offrent un univers encore quasi intact. Le climat chaud et humide favorise une flore exubérante : on recense en Guyane des milliers d'espèces de plantes – de nouvelles espèces sont découvertes chaque année – et on compte plus d'espèces d'arbres dans un seul hectare de forêt guyanaise que dans toute l'Europe. Il en va de même pour la faune : l'Amazonie, le « poumon de la planète », est le royaume des jaguars et des anacondas, ces serpents colossaux, maîtres des rivières, qui peuvent mesurer jusqu'à neuf mètres de long et qu'on appelle modestement en Guyane « couleuvres d'eau » ! Le premier fleuve de Guyane est le Maroni, que sillonnent des dizaines de pirogues : elles offrent bien souvent le seul moyen de pénétrer cette forêt mystérieuse.

Il est évidemment indispensable de préserver cette biodiversité. C'est la mission du parc amazonien de Guyane, un parc national créé en 2007, qui s'étend sur près de trente-quatre mille kilomètres carrés. Son espace « cœur » interdit les projets de construction de grande ampleur, l'activité minière ainsi que la chasse, la pêche et la cueillette à but commercial. Le parc protège aussi le foyer ancestral de plusieurs ethnies amérindiennes.

Une promenade épicée

Mais la Guyane n'est pas qu'un paradis où la nature est reine. Si la solitude et la sérénité de la forêt amazonienne vous pèsent, il est temps de venir trouver un peu d'animation en ville. Cayenne, première commune de Guyane, aux rues bien alignées, est située sur une presqu'île encadrée par des montagnes. Il fait bon flâner dans cette cité cosmopolite, en admirant les façades en bois et les balcons de fer forgé des anciennes maisons créoles, se promener au marché et déguster, avec un verre de rhum, poissons et fricassées au piment.

lundi 22 avril

lever : 6 h 46
coucher : 20 h 52

St Alexandre

À table !
Chabichou à la pomme
Poitou-Charentes

Pour 6 personnes

Laver 3 pommes sans les éplucher. Les couper en lamelles.
Dans une poêle, faire fondre un peu de beurre avec 1 c. à soupe de miel. Passer les lamelles quelques minutes dans le mélange, juste pour les enrober et les tiédir. Couper 3 chabichous en 2. Disposer dans chaque assiette ¼ des pommes avec ½ chabichou. Présenter recouvert d'amandes effilées grillées.

La rubrique du 13 h

LA MAISON CARRÉE DE NÎMES
Languedoc-Roussillon

La Maison carrée est un temple romain édifié à la fin du Ier siècle av. J.-C. Le temple a connu bien des changements à travers les siècles : il a ainsi été utilisé comme habitation, il est devenu l'église des Augustins au Moyen Âge, il a été transformé en préfecture ou encore en musée. Complètement restaurée, la Maison carrée est aujourd'hui l'un des temples romains les mieux conservés au monde ; lieu de visite incontournable pour qui veut comprendre l'héritage gallo-romain de Nîmes, elle accueille des manifestations culturelles pendant la célèbre feria.

Faune & flore
La bécasse des bois
Limousin

S'il est possible de la rencontrer un peu partout en France, la bécasse des bois niche rarement dans notre pays. Le Limousin fait ainsi partie des quelques régions où se maintiennent des populations reproductrices, bien que l'espèce diminue fortement depuis ces dernières années.

Devinette

Quel est le plus célèbre personnage féminin du carnaval en Guyane ?

Le touloulou. Ce personnage, qui représente la femme bourgeoise des XVIIIe et XIXe siècles, se distingue par le fait que celles qui l'incarnent sont vêtues de telle sorte qu'on ne les reconnaît pas. Grandes robes élégantes, masques et gants ne laissent pas apparaître un seul centimètre de leur peau.

Il était une fois en 1843
François Xavier Schoepfer
Midi-Pyrénées

Né le 22 avril 1843, François Xavier Schoepfer aura connu, lors de son mandat d'évêque de Tarbes – à partir de 1899 –, la loi séparant l'Église de l'État, qui fut considérée comme un gigantesque bouleversement. Assez pessimiste quant à l'apport financier que l'Église aurait à dégager pour gérer les paroisses, il eut l'idée de créer une quête, qui existe encore aujourd'hui : le denier du culte. Organisateur du cinquantième anniversaire de l'apparition de la Vierge à Lourdes en 1908, il devint, en 1912, grâce au changement de nom de l'évêché de Tarbes, le premier évêque de Tarbes et de Lourdes.

mardi 23 avril

lever : 6 h 44
coucher : 20 h 54

St Georges

À table !

Pompe aux grattons

Centre

Pour 6 personnes
Mélanger 300 g de grattons coupés en petits dés avec 500 g de farine. Ajouter 100 g de beurre fondu, 3 œufs entiers battus, 2 petits verres de lait et du sel. Délayer 10 g de levure de boulanger dans un peu d'eau tiède. Incorporer à la pâte. Former et déposer la pâte sur une tôle beurrée. Laisser reposer 1 h. Dorer avec 1 jaune d'œuf et enfourner 45 min à 220 °C.

Faune & flore

La bernache du Canada

Île-de-France

À la belle saison, le bois de Vincennes – le plus grand espace vert de la capitale – offre des promenades très agréables aux Parisiens en quête d'un peu d'air pur. C'est autour d'un des quatre lacs qu'ils pourront observer la bernache du Canada évoluer parmi les colverts, les cygnes ou encore les foulques.

La rubrique du 13 h

LA TOUR DE CREST

Rhône-Alpes

Chef-d'œuvre de l'architecture militaire médiévale, la tour de Crest culmine à cinquante-deux mètres de haut, étant ainsi le plus haut donjon de France. Édifiée au XIIe siècle, elle fait partie, à l'origine, d'une forteresse qui sera démantelée au XVIIe siècle. À partir de ce moment, la tour est utilisée comme prison : le dernier prisonnier quittera ses murs au XIXe siècle. Lieu de mémoire – la municipalité a transformé le site en musée –, la tour offre aussi un panorama exceptionnel sur les collines environnantes de la Drôme.

Un record en Nord-Pas-de-Calais

Bienvenue chez les Ch'tis, le film de Danny Boon, détient deux records : il a non seulement dépassé *La Grande Vadrouille* en nombre d'entrées, devenant ainsi le film français le plus vu en France, mais il se classe aussi en deuxième position au box-office français, juste derrière *Titanic*.

Il était une fois en 1915

Charles René de Paul de Saint-Marceaux

Champagne-Ardenne

Artiste de talent, Charles René de Paul de Saint-Marceaux voit le jour à Reims en 1845. Dès ses 18 ans, il est attiré par la sculpture et part à Paris pour étudier aux Beaux-Arts, dont il est élu membre de l'académie en 1905. Élève du sculpteur François Jouffroy, René de Saint-Marceaux s'intéresse à l'art de la Renaissance et fait plusieurs séjours en Italie, en particulier à Florence. Cette inspiration se retrouve dans sa sculpture en marbre *Le Génie gardant le secret de la tombe*, une de ses œuvres les plus célèbres, avec *Arlequin*. Il meurt le 23 avril 1915.

mercredi 24 avril

lever : 6 h 42
coucher : 20 h 55

St Fidèle

À table !

Fricassée de chatrou

Martinique

Pour 4 personnes
Nettoyer, battre, frotter avec du jus de citron et couper en morceaux 1,2 kg de chatrou (poulpe). Dans une cocotte, faire revenir le chatrou, dans un peu d'huile, avec 1 oignon et 1 gousse d'ail épluchés et hachés, 1 bouquet garni et 1 piment. Ajouter 3 tomates pelées et coupées en morceaux. Couvrir d'eau et porter à ébullition. Cuire jusqu'à ce que le liquide soit absorbé. Arroser avec le jus de 1 citron. Servir avec du riz.

À la vôtre !

Midi-Pyrénées

Situé de part et d'autre des rives du Tarn, le vignoble de Gaillac est un des plus anciens de France. Si les Gaulois le produisaient déjà, c'est au Moyen Âge que le gaillac gagne en prestige, puisqu'il est souvent servi aux repas des rois de France. Tous les vins obtenus aujourd'hui sur ses neuf mille hectares sont des AOC.

La rubrique du 13 h

LE CHÂTEAU DE FOUGÈRES

Bretagne

Le château de Fougères, en Ille-et-Vilaine, est l'une des forteresses les plus imposantes et les mieux conservées d'Europe. Cette véritable ville fortifiée, bâtie au XIIe siècle sur un promontoire rocheux, a joué un rôle majeur dans la défense du duché de Bretagne. Détruit et reconstruit à plusieurs reprises, le château témoigne de différents styles d'architecture défensive à travers les siècles. Le haut des remparts offre un joli panorama sur la ville, et les douves naturelles du château, formées par la rivière Nançon, apportent un charme supplémentaire à la promenade.

Faune & flore

Le pélodyte ponctué

Picardie

Parfois surnommé « crapaud persillé », à cause des petites taches vert vif qui parsèment son dos, le pélodyte ponctué est un animal rare. Dans la région, on le trouve notamment dans la vallée des Évoissons, nichant aux abords des plans d'eau, en compagnie d'une autre espèce menacée, le pélobate cultripède.

Il était une fois en 1877

Publication des Trois Contes de Flaubert

Haute-Normandie

« Et voilà l'histoire de saint Julien l'Hospitalier, telle à peu près qu'on la trouve, sur un vitrail d'église, dans mon pays », écrit Gustave Flaubert. En effet, ce sont les vitraux de la cathédrale de Rouen qui donnèrent à Flaubert l'idée de sa nouvelle sur Julien l'Hospitalier, le deuxième de ses *Trois Contes*. Le premier, *Un cœur simple*, rappelle le mythe d'Œdipe, et le troisième, *Herodias*, évoque le mythe de Salomé. Originellement sortis en épisodes dans des journaux, ils furent publiés en recueil le 24 avril 1877. Flaubert mit plus de trente ans à les écrire. Ce fut sa dernière œuvre romanesque achevée : il mourut trois ans après sa publication.

jeudi 25 avril

lever : 6 h 40
coucher : 20 h 57

St Marc

Faune & flore

L'ide mélanote

Pays de la Loire

Appréciée des pêcheurs comme des amateurs d'aquariums, l'ide mélanote vit essentiellement dans les rivières de Loire-Atlantique. On la confond souvent avec un jeune gardon. D'un poids maximum de cinq kilos, ce poisson insectivore est pourtant bien moins fréquent que lui dans les cours d'eau français.

La rubrique du 13 h

LA GARE DE LIMOGES-BÉNÉDICTINS

Limousin

Lieu symbolique de la ville et sans doute son monument le plus représentatif, la gare de Limoges-Bénédictins a suscité bien des polémiques lors de sa création. Construite en surélévation, au-dessus des voies, pour tirer parti d'un espace assez restreint, elle a été considérée comme la gare la plus laide de France, certains la comparant même à un pachyderme. Mais les Limougeauds sont aujourd'hui fiers de leur gare, désormais inscrite aux monuments historiques, et de son style Art déco : une immense coupole s'élève au-dessus du grand hall, orné de verrières aux motifs floraux.

À table !

Gargaisses

Bourgogne

Pour 6 personnes

Mélanger à la main 250 g de farine, 2 œufs entiers, 50 g de beurre ramolli, 50 g de sucre, 1 sachet de levure de boulanger, 1 pincée de sel et le jus de 1 citron. La pâte obtenue doit être bien lisse. Laisser reposer 6 h. Abaisser au rouleau sur une épaisseur de 4 mm. Découper des bâtonnets. Les frire dans de l'huile bien chaude. Égoutter les gargaisses sur du papier absorbant et les servir recouvertes de sucre glace.

Savoirs d'antan

Si les désodorisants de maison du commerce ne vous satisfont pas, suivez cette recette pour en confectionner un vous-même ! Faites macérer dans de l'alcool à quatre-vingt-dix degrés, pendant plusieurs heures, du thym et de la lavande. Imbibez un tissu de ce mélange, puis utilisez-le pour nettoyer vos meubles.

Il était une fois en 1792

Prémices de La Marseillaise

Alsace

Né dans le Jura, Claude Joseph Rouget de Lisle reçoit une formation militaire, qui s'achève au corps royal du Génie et le conduit à la garnison de Strasbourg, en 1791. À la demande de son ami, alors maire de la ville, Philippe Fréderic de Dietrich, rencontré dans une loge maçonnique, il compose plusieurs chants patriotiques. Le 25 avril 1792, il écrit le *Chant de guerre pour l'armée du Rhin*, qui devient *La Marche des Marseillais*, puis *La Marseillaise*. Destitué de l'armée, parce qu'il a pris position pour Louis XVI, alors emprisonné, et n'arrivant pas à percer dans le milieu littéraire, il compose un hymne royaliste sous la Restauration, sans succès, et finit sa vie dans une situation précaire.

vendredi 26 avril

lever : 6 h 38
coucher : 20 h 58

Ste Alida

À table !

Boudins noirs à la flamande

Nord-Pas-de-Calais

Pour 4 personnes
Avec 800 g de pommes, préparer une compote et réserver au chaud. Dans une poêle, faire fondre du beurre. Y cuire 4 boudins à la flamande (boudins qui contiennent des raisins, de la cannelle et du sucre). Retourner régulièrement, la peau doit être croustillante sans être éclatée. Servir les boudins et les pommes très chauds.

Devinette

Quel est le plus grand lac artificiel de France, situé en Champagne-Ardenne ?

Le lac du Der-Chantecoq. Construit entre 1967 et 1970, pour éviter les crues de la Seine, ce lac est aujourd'hui un important lieu touristique du département de la Marne.

La rubrique du 13 h

LE CHÂTEAU DE VAL

Auvergne

On ne peut rêver de cadre plus enchanteur que le château de Val, à Lanobre, dans le Cantal. Situé en Haute-Auvergne, tout près du Limousin, il a été édifié au XVe siècle, sur un promontoire rocheux dominant toute la vallée de la Dordogne. Depuis la construction du barrage de Bort-les-Orgues, au milieu du XXe siècle, le château de Val est entouré par les eaux d'un lac artificiel. Pour le visiter et admirer ses six tours ou encore la chapelle gothique dédiée à saint Blaise, il faut emprunter une digue qui l'a transformé en presqu'île.

Faune & flore

Le lys de mer

Provence-Alpes-Côte d'Azur

Aussi connu sous le nom de « lys des sables », cette herbacée est présente sur l'ensemble du littoral méditerranéen français. Elle pousse à flanc de dune, solidement enracinée dans le sable. En Provence, elle a tendance à se raréfier et bénéficie désormais d'un statut de protection.

Il était une fois en 1674

Siège de Besançon

Franche-Comté

À partir de 1664, Besançon passe sous le contrôle du royaume d'Espagne et perd son statut de ville libre. L'armée de Condé – le duc d'Enghien – s'en empare facilement en février 1668, car les défenses sont vétustes. Mais le traité d'Aix-la-Chapelle offre la ville aux Espagnols, et ce sont eux qui commencent les travaux de fortification. Toutefois, le 26 avril 1674, Condé revient, fort de quinze à vingt mille hommes, afin de l'assiéger à nouveau. Pour écourter le siège, il fait venir à dos d'homme trente-six canons – ou bouches à feu. Vingt-six jours plus tard, en présence de Louis XIV, la citadelle tombe, et Besançon devient la capitale de la Franche-Comté.

Suivez le guide !
Languedoc-Roussillon

À Mende, sur les traces de saint Privat

La vie de saint Privat, évêque de Mende et patron du Gévaudan, est intimement liée à celle de Mende, où le martyr vécut ses derniers jours, dans son ermitage sur le flanc du mont Mimat. Ce dernier, aussi appelé « causse de Mende », surplombe la ville, offrant une vue imprenable sur les environs.

Il y a fort longtemps de cela, au IIIe siècle de notre ère, vivait un homme de Dieu qui n'avait de cesse de combattre les païens, dans une région alors envahie par les Vandales. Lorsque les Alamans parvinrent aux environs de Mende, tous les habitants s'étaient réfugiés derrière les murs fortifiés de Grèze. Alors en période de jeûne, saint Privat, quant à lui, vivait dans une grotte sur les hauteurs de Mende. On dit que, pendant deux ans, les habitants tinrent tête à l'envahisseur. Lassés de ce combat, les Vandales eurent l'idée d'aller débusquer l'évêque, afin de l'utiliser comme otage pour pénétrer dans la forteresse. En effet, Privat avait une excellente réputation, et ses ouailles lui étaient tout à fait dévouées. Refusant de coopérer pour ne pas mettre les habitants du pays en danger, on dit qu'il fut battu et laissé pour mort, ou encore qu'il fut enfermé dans un tonneau percé de clous dont les pointes étaient tournées vers l'intérieur, puis jeté de l'ermitage (juché à une altitude de huit cent quatre-vingt-dix mètres) jusqu'au bourg de Mende.

C'est cette version de la légende qu'ont choisi d'illustrer les Mendois le long du parcours qui monte de la ville jusqu'à l'ermitage, puis au sommet du mont Mimat, jusqu'à l'immense croix (plus de douze mètres de haut) qui surplombe la cité. La promenade, ponctuée de chapelles, chemin de pèlerinage, retrace ainsi l'histoire du martyr jusqu'à sa dernière demeure, mi-grotte, mi-construction aujourd'hui. Outre ce chemin, d'autres voies permettent d'atteindre la cime du mont ; de là, on peut admirer les différents quartiers de Mende et la basilique-cathédrale Notre-Dame-et-Saint-Privat, dont la construction fut décidée dans les années 1360, par le pape Urbain V. Détruite, puis reconstruite à plusieurs reprises par la suite, elle est encadrée de deux clochers inégaux, qui ont valu à l'une des cloches le surnom de « non-pareille ».

lundi 29 avril

lever : 6 h 33
coucher : 21 h 03

Ste Catherine de Sienne

Faune & flore

La sterne pierregarin

Centre

Espèce indissociable de la Loire, la sterne pierregarin se distingue des autres espèces grâce à la couleur rouge orangé de son bec et à la calotte noire qui recouvre sa tête. Dans la région, elle est présente dès le mois d'avril, nichant à même le sol, à proximité du fleuve ou de ses affluents.

À table !

Les aubergines à l'huile

Corse

Pour 2 bocaux

Dans une cocotte, pendant 1 h 30, faire dégorger 2 kg d'aubergines poudrées de sel. Les égoutter et les disposer dans la cocotte, puis recouvrir d'huile d'olive froide. Amener à ébullition, maintenir 2 min, retirer du feu et laisser refroidir. Égoutter et arranger les aubergines dans 2 bocaux, en intercalant de l'ail épluché et émincé, du sel et du poivre. Ajouter à l'huile 1 verre de vinaigre. Verser ce mélange dans les bocaux. Laisser mariner 1 mois.

La rubrique du 13 h

LE PHARE DE CHASSIRON

Poitou-Charentes

Ce phare se dresse à la pointe nord de l'île d'Oléron, sur la commune de Saint-Denis-d'Oléron. Il est l'un des plus anciens phares de France : la tour actuelle a été mise en service en 1836, mais il existait un premier phare dès le XVIIe siècle. Guide pour les bateaux, le phare est aussi un endroit où se promener : on peut arpenter le jardin en forme de rose des vents ou visiter l'ancienne maison des gardiens devenue lieu d'expositions ; au premier étage du phare, un musée informe les visiteurs sur le savoir-faire et le quotidien des Oléronnais d'antan, à la fois marins et paysans.

Savoirs d'antan

Vous manquez de sommeil, et vos yeux fatigués accusent le coup. Placez deux cuillères dans le congélateur, pendant cinq minutes. Posez-les sur vos yeux fermés et laissez agir quelques minutes. Vos cernes s'atténueront sous l'effet du froid.

Il était une fois en 1429

Jeanne d'Arc entre à Orléans

Lorraine

Forte d'une prophétie qui annonce qu'une pucelle des marches de Lorraine sauvera la France des Anglais, qui occupent à l'époque une bonne partie du royaume de France, Jeanne parvient, après bien des tentatives, à être prise au sérieux par Robert de Baudricourt, le capitaine d'une forteresse près de Domrémy, qui accepte de la faire conduire auprès de Charles VII. Le 29 avril 1429, Jeanne entre dans Orléans à la tête d'une puissante armée, alors que la ville subit le siège des Anglais depuis le mois d'octobre 1428. Tous sont conquis par sa foi inébranlable. Les Français se battent comme des lions, et les Anglais lèvent le siège en mai. Grâce à ces efforts, Charles VII est sacré roi à Reims en juillet. La légende est en marche.

mardi 30 avril

lever : 6 h 31
coucher : 21 h 04

St Robert

Un record en Picardie

La ville d'Amiens, dans la Somme, a eu un conseiller municipal très célèbre en la personne de Jules Verne, écrivain à succès et précurseur des romans d'anticipation. Il est, en 2011, l'auteur de langue française le plus traduit au monde.

Faune & flore

Le tec-tec

La Réunion

Celui que l'on connaît aussi sous le nom de « tarier de La Réunion » se distingue de son cousin pâtre à la couleur blanche de son sourcil. Si ce petit passereau forestier est une espèce endémique de l'île, il n'en est pas moins très commun et peut être observé jusqu'à deux mille cinq cents mètres d'altitude.

La rubrique du 13 h

LA CITÉ DE L'ESPACE

Midi-Pyrénées

Ce parc à thèmes est né en 1997 à Toulouse, ville pionnière de l'aéronautique. À travers des expositions et des animations adaptées à tous les âges, la cité de l'espace permet de tout connaître depuis le Big Bang jusqu'à la conquête spatiale, de comprendre notre planète et l'immensité qui l'entoure, notamment grâce au planétarium. Si la réplique grandeur nature de la fusée Ariane est l'une des principales attractions, d'autres engins fascinent les visiteurs, comme le vaisseau *Soyouz* ou la station Mir : il suffit de prendre place à bord pour se rêver astronaute !

À table !

Sauce maître de chai

Aquitaine

Pour 6 personnes

Faire revenir 5 min à la poêle, dans 10 g de beurre, 4 échalotes. Ajouter 25 cl de vin rouge de bordeaux et ½ cube de bouillon de veau. Laisser réduire la sauce de moitié. À feu très doux, incorporer le jus de 1 citron, 1 c. à café de chocolat noir en poudre et 100 g de beurre. Remuer. Le mélange ne doit pas bouillir. Servir cette sauce chaude avec une viande rouge.

Il était une fois en 1964

Première de « La caméra invisible »

Île-de-France

Le 30 avril 1964, les Français découvrent un programme télévisé d'un genre nouveau : « La caméra invisible ». Le principe en est simple : créer des situations insolites avec la complicité de comédiens et filmer la réaction des personnes piégées. Les récents progrès techniques dans la miniaturisation du matériel de prise de son et d'image permettent de réaliser cette émission dans les rues de Paris et de créer un réel effet de surprise, une fois la supercherie dévoilée. Jacques Legras est un des principaux acteurs, et plusieurs personnalités animent alternativement l'émission : Jean Poiret, Pierre Bellemare et Jacques Rouland.

mercredi 1er mai

lever : 6 h 30
coucher : 21 h 06

Fête du Travail

À table !

Beurre de crevettes

Bretagne

Laisser 250 g de beurre à température ambiante, pour qu'il soit mou. Faire bouillir de l'eau et y verser 250 g de crevettes. Attendre 2 min et égoutter. Décortiquer et piler les crevettes. Ajouter le beurre en morceaux et mélanger l'ensemble. Former une motte et mettre au frais 1 h. Ce beurre de crevettes est idéal en garniture d'un poisson ou sur des canapés.

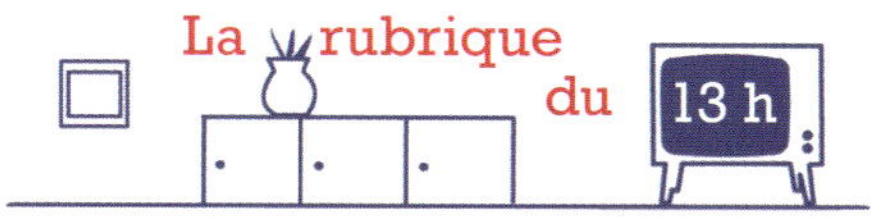

LES MAISONS SATIE À HONFLEUR

Basse-Normandie

C'est à Honfleur, perle du Calvados, que le compositeur et touche-à-tout Erik Satie est né, en 1866. Depuis 1998, un musée pas comme les autres lui est dédié. Établi dans trois maisons, dont celle où le musicien a vu le jour, il permet aux visiteurs de découvrir Satie à travers sa vie, son œuvre, ses collaborations et ses amis. Grâce à des écouteurs, les visiteurs plongent dans l'univers de ce personnage original. L'atmosphère surréaliste offre une expérience unique, alliant musique et vidéo, dans une succession de tableaux proposant une visite à la fois instructive et divertissante.

Faune & flore

Le Liparis de Loesel

Nord-Pas-de-Calais

Le Nord-Pas-de-Calais est l'une des dernières régions à accueillir cette orchidée extrêmement menacée tant au niveau national qu'européen. Elle se maintient sur les quelques sites épargnés par la pollution des eaux, principalement des dunes et des marais.

À la vôtre !

Bourgogne

Le romanée-conti est considéré comme le meilleur vin du monde. En conséquence, les prix atteints par ce précieux nectar sont souvent vertigineux. Le record actuel date de mai 2011 et est détenu par une bouteille de 1945, emportée aux enchères chez Christie's pour la somme de cent neuf mille francs suisses, soit quatre-vingt-sept mille euros !

Il était une fois en 1733

Mort de Nicolas Coustou

Rhône-Alpes

Dès ses 18 ans, Nicolas Coustou, jeune Lyonnais issu d'une famille de sculpteurs, part étudier à Paris. Après cinq années d'études, il est lauréat du prix Colbert et poursuit sa formation à Rome, à l'Académie de France, un parcours que son frère Guillaume suivra quelques années plus tard. Rentré en France, il travaille aux grands chantiers de Louis XIV, à partir de 1700. C'est dans sa ville natale, au centre de la place Bellecour, que l'on peut découvrir, au pied de la statue équestre de Louis XIV, deux bronzes des frères Coustou, celui de Nicolas représentant la Saône assise sur un lion. À sa mort, le 1er mai 1733, il laisse à l'état d'ébauche un grand bas-relief du *Passage du Rhin*.

jeudi 2 mai

lever : 6 h 28
coucher : 21 h 07

St Boris

Devinette

Quel château était érigé à l'emplacement de l'actuelle esplanade des Quinconces à Bordeaux ?

Le château Trompette. C'est Charles VII, roi de France, qui fait construire ce château au XVe siècle, afin de protéger la ville de nouvelles offensives anglaises. Il est totalement détruit en 1818.

Faune & flore

Le lucane cerf-volant

Haute-Normandie

Plus grand coléoptère d'Europe, le cerf-volant est très présent dans la région. Son nom viendrait de la forme de ses mandibules, qui évoque celle des bois du ruminant. En outre, cet insecte crépusculaire vole très bien, ce qui lui permet de trouver facilement sa nourriture (sève et excréments).

La rubrique du 13 h

LES PONTS COUVERTS DE STRASBOURG

Alsace

Ces ponts, situés à l'extrémité du pittoresque quartier de la Petite France, n'ont plus de « couverts » que le nom. Ils assumaient autrefois une fonction défensive : en effet, avec l'extension de la ville au-delà des rives de l'Ill, les voies fluviales étaient rendues vulnérables. Édifiés dès le XIIIe siècle entre quatre imposantes tours carrées, ils ont été largement modifiés au fil des siècles. Devenus inutiles après les fortifications réalisées par Vauban, ils perdent leur toiture à la fin du XVIIIe siècle et sont reconstruits en pierre.

À table !

Favouilles au riz

Provence-Alpes-Côte d'Azur

Pour 6 personnes

Réaliser un bouillon avec du sel, 1 bouquet garni et 10 favouilles (étrilles). Dans une sauteuse, faire revenir 26 favouilles, puis couvrir. Une fois qu'elles sont rouges, les réserver. Dans la sauteuse, faire revenir 1 oignon. Ajouter 400 g de riz rond. Remuer. Verser 1 verre de vin blanc sec. Cuire jusqu'à évaporation. Ajouter 2 tomates en morceaux et un peu de bouillon. Cuire en remuant 15 min et ajouter du bouillon, si besoin. Disposer les favouilles et achever la cuisson pendant 5 min.

Il était une fois en 1974

La commune de Tarnac

Limousin

Les historiens ont découvert, grâce à vingt-sept tertres funéraires enfouis dans le sol, que la commune de Tarnac a été habitée depuis le Ier siècle avant Jésus-Christ environ. Ce type d'inhumations contredit l'influence romaine. À l'inverse, la sculpture en granit du lion du Theillet, de la même époque, mise au jour en 1998, et que conserve l'église de Tarnac, indique clairement l'empreinte des Romains sur la région. Cette église, une des plus anciennes du plateau de Millevaches, fut bâtie au XIIe siècle. Le 2 mai 1974, l'église, le château voisin et son parc sont inscrits à l'inventaire des sites pittoresques du Limousin.

vendredi 3 mai

lever : 6 h 26
coucher : 21 h 09

St Jacques

À table !

Galettes de pommes de terre à la fourme d'Ambert

Auvergne

Pour 4 personnes

Cuire à l'eau 1 kg de pommes de terre. Les éplucher et les réduire en purée. Retirer la croûte de 150 g de fourme d'Ambert. Mélanger avec la purée. Ajouter du sel, du poivre, 50 g de beurre et 1 œuf. Bien mélanger. Faire de petites galettes, avec 2 c. à soupe, et les cuire avec un peu d'huile dans une poêle. Servir avec une salade.

Savoirs d'antan

Vous n'avez pas de poudre pour le visage et vous avez mauvaise mine. Quelques pincées de talc pour bébé, bien étalées, permettent de lisser vos cernes et de redonner un aspect velouté à votre peau.

La rubrique du 13 h

LE DIJONVAL

Champagne-Ardenne

La ville de Sedan possède plusieurs vestiges de patrimoine industriel ; parmi eux, le Dijonval, une ancienne draperie qui, avec sa façade magnifique, ressemble davantage à un château qu'à une usine. À sa création en 1646, le Dijonval était une manufacture royale et, grâce à un privilège, la seule fabrique de draps fins en France. Il ne reste aujourd'hui plus rien des aménagements d'origine : le Dijonval comportait notamment un donjon, une chapelle et des vergers, où séchaient les pièces de drap. Les bâtiments actuels datent du XVIIIe siècle et ont été réhabilités en logements.

Faune & flore

L'euprocte des Pyrénées

Midi-Pyrénées

Au détour d'un ruisseau ou d'un torrent, vous tomberez peut-être nez à nez avec ce lézard typique de la faune pyrénéenne. Vous le reconnaîtrez facilement : son corps, gris-brun et d'aspect granuleux, est parfois recouvert de petites taches jaunes au niveau du dos et de la queue.

Il était une fois en 2010

Vestiges d'un sanctuaire, Angers

Pays de la Loire

C'est le 3 mai 2010 que le public apprend la fabuleuse découverte faite à Angers quelque temps plus tôt : sur les neuf mille mètres carrés de l'ancienne clinique Saint-Louis, une équipe d'archéologues a repéré les vestiges d'un sanctuaire étrange. Le temple serait voué à Mithra, dieu indo-iranien, dont le culte se répandit jusqu'en Gaule au Ier siècle, grâce aux marchands et à l'armée romaine. Culte mystérieux, réservé aux hommes, il se développa rapidement dans toutes les couches de la société et rivalisa avec le christianisme, avant d'être interdit en 392 par l'empereur Théodose.

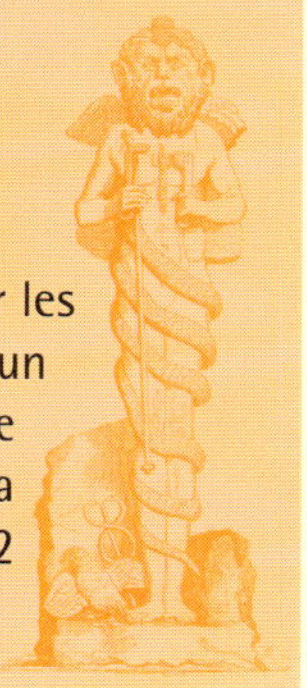

Des traditions bien vivantes

Toute l'année, la vie se déroule paisiblement à Azannes-et-Soumazannes, un petit village de la Meuse, mais, chaque week-end de mai, il en est tout autrement. Que viennent donc voir les milliers de visiteurs qui se pressent au village ?

Depuis près de trois décennies, quelques jours par an, des centaines de bénévoles vivent à l'heure du XIXe siècle. Dans un village recomposé sur dix-sept hectares de plaines et de bois, ils font revivre les traditions lorraines, endossant le costume de la dentellière, du berger, du forgeron, du chaumier ou encore du moissonneur. Quatre-vingts métiers sont représentés et, pendant toute une journée, les visiteurs, qu'ils soient nostalgiques d'une époque, attachés au monde paysan ou tout simplement curieux, flânent d'un atelier à l'autre. Ils assistent à des démonstrations authentiques et vivantes et participent à la vie du village, découvrant en même temps l'habitat traditionnel lorrain.

Entre deux rencontres inoubliables avec des artisans passionnés, petits et grands s'installent pour le déjeuner. À la guinguette, près de l'étang, ou sur l'herbe, à l'ombre du moulin à vent, les spécialités régionales figurent au menu : on déguste le jambon au foin, le fuseau lorrain – un saucisson fumé – ou l'incontournable quiche lorraine, avant de terminer le repas par une délicieuse tarte à la mirabelle.

En Meuse, si on célèbre les métiers du XIXe siècle, on n'oublie pas le passé plus récent. Azannes-et-Soumazannes se trouve à une vingtaine de kilomètres de Verdun et, ici aussi, on se souvient encore de la Grande Guerre et des nombreux villages qu'elle a fait disparaître. Des milliers de soldats y reposent désormais pour l'éternité et l'association des Vieux Métiers œuvre aussi pour la conservation d'un lieu de mémoire unique : le Camp Élisabeth. La visite de ce site de l'arrière-front allemand, laissé en sommeil depuis plus de quatre-vingts ans, ne laisse personne indifférent.

lundi 6 mai

lever : 6 h 22
coucher : 21 h 13

Ste Prudence

À table !

La fallue

Basse-Normandie

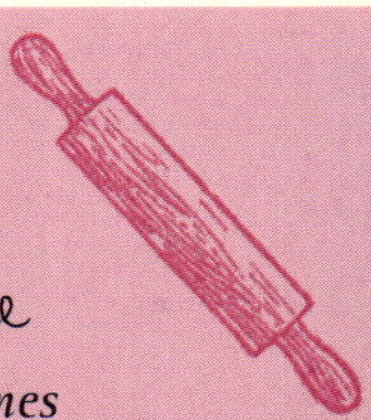

Pour 4 personnes
Délayer 5 g de levure de boulanger dans 4 c. à soupe de lait tiède. Mélanger 375 g de farine, 65 g de sucre, 1 c. à café de sel, la levure, 2 œufs et 65 cl de crème. Pétrir la pâte. Incorporer 65 g de beurre coupé en morceaux. Pétrir à nouveau. Laisser reposer 1 h. Retravailler la pâte. Disposer dans un plat à hauts rebords. Enfourner la brioche à 200 °C, pendant 35 min.

La rubrique du 13 h

LE DOMAINE DES MILELLI

Corse

Ce domaine, situé sur les hauteurs d'Ajaccio, offre plusieurs intérêts. Le premier est gastronomique, puisque le domaine des Milelli est une oliveraie plantée il y a déjà plusieurs siècles, et dont l'exploitation continue aujourd'hui. Le second intérêt est historique : en effet, au milieu des douze hectares du domaine se trouve l'ancienne maison de campagne de la famille Bonaparte, surnommée « La Badine ». Le domaine des Milelli appartient maintenant à la ville d'Ajaccio, à laquelle il sert de jardin public ; on y trouve aussi un arboretum et des jardins potagers.

Faune & flore

Une belle pelouse

France

Le mois de mai est le plus propice à la croissance de l'herbe. Il est donc essentiel que vous prévoyiez de tondre votre pelouse au moins une fois par semaine. En outre, c'est le bon moment pour lui apporter de l'engrais azoté. Votre pelouse n'en sera que plus belle !

À la vôtre !

Île-de-France

Naguère plus grand vignoble de France avec quarante-deux mille hectares, l'Île-de-France est une région au rendement bien plus confidentiel de nos jours. Ses vignes sont dites « franches », c'est-à-dire à but non lucratif, excepté pour celles de Suresnes, dont le chardonnay est commercialisé à l'office de tourisme de la ville.

Il était une fois en 1603

Premier cas de peste à Niort

Poitou-Charentes

Alors que la foire de mai se prépare à ouvrir à Niort, accueillant des marchands des villes voisines, un premier cas de peste est déclaré le 6 mai 1603. Dans l'auberge du Logis de l'Hercule, près des halles, un marchand de La Rochelle vient de décéder subitement de la peste. Souhaitant éviter la panique chez les Niortais, et une perte économique prévisible en pleine foire, on enterre le mort discrètement et on décide de garder le secret. En deux jours, la contagion se propage en ville, dans des proportions effrayantes, et fait des ravages jusqu'au mois de décembre, décimant la population.

mardi 7 mai

lever : 6 h 20
coucher : 21 h 14

Ste Gisèle

Devinette

Quelle côte constitue la majeure partie du littoral de la Seine-Maritime ?

La Côte d'Albâtre. Elle s'étend sur environ cent vingt kilomètres, du Havre au Tréport, et tire son nom de la blancheur de ses falaises, faites de craie et pouvant atteindre plus de cent mètres de hauteur, les plus célèbres étant très certainement celles d'Étretat.

Faune & flore

Le rat musqué

Lorraine

Dans les années 1940, cet animal proche du ragondin était présent dans quelques régions, dont la Lorraine. Aujourd'hui, le rat musqué est partout, et c'est un vrai problème. Il est à l'origine de nombreuses nuisances : destruction des berges, appauvrissement de la flore et concurrence avec d'autres espèces.

La rubrique du 13 h

ORNANS

Franche-Comté

« Pour peindre un pays, il faut le connaître », avait coutume de dire Gustave Courbet. À travers ses tableaux, le célèbre peintre du XIXe siècle a montré son attachement à Ornans, sa ville natale, où un musée lui est désormais consacré. Blottie dans la vallée de la Loue, Ornans est surnommée « la petite Venise comtoise », et les maisons suspendues au-dessus de la rivière sont aujourd'hui un site classé. Les amateurs de nature trouveront aussi leur bonheur : Ornans est le point de départ de nombreuses balades, à pied ou en canoë !

À table !

Omelette aux salicornes de la baie de Somme

Picardie

Pour 2 personnes

Battre 4 œufs avec 2 c. à soupe de crème fraîche. Assaisonner avec du sel et du poivre. À feu doux, dans une poêle, faire cuire 50 g de salicornes fraîches. Les rincer et les faire revenir dans un peu de beurre. Cuire l'omelette. Verser les salicornes sur le dessus, en fin de cuisson. Servir l'omelette très chaude, accompagnée d'un verre de vin rouge léger.

Il était une fois en 1816

Condamnation d'Henri Gatien Bertrand

Centre

Général français né à Châteauroux, Henri Gatien Bertrand rallie l'armée d'Italie en 1797, où a lieu sa première rencontre avec Napoléon Bonaparte. Il le suit en Égypte et prend part à de nombreuses batailles, avant d'être nommé grand maréchal du Palais en 1813. Modèle de fidélité, Henri Gatien Bertrand est le compagnon d'exil de Napoléon à l'île d'Elbe, puis à Sainte-Hélène. C'est à cette période qu'il est condamné à mort par contumace, le 7 mai 1816, pour trahison envers le roi, et il restera avec Napoléon jusqu'à la mort de celui-ci. Rentré en France, il est réintégré dans son grade et accompagne le prince de Joinville à Sainte-Hélène, afin de rapatrier les cendres de l'empereur, en 1840.

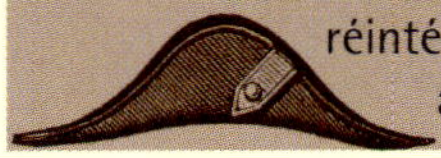

mercredi 8 mai

lever : 6 h 18
coucher : 21 h 16

Fête de la Victoire de 1945

À table !

Crème anglaise à la menthe poivrée de Milly-la-Forêt

Île-de-France

Pour 4 personnes

Porter à ébullition ½ l de lait avec 20 g de menthe poivrée fraîche hachée. Dans un saladier, blanchir au fouet 4 jaunes d'œufs et 100 g de sucre semoule. Verser le lait en mélangeant. Reverser l'ensemble dans la casserole. Faire chauffer en remuant, sans atteindre l'ébullition. Une fois la crème lisse et légèrement épaisse, passer au chinois et mettre au froid.

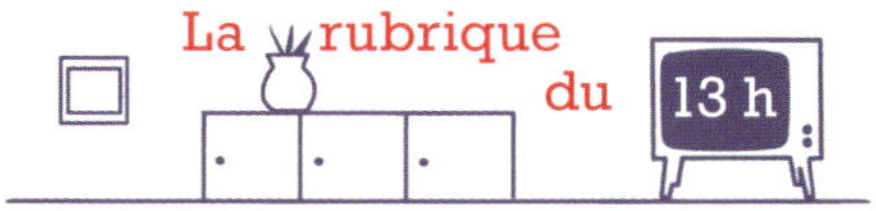

LE CIRQUE DE CILAOS

La Réunion

Encadré par les deux plus hauts sommets de La Réunion, le cirque de Cilaos est longtemps resté difficile d'accès, devenant un refuge idéal pour les esclaves marrons. Depuis les années 1930 et la construction d'une route – la fameuse route aux plus de quatre cents virages – la beauté des lieux est désormais offerte au plus grand nombre, et les petits villages pris dans la montagne ont retrouvé de la vie. Cilaos est également apprécié pour ses thermes : les eaux pétillantes des sources jaillissent à des températures entre 30 °C et 40 °C, et leurs propriétés médicinales sont reconnues.

Faune & flore

Semer le cardon

Rhône-Alpes

Si vous souhaitez cultiver dans votre jardin ce légume oublié, typique de la région lyonnaise, le mois de mai est le bon moment pour le semer directement en place. Pour obtenir des côtes plus tendres et ainsi plus savoureuses, blanchissez les pieds une fois que les feuilles sont bien développées.

Un record en

Centre

Depuis l'an 2000, le Val de Loire est le plus vaste site de France inscrit au patrimoine mondial de l'Unesco.

Il était une fois en 1968

Manifestation en Bretagne

Bretagne

Le mercredi 8 mai 1968, la Bretagne défile, parallèlement aux événements parisiens. La mobilisation est encore timide dans les villes de province, mais la colère ne cesse de monter, comme dans les universités de Brest et de Rennes, où le mouvement a pris de l'ampleur, ou encore Nantes. Le 8 mai, les syndicats des ouvriers et des paysans bretons rejoignent les étudiants autour du slogan « L'Ouest veut vivre », provoquant une mobilisation qui aurait atteint près de vingt-cinq mille manifestants à Brest. Après cette journée qui fait entrer la région de plain-pied dans les luttes de mai, les grèves ne cesseront de s'étendre jusqu'à la dissolution de l'Assemblée nationale et aux accords de Grenelle – le 27 mai –, qui contribueront à calmer ces mouvements sociaux.

jeudi 9 mai

lever : 6 h 17
coucher : 21 h 17

Ascension

Faune & flore
Le porc de Bayeux
Basse-Normandie

Cette race, qui a vu le jour vers le milieu du XIXe siècle, est le fruit du croisement entre des truies normandes et des verrats anglais berkshire. Le porc de Bayeux a d'ailleurs hérité de ces derniers ses jolies taches noires. Jadis très répandu dans les fermes de la région, il fut pratiquement décimé lors du débarquement de 1944.

Devinette

Comment s'appelle le sandwich typiquement niçois ?

Le pan-bagnat. Ce sandwich, qui était à l'origine le casse-croûte préféré des pêcheurs, contient traditionnellement les mêmes ingrédients que la salade niçoise. Son nom est issu de *pan ban-hat*, qui, en dialecte niçois, signifie « pain mouillé », son pain ayant la particularité d'être imbibé d'huile d'olive.

La rubrique du 13 h

LE CANAL DE BOURGOGNE
Bourgogne

La Bourgogne possède un réseau de canaux de mille kilomètres, qui servaient autrefois à l'acheminement du bois et des céramiques. Parmi ces canaux figure le canal de Bourgogne, long de deux cent quarante-deux kilomètres, que jalonnent cent quatre-vingt-neuf écluses. Imaginé dès le XVIe siècle, le canal ne voit le jour qu'en 1775, avec le début des travaux entre Tonnerre et Migennes. Il faudra cependant attendre le mois de décembre 1832 pour voir le passage du premier bateau. Concurrencé par la route et le rail, le canal de Bourgogne est maintenant réservé à la navigation de plaisance.

À table !
Agriade saint-gilloise
Languedoc-Roussillon

Pour 4 personnes
Mixer 1 bouquet de persil, 3 oignons, 6 cornichons, ½ verre de câpres et 1 petite boîte d'anchois. Couper 900 g de paleron en fines tranches. Dans une cocotte à fond épais, verser de l'huile d'olive, puis alterner les tranches de viande et des couches de farce. Assaisonner et verser un filet d'huile d'olive. Laisser mariner 1 nuit au réfrigérateur. Le lendemain, cuire 2 à 3 h à feu doux.

Il était une fois en 1952
Sortie de Jeux interdits
Aquitaine

Après avoir travaillé avec Jacques Tati et assisté Jean Cocteau, le réalisateur bordelais René Clément connaît son premier grand succès populaire avec *Jeux interdits*, sorti le 9 mai 1952. Adapté d'un roman de François Boyer, *Les Jeux inconnus*, il raconte l'amitié de deux enfants pendant l'exode français de 1940. Le succès dépasse même les frontières, et René Clément verra l'une de ses actrices, Brigitte Fossey – qui a alors 5 ans –, présentée à la reine Elizabeth II. Le thème musical du film est devenu une pièce incontournable du répertoire de la guitare.

vendredi 10 mai

lever : 6 h 15
coucher : 21 h 19

Ste Solange

À table !

Carpe frite du Sundgau

Alsace

Pour 4 personnes

Dans une assiette creuse, battre à la fourchette 1 œuf, 1 jaune d'œuf, du sel et du poivre. Éliminer la tête et la queue d'une carpe de 1,2 kg, puis la couper en darnes de 2 cm. Dans une autre assiette, verser 125 g de semoule de blé. Tremper dans l'œuf les darnes essuyées, puis dans la semoule. Faire frire pendant 10 min, à la poêle, dans une huile bien chaude. Servir avec des quartiers de citron et des pommes de terre vapeur.

La rubrique du 13 h

LE MANOIR D'ANGO

Haute-Normandie

Édifié entre 1530 et 1542, le manoir d'Ango fait la fierté de la commune de Varengeville-sur-Mer, en Seine-Maritime. Il doit son nom à Jehan Ango, son premier propriétaire, un riche armateur dieppois, qui a fait appel à des artistes italiens pour la construction de sa résidence d'été. L'architecture Renaissance du manoir lui a valu le surnom de « Médicis normand » ; la façade se caractérise par une alternance de briques et de silex, que l'on retrouve aussi dans le colombier, d'inspiration byzantine, dont certains disent qu'il est le plus beau de France.

Faune & flore

Le merle à plastron

Auvergne

Ce petit passereau montagnard s'établit souvent à la limite supérieure des forêts ou dans les pâturages humides, dès lors que la végétation arbustive est suffisamment dense. Vivant généralement en groupe, le merle à plastron est présent un peu partout dans la région, de mars à octobre.

Savoirs d'antan

Si après avoir repeint vos murs, l'odeur de la peinture est trop forte et vous empêche de rester dans la pièce, installez, dans un coin, un bol contenant du vinaigre de cidre. Les odeurs seront absorbées, et vous en serez petit à petit débarrassé.

Il était une fois en 1870

Traité de Belfort

Franche-Comté

Le 10 mai 1871, Adolphe Thiers signe les négociations de paix qui mettent fin à la guerre franco-allemande de 1870 : c'est le traité de Francfort. Thiers demande à la Prusse de laisser Belfort et ses environs à la France, mais, humilié par les défaites de Mac-Mahon à Sedan et la reddition de Bazaine enfermé dans Metz assiégée, il doit sacrifier l'Alsace et une partie de la Lorraine. Belfort acquiert avec le temps le statut de département. Il reste de cette période le majestueux *Lion de Belfort*, sculpture de Fréderic Bartholdi destinée à célébrer la résistance et le courage de son gouverneur, Denfert-Rochereau. Après les protestations allemandes, le *Lion* sera tourné vers l'ouest, afin de ne pas froisser les vainqueurs.

Suivez le guide !
Provence-Alpes-Côte d'Azur

Lourmarin

Considéré comme l'un des plus beaux villages de France, Lourmarin, au cœur de la Provence, a de nombreuses histoires à nous raconter.

Être ébloui par la lumière pure et éclatante, s'enivrer du parfum des champs de lavande, voilà les promesses que tient Lourmarin lorsque, cerné par les oliviers, vous vous dirigez au cœur du village. Mais les charmes naturels de la Provence ne sont pas ses seuls atouts. Le village d'adoption d'Albert Camus est en effet également chargé d'histoire. Le château, notamment, fut bâti au XVe siècle par Foulques d'Agoult, sur les ruines d'une forteresse du XIIe siècle. Son nom ne vous dit peut-être rien, mais cet homme est à l'origine de grandes choses dans la région. Conseiller et chambellan du roi René Ier d'Anjou exilé en Provence, il fait venir des familles de Gênes et des Alpes, afin de la repeupler, et engage d'importants travaux d'irrigation dans le Lubéron et la plaine de la Durance. Il fait ainsi ériger le barrage de l'étang de la Bonde, l'un des premiers construits en France, pour contribuer à développer l'agriculture du pays d'Aigues.

À partir de 1526, les propriétaires du château de Lourmarin entreprennent de bâtir l'aile Renaissance, encore visible aujourd'hui, laquelle présente une remarquable unité de style avec l'ensemble. Et c'est dans ce cadre que se déroulent aujourd'hui de nombreuses manifestations, dont des concerts. Peut-être aurez-vous la chance d'y assister en ce samedi de mai… Avant de parcourir les ruelles et les galeries, ou d'admirer la splendeur du parc naturel régional du Lubéron, comme l'ont fait avant vous, entre autres artistes, Henri Bosco et Albert Camus.

« L'éternité à Lourmarin »

En octobre 1957, Albert Camus reçoit le prix Nobel de littérature. L'année suivante, il s'offre une ancienne magnanerie à Lourmarin, que lui a fait découvrir son ami René Char. « Lourmarin. Premier soir après tant d'années. La première étoile au-dessus du Lubéron, l'énorme silence, le cyprès dont l'extrémité frissonne au fond de ma fatigue. Pays solennel et austère – malgré sa beauté bouleversante. » (Albert Camus, *Carnets*, 1935-1948) C'est ici qu'il fut enterré lorsque, en 1960, sa voiture percuta un arbre au retour du paisible village qu'il aimait tant.

lundi 13 mai

lever : 6 h 11
coucher : 21 h 23

Ste Rolande

Un record en Île-de-France

Édouard-Léon Scott de Martinville, né à Paris en 1817, est l'auteur du plus vieil enregistrement connu. Celui-ci est daté de 1860, et il y chante *Au clair de la lune*.

À table !

La gâche pacaude

Pays de la Loire

Ce gâteau pascal était pétri le vendredi saint et cuit le samedi saint. Les Vendéens le dégustaient au retour de la messe du dimanche, d'abord en famille, puis avec les voisins, valorisant ainsi les qualités de chaque cuisinière. De nos jours, la brioche est fabriquée dans les boulangeries, selon une recette précise. De forme ovale, elle est dorée, et sa mie fondante est moelleuse. Sa pâte est particulièrement riche en sucre, en œufs et en crème fraîche.

La rubrique du 13 h

LE PORT DE SAINT-TROPEZ

Provence-Alpes-Côte d'Azur

C'est ce petit port charmant et pittoresque qui a fait la renommée de Saint-Tropez, en attirant, dans les années 1950, artistes et starlettes. Soixante ans plus tard, le port, point de départ ou d'arrivée d'une exploration de la Côte-d'Azur, a su rester authentique, malgré l'armada de yachts qui vient s'y amarrer chaque été. Divisé en deux bassins sur une surface de neuf hectares, il peut accueillir près de huit cents embarcations. C'est évidemment le vieux port, au cœur du village, qui est le plus prisé : les touristes, comme les Tropéziens, ne se lassent pas d'arpenter ses quais.

Faune & flore

Le sisymbre couché

Champagne-Ardenne

La région joue un rôle important dans la préservation de cette plante de la même famille que le chou, car c'est là que l'on en trouve le plus grand nombre de stations. Le sisymbre couché, qui pousse généralement près des cours d'eau, donne de mai à août de minuscules – mais non moins ravissantes – fleurs blanches.

Il était une fois en 1991

Région Corse

Corse

Après avoir été rattachée à la région PACA en 1960, la Corse en est détachée en 1970, devenant l'une des vingt-deux collectivités régionales de France. Elle bénéficie, depuis le 13 mai 1991, d'un statut particulier au sein de la République, qui lui offre un pouvoir décisionnel unique par rapport aux autres régions de métropole. La collectivité territoriale de Corse dispose d'un conseil exécutif, d'une assemblée qui délibère, et d'un organe consultatif, le Conseil économique, social et culturel de Corse.

mardi 14 mai

lever : 6 h 10
coucher : 21 h 24

St Matthias

À la vôtre !

Limousin

Créée en 1993, l'association des Amis du rosé de Verneuil regroupe des amoureux de ce vin réputé, dont la production avait été arrêtée en 1980. Aujourd'hui, planté sur trois hectares et demi, ce vignoble livre en moyenne quinze mille bouteilles par an et devrait bientôt retrouver l'appellation vin de pays de la Haute-Vienne.

Faune & flore

La pie-grièche à poitrine rose

Languedoc-Roussillon

Autrefois présent un peu partout en France, ce passereau s'est raréfié au point qu'aujourd'hui on ne le rencontre qu'en Languedoc-Roussillon. On confond souvent la pie-grièche à ventre rose avec sa cousine grise, et pour cause : hormis la couleur de leur poitrine, rien ne différencie les deux oiseaux.

La rubrique du 13 h

L'ÉCOMUSÉE VOSGIEN DE LA BRASSERIE

Lorraine

L'histoire de Ville-sur-Illon est intimement liée à celle de la bière, puisque de nombreux brasseurs s'y sont installés, notamment au XIXe siècle. C'est dans cette commune, située à une vingtaine de kilomètres d'Épinal, que l'on peut visiter un écomusée qui retrace toute l'histoire de la bière. Établi dans une réelle brasserie, aux décors Art nouveau, l'écomusée livre les secrets de fabrication de cette boisson légendaire, décrivant les quatre étapes indispensables à son élaboration : le maltage, le brassage, la fermentation et la garde.

À table !

Frites de patates douces

Martinique

Pour 2 personnes

Éplucher et émincer 4 oignons. Couper en morceaux 3 tomates et ciseler du persil frais. Dans une sauteuse, faire dorer les oignons. Ajouter les tomates et le persil. Cuire avec l'assaisonnement et les épices de votre choix. Éplucher et couper 1 grosse patate douce. Faire frire dans un premier bain à 160 °C, 10 min, puis dans un second bain à 190 °C, 5 min. Servir les frites accompagnées de la sauce.

Il était une fois en 1606

Carmel d'Amiens

Picardie

C'est le 14 mai 1606, jour de la Pentecôte, que l'ordre du Carmel fut introduit à Amiens, par sœur Isabelle des Anges, fille spirituelle de Thérèse d'Ávila, venue depuis Salamanque, en Espagne. Le couvent est situé sur la colline Montjoie, près d'Amiens, et son implantation coïncide avec le renouveau religieux français qui suivit la Réforme et les guerres de Religion. Pendant la Révolution, les sœurs durent se réunir de manière clandestine jusqu'en 1799. Leur mission de veille silencieuse et de prière se poursuit aujourd'hui, dix-sept sœurs vivant au sein du Carmel.

mercredi 15 mai

lever : 6 h 08
coucher : 21 h 25

Ste Denise

À table !

Escalopes de veau au bleu du Vercors

Rhône-Alpes

Pour 6 personnes

Dans une casserole, faire revenir 100 g d'échalotes émincées. Ajouter 10 cl de vin rouge et 10 cl de vinaigre. Laisser réduire de moitié. Ajouter 30 g de fond de veau et porter à ébullition. Réserver cette sauce. Faire dorer puis cuire 6 escalopes. Les disposer dans un plat à four, verser la sauce et 1 c. à soupe de crème fraîche. Répartir 100 g de bleu sur les tranches de viande. Mettre au four à 200 °C.

La rubrique du 13 h

L'ABRI DE CRO-MAGNON

Aquitaine

L'abri de Cro-Magnon désigne une cavité dans laquelle ont été retrouvés cinq squelettes préhistoriques, en 1868. Cette sépulture – une des plus anciennes du paléolithique – a été découverte par hasard sur la commune des Eyzies, en Dordogne, par un ouvrier. C'est dans cette région – la vallée de la Vézère – que sont rassemblés quelques-uns des plus importants sites préhistoriques européens. Ces squelettes ont servi de base pour définir le type humain de Cro-Magnon ; ils sont désormais conservés au Muséum d'histoire naturelle, à Paris.

Faune & flore

L'épicéa

Franche-Comté

Comment reconnaître cet arbre de la forêt jurassienne, également connu sous le nom de « sapin rouge » ? Tout d'abord, observez ses aiguilles : disposées tout autour du rameau, elles sont particulièrement pointues. En cas de doute, vérifiez l'orientation des fruits, qui, chez l'épicéa, pointent vers le bas.

Un record en Bretagne

Le Finistère est le département de France métropolitaine le plus maritime. En effet, avec ses mille deux cent cinquante kilomètres de côte, il englobe à lui seul près d'un quart du littoral français.

Il était une fois en 1984

L'Usine de Roubaix

Nord-Pas-de-Calais

Au XIXe siècle, Roubaix voit son paysage transformé par la révolution industrielle et compte un grand nombre de manufactures destinées à la transformation de la laine et du coton. Mais, dans les années 1970, la crise économique n'épargne pas la ville, et la quasi-totalité des filatures ferment leurs portes. La célèbre entreprise Motte-Bossut, spécialisée dans la fabrication du velours, ne fait pas exception. En 1984, cette usine connaît une nouvelle destinée, lorsqu'elle est rachetée pour abriter une vingtaine de magasins d'usines. Inaugurée le 15 mai 1984 dans ses nouvelles activités, l'Usine de Roubaix devient le premier centre de magasins d'usine d'Europe.

jeudi 16 mai

lever : 6 h 07
coucher : 21 h 27

St Honoré

Devinette

Quel sport angevin se pratique en chaussons ?

La boule de fort. Ce jeu de boules, cousin de la pétanque, se pratique avec une boule en bois ou en plastique cerclée d'acier. Le port de chaussons est obligatoire, car les pistes, recouvertes de plastique verni, sont fragiles.

Faune & flore

La chevêche d'Athéna

Poitou-Charentes

Figurant parmi les plus menacés dans la région, ce bel oiseau vit de jour comme de nuit sur des terrains à la végétation assez rase. Les petits ont pour particularité de quitter le nid avant même de savoir voler, se cachant dans l'herbe jusqu'à ce qu'ils prennent leur envol, une trentaine de jours après leur naissance.

La rubrique du 13 h

LE MOULIN-ROUGE

Île-de-France

Le plus célèbre cabaret du monde n'est pas qu'un lieu de spectacle : c'est aussi un lieu chargé d'histoire, hanté par des figures emblématiques de la Belle Époque telles que Toulouse-Lautrec, La Goulue ou Mistinguett. Dès son ouverture en 1889, le Moulin-Rouge séduit toutes les populations par son ambiance folle, pleine de fantaisie. Le public s'extasie devant les revues et les fameuses danseuses de french cancan. Aujourd'hui encore, le moulin et ses ailes illuminées se dressent comme un phare au pied de la butte Montmartre, comme un appel à la fête.

À table !

Tarte au chaource et aux poireaux

Champagne-Ardenne

Pour 6 personnes

Couper en lanières 3 blancs de poireaux et les faire revenir à la poêle, dans du beurre, pendant 15 min. Battre en omelette 3 œufs et 15 cl de crème fraîche. Saler et poivrer. Garnir un moule avec 1 pâte feuilletée. La piquer avec une fourchette. Répartir dans le fond les poireaux et 150 g de chaource en morceaux. Verser le mélange œufs-crème. Cuire 45 min à 165 °C.

Il était une fois en 1450

Bayeux

Basse-Normandie

Si Bayeux, dans le Calvados, est célèbre aujourd'hui pour sa tapisserie dite « de la reine Mathilde », c'est au XVe siècle que la ville a connu sa période la plus troublée. Elle reste intacte jusqu'en 1417, malgré la guerre de Cent Ans et de nombreux pillages, alors que la cité de Caen est déjà tombée ; mais les Anglais saccagent alors la ville et la forcent à se soumettre au roi d'Angleterre Henri V. Charles VII, roi de France, reconquiert difficilement la Normandie, et il faut attendre le 16 mai 1450 pour que les Anglais, retranchés dans Bayeux, finissent par capituler devant les armées du comte de Dunois.

vendredi 17 mai

lever : 6 h 06
coucher : 21 h 28

St Pascal

Faune & flore
L'himanthale
Bretagne

Ce n'est pas parce que son nom ne vous dit rien que vous ne connaissez pas cette algue des littoraux bretons. Il y a même de fortes chances que vous l'ayez déjà goûtée, car l'himanthale n'est autre que le haricot de mer, qui se cuisine comme l'espèce terrestre du même nom.

À table !
Pascade aveyronnaise
Midi-Pyrénées

Pour 2 personnes
Mélanger 100 g de farine, 2 œufs, 15 cl de lait et 1 pincée de sel. En faire une pâte épaisse. Laisser reposer 1 h. Dans une poêle, faire chauffer à feu vif un peu d'huile. Verser la pâte et cuire à feu moyen. Retourner à mi-cuisson. Servir chaud avec une salade. Cette pâte de base peut être agrémentée d'herbes aromatiques, de fromage ou de lardons frits.

La rubrique du 13 h

LA TOUR PERRET À AMIENS
Picardie

Cette tour, imaginée par Auguste Perret, sort de terre en 1950. Elle est érigée face à la gare, que l'architecte a également conçue, dans un quartier très endommagé par les bombardements de la Seconde Guerre mondiale. Son architecture dépouillée en béton armé – un matériau économique – et surtout sa hauteur relèvent de l'exploit, à cette époque : avec ses trente étages, elle reste longtemps le plus haut gratte-ciel d'Europe. Abritant des appartements et des bureaux, la tour Perret est désormais surplombée d'une verrière, illuminée la nuit, qui porte son sommet à plus de cent dix mètres.

Savoirs d'antan

Votre argenterie n'a plus son éclat d'antan : il est grand temps de vous en occuper ! Enveloppez vos couverts dans du papier aluminium et déposez-les dans une casserole contenant de l'eau portée à ébullition. L'aluminium se retrouvera noirci, et vos couverts seront comme neufs.

Il était une fois en 1898
Mort de Henri Schneider
Bourgogne

La ville industrielle du Creusot est sans aucun doute liée à la famille Schneider, qui s'y est installée en 1836. Fils d'Eugène, un des fondateurs des usines métallurgiques de la ville, Henri Schneider reprend la direction de l'entreprise à la mort de son père, en 1875. À l'image de ce dernier, il est connu pour la politique paternaliste qu'il mène auprès de ses employés ; et c'est à lui que l'on doit la construction de l'hôpital de l'Hôtel-Dieu. Vingt-cinq ans après sa mort, survenue le 17 mai 1898, la ville du Creusot, dont il a été le maire de 1884 à 1896, lui rendra hommage avec une statue, installée face à l'Hôtel-Dieu.

Suivez le guide !
Bourgogne

Le goût du raisin

Découvrez, le temps d'un week-end, le charme d'Auxerre, cité bourguignonne chargée d'histoire. Flânez dans les ruelles et sur les bords de l'Yonne et ne manquez pas de goûter aux spécialités locales !

Auxerre est une cité viticole réputée dans le monde entier. Si, normalement, la vigne ne fleurit qu'à la mi-juin, c'est bien chaque troisième dimanche de mai qu'ont lieu les Fleurs de vigne, une manifestation auxerroise qui célèbre le vin et la gastronomie de l'Yonne. Cet événement exceptionnel réunit plus d'une centaine de viticulteurs et négociants de Chablis et du Grand Auxerrois venus présenter leurs cuvées. Novices ou amateurs éclairés peuvent ainsi apprendre à savourer le jus de la vigne et à reconnaître ses notes fruitées, florales, épicées et boisées, lors de dégustations à l'aveugle. Le reste de la gastronomie du département est également à l'honneur : en plus des mets traditionnels, des recettes inédites sont proposées... des recettes à base de vin !

Un savoir-faire ancestral

Pendant cette journée, il n'est question que de la vigne : des expositions d'art sont organisées, et les vignerons font partager leur métier au visiteur. C'est pour eux l'occasion de reprendre les outils d'autrefois et d'expliquer leur passion à travers la démonstration d'un savoir-faire unique.

Auxerre en fête

Quand il est consommé avec modération, le vin est associé à la joie : pendant les Fleurs de vigne, toute la ville vit au rythme de la fête. Les fanfares et les danseurs folkloriques animent les quais de l'Yonne, d'où l'on assiste à des rassemblements de bateaux. Les confréries défilent dans les rues d'Auxerre, et des concurrents déterminés participent à des courses de poussée de tonneau, tandis qu'on les regarde, détendu, un verre à la main.

lundi 20 mai

lever : 6 h 02
coucher : 21 h 32

Lundi de Pentecôte

À la vôtre !
Languedoc-Roussillon

Le muscat de Rivesaltes est un vin blanc doux AOC, dont le vignoble s'étend sur cinq mille cinq cents hectares, principalement dans les Pyrénées-Orientales. Idéal à l'apéritif, il accompagne également les fromages à pâte persillée ou le foie gras, et peut être gardé en cave pour une robe plus ambrée et des arômes de fruits confits !

À table !
Pommes déguisées
Haute-Normandie

Pour 4 personnes
Éplucher et évider 4 petites pommes. Dans une casserole, verser quelques gouttes de jus de citron, 250 g de sucre et 15 cl d'eau. Porter à ébullition sans remuer. Au début de la coloration, remuer délicatement la casserole, sans éclabousser les parois. La retirer du feu, une fois la couleur marron « acajou » obtenue. Tremper rapidement les pommes dans le caramel et laisser durcir dans un endroit sec.

La rubrique du 13 h

L'ÉGLISE SAINT-JEAN-BAPTISTE DE BASTIA
Corse

Bâtie au XVIIe siècle, l'église Saint-Jean-Baptiste de Bastia est la plus vaste de Corse. Son architecture offre un parfait exemple du style néoclassique. Sa façade, qui domine le vieux port, est composée de deux niveaux, tandis que les deux clochers qui l'entourent ont été rajoutés au XIXe siècle. À l'intérieur, le décor est d'influence baroque, avec des ornements précieux, des marbres, et des tableaux en trompe-l'œil. On peut également admirer le décor peint des voûtes, la tribune d'orgues du XVIIIe siècle et la magnifique statue de saint Jean-Baptiste, au-dessus de l'autel.

Faune & flore
La vipère d'Orsini
Provence-Alpes-Côte d'Azur

Dans nulle autre région de France vous ne trouverez ce serpent rare, à l'aire de répartition très morcelée. Les populations du mont Ventoux et de la montagne de Lure sont peut-être les plus menacées, en raison de la surfréquentation des lieux, notamment en été, au moment même où la vipère d'Orsini se reproduit.

Il était une fois en 1834
Mort de Gilbert Du Motier de la Fayette
Auvergne

Issu d'une famille noble d'Auvergne, Gilbert Du Motier de la Fayette devient orphelin à 13 ans. Délaissant son héritage, il sert dans l'armée française de 1771 à 1776, avant de partir pour l'Amérique, afin de se mettre au service du Congrès, où il devient proche de George Washington. Une fois général, La Fayette contribue à plusieurs victoires, qui lui valent une grande popularité à son retour en France. Mais des choix politiques controversés amènent le héros des Deux Mondes à un exil et à une détention de quelques années en Autriche. Après avoir à nouveau joué un rôle dans la lutte politique jusqu'en 1830, il se retire dans sa propriété de la Grange-Bléneau, où il meurt le 20 mai 1834.

mardi 21 mai

lever : 6 h 01
coucher : 21 h 33

St Constantin

Faune & flore
Le tabac
Alsace

Introduit en Alsace il y a maintenant plusieurs siècles, le tabac a longtemps fait partie des cultures les plus rentables. Mais, aujourd'hui, avec la fin des subventions européennes, la donne a changé, et les producteurs se tournent désormais vers les exportations, notamment en direction du Proche-Orient.

Devinette

Que trouve-t-on accroché sur l'église du village de Sainte-Mère-Église, dans la Manche ?

Un mannequin. Il représente le soldat américain John Steele, qui, dans la nuit du 5 au 6 juin 1944, s'est retrouvé accroché au clocher de l'église, après un largage des forces alliées américaines au-dessus du village et de ses environs.

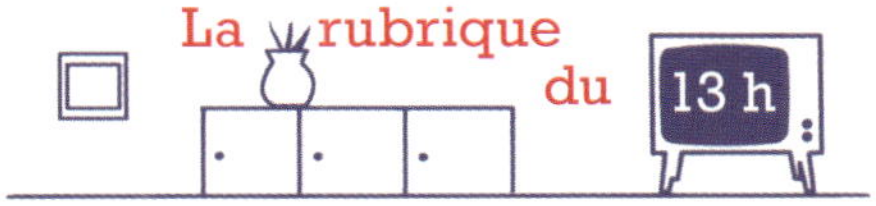

LE PONT SAINT-SYMPHORIEN DE TOURS
Centre

Également appelé « pont de fil », le pont Saint-Symphorien est en réalité une passerelle suspendue, qui relie les deux rives de la Loire, en plein centre de Tours. Construite par la compagnie Seguin Frères, elle suit à peu près le même tracé qu'un pont médiéval du XIe siècle, dans l'axe d'une voie romaine, dont on peut observer les ruines en contrebas de la passerelle. Exclusivement réservée aux cyclistes et aux piétons, la passerelle permet d'accéder à l'île Aucard, lieu de manifestations culturelles et coin de verdure au cœur de la ville.

À table !
Truites aux fines herbes à la creusoise
Limousin

Pour 6 personnes

Dans une casserole, mettre 1 bol de fines herbes et 200 g d'oseille coupée. Les faire revenir dans du beurre. Ajouter 3/4 de litre de cidre brut, 1 échalote hachée et 1 bouquet garni. Cuire à feu doux. Vider et laver 6 truites. Les placer dans un plat à sauter. Filtrer le contenu de la casserole sur le poisson. Couvrir et laisser bouillir 15 min sur le feu. Servir les truites avec un beurre fondu et des pommes de terre vapeur.

Il était une fois en 1968
Daniel Cohn-Bendit interdit en France
Midi-Pyrénées

Acteur important du mouvement étudiant du mois de mai 1968, Daniel Cohn-Bendit est né à Montauban, de parents juifs allemands réfugiés en France pour fuir le nazisme. Apatride jusqu'à son adolescence, il choisit la nationalité allemande, mais reste attaché à la France, où il revient faire ses études. Il étudie la sociologie à la faculté de Nanterre, lorsque éclatent les premières grèves, en 1968, et il devient rapidement un des leaders des manifestations qui mènent à l'occupation de la Sorbonne le 13 mai. Alors qu'il est en voyage en Allemagne, il apprend, le 21 mai, qu'il fait l'objet d'une interdiction du territoire français. Dany le rouge revient furtivement quelques jours plus tard, cheveux teints, mais son interdiction de territoire ne sera levée que dix ans après, en 1978.

mercredi 22 mai

lever : 6 h 00
coucher : 21 h 34

St Émile

À table !

Cancoillotte franc-comtoise

Franche-Comté

Pour 6 personnes

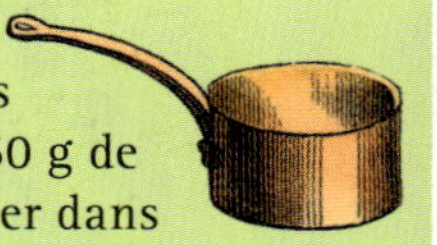

Bien casser en tout petits morceaux 250 g de metton. Verser dans une casserole et ajouter un peu d'eau. Chauffer à feu doux avec 50 g de beurre. Ajouter progressivement 20 cl d'eau à feu très doux, sans cesser de remuer. Saler et poivrer. Il est indispensable de ne pas arrêter de remuer pour obtenir un mélange bien lisse. Verser dans une jatte. Déguster chaud ou tiède, en trempant des morceaux de pain.

La rubrique du 13 h

LA CHAMPIGNONNIÈRE DU SAUT AUX LOUPS

Pays de la Loire

À Montsoreau, entre Chinon et Saumur, on cultive autre chose que de la vigne, puisque des caves à champignons ont été installées sur le coteau du Saut-aux-Loups. Dominant la Loire, le coteau est en réalité un ensemble d'habitations troglodytiques, qui remontent au XVe siècle. Les galeries ont été creusées lors de l'extraction du tuffeau, cette pierre que l'on retrouve dans l'architecture de tous les châteaux de la région. L'exploitation du tuffeau cesse à la fin du XIXe siècle, et les galeries deviennent alors une champignonnière, ouverte aujourd'hui à la visite.

Faune & flore

L'épervière des dunes

Aquitaine

Le nom de cette plante rare, endémique de la région, viendrait d'une ancienne légende racontant que les éperviers s'en nourrissaient pour s'éclaircir la vue. Celle que l'on nomme aussi « épervière à poils blancs » se reconnaît facilement grâce au duvet plus ou moins épais qui recouvre ses larges feuilles.

Savoirs d'antan

À votre grand dam, le meuble en bois que vous chérissez et que vous avez hérité de votre arrière-grand-mère est fissuré. Remplissez la fissure avec de la ficelle de chanvre, puis peaufinez avec de la pâte à bois. Laissez sécher et poncez.

Il était une fois en 1848

Conflits à Saint-Pierre

Martinique

En 1983, François Mitterrand déclare le 22 mai Journée de commémoration de l'abolition de l'esclavage en Martinique. Un jour férié, qui rappelle que l'île a été le théâtre de nombreuses luttes entre les esclaves et leurs maîtres en 1848, alors que le gouvernement provisoire de la Deuxième République venait de signer, à Paris, les décrets de l'abolition de l'esclavage dans les colonies. Mais l'attente du décret qui tardait à arriver jusqu'à l'île et l'arrestation d'un esclave déclenchèrent une insurrection, qui se solda par plusieurs morts. Le 22 mai, les esclaves envahirent les rues de Saint-Pierre, et, face à cette situation, le conseil municipal se réunit d'urgence et vota l'entrée en application immédiate du décret.

jeudi 23 mai

lever : 5 h 59
coucher : 21 h 36

St Didier

Faune & flore

Le lagopède alpin

Rhône-Alpes

Ne vous attendez pas à le voir prendre son envol : cet oiseau sédentaire, très fréquent dans les Alpes, se déplace presque exclusivement en marchant. En été, il a tendance à grimper pour s'établir à la limite des neiges éternelles, où, dès le mois de juin, il pond cinq à huit beaux œufs.

À la vôtre !

Haute-Normandie

Produite à Fécamp, la Bénédictine est un digestif dont l'élaboration nécessite une trentaine d'épices orientales et une vingtaine de plantes, comme l'angélique, la myrrhe ou la coriandre. Aujourd'hui très appréciée aux États-Unis et en Asie, sa recette vieille de cinq cents ans est toujours tenue secrète.

La rubrique du 13 h

LA GROTTE DE CLAMOUSE

Languedoc-Roussillon

Cette grotte est une perle du patrimoine géologique de la région. Découverte en 1945 par une équipe de spéléologues, elle offre de magnifiques paysages souterrains. Si la grande palette de couleurs des cristaux émerveille les yeux, les autres sens ne sont pas en reste, comme l'ouïe, grâce à la douce musique des gouttes d'eau qui tombent. La grotte de Clamouse n'a pas encore livré tous ses secrets : plusieurs salles restent inexplorées, et beaucoup de chercheurs viennent étudier notamment la microcristallisation étonnante de ce site classé scientifique.

À table !

Les cornuelles

Poitou-Charentes

Pour 20 biscuits

Mélanger 300 g de beurre mou, 400 g de sucre et 1 pincée de sel. Ajouter 1 kg de farine et sabler la pâte avec les doigts. Incorporer 4 jaunes d'œufs, 2 œufs entiers et 10 g de levure chimique. Étaler la pâte et découper des triangles. À l'aide d'un emporte-pièce, percer un trou de la dimension d'une pièce. Une fois les cornuelles sur la plaque du four, garnir les trous d'un mélange de sucre et de graines d'anis. Cuire à 180 °C, jusqu'à ce que les biscuits soient dorés.

Il était une fois en 1797

Bibliothèque d'Épernay

Champagne-Ardenne

Épernay est une ville ancienne, contenant de nombreux édifices protégés au titre des monuments historiques, et, même si son histoire est intimement liée à la production de champagne, elle recèle d'autres trésors. Après la Terreur, le calme revenant, la bibliothèque de la ville, célèbre pour ses enluminures médiévales précieusement conservées, est ouverte au public par un arrêté municipal du 23 mai 1797. Il s'agit d'une des plus anciennes bibliothèques municipales de France. Après la Seconde Guerre mondiale, la bibliothèque sera transférée au célèbre Château-Perrier, avant de se fixer à la nouvelle médiathèque, en 1995.

vendredi 24 mai

lever : 5 h 58
coucher : 21 h 37

St Donatien

À table !

Beursaudes

Bourgogne

Prendre 2 kg de poitrine de porc. Couper en dés et faire rissoler dans du saindoux bien chaud. Après quelques minutes, les égoutter et les émietter dans une cocotte. Mouiller avec un peu d'eau. Ajouter du thym, du laurier, de l'ail, de l'oignon et du persil. Sans couvrir, cuire au four 3 h à 150 °C. Égoutter les morceaux. Les conserver dans des pots de grès hermétiquement fermés. Les beursaudes se dégustent froides, ou chaudes dans une omelette ou une purée.

La rubrique du 13 h

LA TOUR ABBATIALE DE SAINT-AMAND-LES-EAUX

Nord-Pas-de-Calais

Cette tour-porche du XVIIe siècle est, avec l'échevinage, le seul vestige de l'abbaye bénédictine de Saint-Amand-les-Eaux. Elle servait autrefois de portail à l'église de l'abbaye et fut sauvée lors du démantèlement de celle-ci. Son apparence mêle deux styles : l'architecture fin Renaissance flamande cohabite avec le style baroque, caractérisé par une ornementation fantaisiste. La tour de quatre-vingt-deux mètres abrite maintenant le musée municipal, qui possède notamment une belle collection de faïences du XVIIIe siècle.

Faune & flore

Le figuier

Corse

Pour apporter une petite note méditerranéenne à votre jardin, pourquoi ne pas y planter un figuier ? Choisissez un emplacement ensoleillé, le long d'un mur par exemple. Veillez également à ce que le sol soit bien drainé, car le figuier ne souffre pas l'excès d'humidité.

Un record en *Aquitaine*

Plus grande forêt de France, la forêt des Landes n'est pas naturelle, mais a été plantée à partir du XVIIIe siècle, après l'assèchement des marais qui occupaient autrefois toute cette zone.

Il était une fois en 1940

Bataille d'Amiens

Picardie

Commencée le 10 mai 1940, l'offensive allemande sur la France ne laisse que peu de chances à l'armée française au matériel démodé. La technique de la *Blitzkrieg*, la « guerre éclair », à l'aide de ses chars *Panzer* et de l'appui aérien, permet à la Wehrmacht d'avancer très rapidement. L'armée au sud d'Amiens s'illustre dès le 24 mai par une résistance héroïque, où les 16e et 24e forces françaises stoppent les *Panzer* pendant neuf jours, en détruisant plus de cent trente. Le 9 juin, la ville doit capituler. Le 14 juin, la bataille de France s'achève avec l'entrée des troupes allemandes dans Paris. C'est le début de l'Occupation.

Suivez le guide !
Auvergne

La transhumance, sabot à sabot

Niché au sud du Massif central se trouve un autre massif plus petit : l'Aubrac. Et, vivant en paix sur trois départements, la Lozère, l'Aveyron et le Cantal, paît la vache portant le nom de sa région : l'aubrac ! C'est à la Saint-Urbain, le 25 mai, que ce bovin racé sent l'appel de la montagne…

Aussi, en ce beau week-end du mois de mai, est-il temps pour les vaches aubrac de se parer de houx et de fleurs et, au son du rythme entêtant des lourdes cloches pendues à leur cou, de prendre le chemin de l'estive. Tôt le matin, une dizaine de troupeaux de cette race rustique entame sa montée sur la route tortueuse. Touristes et curieux se pressent le long du parcours et, dans les villages, les bêtes font halte pour s'abreuver et laisser le temps aux badauds d'admirer leur « torse rond et trapu, [leurs] jambes courtes et [leur] pelage fauve », comme les décrivait Victor Hugo dans *Les Travailleurs de la mer* (1866).

Implantée depuis très longtemps dans la région éponyme, la race, aujourd'hui protégée par le parc national des Cévennes, a connu de nombreuses tribulations. Ce sont les moines de l'abbaye d'Aubrac qui prirent soin de la perfectionner, mais leur travail prit fin lors de la Révolution française, quand les richesses de l'abbaye furent pillées. Sous le second Empire, des éleveurs la croisèrent avec les races suisse et brune des Alpes, afin d'améliorer le rendement laitier et pour produire des bœufs de trait. Ils croisèrent ensuite l'aubrac avec la charolaise et la limousine, pour en faire une bête à viande. L'aubrac fut néanmoins sauvée, en 1975, par un plan de sauvegarde destiné à protéger la race d'origine, ce qui est fort heureux pour elle, mais également pour nous, cette vache produisant notamment le lait du cantal et du laguiole !

Ci-dessous :
Venant de la région de Rodez, ce troupeau fait une halte à la fontaine de Saint-Côme-d'Olt (Aveyron) pour se désaltérer.

lundi 27 mai

lever : 5 h 55
coucher : 21 h 40

St Augustin

À la vôtre !
Poitou-Charentes

La Charente et la Charente-Maritime sont les terres de production du cognac. Cette eau-de-vie, élaborée par distillation de vins blancs, est un assemblage de différents crus. VS (*very special*) signifie que le plus jeune cognac de l'assemblage a au moins 2 ans, VSOP (*very special old pale*) 4 ans et XO (*extra old*) 6 ans.

À table !
Krumberkichle
Lorraine

Pour 10 galettes
Éplucher et râper 1 kg de pommes de terre. Absorber l'humidité en les serrant dans un tissu. Émincer 3 oignons et 2 échalotes, ciseler un peu de persil. Mélanger le tout aux pommes de terre. Battre 4 œufs. Incorporer au mélange avec du sel, du poivre et 2 c. à soupe de farine. Faire chauffer l'huile de la friteuse. Former des galettes plates de pomme de terre. Les faire frire jusqu'à ce qu'elles soient bien dorées.

La rubrique du 13 h

L'ABBAYE NOTRE-DAME DE RANDOL
Auvergne

L'abbaye de Notre-Dame de Randol, dans le Puy-de-Dôme, est un édifice moderne, niché au cœur des monts d'Auvergne. Le monastère – il s'agit d'abord d'un prieuré, inauguré en 1971, qui est érigé en abbaye en 1981 – abrite une communauté d'une quarantaine de moines bénédictins. L'architecture moderne de l'abbaye n'enlève rien à la solennité des lieux. Les moines sont entièrement dévoués à Dieu et à la règle bénédictine : Notre-Dame de Randol a conservé les traditions liturgiques grégoriennes, et ses moines sont d'ailleurs réputés pour leurs chants.

Faune & flore
L'œdicnème criard
Pays de la Loire

C'est bien en raison de son chant puissant que cet oiseau singulier, plutôt bien établi dans le territoire des Mauges, a été nommé ainsi. Pour autant, il n'est pas certain que vous le repériez, même si vous passez à proximité, car, une fois au sol, l'oiseau a tendance à se camoufler et à se faire discret.

Il était une fois en 2000
Palmarès historique du Limoges CSP
Limousin

Ce n'est pas la première fois que le club de basket-ball de Limoges, le Cercle Saint-Pierre, se fait remarquer grâce à ses joueurs renommés et à ses titres prestigieux. Depuis 1978, année où le club est monté dans la plus haute division du championnat, la ville a accumulé de nombreuses victoires. Mais, lorsque le 27 mai 2000, le Limoges CSP gagne face à la redoutable équipe de Villeurbanne son neuvième titre de champion de France, elle signe un triplé historique, avec la coupe Korac – une compétition européenne – et la Coupe de France. Une année qui marquera l'histoire du club, alors que celui-ci est rétrogradé en division Pro B la saison suivante, pour des difficultés financières.

mardi 28 mai

lever : 5 h 54
coucher : 21 h 41

St Germain

Faune & flore

Le chasselas de Thomery

Île-de-France

Originaire de Seine-et-Marne, ce raisin de table connut son heure de gloire pendant l'entre-deux-guerres, où il était considéré comme une denrée de luxe. Aujourd'hui cultivé par quelques particuliers désireux de préserver la tradition, le chasselas de Thomery n'est consommé que de manière locale.

Devinette

Pour quel site géologique est connu le village de Bozouls, dans l'Aveyron ?

Le trou de Bozouls. Avec ses mesures impressionnantes de quatre cents mètres de diamètre et de cent mètres de profondeur, ce trou est en réalité le méandre d'une rivière, le Dourdou, qui a creusé un cirque naturel dans la roche calcaire.

La rubrique du 13 h

LE CHÂTEAU DE FORT-LA-LATTE

Bretagne

Ce château fort se trouve dans la baie de Saint-Malo, face au cap Fréhel. Un fort primitif était bâti sur cette pointe rocheuse, dès le Xe siècle, pour repousser les assauts normands. La construction de l'édifice actuel date des XIIIe et XIVe siècles. Essentiel dans la défense de la baie, le château était réputé imprenable : l'invasion par la mer était rendue impossible par les falaises, et on ne pouvait accéder au château que par des ponts-levis, qui enjambaient deux crevasses. Aujourd'hui encore, des vestiges médiévaux subsistent, comme le donjon, les mâchicoulis ou le four à boulets.

À table !

Crème de camembert au cidre

Basse-Normandie

Ôter la croûte d'un camembert. Le couper en morceaux. Dans une casserole, verser 50 cl de crème d'Isigny et 1 petit verre de cidre brut. Faire fondre à feu doux. Ajouter le fromage et un peu de persil ciselé. Poivrer. Cuire doucement, en remuant, jusqu'à l'obtention d'une crème onctueuse. Déguster chaud, en accompagnement d'une viande, d'un poisson et même de pâtes.

Il était une fois en 1836

Avignon

Provence-Alpes-Côte d'Azur

Une des principales artères d'Avignon, la rue des Teinturiers, qui surplombe la Sorgue, fut du XIVe au XIXe siècle le cœur de l'activité manufacturière de la ville. Des roues à aubes, qui permettaient de transmettre l'énergie de l'eau, étaient alimentées par le canal de Vaucluse, dont le débit avait été augmenté par une dérivation de la Durance. Au XIXe siècle, il y avait jusqu'à vingt-trois roues à aubes pour les moulins et les filatures de soie, même s'il n'en reste plus que quatre aujourd'hui. La première de cette époque – et la plus célèbre – fut celle d'Ajour, dont l'installation fut autorisée par la mairie le 28 mai 1836.

mercredi 29 mai

lever : 5 h 53
coucher : 21 h 42

St Aymar

À table !

Brochet solognot au foin

Centre

Pour 4 personnes
Dans une poissonnière, mettre 2 poignées de foin, 1,5 l de fumet de poisson et ½ l de vin blanc. Poser 1 brochet de 1 kg, vidé et écaillé. Cuire 15 min, puis retirer le poisson. Passer le jus au chinois. Ajouter 300 g de crème et faire bouillir 5 min. Faire revenir, dans du beurre, 10 feuilles d'oseille et ½ botte de ciboulette ciselée. Laver et faire revenir 150 g de mousserons. Ajouter à la sauce, avec les herbes. Napper le brochet.

Savoirs d'antan

Pour désherber votre potager, rien de tel que l'eau de cuisson des pommes de terre. Récupérez-la, après la préparation de votre repas, et laissez-la refroidir, puis utilisez-la pour arroser vos allées. C'est un très bon désherbant, qui, de plus, ne soumet vos légumes à aucun risque de contamination.

La rubrique du 13 h

L'AQUARIUM DE LA ROCHELLE

Poitou-Charentes

Situé près du vieux port, l'aquarium de La Rochelle est l'un des plus grands aquariums privés d'Europe : la surface d'exposition couvre plus de huit mille mètres carrés et est divisée en plusieurs salles, correspondant aux mers et océans de la planète. L'aquarium abrite aussi une serre tropicale, un centre d'études et de conservation des espèces marines et un centre de soins pour les tortues marines. L'aquarium de La Rochelle est une entreprise familiale. Les actuels directeurs poursuivent le rêve de leur père : recréer le monde marin. Ils s'efforcent aussi de sensibiliser le public sur la nécessité de le préserver.

Faune & flore

Le triton alpestre

Picardie

Flaques d'eau, ornières, petites mares et même ruisseaux sont l'habitat de ce petit amphibien plutôt commun dans la région. Durant l'été, le triton alpestre adopte un mode de vie terrestre et nocturne, passant ses journées caché parmi les racines d'un arbre ou sous une pierre.

Il était une fois en 1459

Chapelle à Wiwersheim

Alsace

La ville de Wiwersheim était connue au Moyen Âge pour son pèlerinage à Notre-Dame des Sept Douleurs, un des plus importants d'Alsace. La chapelle qui lui était consacrée permettait l'accueil des pèlerins qui venaient de toute la France et de l'étranger. Sa fondation, près de la route de Saverne, date du 29 mai 1459. Au XVIIIe siècle, elle prendra le nom du saint Cyriaque, un des quatorze saints auxiliaires vénérés en Alsace. Trois styles cohabitent dans l'édifice actuel de la chapelle Saint-Cyriaque-et-Notre-Dame-des-Sept-Douleurs : gothique pour les structures du chœur, néoclassique pour la nef et néogothique pour la tour.

jeudi 30 mai

lever : 5 h 53
coucher : 21 h 43

St Ferdinand

Faune & flore

La bruyère cendrée

Basse-Normandie

Parmi les cinq espèces de bruyère recensées dans la région, la cendrée fait partie des plus communes. Poussant en abondance dans les landes et les bois siliceux, elle sera votre alliée au jardin. Résistant très bien aux maladies et aux insectes, elle empêchera, en outre, la prolifération des plantes adventices.

Un record en

Franche-Comté

Natif de Delle, dans le Territoire de Belfort, Amaury Leveaux est un jeune champion de natation. Il détient, depuis 2008, le record du monde du cent mètres nage libre en petit bassin.

La rubrique du 13 h

LA COLLÉGIALE SAINT-LÉONARD

Limousin

Cette collégiale a été édifiée au XIe siècle, pour abriter les reliques de saint Léonard, le patron et fondateur de la cité médiévale Saint-Léonard-de-Noblat. Saint Léonard était un ermite, mort au VIe siècle, dont le culte n'a cessé de se développer tout au long du Moyen Âge, attirant de nombreux pèlerins. Joyau de l'art roman limousin, comme en témoigne son superbe clocher à étages carrés et octogonaux, l'édifice est classé au patrimoine mondial de l'Unesco, au titre des chemins de Saint-Jacques-de-Compostelle.

À table !

Canard à la bigarade

Aquitaine

Pour 4 personnes

Badigeonner la peau d'un canard de 1,5 kg avec 25 g de beurre fondu. Cuire à four chaud pendant 1 h. Hacher finement le zeste d'une orange et faire blanchir 5 min à l'eau bouillante. Piler ensuite avec le foie. Incorporer au jus de cuisson dégraissé, ajouter 20 cl de bouillon. Malaxer 25 g de beurre et 25 g de farine. Incorporer progressivement des morceaux de ce mélange à la sauce. Passer la sauce au chinois. Servir avec le canard, garni des quartiers de 2 oranges.

Il était une fois en 1431

Bûcher de Jeanne d'Arc

Haute-Normandie

C'est sur la place du Vieux-Marché, à Rouen, le 30 mai 1431, que Jeanne la Pucelle fut placée sur l'immense bûcher où devait s'accomplir la sentence de peine capitale pour hérésie. Geoffroy Thérage, bourreau de Rouen, fut chargé d'attacher Jeanne au poteau et d'allumer le bûcher. Elle se serait écriée : « Mes saintes ne m'ont pas trompée, ma mission était de Dieu. » Alors que les Anglais avaient demandé à ce qu'il ne restât rien de Jeanne, Thérage fut surpris de découvrir son cœur, intact, parmi les cendres.

vendredi 31 mai

lever : 5 h 52
coucher : 21 h 44

Visitation

Faune & flore

La sérotine

Guadeloupe

Dans la forêt luxuriante de Basse-Terre, se cache cette petite chauve-souris, espèce remarquable, celle-ci étant le seul mammifère terrestre originaire de l'île. La sérotine de Guadeloupe est aujourd'hui un animal très menacé, qu'il ne faut en aucun cas déranger, si jamais vous avez la chance de croiser son chemin.

À table !

Oignons farcis au brocciu

Corse

Pour 4 personnes

Éplucher 400 g de gros oignons. Cuire 5 min dans l'eau bouillante. Les couper en 2 et effeuiller. Pour préparer la farce, mélanger 500 g de brocciu, 100 g de jambon fumé en morceaux, du cumin, du sel et du poivre. Garnir les feuilles de farce et poser dessus les petites feuilles, comme des couvercles. Placer 1 anchois sur chaque oignon. Disposer dans un plat à four bien huilé. Enfourner 30 min à 165 °C.

La rubrique du 13 h

LA COUVERTOIRADE

Midi-Pyrénées

Dans l'Aveyron, au cœur du Larzac, les brebis sont bien plus nombreuses que les hommes. C'est dans cette région, dont on dit qu'elle est le dernier désert français, que se trouve La Couvertoirade, un village classé parmi les plus beaux de France. Cette cité recouverte de pierres a été fondée au XIIe siècle par les Templiers, qui y bâtissent tout d'abord un château, autour duquel un bourg se forme peu à peu. À la dissolution de l'ordre du Temple, au XIVe siècle, les Hospitaliers deviennent les nouveaux seigneurs de La Couvertoirade : ce sont eux qui bâtissent les remparts.

À la vôtre !

Alsace

Le crémant d'Alsace est un vin mousseux AOC, dont l'élaboration et le prix attractif en font un concurrent direct du champagne, avec plus de trente millions de bouteilles vendues chaque année dans le monde. Brut ou rosé, il peut se déguster à l'apéritif ou en accompagnement d'une choucroute garnie ou même de caviar !

Il était une fois en 1810

Canal secondaire à Carcassonne

Languedoc-Roussillon

L'histoire de la ville de Carcassonne et du canal du Midi, construit par Pierre-Paul Riquet, ne manqua pas de rebondissements. C'est ainsi qu'en 1670, par exemple, alors que le canal était encore à l'état de projet, Riquet demanda à la ville cent mille livres supplémentaires pour allonger son tracé et lui faire atteindre Carcassonne. La ville refusa, et le canal passa à deux kilomètres de là. L'essor de Castelnaudary, cité voisine qui profitait du canal, suscita des jalousies, et Vauban, en 1686, eut l'idée d'un canal secondaire. Après de multiples péripéties techniques, retards, coûts additionnels, etc., le canal et tous les ouvrages qu'il avait nécessités en ville furent inaugurés le 31 mai 1810.

samedi 1er juin
St Justin

dimanche 2 juin
Ste Blandine

Suivez le guide !
Picardie

À la découverte d'une des plus belles baies du monde

Qu'on les parcoure à pied, à vélo ou à cheval, les doux paysages de la baie de Somme se dévoilent sans pudeur. Le long des ruisseaux, dans les champs et les marais, hérons, cigognes et moutons prés-salés vous souhaitent la bienvenue.

Ce week-end, la baie de Somme est le théâtre d'une épreuve sportive pas comme les autres : la Transbaie. Comme chaque année, des milliers de coureurs vont s'élancer de Saint-Valery-sur-Somme pour rejoindre Le Crotoy, en traversant l'immense étendue sablonneuse. Bien plus qu'une course à pied, la Transbaie est une expérience jubilatoire, libératrice : au milieu d'un site d'une beauté exceptionnelle, les concurrents retrouvent leur âme d'enfant et le plaisir de courir dans la boue. Mais l'heure n'est pas à l'émerveillement, il faut se presser, car, comme l'écrivait Colette dans *Les Vrilles de la vigne* : « Là-bas, au bout du désert aveuglant et sans ombre, quelque chose bout mystérieusement, ronronne et se rapproche – la mer ! »

Pour ceux qui, une fois arrivés, ne sauraient pas comment retrouver le point de départ, pas de panique, le petit train de la baie de Somme est là ! D'authentiques locomotives à vapeur sillonnent les marais et les paysages verdoyants de la baie entre Le Crotoy, Noyelles-sur-Mer, Saint-Valery-sur-Somme et Cayeux-sur-Mer. Régulièrement, on entend leur sifflement strident et on aperçoit au loin une fumée noire qui s'élève dans le ciel picard.

Mis en service en 1887, le réseau est utilisé pour acheminer la production du littoral et transporter les touristes vers les stations balnéaires. À cette époque, le tourisme se développe considérablement, si bien que le succès est immédiat. Modernisées en 1937, les lignes déclinent dans les années 1960 et ferment en 1969. Mais, grâce au dévouement de bénévoles passionnés, le train est sauvé et, désormais, des milliers de passagers prennent place chaque année sur ses banquettes de bois : à une allure traînante, au rythme des secousses, ils découvrent la baie grâce à la locomotive au charme désuet.

lundi 3 juin

St Kevin

lever : 5 h 50
coucher : 21 h 47

Faune & flore

Le lin à feuilles étroites

Bourgogne

Les pelouses calcicoles bourguignonnes abritent une flore riche, dont fait partie cette adepte des sols secs et rocailleux. Si sa floraison est très éphémère, elle n'en est pas moins un ravissement, offrant à ses admirateurs une série de petites fleurs blanches, roses ou parfois même lilas.

À table !

Artichauts à la mode de Roscoff

Bretagne

Pour 6 personnes

Enlever les feuilles et ôter la pulpe de 6 artichauts cuits. L'écraser finement. Décortiquer 250 g de crevettes cuites. Mélanger la pulpe, les crevettes et 75 g de beurre. Remplir les fonds d'artichauts citronnés. Battre énergiquement 3 dl d'huile, 1 dl de vinaigre, sel, poivre, cerfeuil, ciboulette et cornichons hachés. Au moment de servir, lier la sauce avec 1 c. à soupe de crème fraîche et verser sur les artichauts.

La rubrique du 13 h

LE CHÂTEAU DES ÉNIGMES

Poitou-Charentes

Le patrimoine historique français est très riche, et pourtant il n'attire pas toujours le grand public. C'est à partir de ce constat que fut imaginé le château des Énigmes. Derrière ce nom mystérieux se cache en réalité le château d'Usson, un bijou de la Renaissance italienne, en Charente-Maritime. À travers un parcours en forme de jeu de piste, petits et grands peuvent découvrir l'histoire en s'amusant. Une vingtaine d'épreuves à l'intérieur et autour du château les conduit à déchiffrer l'énigme finale. Pour prolonger l'aventure, il est possible de séjourner dans l'une des cabanes perchées du parc.

Savoirs d'antan

Vous avez un rendez-vous, mais plus de cirage pour rendre vos chaussures présentables ! Pour fabriquer un cirage naturel, coupez un oignon en deux, et passez la face interne sur le cuir de vos chaussures. Vous pouvez ensuite lustrer avec un chiffon doux, et vos souliers retrouveront leur brillance.

Il était une fois en 1925

Mort de Paul Cuny

Lorraine

Paul Cuny, né à Gérardmer en 1872, était un homme politique de la Troisième République. Issu d'une riche famille de négociants catholiques, il monte, à partir de 1896, une série de filatures cotonnières en Lorraine et en Alsace, où se produit le fameux textile vosgien. Malgré ses origines, sa sensibilité politique le fait évoluer à gauche et, aux législatives de 1909, il est élu à Épinal en tant que républicain démocrate. Inscrit au groupe de la gauche radicale, il est l'initiateur d'un projet de loi tendant à établir un salaire minimum obligatoire pour tous les travailleurs, préfigurant les minima sociaux d'aujourd'hui. Il meurt à 53 ans, le 3 juin 1925.

mardi 4 juin

lever : 5 h 49
coucher : 21 h 48

Ste Clotilde

Faune & flore

Le tarier des prés

Centre

Le tarier des prés, petit habitant des prairies humides et des marais à grandes herbes, arbore un épais sourcil blanc, qui le distingue de son cousin pâtre. S'il établit généralement son nid à terre, il aime prendre un peu de hauteur pour se faire entendre, se perchant sur un buisson, un piquet...

Devinette

Quel célèbre chanteur français a participé à la renommée de la ville de Brive-la-Gaillarde, dans le Limousin ?

Georges Brassens. En 1955, il met en scène, dans sa chanson « Hécatombe », des gendarmes et des ménagères sur le marché de Brive-la-Gaillarde. Plusieurs décennies plus tard, la halle centrale de la ville, place de la Guierle, est baptisée de son nom.

La rubrique du 13 h

LA BASILIQUE NOTRE-DAME DE MONTLIGEON

Basse-Normandie

À La Chapelle-Montligeon, au cœur du Perche, deux flèches de soixante mètres de haut se dressent au milieu des champs. La basilique, achevée en 1911, doit sa création à l'abbé Paul Buguet. Inlassablement, il a parcouru le monde entier afin de recueillir les fonds nécessaires à la création de ce sanctuaire dédié à la prière pour les défunts. Il n'aura fallu qu'une quinzaine d'années pour ériger la basilique, qui accueille aujourd'hui des pèlerins du monde entier : ils viennent prier, mais aussi admirer les vitraux colorés et la nef, splendide, digne des plus beaux édifices gothiques.

À table !

Sauce douce aux framboises d'Auvergne

Auvergne

Porter à ébullition 30 g de sucre, le zeste finement râpé de ½ orange et 2 c. à soupe de jus d'orange. Laisser bouillir 30 s. Mixer 250 g de framboises. Passer le jus obtenu au chinois et incorporer le sirop. Agrémenter d'un peu de jus de citron ou d'eau-de-vie de framboise. Servir en accompagnement de glaces ou de sorbets, avec des petits gâteaux secs.

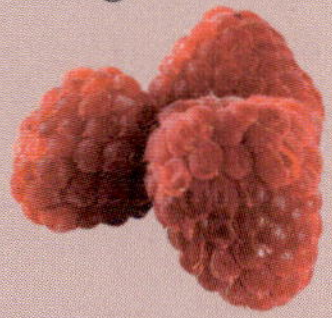

Il était une fois en 1783

Premier vol officiel d'une montgolfière

Rhône-Alpes

Après plusieurs essais concluants effectués dès la fin de l'année 1782, les frères Joseph et Étienne de Montgolfier réalisent le premier vol officiel d'un ballon à air chaud, sur la place des Cordeliers d'Annonay, en Ardèche. Le 4 juin 1783, ce ballon fait de toile et de papier s'élèvera jusqu'à mille mètres de hauteur, par la combustion d'un feu de paille et de laine, et restera dans le ciel dix minutes. À la demande de Louis XVI, Étienne de Montgolfier renouvelle cette expérience spectaculaire en septembre 1783, devant la cour réunie à Versailles.

lever : 5 h 49
coucher : 21 h 49

Un record en
Bourgogne

Châlon-sur-Saône, Tournus et Saint-Jean-de-Losne sont les trois premières villes à recevoir la Légion d'honneur. C'est ainsi que Napoléon récompense leurs habitants, qui se sont joints aux soldats pour combattre les Autrichiens en 1814.

À table !

Salade niçoise
Provence-Alpes-Côte d'Azur

Pour 6 personnes
Laver et couper en quartiers 10 tomates. Écaler 4 œufs durs. Éplucher et émincer 2 petits oignons blancs. Éplucher, laver et couper en rondelles 1 botte de radis. Dans un saladier, disposer les tomates, les oignons, les radis, 12 filets d'anchois marinés et 1 boîte de thon à l'huile. Verser une vinaigrette. Placer les œufs coupés en quartiers sur le dessus. Servir frais.

La rubrique du 13 h

LE CIRQUE DE CHÂLONS-EN-CHAMPAGNE
Champagne-Ardenne

Le cirque de Châlons-en-Champagne est ce qu'on appelle un « cirque stable » : construits en béton armé – ce qui était une technique révolutionnaire pour l'époque –, ces cirques apparaissent en Europe à la fin du XIXe siècle, aux côtés des chapiteaux-tentes qui les remplaceront peu à peu ; il n'en reste aujourd'hui en France que huit de ce type. Polygone à douze faces surmonté d'un lanternon, le cirque est à la fois un lieu de spectacle, un centre de documentation et un espace de formation supérieure, dans une association avec l'École nationale des arts du cirque, une structure unique en Europe.

Faune & flore

L'orchis singe
Haute-Normandie

Depuis la fin mai, cette jolie orchidée, qui pousse généralement sur les pelouses calcaires, est en pleine floraison. C'est donc le moment de partir à sa découverte ! D'autant que l'orchis singe fait partie des plus remarquables, les fleurs situées au sommet s'ouvrant avant celles de la base.

Il était une fois en 1305

Clément V élu pape
Aquitaine

À la mort de Benoît XI, en juillet 1304, le conclave des cardinaux, divisé, met plus d'un an pour élire son successeur. C'est ainsi que, le 5 juin 1305, Bertrand de Got, ancien évêque de Saint-Bertrand-de-Comminges et archevêque de Bordeaux, né vers 1264 près de Villandraut (dans l'actuelle Gironde), devient pape sous le nom de Clément V, et il occupe ses fonctions jusqu'en 1314. Il reste l'homme du procès de l'ordre du Temple, dont il autorise l'abolition – à la demande de Philippe le Bel –, lors du concile de Vienne, entre octobre 1311 et mai 1312.

jeudi 6 juin

lever : 5 h 48
coucher : 21 h 50

St Norbert

Faune & flore

L'œillet couché

Languedoc-Roussillon

Magnifiques fleurs que celles de l'œillet couché, ou glauque, qui, de juin à septembre, teinte les causses languedociens de mille nuances de rose. Vous pouvez tout à fait placer cette plante très productive au jardin : installez-la sur un sol léger et bien drainé, et très bien exposé au soleil.

Savoirs d'antan

Pour une épilation naturelle, fabriquez du caramel ! Délayez dans une casserole le jus de deux citrons pressés, ajoutez ensuite dix morceaux de sucre et portez à ébullition. Vous pouvez l'utiliser, après l'avoir laissé refroidir, comme une cire traditionnelle.

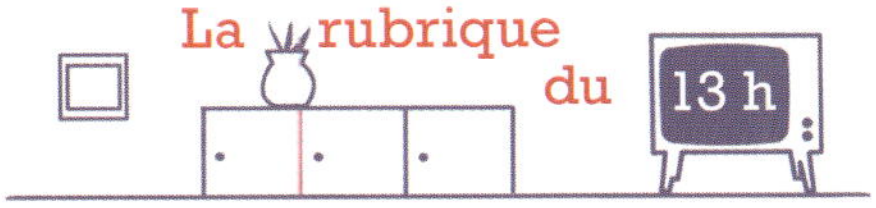

LE SCHWEISSDISSI À MULHOUSE

Alsace

Plus discrète que Strasbourg, Mulhouse n'en est pas moins séduisante avec sa vieille ville, ses murs peints et ses trompe-l'œil. L'un des monuments les plus connus de la ville est sans aucun doute le Schweissdissi. Située dans le square du Tivoli, cette statue de Behr rend hommage au passé industriel de la ville et en particulier à ses travailleurs. En effet, la statue, faite en bronze et mesurant cinq mètres soixante de haut pour quatre mille cinq cents kilos, représente un travailleur inconnu en plein effort, s'essuyant le front : *Schweissdissi* signifie « l'homme qui sue », en alsacien.

À table !

Cerises de Montmorency au vinaigre et aux épices

Île-de-France

Laver, équeuter, essuyer et disposer 1 kg de cerises dans un bocal. Faire bouillir 1 l de vinaigre avec 3 clous de girofle, 200 g de cassonade blonde, 1 bâton de cannelle et un soupçon de muscade. Laisser tiédir et en couvrir les cerises. Fermer les bocaux hermétiquement et laisser macérer environ 1 mois, à l'abri de la lumière. Ces cerises accompagnent agréablement les charcuteries.

Il était une fois en 1880

Charles-Émile Freppel

Pays de la Loire

Charles-Émile Freppel est resté célèbre pour son engagement à la fois sacerdotal et politique. Ordonné prêtre en 1849, puis professeur au séminaire de Strasbourg, il est ensuite appelé par le pape pour préparer le premier concile du Vatican. C'est après sa nomination à l'évêché d'Angers, en 1869, qu'il y crée, en 1875, une université catholique. Enfin, le 6 juin 1880, il est élu député. Conservateur, il s'éleva contre l'instruction laïque, mais il fut un défenseur du catholicisme social qui influença le pape Léon XIII.

vendredi 7 juin

lever : 5 h 48
coucher : 21 h 51

St Gilbert

À table !

Tartines au rollot

Picardie

Pour 4 personnes
Griller 4 belles tranches de pain de campagne. Tartiner avec un peu de moutarde à la bière picarde. Disposer des lamelles d'un rollot – fromage au lait de vache – sur le pain. Poser sur chaque tranche 2 cerneaux de noix et 1 c. à café de crème fraîche. Gratiner à four chaud. Déguster avec une salade agrémentée d'une vinaigrette à l'huile de noix.

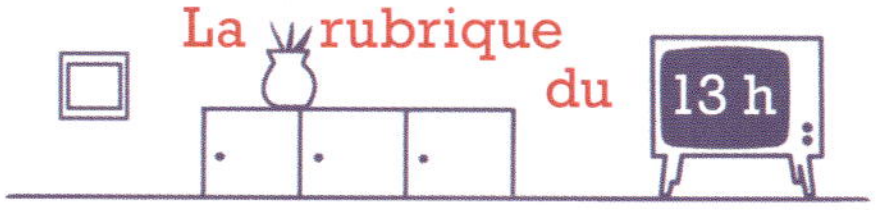

LE PAVILLON DES SCIENCES À MONTBÉLIARD

Franche-Comté

Montbéliard est une ville à forte tradition scientifique : n'est-elle pas la terre natale de Georges Cuvier, le père de la paléontologie? Elle s'est donc donné pour mission de mettre la science à la portée de tous et de favoriser les échanges entre les scientifiques et le grand public. Depuis les années 1990, les dix hectares du parc du Près-la-Rose et son pavillon des Sciences sont dédiés à cette tentative de vulgarisation : à travers des expériences simples, chacun peut apprendre en s'amusant. Le plus grand cadran solaire au monde ou la fontaine Galilée émerveillent petits et grands, suscitant peut-être des vocations.

Faune & flore

L'ail violet de Cadours

Midi-Pyrénées

Cultivé en Haute-Garonne par une soixantaine de producteurs, l'ail violet de Cadours fait partie des plus précoces et peut être récolté dès la fin du mois de juin. S'il ne bénéficie pas encore de l'AOC, ce légume possède des qualités gustatives indéniables et se conserve très bien.

Devinette

Quelles régates de yachts de tradition sont organisées fin mai à Ajaccio ?

Les Régates impériales. Depuis 2003, elles rassemblent pendant une semaine une cinquantaine de voiliers, dans le golfe d'Ajaccio, au port Tino Rossi. Ces régates marquent le début de la saison des courses de yachts de tradition en Méditerranée.

Il était une fois en 1682

Logis de Raimbault

Poitou-Charentes

L'église de Beauvoir-sur-Niort, qui est dédiée à saint Jacques – le village est sur la route des pèlerins de Compostelle –, souffrit des guerres de Religion. C'est le 7 juin 1576 que le protestant Henri de Navarre, qui sera bientôt connu sous le nom d'Henri IV, est l'hôte du logis de Raimbault – qui n'existe plus aujourd'hui –, près de l'église. Reconstruite sur ordre royal en 1682, elle souffrira de nouveau sous la Révolution, puis verra son clocher s'effondrer et sera définitivement restaurée à l'aube du XXe siècle. Le domaine de Raimbault, lui, donnera son nom au moulin de Raimbault, bâti au XVIIIe siècle, près de la forêt de Chizé.

Suivez le guide !
Corse

Le nid d'aigle paolin

Cité d'exception à de nombreux points de vue – et quel point de vue elle offre sur l'île de Beauté ! –, Corte, ou Corti en langue corse, nous plonge dans l'histoire de l'île de Beauté.

Novembre 1755 : un certain Pascal Paoli marque un tournant dans l'histoire politique de l'île de Beauté. Chef de file de la révolte contre l'occupation des Génois – la Corse était l'une de leurs colonies –, le général fait de l'île une république démocratique et en rédige la Constitution, reposant sur les principes de la séparation des pouvoirs et du suffrage universel. L'indépendance dure jusqu'en mai 1769, date de la bataille de Ponte-Novo qui marque la défaite de la Corse contre la France, à qui Gênes avait vendu ses droits sur l'île en 1768. À l'heure où Paoli instaure son gouvernement pour la nation corse, c'est à Corte qu'il s'installe, choisissant comme capitale la seule citadelle de l'île bâtie au cœur des terres. C'est ici qu'est créée la première université corse. Fermée en 1769, elle fut cependant un exemple, et c'est aujourd'hui à Corte qu'existe la seule université de l'île de Beauté : l'université... Pascal-Paoli.

Mais les étudiants ne sont pas les seuls à se presser dans les ruelles : idéalement située à mi-chemin entre Bastia et Ajaccio, au cœur de la Haute-Corse, majestueuse, la citadelle de Corte attire de nombreux touristes. Surplombant l'ancienne ville fortifiée, elle offre une vue à couper le souffle sur l'île et renferme en son sein le musée de la Corse, qui retrace l'histoire de l'île, dont les habitants sont si fiers.

Cavall'in festa

Le deuxième week-end de juin, Corte accueille la foire Cavall'in festa, dédiée aux chevaux. Des centaines de cavaliers et d'équidés se retrouvent pour permettre aux visiteurs de monter poneys et chevaux, et faire la démonstration de courses d'endurance et de dressage. Les vieux métiers autour des chevaux sont à l'honneur : l'événement s'adresse à tous les passionnés de l'animal et des sports équestres ou aux simples curieux.

lundi 10 juin

lever : 5 h 47
coucher : 21 h 53

St Landry

À table !

Civet de lapin au genièvre

Nord-Pas-de-Calais

Pour 6 personnes

Faire revenir, dans une cocotte, un lapin de 2 kg coupé en morceaux, avec 1 oignon émincé, 100 g de lardons, des aromates (laurier, thym) et du beurre. Laisser se colorer la viande à feu moyen. Cuire 1 h 30 à feu doux. Arroser de 1 verre à vin de genièvre. Poursuivre la cuisson pendant 30 min. Servir avec des pâtes ou des pommes de terre en robe des champs.

Un record en *Alsace*

Situé dans le Bas-Rhin, le château du Haut-Kœnigsbourg est le château médiéval le plus visité en France. Construit sur un éperon rocheux, ce magnifique édifice attire plus de cinq cent mille visiteurs par an.

La rubrique du 13 h

LE PRIEURÉ DE LA CHARITÉ-SUR-LOIRE

Bourgogne

Le prieuré de La Charité-sur-Loire, dans la Nièvre, existe depuis le XIe siècle, bien qu'il y ait eu un monastère à cet emplacement dès le VIIIe siècle. Dépendant du puissant ordre de Cluny, il est une étape incontournable du pèlerinage de Saint-Jacques-de-Compostelle et a connu la prospérité pendant tout le Moyen Âge. À la Révolution, les bâtiments du prieuré sont vendus à des particuliers, mais heureusement sans destruction, ce qui permet leur intégration à la ville. Depuis les années 2000, le prieuré, qui appartient à la Fédération des sites clunisiens, est restauré et réhabilité.

Faune & flore

L'orchis des sphaignes

Champagne-Ardenne

C'est à cette époque de l'année que cette orchidée plutôt discrète commence à dévoiler ses ravissantes fleurs violettes, et ce jusqu'à la mi-juillet. Profitez du spectacle à l'occasion d'une petite promenade en plein cœur de la forêt ardennaise, en vous gardant toutefois de cueillir cette petite rareté.

Il était une fois en 1944

Massacre d'Oradour-sur-Glane

Limousin

Le village d'Oradour-sur-Glane, à quelques kilomètres de Limoges, reste attaché au souvenir du massacre de sa population par une division allemande, le 10 juin 1944. En ce jour noir, plus de six cents personnes, dont nombre de femmes et d'enfants, ont péri dans les flammes ou ont été mitraillées, après avoir été regroupées sur la place principale pour une vérification d'identité. Afin de ne jamais oublier ce massacre, il fut décidé de laisser son bourg en l'état et d'en construire un nouveau à côté. En 1999, un mémorial-musée y a été inauguré, afin d'accomplir un devoir de mémoire.

mardi 11 juin

lever : 5 h 47
coucher : 21 h 53

St Barnabé

Faune & flore

Le tichodrome échelette

Auvergne

Ce joli oiseau au nom bien étrange possède une allure unique en son genre. Son corps fin et ses ailes au motif précis lui donnent des allures de grand papillon lorsqu'il est dans les airs. De nature montagnarde, le tichodrome échelette peut aussi choisir de s'établir dans le mur d'un grand bâtiment.

À la vôtre !

Lorraine

Le punch lorrain est un cocktail pétillant très rafraîchissant, qui, pour dix personnes, se prépare avec vingt-cinq centilitres d'eau-de-vie de mirabelle de Lorraine, vingt-cinq centilitres de sirop de citron et vingt-cinq centilitres de Pulco citron. Au dernier moment, dans un saladier, ajoutez un litre d'eau pétillante aux autres ingrédients : c'est prêt !

La rubrique du 13 h

LE VOLCAN DE LA SOUFRIÈRE

Guadeloupe

Site incontournable du parc national de la Guadeloupe, le volcan de la Soufrière, au sud de l'île de Basse-Terre, est un volcan actif. Il s'élève à mille quatre cent soixante-sept mètres – ce qui en fait le point culminant de la Guadeloupe – et offre depuis son sommet un panorama exceptionnel, quand la vue est dégagée. Le volcan, accessible à pied, est très prisé des randonneurs : de nombreux sentiers pédestres parcourent ses flancs rocheux. Paysage lunaire, la Soufrière possède aussi une flore très riche, avec notamment la présence d'orchidées sauvages.

À table !

Granité de fraises de Nîmes

Languedoc-Roussillon

Pour 4 à 6 personnes

Réduire 400 g de fraises en purée. Incorporer 150 g de sucre. Ajouter le zeste de 1 citron, le jus de ½ citron et le jus de ½ orange. Mélanger soigneusement. Ajouter, si besoin, ½ verre d'eau. Porter dans le bac à glace. Laisser prendre pendant 4 h, en remuant régulièrement à la fourchette.

Répartir dans des coupes et servir avec des biscuits secs.

Il était une fois en 1793

Tour du Capitello

Corse

Alors que Pascal Paoli, après la défaite contre la Sardaigne, est déclaré « traître à la République française », une insurrection de ses partisans éclate en Corse. Les Bonaparte, qui s'opposent alors à Paoli, voient leurs propriétés saccagées et sont contraints de gagner leur maison de campagne, sur les hauteurs d'Ajaccio, tandis que Napoléon s'installe dans la tour du Capitello, face au golfe. De là, il tente de s'emparer d'Ajaccio avec l'aide de la flotte de la République, mais c'est un échec. Le 11 juin 1793, Napoléon et sa famille – qu'il rejointe quelques jours plus tôt à Calvi – quittent l'île, pour trouver refuge à Toulon.

mercredi 12 juin

lever : 5 h 46
coucher : 21 h 54

St Guy

À table !

Navarin d'agneau de Pauillac

Aquitaine

Pour 6 personnes

Faire revenir 1,5 kg d'épaule d'agneau en morceaux. Réserver. Jeter le gras de cuisson. Faire revenir 2 oignons émincés. Mettre la viande, saupoudrer de 2 c. à soupe de farine. Verser 1 cube de bouillon délayé. Ajouter 500 g de tomates coupées en quartiers et 1 bouquet garni. Cuire 1 h. Éplucher 200 g de carottes, 200 g de navets, 200 g de pommes de terre. Ajouter les légumes à la viande et cuire 1 h. Cuire 200 g de petits pois. Servir les morceaux entourés des légumes.

La rubrique du 13 h

FORGES-LES-EAUX

Haute-Normandie

Toute l'histoire de Forges-les-Eaux tient dans son nom : les forges existent dès l'époque gallo-romaine, et, lorsque les gisements de fer sont épuisés, commence l'exploitation de sources ferrugineuses, auxquelles on prête des vertus thérapeutiques. La renommée de Forges-les-Eaux est telle qu'au XVIIe siècle la station thermale est fréquentée par la cour et la haute bourgeoisie parisienne : le roi Louis XIII lui-même y fait une cure. Aujourd'hui, cette cité située au cœur du pays de Bray reste une ville de bien-être et de plaisirs : trois des sources thermales se trouvent dans le jardin du casino.

Faune & flore

La morelle douce-amère

Bourgogne

Commune dans la région, celle que l'on connaît aussi sous le nom de « vigne de Judée » est une plante extrêmement toxique, des racines jusqu'au bout des feuilles. Contentez-vous donc de l'observer, même si, en cette saison, il est plutôt tentant de cueillir ses délicates fleurs violettes.

Un record en PACA

C'est un Vençois, Thierry Stackow, qui détient le record de tirs consécutifs de boules de pétanque. En une minute, il a réussi à tirer sept boules dans un rayon de sept mètres.

Il était une fois en 1754

Naissance d'Isaac René Guy Le Chapelier

Bretagne

Né le 12 juin 1754 à Rennes, dans une famille de magistrats bretons anoblie en 1769, Isaac René Guy Le Chapelier a laissé son nom dans l'histoire de la Révolution par la célèbre loi Le Chapelier de juin 1791. Ardent partisan des réformes, le député breton y interdit les grèves, la constitution de syndicats ainsi que les mutuelles. L'un des hommes les plus en vue de l'Assemblée a aussi ses détracteurs et, après la fuite de Louis XVI, il s'éloigne du club des Jacobins, pour rejoindre celui des Feuillants. En février 1794, il est traduit devant le tribunal révolutionnaire et, condamné à mort pour avoir « conspiré depuis 1789 en faveur de la royauté », il est guillotiné le 22 avril 1794.

jeudi 13 juin

lever : 5 h 46
coucher : 21 h 54

St Antoine de Padoue

Devinette

Comment appelle-t-on les marais où l'on pratique la culture maraîchère en Picardie ?

Les hortillonnages, entrecoupés de canaux. Ils s'étendent sur trois cents hectares, répartis sur quatre communes, dont Amiens. Outre l'activité de culture maraîchère, c'est aussi un lieu touristique, que l'on peut visiter dans une barque à cornet, appelée « batien ».

Faune & flore

Le corbeau freux

Limousin

Facilement reconnaissable grâce à son bec clair et à son plumage noir aux reflets bleu violacé, le corbeau freux se plaît tellement dans la région que sa population a augmenté de manière notable ces dernières années. Omnivore, il se nourrit surtout de végétaux (graines, racines, tubercules…).

La rubrique du 13 h

LE KIOSQUE PEYNET

Rhône-Alpes

À Valence, dans le département de la Drôme, le kiosque Peynet trône fièrement sur la superbe esplanade fleurie du Champ-de-Mars. Situé en plein centre-ville, à deux pas du parc Jouvet, il existe depuis la fin du XIXe siècle, mais il faut attendre 1942 pour qu'il devienne célèbre. De passage dans la ville, l'illustrateur Raymond Peynet immortalise le pavillon en le dessinant avec un couple d'amoureux. Le dessin fait le tour du monde, et le kiosque est tellement associé à Peynet qu'on le rebaptise officiellement en 1966. Nombreux sont ceux qui, aujourd'hui encore, rejouent cette scène romantique.

À table !

Brochet aux pommes de terre

Pays de la Loire

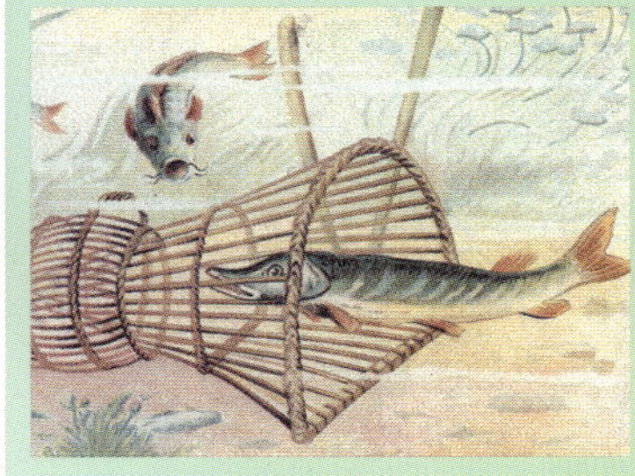

Pour 4 personnes

Préparer un brochet d'environ 700 g et le couper en tronçons de 4 cm. Éplucher 500 g de pommes de terre et faire des rondelles de 3 mm. Allumer le four à 165 °C. Dans un bol, mélanger 4 dl de crème fraîche et 2 c. à soupe de cerfeuil ciselé. Beurrer un plat à four, disposer les pommes de terre, puis les morceaux de brochet et recouvrir avec la crème fraîche. Cuire 1 h 15, en arrosant régulièrement.

Il était une fois en 1942

Église Saint-Pierre du Martroi

Centre

Classée aux monuments historiques le 13 juin 1942, l'église Saint-Pierre du Martroi est un édifice intéressant de la ville d'Orléans, unique exemple orléanais d'une architecture religieuse en briques rouges. Incendiée et détruite lors des guerres de Religion, il lui faudra attendre la fin du XVIe siècle pour voir sa restauration commencer. À la Révolution, la paroisse est supprimée, mais l'église est conservée comme magasin à fourrage et ne sera rendue au culte qu'en 1805. Son nom lui vient de la place du Martroi, où trône la statue équestre de Jeanne d'Arc, au cœur de la ville.

vendredi 14 juin

lever : 5 h 46
coucher : 21 h 55

St Élisée

À table !

Glace au miel de sapin des Vosges

Alsace

Pour 4 à 6 personnes
Faire chauffer 50 cl de lait et 70 g de miel. Dans un saladier, fouetter 5 jaunes d'œufs avec 40 g de sucre. Sans cesser de mélanger, verser le lait chaud. Reverser le tout dans la casserole et faire cuire 10 min sur feu très doux, en remuant régulièrement. Lorsque le mélange nappe la cuillère, ajouter 20 cl de crème liquide. Laisser refroidir. Placer au congélateur 3 h, en mélangeant toutes les heures.

La rubrique du 13 h

LE PONT SAINT-BÉNEZET

Provence-Alpes-Côte d'Azur

Le pont Saint-Bénezet, plus communément appelé « pont d'Avignon », doit son nom à un jeune Ardéchois, auquel le Christ ordonna, au XIIe siècle, de construire un pont sur le Rhône. Bénezet fonda alors une communauté de laïcs charitables, qui entreprit l'édification du pont, mais aussi d'une église et d'un hospice. Au fil des siècles, le pont dut affronter la violence de plusieurs crues du fleuve. À la fin du XVIIe siècle, après un énième effondrement, on renonça à le restaurer, laissant les quatre arches qu'on lui connaît aujourd'hui sur les vingt-deux qu'il comptait à l'origine.

Faune & flore

Fabriquer un piège à bière

Saviez-vous que les gastéropodes, si férus de vos jeunes plants, ont un faible pour la bière ? Remplissez de bière le fond d'une boîte en plastique, puis enterrez-la afin que les rebords se trouvent au niveau du sol. Protégez le tout à l'aide d'un couvercle, en laissant une ouverture. Efficacité garantie !

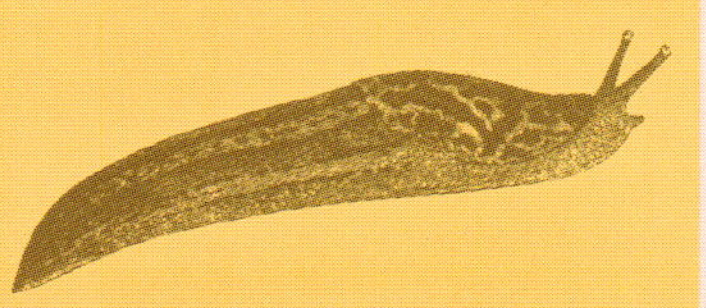

À la vôtre !

Auvergne

Saint-pourçain est une appellation AOC du vignoble auvergnat, qui s'étend sur six cent quarante hectares. Elle propose des vins blancs, rouges, gris et rosés, qui, au Moyen Âge, avaient les faveurs de Saint Louis et des papes en Avignon. Les blancs s'accordent aujourd'hui idéalement avec du cantal ou du saint-nectaire AOC !

Il était une fois en 1940

Corbenay

Franche-Comté

Le 14 juin 1940, en pleine bataille de France, le village de Corbenay vit ses derniers moments de tranquillité : la guerre est à ses portes. Les Allemands bombardent la gare, qui subit le feu des avions de la Luftwaffe. Le corps des sapeurs-pompiers de Corbenay se bat avec acharnement contre les flammes pour sauver les victimes, mais le bilan est lourd : vingt-trois personnes sont mortes sous les bombes. La gare est presque totalement détruite. Le 14 juin 2010, soit soixante-dix ans jour pour jour après le drame, est inauguré à Corbenay le square du 14-juin-1940, devant la gare d'Aillevillers, à la mémoire des victimes du bombardement.

Suivez le guide !
Haute-Normandie

Rouen lève les voiles

Cette année, du 6 au 16 juin, Rouen accueille le sixième rendez-vous de l'Armada, un des plus grands rassemblements de voiliers au monde, vingt-quatre ans après la première édition : « Les Voiles de la liberté ». Ce qui devait être une manifestation unique a désormais lieu tous les quatre ou cinq ans, pour le plus grand bonheur des amoureux de la voile venus des quatre coins de la France.

Pendant dix jours, la capitale haut-normande vit au rythme de l'Armada : les équipages défilent dans les rues et sur les quais, où le public se presse pour visiter des bateaux de prestige. Aux voiliers traditionnels, véritables géants des mers, s'ajoutent d'autres types de bateaux, comme des navires de guerre, des péniches ou des bateaux de course. À la tombée du jour, les quais envahis par la foule s'animent et des accents de tous les pays se font entendre. Chaque soir a lieu un concert gratuit avant que la nuit ne s'achève sur un feu d'artifice. Ce dimanche 16 juin, l'événement à ne pas manquer est bien sûr la Grande Parade de la Seine : les navires et leurs marins, perchés sur les mâts tels des équilibristes, disent au revoir à Rouen. Sous voiles, ils descendent la Seine jusqu'au Havre pour rejoindre la mer.

Profitez de votre séjour pour vous lancer sur les traces de Jeanne d'Arc : c'est à Rouen qu'eut lieu son martyre et la ville en a gardé de nombreux souvenirs. En partant de la rue Jeanne-d'Arc, l'une des principales rues de Rouen, qui descend de la gare jusqu'à la Seine, arrêtez-vous au donjon dans lequel elle fut emprisonnée et où se déroula son procès. Non loin de là, le musée des Beaux-Arts lui consacre une salle. Puis, prenez la direction du cimetière Saint-Ouen, proche de l'hôtel de ville, où Jeanne fut emmenée pour abjurer. Malgré cela, elle fut condamnée au bûcher place du Vieux-Marché, où s'élève désormais une église qui lui est dédiée ; ses cendres furent jetées dans la Seine au niveau de l'actuel pont Boieldieu.

lundi 17 juin

lever : 5 h 46
coucher : 21 h 56

St Hervé

À table !

Ouyettes de Langres

Champagne-Ardenne

Pour 4 personnes

Récupérer 1 c. à soupe de graisse d'oie d'une cuisse d'oie confite. La faire fondre dans une casserole. Faire revenir 2 oignons et 2 échalotes hachés. Ajouter 2 pommes coupées en lamelles. Cuire 10 min. Couper en morceaux la chair du confit, sans la peau. Cuire 5 min, avec le mélange, la chair, du persil haché et une pincée de 4 épices dans 10 cl de vin blanc. Couper 12 ronds de 10 cm dans 1 pâte brisée (de 500 g environ). Garnir de farce. Fermer les chaussons. Cuire 20 min à 180 °C.

La rubrique du 13 h

LE MUSÉE BASQUE

Aquitaine

Le Musée basque se trouve à Bayonne, quai des Corsaires, non loin de l'endroit où la Nive se jette dans l'Adour. Ce musée retrace toute l'histoire du Pays basque, ses coutumes et son art de vivre. Une grande partie de ses collections est consacrée à Bayonne et à ses traditions : il était donc juste d'établir le musée dans un lieu authentique, indissociable de l'histoire de la ville. Installé depuis 1922 dans une maison du XVIe siècle, la maison Dagourette, du nom d'une famille de négociants bayonnais, le musée possède plus de cinquante mille objets et œuvres d'art qui témoignent de l'identité basque.

Faune & flore

Le trait du Nord

Nord-Pas-de-Calais

Robustesse, courage et persévérance, telles sont les qualités de ce cheval de trait emblématique de la région. En outre, le trait du Nord possède un caractère doux et attentif. Le syndicat en charge de sa protection fait donc tout ce qu'il faut pour préserver cette race qui peine à se renouveler.

Savoirs d'antan

Depuis l'Antiquité, le miel est connu pour être un antibactérien efficace. Si vous le mélangez à de la poudre de cannelle, il peut devenir une solution pour soigner les boutons. Recouvrez-les le soir, avant d'aller vous coucher, avec la pâte obtenue et rincez le lendemain matin.

Il était une fois en 1818

Naissance de Charles Gounod

Île-de-France

Il est sans doute, au XIXe siècle, l'un des plus grands compositeurs français d'opéras : Charles Gounod naît à Paris le 17 juin 1818. Fils du peintre François Louis Gounod, il excelle au Conservatoire de Paris et remporte, en 1839, le grand prix de Rome pour sa cantate *Fernand*. C'est son opéra *Faust*, créé en 1859, qui le révèle au grand public, mais, dans son œuvre très variée, apparaissent aussi *Roméo et Juliette*, deux symphonies, un *Ave Maria* d'après un prélude du *Clavier bien tempéré* de Bach et d'innombrables airs composés sur des poèmes de Racine, Musset, Lamartine… Et Hergé, dans *Tintin*, fera chanter à La Castafiore : « Ah ! je ris de me voir si belle… » – un air tiré de *Faust*, que le dessinateur de BD immortalise ainsi.

mardi 18 juin

lever : 5 h 46
coucher : 21 h 57

Ste Léonce

Faune & flore

Le trolle

Franche-Comté

Cette jolie plante des prairies humides, dont la fleur ressemble à un bouton-d'or qui refuserait de s'ouvrir, n'a rien à voir avec la créature fantastique de nombre de légendes nordiques ; si ce n'est qu'elle vit dans les montagnes elle aussi, jusqu'à deux mille huit cents mètres d'altitude.

À la vôtre !

Centre

Issus d'un terroir composé de silice et de quartz, les vins de Chateaumeillant représentent un des plus petits vignobles AOC français, avec un peu plus de quatre-vingt-dix hectares. On accompagnera volontiers les gamays d'une souris d'agneau et les pinots gris du fameux pâté de Pâques berrichon, pour un début de repas idéal !

La rubrique du 13 h

L'ABBAYE DES PRÉMONTRÉS

Lorraine

L'abbaye des Prémontrés domine les bords de la Moselle, au cœur d'un magnifique parc paysager. Construite à Pont-à-Mousson à partir de 1705, elle témoigne d'une vie religieuse et intellectuelle très forte à l'époque en Lorraine. L'architecture de l'édifice, l'un des plus imposants du patrimoine religieux lorrain, mélange les styles baroque et classique. Cédée à la ville en 1912, l'abbaye, connue aussi sous le nom de « Sainte-Marie-Majeure », a souffert des bombardements de 1944. Restaurée, elle est aujourd'hui un centre culturel et un lieu d'expositions.

À table !

Le clafoutis

Limousin

Le nom de ce dessert vient probablement du verbe occitan *claufir*, qui signifie « clouter », « piqueter », « consteller », et plus largement « remplir abondamment ». Ainsi, les cerises disposées dans le plat semblent, après cuisson, autant de clous fichés dans la pâte. À la fin de la saison des cerises, le clafoutis sera réalisé avec des pommes et prendra, en Limousin, le nom de « flognarde ».

Il était une fois en 1940

Bataille de Cherbourg

Basse-Normandie

Après le débarquement du 6 juin, les objectifs américains sont presque tous atteints : le Cotentin est partagé en deux selon une ligne qui relie Barneville et Utah Beach. Mais les Allemands tiennent toujours Cherbourg, objectif stratégique primordial pour la flotte, car la ville dispose d'un port en eau profonde. Coupés de leurs renforts, sans ravitaillement quarante mille soldats allemands attendent. La bataille de Cherbourg commence le 18 juin 1944, avec les bombardements américains incessants, qui font rapidement reculer les lignes allemandes. L'assaut est donné le 22, et, malgré une importante résistance, les Allemands se rendent le 26, mais ils ont auparavant saboté le port.

mercredi 19 juin

lever : 5 h 46
coucher : 21 h 57

St Romuald

À table !

Pélardon en salade

Languedoc-Roussillon

Pour 4 personnes
Dans un saladier, remuer 4 tomates cerise, 1 pomme reinette en lamelles et 100 g de salade avec 25 ml d'huile d'olive. Dans un bol, mélanger 20 ml d'huile d'olive, 8 feuilles de basilic haché et 90 ml de miel d'acacia. Griller rapidement 4 petites tranches de pain de campagne.
Sur chaque tranche, déposer ½ pélardon. Faire gratiner sous le gril. Dans chaque assiette, dresser la salade, la tranche de pain et napper de sauce au miel.

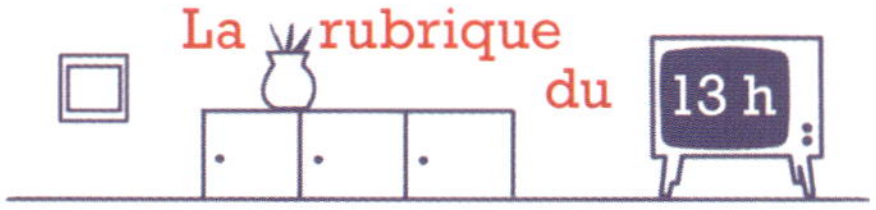

LES AIGLES DE CHÂTEAU-THIERRY

Picardie

Dans l'Aisne, la ville natale de Jean de La Fontaine accueille depuis quelques années un spectacle étonnant : à la belle saison, chaque jour, une trentaine d'espèces de rapaces animent le ciel picard, depuis l'esplanade du château médiéval. Le ballet des aigles, faucons, vautours, buses, chouettes, hiboux ou milans en vol libre émerveille petits et grands. Avant le spectacle, il est possible de visiter la fauconnerie ou le château : un habitat du Moyen Âge a été reconstitué dans la cour de cette forteresse qui domine les bords de la Marne.

Un record en

Corse

Plus de trois cents millions de disques vendus dans le monde entier font du chanteur et acteur corse Tino Rossi, né à Ajaccio, le chanteur français le plus populaire de tous les temps.

Faune & flore

Le lézard agile

Poitou-Charentes

Le département des Deux-Sèvres marque la limite ouest de la répartition de ce petit reptile, également connu sous le nom de « lézard des souches ». Pour le distinguer du lézard vert, bien plus fréquent, observez la couleur de la gorge de l'animal, qui, contrairement à celle du lézard vert, n'est jamais bleue.

Il était une fois en 1786

L'Océan

Bourgogne

C'est le 19 juin 1786 que les États de Bourgogne, organe administrateur du duché de Bourgogne, offrent la construction d'un des navires de guerre les plus connus de la marine française, un trois-ponts armé de cent dix-huit canons. Tout d'abord baptisé *États de Bourgogne*, puis *Côte d'Or*, *La Montagne* et *Le Peuple*, il sera finalement nommé *L'Océan*, en 1795, nom sous lequel il passera à la postérité. Sans doute le chef-d'œuvre de son créateur Jacques-Noël Sané, le plus grand architecte naval de son temps, *L'Océan* s'illustra notamment dans la guerre contre les Anglais.

jeudi 20 juin

lever : 5 h 46
coucher : 21 h 57

St Silvière

Faune & flore

Le Grand Ried

Alsace

Dérivé de l'alémanique *rieth* (« jonc »), un ried (prononcez « ride ») désigne une ancienne zone d'expansion du Rhin. Après la canalisation du fleuve, certains espaces sont restés humides, donnant naissance à des formations végétales tout à fait remarquables, comme la magnifique forêt tunnel de Rhinau.

Savoirs d'antan

Pour bien conserver vos bouteilles de vin, il faut tout d'abord les mettre à l'abri de la lumière. La température idéale doit être de 11 °C ou un peu plus, et il faut éviter à tout prix les variations de température. Ensuite, sachez qu'il est préférable de stocker vos bouteilles à l'horizontale, pour éviter que le bouchon ne se dessèche.

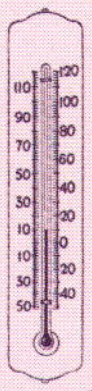

La rubrique du 13 h

LE PETIT TRIANON

Île-de-France

Au Petit Trianon flotte encore le souvenir de Marie-Antoinette. C'est en 1774 que Louis XVI, à Versailles, offre ce domaine du parc du château à sa jeune épouse. Elle en fait aussitôt son lieu favori, un endroit intime, où elle peut se retirer loin des fastes et des bruits de la cour, pour vivre comme à la campagne. Entièrement restauré en 2008, le petit château présente quatre façades différentes, inspirées de l'architecture de la Grèce antique ; il est entouré de jardins de styles variés, dont le jardin à l'anglaise voulu par la reine.

À table !

Omelette normande

Haute-Normandie

Pour 4 personnes

Décortiquer et réserver, dans deux assiettes différentes, 16 petites langoustines cuites et 1 l de moules de Barfleur cuites. Faire revenir 4 oignons blancs émincés. Battre 8 œufs avec les oignons, du persil haché et 10 cl de crème fraîche. Cuire l'omelette. Disposer dessus les langoustines, plier en 2. Laisser refroidir sur un plat. Mélanger 200 g de crème liquide, 1 c. à café de calvados et un bouquet de ciboulette hachée. Présenter l'omelette avec les moules, nappée de sauce.

Il était une fois en 1786

Naissance de Marceline Desbordes-Valmore

Nord-Pas-de-Calais

La poétesse Marceline Desbordes-Valmore a exprimé, dans des vers mélancoliques, ses tristesses et ses douleurs, dont la perte de quatre enfants. Née le 20 juin 1786 à Douai, elle abandonne rapidement une première carrière de comédienne pour se consacrer à l'écriture, devenant un des poètes de l'aube du romantisme. Son premier recueil, *Élégies et romances*, publié en 1819, lui ouvre les pages des journaux, et les suivants susciteront l'admiration d'auteurs tels qu'Honoré de Balzac et Paul Verlaine, qui salueront ce personnage romantique et autodidacte, à la sensibilité singulière.

vendredi 21 juin

lever : 5 h 47
coucher : 21 h 57

Été – Fête de la Musique

À table !

Gâteau aux fraises du Périgord

Midi-Pyrénées

Pour 8 personnes

Laver 500 g de fraises. En faire chauffer 250 g, 5 min, dans une casserole, avec un peu d'eau et 2 c. à soupe de sucre. Mélanger 7 œufs et 180 g de sucre. Ajouter 190 g de poudre d'amandes, puis 130 g de farine et ½ sachet de levure. Incorporer 200 g de beurre fondu. Verser la pâte et les fraises restantes, coupées en 2, dans un moule beurré. Cuire 15 min à 180 °C. Dans le sirop, ajouter 16 cl de lait et mixer. Démouler le gâteau, une fois froid, et servir avec le coulis.

Devinette

Quelle petite graine fait la réputation du village de Flavigny-sur-Ozerain ?

L'anis vert. Celle-ci se niche au cœur d'une petite dragée appelée « Anis de Flavigny ». Ce sont des moines qui confectionnèrent ces premiers bonbons au VIIIe siècle. Une fabrique perpétue aujourd'hui encore cette tradition au sein de l'abbaye.

La rubrique du 13 h

LE MONT DES ALOUETTES

Pays de la Loire

Le mont des Alouettes est un sommet qui culmine à deux cent trente-deux mètres, à proximité du Puy-du-Fou, offrant un panorama unique sur la région des Herbiers et sur le Bocage vendéen. Cette colline a marqué l'histoire de la région, notamment pendant la Révolution : plusieurs moulins y étaient implantés, et on utilisait leurs ailes pour signaler la position des ennemis aux collines alentour. Aujourd'hui, un seul de ces moulins à vent est encore en activité, et, pour commémorer le souvenir des guerres de Vendée, une chapelle a été érigée à proximité au XIXe siècle.

Faune & flore

L'étrille

Bretagne

Quand la mer se retire, elle laisse sur l'estran toutes sortes de délicieux crustacés, dont ce petit crabe mesurant à peine huit centimètres de largeur. Facilement identifiable grâce à la couleur rouge de ses yeux, l'étrille fait un mets savoureux, qu'elle soit cuisinée nature ou en bisque.

Il était une fois en 2011

Trentième édition de la fête de la Musique

France

Profitant du cadre de l'Année des outre-mer français, la trentième édition de la fête de la Musique fait résonner les musiques en vogue sur les trois océans, ce 21 juin 2011. C'est un véritable hommage aux célèbres zouk et biguine, ainsi qu'au gwoka, plus méconnu, né du chant des esclaves sur des rythmes africains, qui est rendu ce soir-là. De nombreux artistes ont fait le voyage vers la métropole, afin de partager leurs musiques. Parmi eux, le flûtiste, percussionniste et chanteur martiniquais Dédé Saint-Prix a joué une création pour percussions, reprise simultanément par des milliers de musiciens à travers la France.

samedi 22 juin
St Alban

dimanche 23 juin
Ste Audrey

Suivez le guide !
guadeloupe

Bénies soient les Saintes !

Un week-end les pieds dans l'eau des Caraïbes, sur une île paradisiaque, sous le soleil des Antilles, ça vous dit ?

L'archipel est composé de sept petites îles et de deux plus grandes, habitées : Terre-de-Haut, la plus vaste, et Terre-de-Bas. Le relief, très accidenté, de ces dernières trouve son point culminant au morne du Chameau et au morne Mire, sur lequel est juché le fort Napoléon. Si la forteresse a été bâtie à la demande de l'empereur, elle ne l'a cependant jamais vu venir et a longtemps servi de pénitencier. Aujourd'hui classée monument historique et reconvertie en musée des Arts et des Traditions populaires saintoises, elle est entourée d'un jardin botanique, où cohabitent en paix cactées, plantes endémiques et placides iguanes.

Depuis le chemin de ronde du fort, la vue sur les plages de Grande Anse – qui ont fait la renommée des Saintes –, considérée comme l'une des plus belles baies du monde, est imprenable. Les toits rouges des maisons typiques ponctuent la végétation luxuriante jusqu'à la mer des Caraïbes où se perd le regard. Sous les palmiers, les longues étendues de sable blanc n'attendent que vous... En rejoignant la plage de Petite Anse, vous croiserez peut-être l'un des derniers maîtres du salako, le chapeau traditionnel saintois, que portent encore quelques pêcheurs embarqués sur les saintoises, les barques guadeloupéennes traditionnelles.

Une fois la tête pleine d'images, il est temps de se sustenter : laissez-vous tenter par la spécialité des Saintes, le tourment d'amour, dont le seul nom est une promesse, ou par un plat traditionnel, typique et familial, agrémenté d'un verre de *ronm* blanc, *vyé* ou *pay* (« rhum blanc », « vieux » ou « ambré »), en cocktail ou arrangé !

lundi 24 juin

lever : 5 h 47
coucher : 21 h 58

St Jean-Baptiste

À table !

Filet de veau aux groseilles et à la crème

Rhône-Alpes

Pour 8 personnes

Fariner et assaisonner 1 kg de filet de veau coupé en fines lamelles. Dans une poêle, faire revenir 1 oignon émincé, puis faire sauter la viande. Verser 30 cl de vin blanc sec et 3 c. à soupe de crème de cassis. Faire bouillir 1 min. Ajouter 250 g de crème fraîche et 200 g de groseilles équeutées. Réchauffer l'ensemble. Servir avec des haricots verts ou des pommes de terre nouvelles.

La rubrique du 13 h

LE MUSÉE PICASSIETTE

Centre

Dans le quartier des Hauts-de-Chartres, le musée Picassiette n'en finit pas d'émerveiller les visiteurs qui pénètrent pour la première fois dans cette maison entièrement décorée de mosaïques de verre et de porcelaine. Elle doit son nom à son créateur, Raymond Isidore, qu'on surnommait « Picassiette » parce qu'il récupérait des débris de vaisselle dès qu'il le pouvait. Il a mis trente ans à décorer sa maison, des sols aux plafonds : rien n'y a échappé, pas même le mobilier. Parfait exemple de l'art naïf, l'ancienne maison de Raymond Isidore est désormais un musée.

Faune & flore

Le riz de Camargue

Provence-Alpes-Côte d'Azur

Importée dans le pays vers la fin du XIIIe siècle, cette céréale asiatique est une culture traditionnelle et exclusive à la région. Offrant des conditions climatiques idéales (peu d'écarts de température et beaucoup de luminosité), la Camargue est devenue la référence française en matière de riziculture.

Savoirs d'antan

Pour entretenir les bijoux en corail – un matériau organique –, il faut absolument éviter les produits chimiques et corrosifs. Même la transpiration peut les détériorer petit à petit. Préférez donc un tissu de coton sec ou très légèrement humidifié, avec lequel vous frotterez votre bijou.

Il était une fois en 1840

Naissance d'Émile Duclaux

Auvergne

Né le 24 juin 1840, dans une famille bourgeoise d'Aurillac – dans le Cantal –, Émile Duclaux est un homme de sciences éminent. Brillant étudiant, normalien et agrégé de physique, il reste attaché durant la plus grande partie de sa carrière au travail de Louis Pasteur, dont il sera le collaborateur, avant de lui succéder à la direction de l'Institut Pasteur, en 1895. Vice-président de la Ligue des droits de l'homme et du citoyen, qu'il contribue à créer, Émile Duclaux sera également un fervent défenseur du capitaine Dreyfus en 1898.

mardi 25 juin

lever : 5 h 48
coucher : 21 h 58

St Prosper

Faune & flore

La lamproie

Aquitaine

Qu'elle soit marine ou de rivière, la lamproie, dont le corps rappelle celui d'une anguille, fait régulièrement l'objet de célébrations dans la région. Elle est également l'ingrédient rare d'une spécialité culinaire de la Gironde considérée comme un plat de luxe, la lamproie à la bordelaise.

Un record en

Pays de la Loire

Nicolas Mahut, tennisman natif d'Angers, détient, avec son adversaire John Isner, le record du plus long match de tennis professionnel jamais joué. En 2010, à Wimbledon, il s'est incliné face à l'Américain après plus de onze heures de jeu, en perdant le dernier set soixante-huit à soixante-dix.

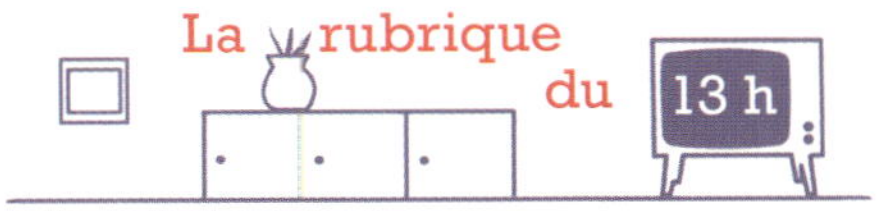

LE CRYPTOPORTIQUE DE REIMS

Champagne-Ardenne

Il ne reste aujourd'hui qu'une seule galerie de ce monument gallo-romain classé, qui en comportait trois à l'origine. Datant du IIIᵉ siècle, le cryptoportique est une galerie semi-souterraine, située autrefois sous le forum – lieu de rassemblement incontournable de toute ville romaine. D'une longueur d'environ soixante mètres, le cryptoportique est divisé en deux parties, séparées par une rangée de piliers carrés, sur lesquels reposent les voûtes. Ouvert au public de juin à septembre, il accueille des expositions temporaires.

À table !

Gâteau aux fruits et au Pontarlier-Anis

Franche-Comté

Pour 6 personnes

Battre 50 g de fromage frais, 130 g de beurre et 180 g de sucre. Ajouter 3 œufs, 1 à 1. Bien mélanger. Incorporer, en une seule fois, 180 g de farine et 1 sachet de levure. Verser 10 cl de Pontarlier-Anis. Remuer. Incorporer les fruits farinés d'une petite boîte de fruits au sirop. Enfourner 40 min à 180 °C. Saupoudrer de sucre glace avant de servir.

Il était une fois en 1917

Prise de la caverne du Dragon

Picardie

Cette ancienne carrière souterraine du Chemin des Dames, dans l'Aisne, fut pendant la Première Guerre mondiale un véritable enjeu militaire. Investie par les Allemands – dès les premiers mois de l'année 1915 –, qui lui donnent le nom de « caverne du Dragon », elle est aménagée comme une caserne militaire. Après l'échec de l'offensive de Nivelle, une nouvelle attaque contre les Allemands est organisée le 25 juin 1917, et, cette fois, c'est une réussite. Les soldats allemands sont repoussés au fond de la grotte, pris au piège, et une cohabitation entre les deux camps ennemis s'installe pendant plusieurs mois. La caverne du Dragon redevient française le 12 octobre 1918.

mercredi 26 juin

lever : 5 h 48
coucher : 21 h 58

St Anthelme

À table !

Sauce au safran Signé Poitou-Charentes

Poitou-Charentes

Pour 4 personnes
Laisser infuser 15 stigmates de safran dans 2 c. à soupe de crème fraîche pendant 3 h. Dans un poêlon épais, mettre 2 jaunes d'œufs, 1 c. à soupe d'eau, le jus de ½ citron, du sel et du poivre. Faire chauffer à feu doux, en fouettant. Lorsque le mélange épaissit, incorporer, hors du feu, 100 g de beurre mou. Ajouter le jus de ½ citron et la crème safranée. Mélanger délicatement. Réchauffer quelques minutes et servir avec des asperges.

La rubrique du 13 h

LE CHÂTEAU DE MONTAIGUT-LE-BLANC

Limousin

Sur les hauteurs de ce petit village de la Creuse, une forteresse austère s'élève. Construit au XIe siècle, sur une motte castrale culminant à cinq cent cinq mètres, le château occupait autrefois une position stratégique, contrôlant ainsi la vallée de la Gartempe. Aujourd'hui, il est en partie ruiné, mais ses imposantes murailles dominent toujours les collines boisées et les prairies alentour. Au pied de ce manoir féodal, dont l'accès est protégé par une douve sèche, perdu parmi les hêtres, on se retrouve projeté dans un autre temps.

Faune & flore

Le pistachier lentisque

Corse

Arbrisseau pouvant tout de même atteindre trois mètres de hauteur, celui que l'on nomme également « l'arbre à mastic » pousse à foison sur le pourtour méditerranéen. Les fleurs qu'il produit d'avril à juin donnent par la suite des petites drupes.

Devinette

Quel fruit appelle-t-on « le fruit d'or lorrain » ?

La mirabelle. Elle est le fruit emblématique de la Lorraine, qui produit environ 80 % de la récolte nationale et 70 % de la récolte mondiale, avec dix à quinze mille tonnes par an. Elle se cueille entre la mi-août et la mi-septembre.

Il était une fois en 1875

Inondations historiques à Toulouse

Midi-Pyrénées

« Que d'eau, que d'eau ! », s'écria le général Mac-Mahon à son arrivée à Toulouse, le 26 juin 1875, devant l'étendue du désastre causé par la crue de la Garonne. Depuis la fin du mois précédent, la Ville rose subit en effet une pluie incessante et, le 23 juin, les eaux de la Garonne atteignent un niveau encore inédit, près de dix mètres ! Usines, chantiers et habitations sont submergés. Les ponts Saint-Pierre, Saint-Michel et d'Empalot n'y résisteront pas non plus. Cette crue exceptionnelle reste la plus importante de l'histoire de la ville, laissant derrière elle plus de deux cents morts et un millier de maisons détruites.

jeudi 27 juin

St Fernand

À la vôtre !

Champagne-Ardenne

Pour tous les œnotouristes, il existe cinq circuits différents à la découverte du vignoble champenois. La route la plus complète, la Côte des Bars, se situe dans l'Aube et arpente quarante-deux communes sur deux cent vingt kilomètres, à la découverte de champagnes ronds et complexes, qui ont jadis été dégustés par le peintre Renoir !

Faune & flore

Le pic tridactyle

Rhône-Alpes

Oiseau sédentaire des forêts d'altitude, le pic tridactyle est une espèce particulièrement vulnérable, quelques dizaines de couples seulement ayant été récemment recensées en France. D'ailleurs, il n'est présent que dans la région Rhône-Alpes, où il vit généralement en solitaire.

La rubrique du 13 h

LES JARDINS DU MONTMARIN

Bretagne

Le Montmarin est un domaine situé au bord de la Rance, dans une baie abritée, à Pleurtuit, en Ille-et-Vilaine. La malouinière – c'est le nom donné à ces villégiatures construites par de riches armateurs de Saint-Malo – date de 1760. De style Louis XV, elle est entourée de six hectares de jardins, qui ont été sans cesse enrichis au fil des générations. Le jardin, désormais classé monument historique, possède une collection botanique exceptionnelle, de nombreuses plantes rares et des arbres vénérables, sans oublier son emblème, l'agapanthe et ses ombelles bleues et blanches.

À table !

Œufs brouillés Argenteuil

Île-de-France

Pour 4 personnes

Éplucher et laver 1 botte d'asperges. Les cuire 10 min dans de l'eau salée. Les égoutter et couper les pointes. Faire revenir ces pointes à la poêle avec 20 g de beurre. Dans un saladier, mélanger sans les battre 12 œufs. Assaisonner et verser dans une seconde poêle. Faire chauffer à feu doux en remuant sans cesse. En fin de cuisson, ajouter les pointes d'asperges délicatement. Servir avec une salade.

Il était une fois en 2000

Mort de Pierre Eugène Pflimlin

Alsace

Maire de Strasbourg de 1959 à 1983, Pierre Pflimlin reste une personnalité majeure de la Quatrième République. Figure de la démocratie chrétienne, de la construction européenne et de la réconciliation franco-allemande, il se rallie au Mouvement républicain populaire (MRP) en 1945 et entame dès 1946 une belle carrière ministérielle, qui se prolonge tout au long de la Quatrième République. Il se retire de la vie politique à la fin de sa présidence du Parlement européen, en 1987, et s'éteint le 27 juin 2000, à Strasbourg, la ville chère à son cœur.

vendredi 28 juin

lever : 5 h 49
coucher : 21 h 58

St Irénée

À table !

Tartouillat

Bourgogne

Pour 6 personnes
Dans un saladier, mélanger 250 g de farine, 80 g de sucre en poudre, 2 sachets de sucre vanillé et 1 pincée de sel. Casser 4 œufs au centre et incorporer progressivement avec 75 cl de lait tiède. Ajouter 80 g de beurre fondu. Laver et équeuter 1 kg de cerises noires. Beurrer un moule, répartir les cerises sur le fond et verser la pâte. Cuire 25 min à 210 °C. Servir tiède.

La rubrique du 13 h

L'ANCIENNE FONDERIE DE CANONS DE DOUAI

Nord-Pas-de-Calais

En 1667, la ville de Douai, jusque-là rattachée à la Flandre, est conquise par Louis XIV, qui décide d'en faire une place militaire. En plus des casernes, de la première école d'officiers d'artillerie et de l'arsenal, le Roi-Soleil crée une fonderie de canons, qui restera en activité jusqu'en 1867, après en avoir fondu plus de dix-huit mille ! Aujourd'hui, les ruines de la fonderie ont été réhabilitées en un jardin et une résidence. Le mur circulaire et le portail ont été refaits sur le modèle des originaux, et un canon coulé en 1744, « La Furibonde », rappelle l'histoire du lieu.

Faune & flore

Le palmier de Chine

Île-de-France

Inutile d'habiter dans le Midi pour avoir un palmier dans son jardin ! Un coin de terre bien abrité et exposé plein sud devrait largement suffire à ce palmier très rustique, capable de résister à des températures négatives. Veillez juste à ce que le sol, de préférence sableux, soit bien drainé.

Savoirs d'antan

Vous avez préparé un magnifique plateau de fromages et vous aimeriez que vos convives en profitent le mieux possible. Pour que les arômes et les saveurs se développent, il faut les amener à température ambiante, en veillant à les sortir du réfrigérateur une demi-heure avant de les servir.

Il était une fois en 2003

Grande Armada de Rouen

Haute-Normandie

Sous l'impulsion du maire de l'époque, Jean Lecanuet, et de son adjoint Patrick Herr, un grand rassemblement de bateaux a vu le jour à Rouen en 1989, sous le nom des « Voiles de la liberté ». Devant le succès de cette manifestation destinée à la commémoration du bicentenaire de la Révolution française par une course transatlantique entre Rouen et New York, la ville décide d'en faire un rendez-vous régulier, en invitant à Rouen, tous les quatre ou cinq ans, les plus prestigieux bateaux du monde entier. L'édition de 2003 débute le 28 juin, pour une dizaine de jours, accueillant près de neuf millions de visiteurs et de nombreuses festivités. L'imposant trois-mâts indonésien *Dewaruci* et ses marins resteront dans les mémoires pour cette quatrième édition – particulièrement suivie par la presse nationale et internationale.

Suivez le guide !
Champagne-Ardenne

Troyes la magnifique

Capitale historique de la Champagne, la patrie de Chrétien de Troyes est aujourd'hui une ville d'art et d'histoire.

Célèbre au Moyen Âge pour ses foires de Champagne, Troyes est intimement liée au roi des vins, comme si leur histoire commune était l'œuvre du destin. En effet, le centre historique médiéval de la ville est construit selon un plan en forme de bouchon de champagne ! Cette figure, à apprécier vue du ciel, est en réalité le fruit du hasard : elle est dessinée par les méandres de la Seine et les remparts de la ville. Depuis une quarantaine d'années, des travaux ont permis de restaurer le riche héritage architectural de la ville. C'est un vrai plaisir pour les yeux que d'admirer les tons pastel des maisons à pans de bois et les hôtels particuliers de la Renaissance dans le quartier Saint-Nizier. Certaines habitations, au fil des siècles, ont pris de petits airs penchés. C'est le cas des deux bâtiments qui bordent la rue des Chats, une ruelle pavée à l'ancienne avec sa rigole centrale. Elle est nommée ainsi, car les toits se touchent, permettant à un éventuel matou de passer d'un grenier à l'autre.

Enfin, Troyes peut s'enorgueillir d'avoir un beau patrimoine religieux, puisque le centre de la ville abrite dix églises aux vitraux exceptionnels – Troyes est surnommée « la ville sainte du vitrail ». Les édifices les plus emblématiques sont sûrement la basilique Saint-Urbain, chef-d'œuvre de l'art gothique, et l'église Sainte-Madeleine : son jubé du XVIe siècle, l'un des plus beaux de France, est une extraordinaire dentelle de pierre sculptée.

Troyes, ancienne capitale de la bonneterie, possède aussi un important passé textile. Comme un clin d'œil à ce patrimoine artisanal, la ville s'illustre aujourd'hui grâce à la plus forte concentration de magasins d'usine en Europe.

lundi 1er juillet

lever : 5 h 51
coucher : 21 h 57

St Thierry

À table !

La confiture de groseilles de Bar-le-Duc

Lorraine

La plus ancienne mention de cette confiture date de 1344 et apparaît dans les comptes du cellérier du château. Depuis, la fabrication n'a subi aucune modification. Les groseilles blanches ou rouges sont épépinées à la main, à l'aide d'une plume d'oie. Produit de luxe au début du XVIe siècle, elle côtoyait les plus grands mets sur les tables du roi et des nobles. Aujourd'hui, deux maîtres confituriers perpétuent la tradition.

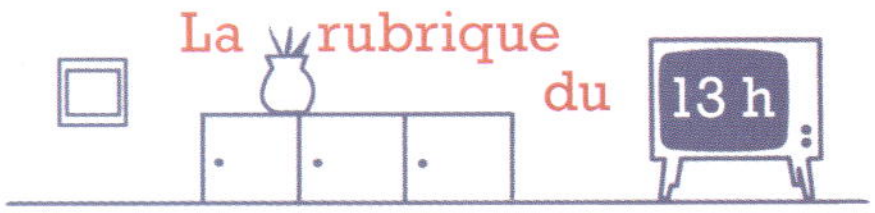

LES GORGES DU TARN

Languedoc-Roussillon

Pendant des millénaires, patiemment, la rivière a façonné ce canyon d'une cinquantaine de kilomètres. À explorer en barque ou en canoë, à pied ou à vélo, les plus longues gorges d'Europe sont un émerveillement de chaque instant. Creusées au milieu des Grands Causses de Lozère – causse Méjean, causse Noir et causse de Sauveterre –, les gorges du Tarn sont très profondes : les parois qui les enserrent peuvent atteindre jusqu'à cinq cents mètres de hauteur. En plus de paysages à couper le souffle, on y trouve une faune exceptionnelle.

Devinette

En Charente-Maritime, quelle est la plus petite des quatre îles ?

L'île Madame (huit cents mètres de long et quatre cents mètres de large). C'est aussi l'île la plus proche du continent. Elle n'est accessible qu'à marée basse, par une voie de sable et de galets.

Faune & flore

L'euphorbe péplis

Pays de la Loire

Également connue sous le nom d'« euphorbe faux-pourpier », cette toute petite plante pousse sur les dunes, généralement parmi une végétation plutôt éparse. Du fait de sa forte régression liée au développement touristique des côtes, elle n'est aujourd'hui présente que sur les plages des Olonnes.

Il était une fois en 1964

Concert d'Ella Fitzgerald à Antibes-Juan-les-Pins

Provence-Alpes-Côte d'Azur

L'Américaine Ella Fitzgerald est sans aucun doute l'une des plus grandes voix du XXe siècle. Cette chanteuse de jazz est connue pour la pureté de sa voix et sa capacité à improviser en scat sur certains morceaux, lors de ses concerts. Une de ses improvisations les plus célèbres eut lieu à Antibes-Juan-les-Pins pendant l'été 1964, à l'occasion du Festival de jazz. Ce 1er juillet, alors qu'elle se produit dans la pinède Gould, elle se lance dans un chant rendant hommage aux cigales alentour. C'est *The Cricket Song*, « la chanson des cigales ».

mardi 2 juillet

lever : 5 h 51
coucher : 21 h 57

St Martinien

Faune & flore

Le globicéphale noir

Picardie

Créature imposante pesant parfois près de quatre tonnes, le globicéphale noir est d'un naturel peu méfiant à l'égard des navires. Il n'est donc pas rare de le voir jouer dans la vague des étraves, souvent en compagnie de plusieurs de ses congénères.

À la vôtre !

Bretagne

Avant que ses vignes ne soient peu à peu remplacées par des pommiers à cause du rafraîchissement climatique, la Bretagne fut une terre viticole. Dès le IIIe siècle, les Romains produisaient un petit vin dans la vallée de la Rance ou le golfe du Morbihan. À la fin du XVIIIe siècle, on y comptait encore sept cent cinquante hectares de vignes.

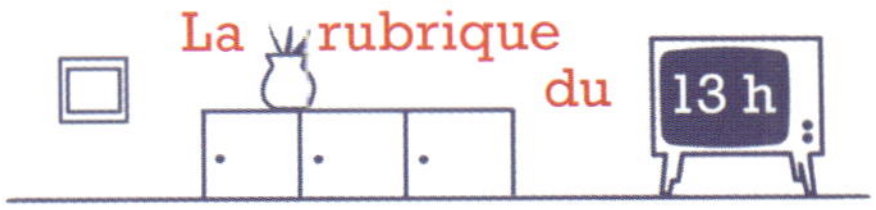

LE LAC D'EN-HAUT

Auvergne

On peut admirer le lac d'En-Haut dans le petit village de La Godivelle, dans le Puy-de-Dôme. Situé dans le massif du Cézalier, il appartient au parc naturel régional des Volcans d'Auvergne. D'une superficie de quinze hectares, il est formé dans un cratère et alimente le village en eau. On peut apercevoir aux alentours de nombreuses espèces de végétaux, comme la célèbre gentiane auvergnate, mais aussi des plantes plus rares, dont certaines sont carnivores. Au lac d'En-Haut s'oppose le lac d'En-Bas, qui forme une tourbière protégée.

À table !

Filet de porc du Limousin aux légumes d'été

Limousin

Pour 4 personnes

Découper en dés 2 tomates et 2 petites courgettes, émincer 1 oignon et hacher 1 gousse d'ail. Assaisonner et mélanger avec 2 c. à soupe d'huile d'olive. Verser dans un plat à four. Poser 1 filet mignon sur les légumes. Verser un peu d'huile d'olive. Assaisonner et enfourner à 180 °C, 45 min. En cours de cuisson, retourner le filet mignon et mélanger les légumes.

Il était une fois en 1903

Premier Tour de France cycliste

Île-de-France

Les organisateurs du premier Tour de France cycliste ne s'y sont pas trompés en annonçant « la plus grande épreuve cycliste jamais organisée ». Henri Desgrange, ancien coureur cycliste et directeur du journal *L'Auto*, pense relancer les ventes de son journal en créant ce grand événement sportif inédit en juillet 1903. À peine sortis de la région parisienne, les soixante concurrents doivent affronter six étapes, avec des distances pouvant atteindre quatre cent soixante-dix kilomètres – pour l'une d'entre elles. Maurice Garin sera le vainqueur de ce premier Tour de France, après avoir gagné trois étapes sur les six et conservé la tête du classement pendant toute la course.

mercredi 3 juillet

lever : 5 h 52
coucher : 21 h 56

St Thomas

À table !

Quiche au valen,ay

Centre

Pour 6 personnes

Étaler une pâte brisée sur un plat à tarte. Piquer le fond et cuire à blanc. Mélanger 3 œufs, 100 g de crème fraîche et 20 cl de lait. Assaisonner avec un peu de muscade. Verser sur la pâte. Disposer 2 tomates coupées en rondelles et un valençay coupé en fines lamelles. Enfourner 45 min à 170 °C. Juste avant de servir, parsemer de basilic ciselé. Présenter la quiche chaude avec une salade verte.

La rubrique du 13 h

LE CHÂTEAU DES RAVALET

Basse-Normandie

Bien qu'appartenant à la Ville de Cherbourg, ce château est situé sur une commune limitrophe, Tourlaville. Il doit d'ailleurs son nom à un seigneur de Tourlaville, Jean II de Ravalet, qui acheta un domaine royal, vendu par François Ier, pour bâtir un château Renaissance en lieu et place d'un manoir médiéval en ruine. Le château est surtout connu pour avoir abrité les amours incestueuses de Julien et Marguerite de Ravalet – ce qui leur valut la mort en 1603. C'est grâce à la famille de Tocqueville que le château retrouve sa gloire au XIXe siècle, avec notamment la création d'un parc magnifique.

Faune & flore

Le vautour percnoptère

Midi-Pyrénées

Ce petit vautour facilement reconnaissable à son plumage blanc et noir et à la couleur jaune vif de son bec possède des goûts bien étranges en matière de nourriture : tiques, qu'il trouve généralement sur les vaches, excréments et viscères d'animaux morts font ainsi partie de ses mets préférés.

Un record en

Languedoc-Roussillon

C'est à Nîmes, dans le Gard, que l'on peut voir et visiter les vestiges romains les mieux conservés d'Europe. La Maison carrée, qui était à l'origine un temple, et les arènes ont notamment valu à la ville le surnom de « Rome française ».

Il était une fois en 1686

Pierre de Troyes, bataille de la baie d'Hudson

Champagne-Ardenne

Né en Champagne vers 1645, d'un tempérament aventurier, Pierre de Troyes était le capitaine d'une compagnie de la Marine pour la Nouvelle-France, aujourd'hui le Canada. Il est connu pour son rôle dans la bataille de la baie d'Hudson, où il repoussa les colons anglais. C'est le 3 juillet 1686 que ses troupes prirent d'assaut le fort Charles, appelé par les Anglais « le fort Rupert ». Après avoir été le commandant du fort Niagara, près des chutes, il mourut du scorbut en 1688.

jeudi 4 juillet

lever : 5 h 53
coucher : 21 h 56

St Florent

Faune & flore

Le grand rhinolophe

Haute-Normandie

Parmi les dix-sept espèces de chauve-souris présentes dans la région, le grand rhinolophe fait partie des plus menacées. C'est un vrai problème, car ce petit animal joue un véritable rôle écologique, notamment en régulant les populations d'insectes.

À la vôtre !

Limousin

La distillerie des Terres Rouges, à Turenne (Corrèze), produit la Gentiane Salers, liqueur élaborée à partir des racines de la gentiane d'Auvergne, d'où elle tire son nom. Créée par Alfred Labounoux en 1885, elle remporta un succès immédiat dans tout le pays et fut un des tout premiers sponsors du Tour de France !

La rubrique du 13 h

LES GROTTES DE RÉGULUS

Poitou-Charentes

Taillées par la mer dans la falaise de calcaire, ces grottes surplombent l'estuaire de la Gironde. Elles doivent leur nom à un navire de la flotte napoléonienne qui se saborda au pied des falaises. Creusées il y a des millions d'années, elles ont été rapidement investies par les hommes, servant de refuge en temps de guerre ou de cachette pour les contrebandiers, et même de cafés ! Les grottes appartiennent aujourd'hui à la commune de Meschers-sur-Gironde, située à une douzaine de kilomètres de Royan ; elles ont été ouvertes au public en 1986.

À table !

Huîtres de Diana farcies

Corse

Pour 6 personnes
Hacher 1 échalote, quelques brins de persil plat et de coriandre fraîche. Mélanger avec 100 g de beurre. Ouvrir 24 huîtres n° 3 et conserver leur eau. Détacher les huîtres de leur coquille et réserver. Faire bouillir l'eau des huîtres et y faire cuire la chair 5 s. Mettre 1 huître par coquille et couvrir avec 1 c. à café de beurre. Saupoudrer de chapelure. Passer quelques minutes sous le gril. Servir tiède.

Il était une fois en 1909

Premier zeppelin en France

Lorraine

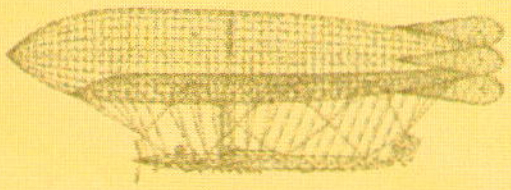

La base « Lieutenant-colonel Dagnaux » – en souvenir de Jean Dagnaux, as unijambiste de l'aviation française – était située au sud de Metz, sur les communes d'Augny et de Marly. Également appelée « base aérienne 128 Metz-Frescaty », elle était destinée, pendant l'annexion allemande, aux dirigeables de l'armée. En 1909, un hangar de la hauteur d'une nef de cathédrale est construit pour accueillir les zeppelins de l'Empire allemand. C'est le 4 juillet 1909 que le LZ3, le premier à atterrir sur le sol français, se pose sur la base. Le site servira de centre de formation pour les futurs pilotes de l'armée allemande jusqu'en 1914.

vendredi 5 juillet

lever : 5 h 54
coucher : 21 h 56

St Antoine-Marie

À table !

Marinade d'ossau-iraty

Aquitaine

Retirer la croûte de 400 g d'ossau-iraty. Le couper en dés. Disposer ces morceaux dans un bocal. Ajouter quelques petits oignons nouveaux. Saupoudrer d'herbes de Provence et ajouter 2 feuilles de laurier. Recouvrir d'huile d'olive. Fermer le bocal. Laisser mariner quelques jours. Servir à l'apéritif ou en accompagnement d'une salade composée, avec des tartines grillées.

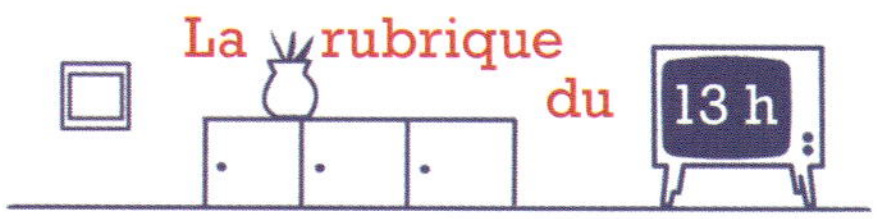

BIBRACTE

Bourgogne

C'est dans la Nièvre, au cœur de la Bourgogne, qu'a été mise au jour Bibracte, l'ancienne capitale des Éduens, un peuple gaulois. Les vestiges d'un oppidum ont été découverts au sommet du mont Beuvray, dans le Morvan, permettant de marcher dans les pas de Vercingétorix et de Jules César et de reconstituer l'histoire de cet important centre politique, économique et religieux du Iᵉʳ siècle avant Jésus-Christ. Aujourd'hui, outre le parc archéologique de deux cents hectares, le site accueille le musée de la Civilisation celtique, ainsi qu'un restaurant de gastronomie gauloise.

Faune & flore

Les terrils

Nord-Pas-de-Calais

Les paysages du Nord sont marqués par ces collines principalement composées de schistes, laissées là en témoignage du passé minier de la région. S'ils ont pendant longtemps fait « tache », ces monticules sont des écosystèmes uniques, qui abritent une flore et une faune riches et extrêmement diverses.

Un record en *Champagne-Ardenne*

Saint-Rémy-en-Bouzemont-Saint-Genest-et-Isson, avec ses quarante-cinq caractères, est la ville de France qui a le nom le plus long. L'origine de ce toponyme à rallonge est la réunion de trois communes, dont les noms ont été accolés.

Il était une fois en 1930

Besançon

Franche-Comté

Prévu pour devenir en 2013 le cadre de la Cité des arts et de la culture, l'ancien port fluvial de Besançon voit sa construction commencer au début du XXᵉ siècle. Le 5 juillet 1930, la Société d'études du port de Besançon est créée. Elle propose, pour cette réalisation, l'acquisition d'un terrain militaire, au pied de la citadelle de Vauban : c'est lui qui deviendra la base des fondations de la Cité des arts et de la culture. Le port sur le Doubs, utilisé auparavant par la marine marchande, est devenu aujourd'hui une halte pour le tourisme fluvial.

Cherbourg, cité de la mer

Faites une escale à Cherbourg, parcourez ses rues immortalisées par Jacques Demy au cinéma et revivez la Belle Époque, lorsque la ville recevait les plus grands paquebots du monde.

Port dans la ville, Cherbourg ne vit que pour la mer. Non contente de posséder la plus grande rade artificielle du monde, la cité est un port militaire, de pêche et de plaisance. Durant la grande épopée des transatlantiques, Cherbourg a vu des milliers de passagers venant du monde entier franchir les portes de sa gare maritime. Aujourd'hui, le bâtiment – le plus grand monument construit dans le style Art déco en France – est devenu la Cité de la Mer. Le parc scientifique fait revivre ce passé prestigieux et retrace la conquête des océans par l'homme : on peut y observer des centaines d'espèces marines et les premiers équipements de plongée, comme les sous-marins les plus sophistiqués. *Le Redoutable*, premier sous-marin nucléaire français, y est exposé : comptant un total de quatre-vingt-dix mille heures de plongée, il a parcouru l'équivalent de trente-deux fois le tour de la Terre. En 2012, la Cité de la Mer a inauguré une exposition permanente consacrée au *Titanic*, cent ans après son escale à Cherbourg.

« Un p'tit coin de parapluie »

Si le temps sait être clément dans le nord du Cotentin, dans les esprits, Cherbourg reste pour toujours associée aux parapluies. Il n'est pas certain que ceux vendus par Geneviève et sa mère dans le film de Jacques Demy soient aussi résistants que ceux du Véritable Cherbourg ! Le manufacturier, à l'origine un passionné de la comédie musicale, ouvre les portes de ses ateliers aux visiteurs : on y voit comment on fabrique les baleines de ces parapluies luxueux, capables de résister aux vents les plus violents.

lundi 8 juillet

lever : 5 h 56
coucher : 21 h 54

St Thibaut

À table !

Pain doux bigouden

Bretagne

Pour 8 personnes

Délayer 14 g de levure de boulanger dans ½ verre de lait. Dans une terrine, mélanger 400 g de farine, 120 g de sucre, 2 sachets de sucre vanillé et un peu de cannelle. Ajouter 3 jaunes d'œufs et 1 verre de rhum, puis 170 g de beurre, ½ verre de lait et 3 blancs d'œufs en neige. Saupoudrer la pâte de farine et couvrir. Laisser reposer 4 ou 5 h. Retravailler et façonner en 2 boules. Les mettre sur une plaque et passer un peu de lait dessus. Enfourner 10 min à 200 °C, puis 30 min à 150 °C.

Devinette

Quel animal, proche du mouton, est notamment originaire de Corse ?

Le mouflon. Ovin sauvage, ancêtre du mouton domestique, aux longues cornes recourbées et au pelage court et dense de couleur marron, il a été introduit dans d'autres milieux, comme les Pyrénées, les Alpes et le Massif central.

La rubrique du 13 h

LE PONT VALENTRÉ

Midi-Pyrénées

Le pont Valentré est un pont fortifié du XIVe siècle, qui enjambe le Lot. Comprenant trois tours carrées à trois étages, il était destiné à protéger la ville de Cahors contre les Anglais, mais il ne fut jamais attaqué : laissé intact depuis sa construction – il a néanmoins été restauré au XIXe siècle –, il symbolise l'architecture défensive médiévale de la région. On raconte que le diable aurait participé aux travaux en échange de l'âme du maître d'œuvre, mais celui-ci, rusé, prit au piège le Malin, qu'une sculpture représente désormais accroché à la tour centrale.

Faune & flore

La bréphine ligérienne

Centre

Découvert dans la région il y a une dizaine d'années, ce petit papillon de la famille des géomètres est une espèce tout à fait remarquable. Très éphémère, il s'établit généralement au bord d'un cours d'eau, à proximité de saules pourpres, car c'est là que la bréphine ligérienne pond ses œufs.

Il était une fois en 1942

Visite du maréchal Pétain

Limousin

Depuis le début de la Seconde Guerre mondiale, une aspiration à la libération parcourt la Corrèze et conduit toute une frange de la population à prendre le maquis. C'est en ces lieux que les engagements dans l'Armée secrète et auprès des Francs-tireurs et partisans ont été particulièrement symboliques et remarqués. Jusqu'en 1942, la Résistance se contentait de distribuer des tracts à la volée, mais la visite du maréchal Pétain, chef de l'État français, les 7 et 8 juillet 1942 à Tulle, Brive et Ussel mit le feu aux poudres, et les résistants passèrent à des actes de sabotage, à la mise en place de camps d'entraînements et à la désertion face au Service du travail obligatoire.

mardi 9 juillet

lever : 5 h 57
coucher : 21 h 53

Ste Amandine

Faune & flore

Le colibri à tête bleue

Martinique

Cette véritable force de la nature est capable d'atteindre soixante-dix kilomètres à l'heure, à raison de soixante battements d'ailes par seconde. Mais lorsque l'on dépense une telle énergie, mieux vaut bien se nourrir. Ainsi, le colibri avale chaque jour environ trois fois son poids en nourriture.

Savoirs d'antan

C'est l'été et les moustiques s'en donnent à cœur joie ! Pour les faire fuir, vous pouvez poser un pot de basilic sur votre table de nuit ou sur un autre meuble près de vous, des oranges piquées de clous de girofle, un bouquet de menthe ou bien un pot de géranium.

La rubrique du 13 h

PAYNS ET L'ORDRE DES TEMPLIERS

Champagne-Ardenne

Payns est un petit village situé à proximité de Troyes. Il est surtout connu grâce à Hugues de Payns, le fondateur de l'ordre des Templiers, ces moines soldats qui protégeaient les pèlerins et le tombeau du Christ à Jérusalem. L'ordre fut approuvé par Bernard de Clairvaux, à la cathédrale de Troyes, en 1129, et les chevaliers chrétiens partirent aux croisades en Terre sainte. Aujourd'hui, le village de Payns s'efforce de mettre en valeur ce passé : le musée Hugues de Payns a ouvert ses portes en 1997, exposant notamment les vestiges de la première commanderie de l'ordre.

À table !

Carrés de Salers

Auvergne

Pour environ 50 carrés

Mélanger 250 g de beurre demi-sel en dés avec 200 g de sucre, 2 sachets de sucre vanillé et 1 pincée de sel. Ajouter 1 œuf et, progressivement, 460 g de farine. Former 1 boule et laisser reposer 1 h. Étaler la pâte pour obtenir une épaisseur de 2 mm et découper des carrés de 8 cm. Déposer sur du papier sulfurisé et badigeonner avec 1 jaune d'œuf battu. Enfourner 12 min à 150 °C.

Il était une fois en 1950

Temple de Diane

Languedoc-Roussillon

Monument immortel, le temple de Diane à Nîmes est un chef-d'œuvre datant vraisemblablement du Ier siècle. Abritant un monastère au Moyen Âge, son cadre romantique inspira de nombreux peintres. En 1745, on y aurait découvert, lors de fouilles, un sol antique composé de plaques de marbre superbement colorées. C'est au XXe siècle qu'il gagne une renommée nationale grâce à un article du romancier René Barjavel, daté du 9 juillet 1950, qui écrit, à propos de la pièce de Jean-Paul Sartre jouée dans le sanctuaire : « Au festival de Nîmes, les *Mouches* se posent sur le temple de Diane. »

mercredi 10 juillet

lever : 5 h 58
coucher : 21 h 53

St Ulrich

À table !

Papeton d'aubergines

Provence-Alpes-Côte d'Azur

Pour 4 personnes
Peler et couper en dés 4 aubergines. Mettre à dégorger. Faire dorer les dés dans une cocotte avec 4 c. à soupe d'huile d'olive. Ajouter 2 gousses d'ail, 2 échalotes hachées, du thym et du laurier. Mixer les aubergines. Incorporer 4 œufs battus et 4 c. à soupe de crème fraîche. Verser dans un moule beurré et cuire à 165 °C, au bain-marie, 30 min. Servir avec un coulis de tomates au basilic.

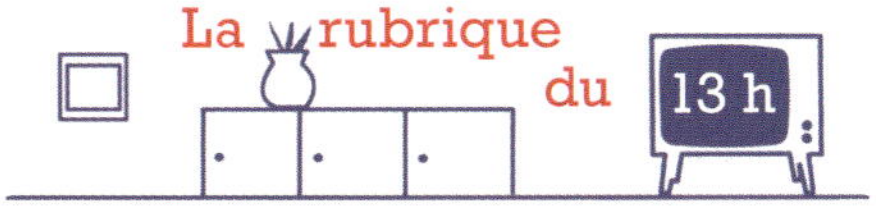

LA MAISON DU PRINCE À SOCHAUX

Franche-Comté

La maison du Prince date probablement du XVIe siècle, et c'est le plus ancien édifice de Sochaux, après que la ville a été presque totalement détruite par les bombardements alliés en 1943. Malgré son nom, qui fait sans doute référence au prince Frédéric, comte de Montbéliard, il est peu probable qu'un prince ait jamais séjourné à l'intérieur de cette demeure. Restaurée une première fois au XVIIIe siècle, puis à la fin du XXe siècle, cette petite maison d'un étage, au toit couvert de pierres de lave, est aujourd'hui un lieu d'expositions consacrées principalement à des artistes locaux.

Faune & flore

Le lys des Pyrénées

Midi-Pyrénées

C'est toujours un véritable ravissement que de voir le lys des Pyrénées en fleur. Vous avez jusqu'à la fin du mois de juillet pour profiter du spectacle, dépêchez-vous ! Vous trouverez cette plante rare et endémique de la région dans la montagne, généralement au-delà de huit cents mètres d'altitude.

À la vôtre !

France

On dit souvent que la qualité d'un vin dépend aussi de sa longueur en bouche. Une unité de mesure de « longueur aromatique en bouche » a été créée : elle s'appelle la caudalie. Sa valeur est simple : une caudalie est égale à une seconde de persistance aromatique en bouche, une fois la gorgée de vin avalée.

Il était une fois en 1789

Prémices de la guerre de Vendée

Pays de la Loire

Dès le 9 juillet 1789, alors que la Révolution gronde, mais que la Bastille n'a pas encore été prise, des événements annoncent l'insurrection à venir de nobles et de paysans attachés au pouvoir royal, ce qui deviendra la guerre de Vendée. En 1791, des lois de l'Assemblée constituante, ouvertement anticléricale, font s'allier noblesse, clergé et paysans, transformant la région en poudrière. C'est la conscription décrétée pour lutter contre toutes les monarchies d'Europe opposées à la France qui déclenche un soulèvement meurtrier : on comptera presque deux cent mille morts en 1796.

jeudi 11 juillet

lever : 5 h 59
coucher : 21 h 52

St Benoît

Faune & flore

La cardamine des prés

Bourgogne

Cette cousine éloignée du chou que l'on appelle aussi « cresson des prés » ou « cressonnette » s'épanouit dans les prairies humides et aux abords des petits cours d'eau qui sillonnent la région. Simple mais élégante, elle peut aussi servir en cuisine pour relever une salade ou accompagner un plat.

Savoirs d'antan

Pour accélérer le mûrissement de tomates encore trop vertes, enveloppez-les dans du papier journal. Il retiendra l'éthylène qu'elles produisent et favorisera leur maturation. La présence d'un fruit déjà mûr à l'intérieur du même papier journal activera d'autant plus le processus.

La rubrique du 13 h

LA PLACE DE LA RÉPUBLIQUE À STRASBOURG

Alsace

Cette place, autrefois centre politique et administratif de Strasbourg, fait le lien entre la nouvelle ville et le centre historique de la capitale alsacienne. Aujourd'hui, les bâtiments ont été reconvertis ; ainsi, l'ancien palais de la diète d'Alsace-Lorraine est devenu le Théâtre national de Strasbourg. Autour de cette place de verdure se trouvent également le palais du Rhin – l'ancien palais impérial allemand –, la préfecture du Bas-Rhin ou encore la Bibliothèque nationale et universitaire, deuxième bibliothèque de France par son fonds.

À table !

Toasts au vieux-lille

Nord-Pas-de-Calais

Pour 4 personnes

Râper 50 g de comté. Griller 4 tranches épaisses de pain de campagne. Dans une casserole, faire réduire 25 cl de bière. Incorporer le comté et 150 g de vieux-lille. Mélanger pour obtenir une crème homogène épaisse. Déposer 1 tranche fine de jambon des Ardennes sur chaque tranche de pain et les placer dans un plat à four. Recouvrir avec la crème. Faire griller dans le four. Servir chaud avec une salade de tomates.

Il était une fois en 1821

Jean-François Champollion

Rhône-Alpes

Jean-François Champollion, né en 1790, est sans doute le plus célèbre égyptologue français, éminemment reconnu par la communauté scientifique et le grand public pour avoir été le premier à déchiffrer les hiéroglyphes égyptiens. Il est nommé, en 1810, professeur d'histoire à la faculté des lettres de Grenoble. Mais ses opinions bonapartistes le condamnent à s'exiler à Figeac. Revenu à Grenoble, il participe à l'insurrection de 1821 et, menacé, il doit fuir la ville le 11 juillet 1821. Il gagne alors Paris, où il pourra se consacrer à ses recherches et rendre publics ses incroyables travaux de déchiffrement.

vendredi 12 juillet

lever : 6 h 00
coucher : 21 h 51

St Olivier

Faune & flore
La truite fario
Limousin

Plus tachetée que la truite de mer, cette cousine du saumon peut vivre jusqu'à l'âge de 20 ans. Lorsque l'on sait qu'elle atteint sa maturité sexuelle à 3 ans et qu'elle produit jusqu'à quatre mille œufs par ponte, on comprend mieux pourquoi la truite abonde dans les rivières de la région comme la Brame.

À table !
Asters maritimes à la crème
Picardie

Pour 4 personnes
Laver dans de l'eau vinaigrée 600 g d'asters maritimes. Les plonger 5 min dans de l'eau bouillante. Égoutter et passer à l'eau froide. Dans une sauteuse, faire fondre du beurre et revenir 1 échalote émincée. Ajouter les asters, du poivre, de la muscade et cuire 5 min. Incorporer 2 c. à soupe de crème fraîche. Servir avec du poisson ou 1 filet de veau.

La rubrique du 13 h

LE GRAND HÔTEL CONTINENTAL D'AJACCIO
Corse

Construit de 1894 à 1896 par l'architecte Barthélemy Maglioli, le Grand Hôtel appartient au quartier dit « des étrangers ». L'hôtel est né alors qu'Ajaccio, très réputée pour son climat hivernal, était une station balnéaire fréquentée par la bonne société européenne, principalement allemande et anglaise. À sa construction, il possède une centaine de chambres et des salons de luxe, s'ouvrant au sud et dominant la mer. Les palmiers, les plates-bandes et les terrasses forment des jeux de symétrie dans le parc : d'une superficie de douze mille mètres carrés, il est composé de plusieurs espèces exotiques remarquables.

Un record en
Guadeloupe

La Guadeloupe, île enchanteresse, accueille chaque année des milliers de touristes attirés par son climat idéal et ses décors de carte postale. Grâce à ses nombreux atouts, elle est le département d'outre-mer le plus visité.

Il était une fois en 1985
Création des Francofolies de La Rochelle
Poitou-Charentes

Créé en 1985, à l'initiative de Jean-Louis Foulquier, le Festival des Francofolies est devenu un rendez-vous incontournable de la chanson française et francophone. Dès sa première édition, qui s'est déroulée du 10 au 14 juillet 1985, il a accueilli des artistes prestigieux comme Jacques Higelin, Catherine Lara ou bien les Rita Mitsouko. Depuis plus de vingt-cinq ans, les chanteurs sont toujours au rendez-vous, et le public de plus en plus nombreux. S'inspirant de cette réussite, le Canada a créé ses Francofolies à Montréal en 1989, et la Belgique à Spa en 1994.

Suivez le guide !
Ile-de-France

Le 14 Juillet à Paris

Chaque année, en ce week-end républicain, les Champs-Élysées, bordés de drapeaux aux couleurs de la nation, se font le théâtre d'un vaste défilé où paradent les corps de l'armée française. Pourquoi ne pas profiter de ce week-end symbolique pour visiter la capitale ?

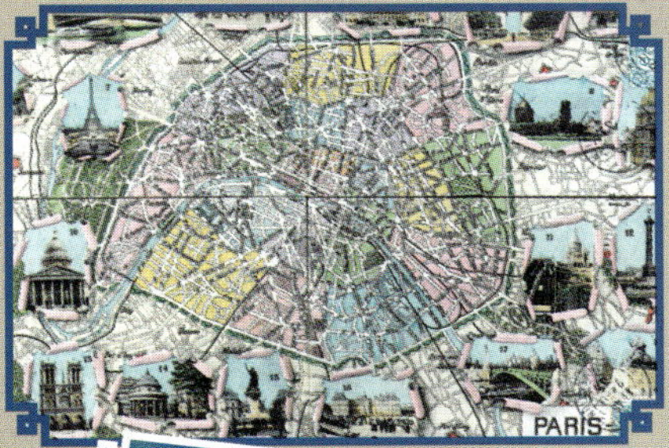

À Paris comme ailleurs, les arbres se chargent de lampions, les bals se préparent, les pompiers décorent les casernes de ballons bleus, blancs et rouges, les artificiers mettent en place leurs fusées… La France s'apprête à fêter la prise de la Bastille par le peuple, en 1789. À Paris, c'est depuis la tour Eiffel qu'est tiré le traditionnel feu d'artifice. Des bords de la Seine ou du bout d'une avenue, chacun peut l'admirer à sa guise en ce doux soir de juillet, après avoir flâné le long des quais, sur les ponts de la Seine ou sur la butte Montmartre…

Car la liesse populaire ne fait pas oublier les charmes architecturaux de la capitale, bien au contraire ! Ceux qui souhaitent ne pas s'éloigner de la dame de fer ou de la « plus belle avenue du monde », pour ne rien rater du spectacle, les jardins du Trocadéro les accueilleront parmi ses bassins, le Grand Palais, majestueux, ouvrira ses portes pour révéler aux amateurs d'art ses secrets. Les ponts nombreux et mythiques les mèneront d'un symbole à l'autre, du musée des Arts premiers à l'arc de triomphe de l'Étoile !

Les pierres de la Bastille

En 1772, Louis XVI accepte qu'un pont soit bâti au niveau de l'actuelle place de la Concorde. La première pierre n'est néanmoins déposée qu'en 1788, et c'est par un événement que le roi n'espérait sans doute pas que la construction peut se poursuivre. En effet, on manque de pierres, et c'est grâce à la prise, puis à la destruction de la Bastille que le pont, successivement nommé « Louis-XV », « de la Révolution », puis « de la Concorde », peut enfin prendre forme !

lundi 15 juillet

St Donald

À table !

Pêches de Montreuil rôties au miel

Île-de-France

Pour 6 personnes
Peler et disposer 6 pêches dans un plat de cuisson. Faire fondre 40 g de beurre avec 2 c. à soupe de miel liquide. Incorporer 2 c. à soupe de gelée de framboise, puis 1 pincée de vanille en poudre. Badigeonner les pêches avec ce coulis épais. Cuire 20 min à 180 °C, en arrosant souvent ; 5 min avant la fin de la cuisson, ajouter 250 g de framboises. Servir tiède.

La rubrique du 13 h

LE CHÂTEAU DE BIZY

Haute-Normandie

Près de Vernon, dans l'Eure, le château de Bizy accueille les visiteurs dans sa prestigieuse cour d'honneur et son parc magnifique, agrémenté de nombreux bassins et fontaines. Son architecture est inspirée de celle du château de Versailles, mais, des bâtiments d'origine, du XVIIIe siècle, il ne reste que les écuries, où l'on peut voir une étonnante collection d'anciennes voitures à cheval. L'actuel corps principal du château date du XIXe siècle et ses salons, ornés de somptueuses tapisseries et boiseries, regorgent de souvenirs du premier Empire.

Faune & flore

Entretenir sa tondeuse

France

Garantissez une longue vie à votre tondeuse et à son moteur en nettoyant le filtre à air au moins une fois par mois. La méthode dépend de la matière du filtre. S'il est en papier, utilisez une brosse ou un jet d'air. S'il est en mousse, plongez-le dans un bain d'essence.

Devinette

Qu'appelle-t-on le « tuyé » dans les fermes franc-comtoises ?

Une cheminée. Elle servait traditionnellement au fumage des viandes.

Il était une fois en 1982

Mort de Patrick Dewaere

Bretagne

Considéré comme l'un des acteurs les plus talentueux de sa génération, Patrick Dewaere naît en Bretagne en 1947 et fait sa première apparition au cinéma à l'âge de 4 ans. En 1967, il intègre le Café de la Gare, aux côtés de Coluche et de Romain Bouteille, et y jouera pendant une dizaine d'années. Mais le grand public ne le découvre qu'en 1974, dans *Les Valseuses* de Bertrand Blier, aux côtés de Gérard Depardieu et Miou-Miou. Sélectionné six fois aux Césars, notamment pour celui de meilleur acteur avec le film de Claude Miller *La Meilleure Façon de marcher*, en 1976, il ne remportera jamais aucun prix. Une vie personnelle mouvementée lui vaut le boycott de la presse pendant plusieurs années et, le 16 juillet 1982, il met fin à ses jours, alors qu'il n'a que 35 ans.

mardi 16 juillet

lever : 6 h 04
coucher : 21 h 48

Notre-Dame du mont Carmel

Faune & flore
La cardoncelle molle
Languedoc-Roussillon

Cette mi-juillet annonce la fin de la floraison de celle que l'on surnomme le « petit chardon sans épines », tant la ressemblance est frappante. La cardoncelle pousse généralement sur les pelouses sèches, les coteaux arides ou encore dans les bois de chênes verts. Il ne vous reste plus qu'à la trouver !

À la vôtre !
Guadeloupe

Le rhum est une eau-de-vie originaire des Amériques et issue de la canne à sucre. Ce sont les Espagnols qui introduisirent cette plante asiatique en Amérique, lors du second voyage de Christophe Colomb, ce qui explique la prolifération de rhumeries à la Barbade, au XVIIe siècle, et sa production actuelle dans les DOM-TOM.

La rubrique du 13 h

L'USINE FRAGONARD DE GRASSE
Provence-Alpes-Côte d'Azur

Grasse, dont le pays entier fleure bon la lavande, le jasmin ou encore le mimosa, est la capitale mondiale de la parfumerie, depuis le XVIIe siècle. De nombreux grands noms se sont installés dans cette commune des Alpes-Maritimes, dont la célèbre parfumerie Fragonard. Aujourd'hui encore, il est permis de visiter l'usine historique de la marque, dont les locaux abritaient déjà une fabrique de parfums avant la Révolution. L'histoire de la parfumerie et de ses techniques, de l'Antiquité à nos jours, y est retracée, et il est possible d'admirer une remarquable collection de flacons et d'alambics.

À table !
Salade de chèvre chaud au vinaigre Melfor
Alsace

Pour 4 personnes

Éplucher et laver 1 laitue. La disposer dans un saladier. Couper des tranches dans 150 g de chèvre demi-sec. Dans une poêle, faire chauffer un fond de vinaigre Melfor. Faire revenir rapidement, une à une, les tranches de chèvre. Les sortir du bain et les déposer dans une panure d'amandes concassées. Disposer ces tranches sur la salade. Servir avec une vinaigrette.

Il était une fois en 1883
Naissance de Louis Lavelle
Aquitaine

Méconnu du grand public, Louis Lavelle est pourtant l'un des plus grands métaphysiciens du XXe siècle. Né le 15 juillet 1883 à Saint-Martin-de-Villeréal, dans le Lot-et-Garonne, il s'intéresse, dès son entrée à la faculté, à la pensée de Nietzsche. Philosophe spiritualiste et moraliste, il est élu à l'Académie des sciences morales et politiques en 1947 et occupe la chaire de philosophie du Collège de France de 1941 à sa mort. Louis Lavelle laisse inachevée son œuvre principale, *La Dialectique de l'éternel présent.*

mercredi 17 juillet

lever : 6 h 05
coucher : 21 h 47

Ste Charlotte

À table !

Agneau bleu du Maine aux fruits secs

Pays de la Loire

Pour 4 personnes
Dégraisser et découper en dés 1 épaule d'agneau. Dans une cocotte, faire revenir les morceaux. Ajouter 1 oignon émincé, 1 gousse d'ail hachée et 2 c. à soupe de miel. Laisser caraméliser. Verser 75 cl d'eau, assaisonner, couvrir et cuire 45 min. Ajouter 4 abricots secs, 3 pruneaux et 4 figues sèches. Cuire 30 min, jusqu'à ce que la viande soit fondante. Servir avec du riz.

Devinette

Comment appelle-t-on les boulevards qui entourent Paris ?

Les boulevards des Maréchaux. À leur création, en 1920, chacun des dix-neuf boulevards a été baptisé du nom d'un maréchal du premier Empire. Cette succession de boulevards s'étend sur trente-quatre kilomètres environ.

La rubrique du 13 h

LE ROCHER DU DIAMANT

Martinique

Ce petit îlot désert et difficilement accessible – il est interdit au public – est un des symboles de la Martinique. D'origine volcanique, il se situe à trois kilomètres de la pointe du Diamant et doit son nom aux reflets que renvoie parfois sa roche. Il est visible depuis la plage bordée de cocotiers et d'amandiers ou, pour les amateurs de sensations fortes, en parapente ou lors d'une séance de plongée sous-marine, mais gare aux courants ! Le rocher du Diamant est devenu un sanctuaire pour de nombreux oiseaux marins et le refuge de la couleuvre couresse, un reptile endémique de la Martinique.

Faune & flore

Le renard

Lorraine

Considéré par beaucoup comme un nuisible, le renard n'en est pas moins digne de sa réputation d'animal rusé, aux facultés d'adaptation exceptionnelles. Fort d'avoir échappé pendant des siècles aux campagnes d'extermination menées par l'homme, il joue un rôle primordial dans son environnement.

Il était une fois en 1877

Premier tramway à Tours

Centre

À la fin du XIXe siècle, les tramways hippomobiles font leur apparition d'abord à Paris, puis dans d'autres villes de France, dont Tours, qui sera la cinquième ville à en être équipée. Ces tramways sur rails, tirés par des chevaux, font la joie des habitants tourangeaux. C'est le 17 juillet 1877 que la première ligne est ouverte dans sa totalité, rejoignant la barrière de Vouvray à celle de Grammont, sur trois kilomètres neuf cents. Dans les années 1890, ce moyen de transport sera progressivement remplacé par le tramway à vapeur et le tramway électrique.

jeudi 18 juillet

lever : 6 h 06
coucher : 21 h 46

St Frédéric

Faune & flore

L'andromède à feuilles de polium

Auvergne

Espèce indigène de nos montagnes, ce joli arbuste au feuillage persistant pousse naturellement dans les marais tourbeux. Capable de résister à des températures très basses, il trouvera facilement sa place dans votre jardin. Veillez juste à lui choisir un emplacement plutôt bien exposé au soleil.

Un record en Picardie

Notre-Dame d'Amiens est la plus vaste cathédrale de France. Cet édifice du XIIIe siècle, typique du style gothique rayonnant, est inscrit au patrimoine mondial de l'Unesco.

La rubrique du 13 h

LE MUSÉE HECTOR-BERLIOZ

Rhône-Alpes

Le musée Hector-Berlioz est établi dans la maison natale du musicien, à la Côte-Saint-André, dans l'Isère. La demeure bourgeoise, acquise par la famille Berlioz au XVIIIe siècle, a été réhabilitée en 2003, à l'occasion du bicentenaire de la naissance du compositeur. On y visite les pièces historiques de la maison garnies du mobilier d'origine – notamment la chambre de Berlioz –, dans lesquelles sont installées des expositions permanentes, qui retracent le travail de Berlioz comme compositeur et chef d'orchestre, à travers de nombreux documents personnels, tels que sa correspondance.

À table !

Cubes de framboises au champagne

Champagne-Ardenne

Pour 4 personnes

Dans une casserole, faire fondre à feu doux 4 c. à soupe d'eau et 50 g de sucre. Retirer la casserole du feu et laisser refroidir. Passer 500 g de framboises lavées au moulin à légumes. Ajouter la purée obtenue au mélange eau-sucre. Mélanger. Verser dans un bac à glaçons. Laisser prendre au moins 1 h. Disposer les glaçons dans des flûtes et arroser de champagne.

Il était une fois en 1975

Citadelle d'Ajaccio

Corse

Au XIIe siècle, les Génois désirent assurer la tranquillité de leur commerce avec l'île de Beauté : c'est ainsi qu'ils feront édifier le Castel Lombardo, une petite place forte. Devenu insalubre au XVe siècle, le site d'Ajaccio est restauré et transformé, et des colons sont envoyés pour le peupler. Une citadelle y est adjointe, telle qu'on la connaît aujourd'hui sous le nom de « citadelle d'Ajaccio ». Lieu de détention pendant la Seconde Guerre mondiale, elle sera le dernier séjour du résistant le plus connu de Corse : Fred Scamaroni. Ses fortifications avec fossés, escarpes et contrescarpes seront classées au patrimoine des monuments historiques le 18 juillet 1975.

vendredi 19 juillet

lever : 6 h 07
coucher : 21 h 45

St Arsène

À table !

Poivrons farcis au riz et à l'agneau

Languedoc-Roussillon

Pour 4 personnes

Cuire 120 g de riz long. Éliminer les parois et les pépins de 8 poivrons. Émincer 2 gousses d'ail et 1 oignon. Faire revenir à feu vif l'oignon et l'ail. Ajouter 1 grosse tomate concassée. Incorporer 250 g d'agneau haché. Mélanger jusqu'à ce que la viande dore. Hors du feu, ajouter le riz. Disposer les poivrons dans un plat à four et les farcir. Enfourner 40 min à 180 °C.

Savoirs d'antan

Rien de tel que l'huile de tournesol ou l'huile d'olive pour nettoyer les perles de nacre. Badigeonnez-les de quelques gouttes d'huile, et massez-les délicatement pendant quelques instants. Essuyez-les. Elles retrouveront leur brillance.

La rubrique du 13 h

LE COURANT D'HUCHET

Aquitaine

Une excursion pittoresque en galupe – une barque traditionnelle à fond plat – permet de découvrir ce petit fleuve d'une dizaine de kilomètres, reliant l'étang de Léon à l'océan Atlantique. Bordé tantôt par une forêt, tantôt par un cordon dunaire, le courant d'Huchet est une réserve naturelle qui accueille de nombreuses espèces animales, telles que des hérons cendrés, des visons, des loutres ou des tortues. Dans sa partie forestière, on peut voir une végétation luxuriante, composée de plusieurs plantes exotiques, ce qui a valu au courant d'Huchet le surnom d'« Amazonie landaise ».

Faune & flore

La chouette de Tengmalm

Franche-Comté

Les forêts de Franche-Comté, qui comptent parmi les régions les plus boisées de France, sont l'habitat de ce bel oiseau de nuit. Il sera cependant très difficile de l'observer, la chouette de Tengmalm étant non seulement de plus en plus rare, mais aussi une maîtresse dans l'art de la dissimulation.

Il était une fois en 1944

Libération de Caen

Basse-Normandie

L'opération *Overlord* lance, le 6 juin 1944, la grande attaque alliée sur la Normandie, pour reprendre le contrôle de l'Europe aux troupes allemandes. La progression est fulgurante, mais la résistance allemande acharnée. Le général anglais Montgomery, sachant que Caen sera l'enjeu principal de la bataille de Normandie, prépare ses troupes. Le premier assaut est lancé dès le 7 juin, puis Caen est encerclée et bombardée. Même si les pertes en hommes et en blindés sont considérables, l'opération *Goodwood* permet de reprendre Caen. La ville est libérée le 19 juillet 1944.

Suivez le guide !
Pays-de-la-Loire

Nuits salines

En ce week-end de juillet, à Batz-sur-Mer, tout est mis en œuvre pour vous faire découvrir le terroir local. Chaque année, la petite commune de Loire-Atlantique célèbre l'or blanc qui rythme sa vie depuis des siècles : le sel !

Au cours d'un festival de trois jours, habitants et touristes se réunissent pour fêter celui qui apporta prospérité aux environs, d'où le nom de l'événement : Nuits salines. Musiques celtiques, chants de marins et fest-noz entraînent le badaud, qui, d'un stand à l'autre ou lors du marché du terroir, découvre les spécialités gastronomiques de la région, accompagnées bien sûr d'un verre de cidre ! Mais entre les sardines grillées et les crêpes, que l'on paie en sacs de sel, il est temps de s'éduquer à la vie de la commune.

Car les habitants, soucieux de protéger leur coin de paradis et de préserver les côtes, tiennent à vous en faire découvrir la richesse. Outre les promenades en calèche permettant de découvrir les salines et la vie des paludiers, les « moissonneurs de la mer », des conférences sont également proposées. On y évoque la faune et la flore locales, mais aussi les bonnes techniques de pêche, respectueuses de l'environnement : outils, taille des animaux... Ne craignez pas de vous y ennuyer : après la théorie, la pratique ! Une activité « les pieds dans l'eau » est en effet au programme, afin de mettre en œuvre les conseils prodigués.

lundi 22 juillet

lever : 6 h 11
coucher : 21 h 42

Ste Marie-Madeleine

À table !

Œufs cocotte au neufchâtel

Haute-Normandie

Beurrer 4 ramequins. Retirer la croûte de ½ neufchâtel et le découper en lamelles. Répartir 20 cl de crème fluide dans les ramequins. Casser 1 œuf dans chacun d'eux. Assaisonner. Répartir les lamelles de fromage et de la ciboulette ciselée sur le dessus. Dans un plat à four, verser un fond d'eau et disposer les ramequins. Enfourner à 200 °C, 10 min. Servir avec du pain grillé beurré.

La rubrique du 13 h

LE BEFFROI DE DOULLENS

Picardie

Les beffrois sont si typiques de l'architecture des villes du Nord que vingt-trois d'entre eux ont été inscrits par l'Unesco au patrimoine mondial de l'humanité. C'est le cas de celui de Doullens, dans la Somme, qui date du XIVe siècle. Beffroi de l'ancienne maison communale, il symbolisait autrefois la puissance de la ville. Restauré à de nombreuses reprises – la façade actuelle en briques rouges et pierres à bossage, c'est-à-dire laissées brutes, date du XVIIe siècle –, il s'élève sur quatre étages et possède trois cloches. Il abrite désormais l'office de tourisme de Doullens.

Faune & flore

La grenouille des champs

Alsace

Cette petite grenouille ressemble à s'y méprendre à la grenouille agile, à ceci près qu'elle a pratiquement disparu de nos régions. Vous seriez donc extrêmement chanceux si vous la rencontriez au hasard d'une promenade dans les prairies humides d'Alsace, là où elle a été observée pour la dernière fois.

Devinette

Quel film, sorti en 2004, avec Gérard Jugnot comme personnage principal, a été tourné dans le Puy-de-Dôme, en Auvergne ?

Les Choristes. Ce film, remake de *La Cage aux rossignols* de Jean Dréville, met en scène un professeur de musique qui parvient à initier au chant les enfants d'un internat de rééducation pour mineurs. Il a pour décor le château de Ravel, situé dans le parc naturel régional du Livradois-Forez.

Il était une fois en 1374

Prise de Brive

Limousin

La guerre de Cent Ans fait rage depuis déjà une trentaine d'années, opposant d'abord le roi d'Angleterre Édouard III au roi de France Philippe VI, puis désormais à Charles V de France. Jeux d'alliances et batailles rangées se succèdent. Un des épisodes les plus durs eut lieu le 22 juillet 1374, avec la prise de Brive par le duc de Bourbon. Il vient sur ordre du roi Charles V qui, ulcéré, l'a envoyé à la tête d'une lourde armée faire le siège de la fière Brive, qui lui a tenu tête et préféré le puissant allié anglais, installé depuis l'an passé. C'est à partir du couvent des Cordeliers qu'il donne l'assaut et reprend le contrôle de la cité, dans un déluge de violence.

mardi 23 juillet

lever : 6 h 12
coucher : 21 h 41

Ste Brigitte

Faune & flore

Le melon

Poitou-Charentes

Saviez-vous que le Poitou-Charentes faisait partie des principales régions productrices de melon ? Avec une récolte annuelle atteignant cinquante-cinq mille tonnes, la région se place au même niveau que le Midi-Pyrénées. Le melon charentais est d'ailleurs apprécié tant au niveau national que mondial.

La rubrique du 13 h

LE TÉLÉPHÉRIQUE DU SALÈVE

Rhône-Alpes

Le Salève est un sommet de Haute-Savoie, situé à la frontière franco-suisse. S'il est accessible par la route, l'ascension est toutefois bien plus pittoresque en téléphérique. Construit en 1932, d'une seule portée – c'est-à-dire sans pylône –, il permet de passer de quatre cent trente-deux à mille cent mètres d'altitude en quelques minutes. À l'arrivée, la vue sur le bassin de Genève, les Alpes et le lac Léman est exceptionnelle. Très apprécié des amoureux de la nature, le téléphérique l'est aussi des sportifs : randonneurs, skieurs, amateurs de VTT et de parapente l'utilisent comme point de départ pour leur découverte du Salève.

À la vôtre !

Pays de la Loire

La guigne est une variété de cerise qui donne son nom au guignolet, liqueur d'Anjou à base de cerises aigres et noires. Créé en 1632 à l'abbaye des Bénédictines de Saumur, cet alcool à seize degrés se consomme pur – sans glace – ou en cocktails. Le guignolet de Dijon, plusieurs fois médaillé, est le plus réputé.

À table !

Tian aux concombres

Provence-Alpes-Côte d'Azur

Pour 4 personnes

Peler et évider 2 concombres. Couper en morceaux et verser dans de l'eau salée bouillante avec 1 pincée de sucre. Cuire à gros bouillons 5 min. Égoutter. Étaler dans un plat en terre. Recouvrir avec 20 cl de crème fleurette. Saler, poivrer, parsemer de paprika et de safran. Cuire 20 min à 190 °C. Saupoudrer de ciboulette juste avant de servir.

Il était une fois en 1888

L'Internationale

Nord-Pas-de-Calais

Le chant révolutionnaire de *L'Internationale* a été interprété pour la première fois le 23 juillet 1888, dans un café lillois, La Liberté. C'est d'abord un poème du communard Eugène Pottier, qui le compose en juin 1871, alors qu'il est en prison, et dont le premier vers est : « Debout les damnés de la terre ! » Il est mis en musique seize ans plus tard par un ouvrier lillois, Pierre Degeyter, sur une commande du Parti ouvrier français, qui souhaite en faire son chant de lutte. Exprimant la nécessité d'une libération des prolétaires par eux-mêmes et de la solidarité internationale, il deviendra un hymne ouvrier célèbre.

mercredi 24 juillet

lever : 6 h 13
coucher : 21 h 39

Ste Christine

À table !

Crème à l'ail rose de Lautrec

Midi-Pyrénées

Pour 4 personnes

Peler 10 gousses d'ail. Dans une casserole, les cuire dans 15 cl de lait pendant 10 min. Égoutter et jeter le lait. Mixer les gousses. Incorporer 25 g de crème fraîche, 1 c. à café de Maïzena et 1 jaune d'œuf. Faire cuire dans une casserole, au bain-marie, jusqu'à ce que la sauce soit onctueuse. Servir chaud avec une viande ou froid avec des crudités.

La rubrique du 13 h

LES SOURCES D'HERCULE

Lorraine

Deneuvre, une commune de Meurthe-et-Moselle, était à l'époque gallo-romaine un important centre religieux consacré au dieu Hercule : les pèlerins se baignaient dans des sources naturelles, dans l'espoir de voir leur vœu s'accomplir. Depuis 1996, le musée des Sources d'Hercule reconstitue fidèlement un ensemble mis au jour en 1974, le plus important sanctuaire de sources jamais découvert en Gaule. Ainsi, trois bassins antiques et soixante-dix statues dédiées à Hercule, répartis sur quatre cents mètres carrés, vous invitent à un voyage dans le temps... à un retour aux sources !

Un record en Aquitaine

La rue commerçante la plus longue d'Europe se trouve en France, dans la ville de Bordeaux. Il s'agit de la rue Sainte-Catherine, qui mesure mille deux cent cinquante mètres et qui est toujours très animée.

Faune & flore

Les algues vertes

Bretagne

Toxiques si elles sont en trop grand nombre, les algues vertes prolifèrent sur les côtes bretonnes depuis quelques années. Si plusieurs décès sont à déplorer, la situation ne semble pas s'améliorer, puisque près de soixante-dix mille tonnes d'algues vertes continuent de s'échouer chaque année dans la région.

Il était une fois en 1976

Éruption de la Soufrière

Guadeloupe

La Soufrière, qui culmine à mille quatre cent soixante-sept mètres, appartient à un ensemble volcanique situé dans la partie sud de Basse-Terre, site prestigieux du parc national de la Guadeloupe. Depuis le XVIe siècle, il y a eu au moins une dizaine d'éruptions explosives, la dernière en date étant celle de l'année 1976. Faisant suite à de nombreux tremblements de terre dès 1975, une première explosion éclate au début du mois de juillet 1976, faisant place à des retombées de cendres à partir du 24. L'évacuation de plus de soixante-dix mille habitants de Basse-Terre vers Grande-Terre, hors d'atteinte, s'avère nécessaire jusqu'au mois de novembre.

jeudi 25 juillet

lever : 6 h 14
coucher : 21 h 38

St Christophe

Faune & flore

L'agrion de Mercure

Champagne-Ardenne

Parmi les quatre espèces de libellules protégées que compte la région, l'agrion de Mercure est sans nul doute la plus commune. Avec son corps bleu presque azur et sa tête dite « de taureau », vous le reconnaîtrez au premier coup d'œil. Cherchez-le surtout aux abords des petits ruisseaux ou près des fossés.

Savoirs d'antan

Si vous avez attrapé un léger coup de soleil, le vinaigre de cidre peut vous soulager. Appliquez-le, à l'aide d'un coton ou d'un tissu, sur les zones de la peau qui ont été touchées : cela apaisera la sensation de brûlure et vous évitera de peler par la suite.

La rubrique du 13 h

LE JARDIN CAMIFOLIA

Pays de la Loire

Le jardin Camifolia, à Chémillé, dans le Maine-et-Loire, est un jardin de plantes médicinales, aromatiques et tinctoriales, c'est-à-dire utilisées pour la teinture. Établi sur un coteau bordé par l'Hyrôme, le jardin, créé en 1976, rappelle la tradition horticole de Chemillé, puisque la commune est considérée comme la capitale des plantes médicinales en Europe, avec notamment une importante production de valériane et de camomille. Ouverts à la belle saison, les quatre hectares du jardin sont organisés de façon thématique, avec un espace scénographique et une serre d'exposition.

À table !

Bescoin de Savoie

Rhône-Alpes

Réaliser 250 g de pâte à pain. Laisser reposer 30 min. Ajouter 1 œuf, 20 cl de lait entier et 50 g de beurre mou. Travailler à la main et incorporer progressivement 250 g de farine. Une fois la pâte homogène, incorporer 1 pincée de safran en poudre et 1 c. à soupe de graines d'anis vert. Travailler à nouveau la pâte. Former ensuite un gros boudin. Poser sur une plaque et laisser lever pendant 2 h. Dorer avec 1 jaune d'œuf et enfourner 40 min à 180 °C.

Il était une fois en 1120

Incendie de la basilique Sainte-Marie-Madeleine

Bourgogne

Ancienne abbatiale, la basilique Sainte-Marie-Madeleine de Vézelay est l'un des hauts lieux de la chrétienté au Moyen Âge. Chef-d'œuvre roman du XIIe siècle, c'est une halte importante, en Bourgogne, pour les pèlerins qui se rendent à Saint-Jacques de Compostelle. Elle est restée célèbre pour ce qui fut sans doute l'un des pires incendies du Moyen Âge, tuant mille deux cents fidèles le 25 juillet 1120 : la charpente ayant pris feu, la nef carolingienne s'effondre, l'abbatiale est détruite. La basilique sera reconstruite sur les ruines de l'ancien bâtiment. Elle est classée au patrimoine mondial de l'Unesco depuis 1979.

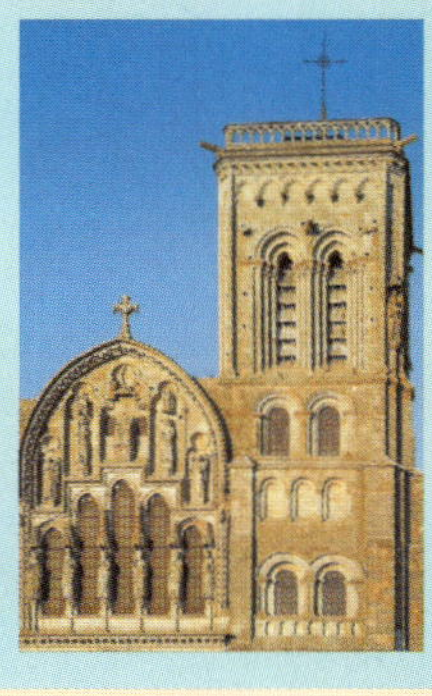

vendredi 26 juillet

lever : 6 h 16
coucher : 21 h 37

Ste Anne

À table !

Risotto au comté et au vin blanc du Jura

Franche-Comté

Pour 2 personnes

Préparer 60 ml de bouillon. Dans une poêle, faire revenir 1 oignon haché. Ajouter 140 g de riz. Mélanger jusqu'à ce que les grains luisent. Mouiller le riz avec 60 ml de vin blanc. Laisser absorber. Verser une petite quantité de bouillon et laisser le riz l'absorber. Recommencer jusqu'à la fin du bouillon. Laisser reposer 1 min, parsemer avec 50 g de comté râpé et servir.

La rubrique du 13 h

ROMORANTIN-LANTHENAY

Centre

Romorantin, établie dans le Loir-et-Cher sur les bords de la Sauldre, est depuis le XVe siècle la capitale de la Sologne. C'est à cette époque que la ville s'agrandit, placée sous la protection des comtes d'Angoulême, particulièrement du grand-père de François Ier ; on peut d'ailleurs encore admirer dans la vieille ville de belles maisons à pans de bois des XVe et XVIe siècles. Arrivé sur le trône, François Ier charge Léonard de Vinci d'y bâtir un palais et une ville nouvelle, mais la mort du génie italien conduira à l'abandon du projet. En 1961, Romorantin fusionne avec la commune voisine, Lanthenay.

Un record en

Haute-Normandie

Mille deux cent cinquante participants ont été nécessaires pour former le plus grand tableau du monde à Rouen, sur le parvis de l'hôtel de ville. La *Cathédrale de Rouen* peinte par Monet ainsi reconstituée mesurait six cents mètres carrés.

Faune & flore

Le poivron

Provence-Alpes-Côte d'Azur

Pour réussir la culture de cette plante rapportée d'Amérique du Sud par Christophe Colomb, une seule condition : du soleil ! Outre une exposition constante à la lumière, le poivron a également besoin de chaleur (15 °C minimum lors des semis). Récoltez, lorsque les légumes ont atteint leur taille définitive.

Il était une fois en 1527

Duché et Dauphiné d'Auvergne

Auvergne

Au XIIIe siècle, l'Auvergne est divisée en plusieurs fiefs. En 1521, le duché et le Dauphiné d'Auvergne sont la cible des convoitises du connétable de Bourbon et de la mère du roi François Ier, Louise de Savoie. Un procès est engagé au Parlement de Paris : le connétable de Bourbon voit ses biens confisqués le 26 juillet 1527, et les deux fiefs rejoignent le royaume. Le comté d'Auvergne, quant à lui, d'abord aux mains de Guillaume X, passe à Catherine de Médicis, puis à Marguerite de Valois, qui en fait don au dauphin Louis XIII, fils d'Henri IV : c'est ainsi que le dernier fief intègre le royaume de France.

Suivez le guide !
Franche-Comté

Promenade nostalgique dans le Doubs

« Si j'avais su, j'aurais pas venu » : c'est ce que répète le P'tit Gibus dans La Guerre des boutons, *le film d'Yves Robert. Rassurez-vous, il n'y a aucune chance que vous soyez de son avis : la région regorge de trésors à visiter et à admirer.*

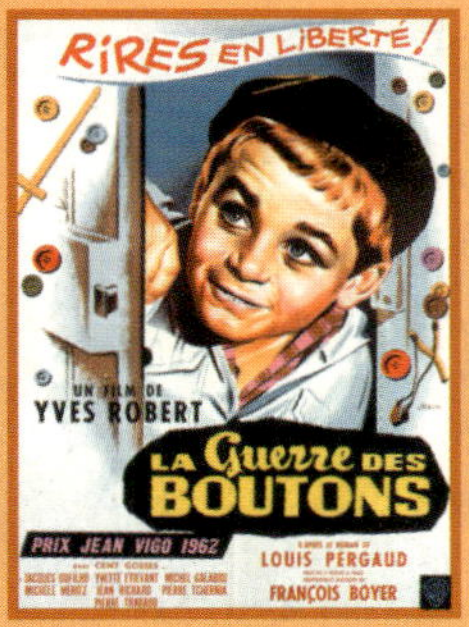

Chacun garde en mémoire cette savoureuse réplique qui maltraite notre belle langue, et, si cette phrase ne figure pas dans le roman éponyme, elle est désormais associée à l'œuvre de Louis Pergaud. Une escapade dans le Doubs est l'occasion de suivre les traces de l'écrivain. Originaire de Belmont, près de Besançon, Louis Pergaud a passé de nombreux étés à courir à travers la campagne franc-comtoise, et nul doute que durant ces années à porter des culottes courtes il ne soit allé défier les espiègles garçons des villages voisins.

Louis Pergaud a notamment vécu à Nans-sous-Sainte-Anne, un village ancestral niché au fond d'une vallée isolée. Nans ravira les adeptes du tourisme vert et les nostalgiques du temps passé. En effet, une ancienne taillanderie ouvre ses portes aux visiteurs, qui découvrent ainsi les outils utilisés par les paysans d'autrefois. Dans cette ferme-atelier du XIXe siècle entièrement restaurée, plusieurs instruments de coupe sont fabriqués, comme la faux dont Nans s'était fait la spécialité.

La Franche-Comté est une région de sources, de cascades et de rivières qui jaillissent au cœur d'une nature verdoyante, pour le plus grand plaisir des spéléologues et des randonneurs. Nans-sous-Sainte-Anne est par exemple traversé par le ruisseau du Verneau, qui se jette ensuite dans le Lison. La source du Lison, un affluent de la Loue, attire de nombreux touristes avec une impressionnante grotte creusée au pied d'une falaise à pic, la grotte Sarrasine, ou le Creux-Billard, un cirque rocheux.

lundi 29 juillet

lever : 6 h 20
coucher : 21 h 33

Ste Marthe

Faune & flore

La spiranthe d'été

Limousin

C'est le moment de partir à la découverte de cette jolie orchidée, dont la floraison, très éphémère, a lieu entre fin juillet et début août. C'est dans les marais que vous aurez le plus de chances de la trouver, mais il faudra être patient, la spiranthe d'été étant de plus en plus rare dans la région.

À table !

Noix d'olivettes grillées au citron

Basse-Normandie

Pour 4 personnes

Dans une poêle, faire chauffer 3 c. à soupe d'huile. Faire revenir 3 oignons nouveaux et 1 gousse d'ail hachés. Réserver au chaud. Dans cette même poêle, faire revenir 600 g de noix d'olivettes (pétoncles). Ajouter 1 carotte coupée en bâtonnets, le jus de 2 citrons verts et le zeste de 1 seul. Laisser cuire 5 min. Servir chaud avec des pommes de terre.

La rubrique du 13 h

LE CENTRE FORTIFIÉ DE GRAVELINES

Nord-Pas-de-Calais

Sise en bordure de la mer du Nord, Gravelines a la particularité d'être la seule ville fortifiée de France encore entièrement entourée d'eau, même si, aujourd'hui, la ville s'étend au-delà de ces fortifications. Dès sa fondation au XIIe siècle par les comtes de Flandres, la ville est protégée par des palissades de bois. C'est Charles Quint qui ordonne, au XVIe siècle, la construction des remparts actuels en forme d'étoile, et, lorsque la ville devient française en 1659, Vauban améliore encore sa défense.

Savoirs d'antan

Une bouilloire pleine de tartre consomme plus d'énergie qu'une bouilloire propre. Pour la détartrer, faites bouillir un mélange d'eau et de vinaigre blanc. La résistance retrouvera sa jeunesse, votre eau bouillante sera prête plus vite et vous aurez accompli un petit geste écologique.

Il était une fois en 2011

Christophe Lemaitre

Midi-Pyrénées

Christophe Lemaitre, né en 1990, est l'un des plus grands sprinteurs français de tous les temps, rappelant le duo explosif que formaient Claude Piquemal et Jocelyn Delecour, au début des années 1960. En 2010, aux Championnats de France, Christophe Lemaitre bat le record national sur cent mètres en neuf secondes quatre-vingt-dix-huit, devenant le premier sprinteur blanc à passer sous la barre des dix secondes. Mais c'est le 29 juillet 2011, aux Championnats de France, à Albi, qu'il bat son propre record avec un temps de neuf secondes quatre-vingt-douze et réalise ainsi la quatrième meilleure performance européenne de tous les temps.

mardi 30 juillet

lever : 6 h 21
coucher : 21 h 31

Ste Juliette

Faune & flore

Le chat

Île-de-France

Nul besoin qu'elle soit sauvage pour que l'on parle de la faune francilienne. Ainsi, les chats seraient les compagnons préférés des Parisiens, bien que leur nombre reste indéterminé. Quant aux chats errants, que certains préfèrent qualifier de « libres », ils sont environ cinq cents à vivre dans la capitale.

La rubrique du 13 h

LE TEMPLE PROTESTANT DE MEYRUEIS

Languedoc-Roussillon

Édifié dans la première moitié du XIXe siècle sur un ancien cimetière huguenot, le temple de Meyrueis est un témoignage important de l'architecture protestante en Languedoc-Roussillon. Couvert d'un toit de lauzes, ces pierres plates typiques de la Lozère, le temple présente un plan octogonal. À l'intérieur, la décoration est sobre, et le bois a été privilégié : la chaire est en noyer, tandis que la coupole lambrissée est soutenue par d'imposants piliers de bois. Cela procure au lieu de culte une excellente acoustique, très appréciée des artistes qui s'y produisent.

Devinette

Quel festival de musique classique, organisé dans l'Isère, porte le nom d'un célèbre compositeur français du XIXe siècle ?

Le Festival Berlioz. Créé en 1994, il se déroule pendant les quinze derniers jours du mois d'août, à la Côte-Saint-André, ville natale d'Hector Berlioz. Des orchestres nationaux et internationaux y jouent des œuvres du répertoire symphonique romantique.

À table !

Velouté de petits pois à la menthe

Lorraine

Pour 4 personnes

Faire cuire, 30 min, 1 kg de petits pois dans 50 cl d'eau bouillante salée, additionnée de 2 cl de bouillon. Égoutter et réserver l'eau de cuisson. Rafraîchir les petits pois sous l'eau froide. Les mixer avec 10 feuilles de menthe, puis incorporer 20 cl de crème et la moitié de l'eau de cuisson. Mixer jusqu'à l'obtention d'un velouté. Verser dans des verres et décorer avec une feuille de menthe et une petite rondelle de tomate.

Il était une fois en 2008

Jeanne Laisné, article

Picardie

À Beauvais, depuis le XVe siècle, Jeanne Laisné est célébrée, presque comme une sainte, par des défilés en costumes, où les femmes précèdent les hommes. En 1472, Charles le Téméraire, en guerre contre Louis XI, envahit le nord de la France et donne l'ordre d'assiéger Beauvais. C'est alors que, selon la légende, une jeune femme saisit une hache pour repousser les ennemis. Les femmes de Beauvais, voyant cela, auraient suivi son exemple et apporté de la poudre et des armes pour continuer la bataille, mettant en fuite les soldats de Charles. Le 30 juillet 2008, un article du *Monde*, la comparant à Jeanne d'Arc, se fait l'écho des débats que suscite l'héroïne : celle qu'on appelle « Jeanne Hachette » n'aurait peut-être pas existé…

mercredi 31 juillet

lever : 6 h 22
coucher : 21 h 30

St Ignace de Loyola

Faune & flore

L'ancolie de Bernard

Corse

Vous ne trouverez l'ancolie de Bernard nulle part ailleurs que sur l'île de Beauté, et pour cause : l'espèce est endémique de la Corse. Cette plante délicate pousse à l'ombre des rochers, entre mille et deux mille cinq cents mètres d'altitude.

À table !

Galette à l'angélique de Niort

Poitou-Charentes

Pour 4 personnes

Couper en morceaux 30 g d'angélique confite. Mélanger à la main 115 g de beurre et 180 g de sucre. Ajouter 2 œufs, 1 sachet de sucre vanillé, 1 pincée de sel et, progressivement, 200 g de farine. Ajouter l'angélique et pétrir. Beurrer et fariner une tôle. Étaler régulièrement la pâte. Dessiner des stries à la fourchette et badigeonner avec 1 jaune d'œuf. Cuire à 180 °C, 20 min.

La rubrique du 13 h

GLÉNIC

Limousin

Glénic est un petit village du département de la Creuse, situé à quelques kilomètres de Guéret. Établi aux portes du plateau de Millevaches, Glénic offre de beaux paysages vallonnés traversés par plusieurs rivières ; le village est d'ailleurs arrosé par la Creuse, qu'enjambe un imposant viaduc de granit du début du XXe siècle. Glénic possède également un patrimoine historique riche, avec notamment une église du XIIe siècle, bâtie à l'emplacement d'un ancien temple gallo-romain. Fortifiée pendant la guerre de Cent Ans, elle allie architectures religieuse et militaire.

À la vôtre !

PACA

On appelle « pastis » les alcools à base d'anis et de réglisse. Boisson de l'apéritif provençal par excellence, le pastis est dilué dans cinq à sept volumes d'eau. La commune de Forcalquier produit, de nos jours, un pastis raffiné, dont l'élaboration complexe (soixante-cinq plantes et épices) en fait un alcool haut de gamme.

Il était une fois en 1901

Naissance de Jean Dubuffet

Haute-Normandie

Le nom de Jean Dubuffet est indissociable de l'art brut. Né au Havre le 31 juillet 1901, dans une famille normande de négociants en vin, cet artiste iconoclaste (peintre, sculpteur, plasticien) fait, dès 1945, ses premiers voyages en Suisse et en France à la recherche de nouvelles formes d'art, loin des productions officielles. C'est à cette période qu'il invente l'expression « art brut » et qu'il se fait le théoricien de cet art spontané, qu'il découvre chez des pensionnaires d'asiles psychiatriques et autres autodidactes. Jean Dubuffet commence alors une collection importante et crée, en 1947, le Foyer de l'art brut.

jeudi 1er août

lever : 6 h 24
coucher : 21 h 29

St Alphonse

Faune & flore

Le loriot

Pays de la Loire

Avec un tel plumage, jaune d'or chez le mâle et vert chez la femelle, ce joli oiseau d'origine africaine ne peut que se démarquer des autres espèces. Encore faut-il réussir à le voir, le loriot étant un animal très discret. Pour le repérer, il faudra donc se fier à son chant assez caractéristique.

Devinette

Quel monument new-yorkais a été sculpté par l'Alsacien Frédéric Auguste Bartholdi en 1886 ?

La statue de la Liberté. C'est en collaboration avec Gustave Eiffel que Bartholdi sculpta cette statue symbolisant la Liberté éclairant le monde. Elle fut offerte par la France aux États-Unis, pour célébrer le centenaire de la Déclaration d'indépendance américaine.

La rubrique du 13 h

LE CHÂTEAU DE BIENASSIS

Bretagne

Appartenant à la commune d'Erquy, dans les Côtes-d'Armor, le château de Bienassis est une ancienne demeure seigneuriale. Construit en grès rose du pays, le château doit son nom à sa position idéale : entouré de marais, il était facilement défendable et ne se laissait apercevoir que tardivement. Propriété de l'amiral de Kerjégu et de ses descendants depuis la fin du XIXe siècle, il fait revivre l'époque des grandes expéditions maritimes. Son architecture Renaissance, son mur d'enceinte crénelé, ses jardins à la française et son immense potager lui ont valu d'être classé monument historique.

À table !

Brochettes de crevettes à la créole

Martinique

Pour 10 brochettes

Décortiquer 500 g de grosses crevettes. Dans un petit bol, mélanger 1 c. à café de paprika et de piment de Cayenne, 2 gousses d'ail, 1 filet d'huile d'olive et le jus de 1 lime. Ajouter les crevettes. Laisser mariner 30 min au froid. Disposer les crevettes sur les brochettes. Cuire 4 à 5 min au gril. Mélanger des herbes fraîches hachées (coriandre, persil, ciboulette et estragon) avec du sel et du poivre. Passer les brochettes cuites dans ce mélange avant de servir.

Il était une fois en 1756

Naissance de Pierre Louis Prieur de la Marne

Champagne-Ardenne

Pierre Louis Prieur de la Marne, surnommé « le Crieur de la Marne » pour son éloquence, est né le 1er août 1756 à Sommesous dans la Marne. Avocat réputé, il est aussi un homme politique aux idéaux très démocratiques pour son temps. À l'Assemblée nationale constituante, où il siège dès 1789, on dit de quelqu'un, pour souligner son désintéressement, qu'il est « probe comme Prieur ». Élu au Comité de salut public, Montagnard enflammé, il est au côté du peuple lors de la Constitution de l'an I. Alors qu'un décret d'accusation est lancé contre lui, après la Terreur, il se cache, est finalement amnistié et redevient avocat en 1803.

vendredi 2 août

lever : 6 h 25
coucher : 21 h 27

St Julien

À table !

Les Anis de Flavigny

Bourgogne

Ce sont les moines de l'abbaye Saint-Pierre de Flavigny qui furent les premiers à préparer ces petites dragées de sucre. Au cours du XIXe siècle, les fabricants ont conservé leur savoir-faire et l'ont mécanisé. Aujourd'hui, c'est toujours une petite graine d'anis, la *Pimpinella anisum*, qui est roulée dans un sirop de sucre, se recouvrant ainsi progressivement de plusieurs couches. Préparés avec des arômes naturels tels que la menthe ou la rose, ces délicieux bonbons sont exportés dans le monde entier.

La rubrique du 13 h

LE MUSÉE DES MAISONS COMTOISES

Franche-Comté

À Nancray, à quelques kilomètres de Besançon, est installé le musée de plein air des Maisons comtoises ; il révèle les particularités architecturales de la Franche-Comté, du XVIIe siècle à nos jours. Sur un parc de quinze hectares, on peut visiter trente maisons entièrement meublées, qui ont été démontées de leur village d'origine, puis remontées fidèlement dans le parc, avec leur environnement végétal originel. Le musée, qui comporte plusieurs jardins thématiques et des potagers, propose des animations autour de l'habitat, afin de promouvoir ce patrimoine rural.

Faune & flore

L'œillet du granite

Rhône-Alpes

C'est dans les gorges de l'Ardèche que se cache cette jolie fleur formant, le long des parois rocheuses, de vastes tapis colorés. À cette époque de l'année, l'œillet est en pleine floraison. Si vous avez l'occasion de passer dans la région, vous ne pourrez donc pas le manquer !

À la vôtre !

Aquitaine

Le Château d'Yquem est considéré par beaucoup comme le plus grand vin liquoreux du monde. Les plus grands millésimes peuvent se conserver de cinquante à cent ans et offrent une complexité aromatique hors du commun. On compte neuf années sans commercialisation au XXe siècle, car ses producteurs ne visent que l'excellence.

Il était une fois en 1992

Mort de Michel Berger

Provence-Alpes-Côte d'Azur

D'un naturel discret et timide, Michel Berger fut un musicien prolifique aux multiples facettes, à la fois compositeur, auteur et interprète. Un talent qu'il mit régulièrement aux services des autres, en composant *Besoin de personne* pour Véronique Sanson, *Quelque chose de Tennessee* pour Johnny Hallyday et, bien sûr, de nombreuses chansons pour France Gall, qu'il épousa en 1976. En 1978, Michel Berger créa, avec Luc Plamondon, la comédie musicale *Starmania*, qui connut un grand succès et fut jouée pendant de nombreuses années en France et au Canada. Il succomba à une crise cardiaque à l'âge de 44 ans, le 2 août 1992, alors qu'il était en vacances à Ramatuelle.

Suivez le guide !
Poitou-Charentes

Symphonie de la paix en *ré* majeur

Un petit vent salé se lève, un soleil éclatant réchauffe l'air marin, la lumière douce baigne les dunes et les maisons blanches, tandis que le cri des mouettes ou le braiment d'un âne brisent le silence : l'île de Ré se révèle dans toute sa splendeur.

« À bicyclette », comme le chantait Yves Montand, voilà le meilleur moyen de parcourir l'île, particulièrement plate, formée de trois îlots reliés par l'homme. Entre mer, champs, vignes et bois, au gré de la couleur changeante des marais salants, la balade ne lasse pas. La côte, saisissante, bordée de sable fin et baignée par un microclimat, offre une végétation étonnante : pins et tamaris, myrte et romarin, c'est bien un air méditerranéen que chantent les dunes et les bords de mer. Mais, dans les marais, la végétation est plus luxuriante aux abords des bassins.

Attirés par l'intimité et le calme prodigués par la flore sauvage que protège la réserve de Lilleau des Niges, sur le rivage du Fier d'Ars, de nombreux oiseaux migrateurs font leur nid pour se reproduire. Canards sauvages, bécasseaux et bernaches cravants côtoient hérons, cormorans et mouettes, dans l'une des plus importantes réserves ornithologiques d'Europe. Le chant de ceux qui vivent encore sur l'île en été ponctue la promenade d'un phare à l'autre, d'un port à l'autre, ou d'une terrasse ensoleillée à l'autre, au fil des plages et des ruelles lumineuses et fleuries.

À gauche : Ars-en-Ré dispose de deux ports. L'un touristique, très animé, et un second plus au calme, au cœur de la zone naturelle protégée du Fier.
Ci-contre : Les marais salants ont assuré des décennies durant la richesse de l'île. Déclinant au milieu du XIXe siècle, la production a repris récemment, grâce à une politique très active de relance de l'exploitation salicole.
Ci-dessous : Les ânes étaient jadis utilisés sur l'île pour le ramassage du varech sur les côtes, les travaux agricoles et la récolte du sel.

lundi 5 août

lever : 6 h 29
coucher : 21 h 22

St Abel

Faune & flore

La prune norberte

Champagne-Ardenne

Ce fruit typiquement ardennais est loin de compter pour des prunes ! Jadis cultivée par les moines de l'abbaye des Prémontrés de Laval-Dieu, la norberte fut pendant longtemps utilisée dans la confection de l'eau-de-vie de prune. Sucrée, parfumée, elle est aujourd'hui consommée en tarte ou en confiture.

À table !

Carpe à la bière

Centre

Pour 4 personnes
Lever les filets d'une carpe de 2 kg environ. Les assaisonner. Dans une poêle, saisir les filets à feu vif, puis terminer la cuisson à feu doux. Ajouter 1 échalote coupée en petits morceaux. La faire revenir avec le poisson. Verser 10 cl de bière et laisser réduire. Terminer en ajoutant 6 c. à soupe de crème. Servir aussitôt avec des pommes de terre vapeur.

La rubrique du 13 h

L'ABBAYE DE LA CHAISE-DIEU

Auvergne

L'abbaye de la Chaise-Dieu, en Haute-Loire, est une abbaye bénédictine fondée au XIe siècle. Cependant, l'abbatiale actuelle, qui domine la ville, date du XIVe siècle. Haute de dix-neuf mètres et longue de soixante-quinze mètres, elle est célèbre pour ses tapisseries retraçant des épisodes de la vie du Christ et sa *Danse macabre* ; elle abrite également le tombeau du pape Clément VI, un ancien moine de la Chaise-Dieu. De nos jours, quelques frères de la communauté Saint Jean font vivre l'abbaye, qui accueille chaque été un festival de musique classique.

Savoirs d'antan

Pour vous débarrasser naturellement des puces qui parasitent chiens et chats, pensez à la feuille de noyer. Cueillez un bouquet de feuilles fraîches lors d'une promenade en forêt et parsemez-en les pièces dans lesquelles vivent vos animaux. Renouvelez l'opération si nécessaire, toujours avec des feuilles fraîches.

Il était une fois en 1738

L'abbatiale de Murbach

Alsace

Dans la vallée vosgienne de Guebwiller trône un bijou de l'art roman alsacien, l'abbatiale de Murbach, fondée en 727. Les Hongrois pillent et détruisent l'abbaye en 926, faisant des sept moines tués dans l'attaque des martyrs de l'Église d'Alsace. Reconstruite et détruite plusieurs fois au cours des siècles, l'ancienne nef, au plafond recouvert d'une charpente, aurait comporté neuf fenêtres. C'est le 5 août 1738 que débute la reconstruction de l'édifice dans la forme qu'on lui connaît aujourd'hui. Umberto Eco évoqua cette abbaye dans son roman *Le Nom de la rose* : au XIVe siècle, elle aurait été encore très active comme atelier de moines copistes, aussi habiles qu'émérites.

mardi 6 août

lever : 6 h 30
coucher : 21 h 21

St Octavien

Faune & flore

Le cheval Henson

Picardie

Reconnu depuis juillet 2003, le Henson est le fruit du croisement entre des poneys fjord et des chevaux de sang. On l'appelle parfois « cheval de la baie de Somme » en hommage à sa région d'origine, dont il est aujourd'hui devenu l'emblème. Endurant, rapide, le Henson est avant tout destiné à l'équitation.

Un record en *Basse-Normandie*

Michèle Guillais est une sportive caennaise au palmarès impressionnant. Championne de natation, elle a déjà battu cent records français et compte bien disputer les Championnats du monde… dans la catégorie 90-94 ans !

La rubrique du 13 h

LA VALLÉE DU LOURON

Midi-Pyrénées

Hiver comme été, cette luxuriante vallée du centre des Pyrénées réjouit les amoureux du tourisme vert. Ses villages à flancs de montagne, qu'on appelle les « balcons des Pyrénées », regorgent de trésors naturels et patrimoniaux. Ils sont notamment constellés de petites églises romanes – dont certaines sont classées –, à l'intérieur desquelles ont été peintes des fresques remarquables au cours du XVIe siècle, l'âge d'or de la vallée. Ce riche patrimoine religieux a été reconnu par le ministère de la Culture, qui a labellisé la vallée « Pays d'art et d'histoire ».

À table !

Gâteau aux abricots

Languedoc-Roussillon

Pour 6 personnes

Retirer la peau de 700 g d'abricots, les ouvrir en 2 et les dénoyauter. Beurrer un moule et saupoudrer de sucre. Prélever le zeste de 1 citron et récupérer le jus. Dans un saladier, mélanger 3 œufs, 120 g de sucre et 1 sachet de sucre vanillé. Ajouter 100 g de farine, puis 150 g de fromage blanc, le zeste râpé, 30 g de beurre fondu et 15 cl de crème fraîche. Disposer les abricots dans le fond du moule et verser la préparation. Cuire 45 min à 210 °C.

Il était une fois en 1279

Sacre d'Édouard Ier

Aquitaine

L'église Notre-Dame d'Agen est aujourd'hui le dernier vestige de l'ancien couvent des Dominicains, connu aussi sous le nom de « couvent des Jacobins ». C'est dans le cloître que, le 6 août 1279, le prieur et les consuls du Mas-d'Agenais reconnurent comme leur souverain, en lui jurant fidélité et obéissance, le roi d'Angleterre Édouard Ier, en pleine tourmente de la guerre de Cent Ans. Trois jours plus tard, c'est tout l'Agenais qui fut restitué à la couronne d'Angleterre par Philippe III, le fils de Louis IX. L'édifice accueille aujourd'hui les expositions temporaires du musée des Beaux-Arts d'Agen.

mercredi 7 août

lever : 6 h 32
coucher : 21 h 19

St Gaétan

Faune & flore

Le cresson alénois

Nord-Pas-de-Calais

Rien de plus simple et de plus rapide que de cultiver celui que l'on appelle aussi « cresson de terre ». Semez-le de préférence à la fin de l'été, plutôt en rangs pour faciliter l'éclaircissage, au moment où les plantules compteront trois feuilles. Attendez trois semaines, puis récoltez.

À table !

Migliacci

Corse

Pour 12 galettes
Préparer une pâte à pain avec 1 kg de farine, du levain, de l'eau et du sel. Rajouter 3 œufs et 1 kg de fromage frais. Laisser lever 2 h. Disposer 4 feuilles de châtaignier (3 en long et 1 en travers). Déposer une boule de pâte et l'aplatir pour obtenir une galette. Recommencer jusqu'à épuisement de la pâte. Dorer chaque galette avec un mélange œuf-lait. Laisser reposer 30 min. Enfourner 20 min à 240 °C.

La rubrique du 13 h

LE PALÉOSITE DE SAINT-CÉSAIRE

Poitou-Charentes

Le Paléosite est un centre interactif sur la préhistoire situé à Saint-Césaire, en Charente-Maritime. Fondé en 2005 et parrainé par Yves Coppens, le centre retrace l'évolution de l'être humain à partir du squelette de Pierrette, une jeune néandertalienne dont les ossements ont été découverts, en 1979, à l'emplacement même où a été construit le Paléosite. De nombreuses activités sont proposées aux visiteurs – notamment aux enfants –, telles que la construction de huttes, l'apprentissage des techniques de chasse préhistorique ou encore l'allumage du feu.

Savoirs d'antan

Pour améliorer son confort intestinal, il suffit de boire, tous les matins, un grand verre d'eau tiède, proche de la température corporelle. Il aidera à purger les toxines qui se sont accumulées pendant la nuit, lors de la digestion.

Il était une fois en 1919

Vol sous l'Arc de triomphe

Île-de-France

Roland Garros, aviateur aguerri, était formel : « Celui qui essaiera de passer là se tuera ! » Pourtant, le 7 août 1919, Charles Godefroy réussit ce vol spectaculaire, en passant sous les quatorze mètres cinquante de l'arc de triomphe de l'Étoile, à Paris. L'idée était née dans l'esprit de Jean Navarre, qui souhaitait la mettre en œuvre au cours du défilé du 14 juillet 1919 ; mais il mourut quatre jours avant de pouvoir concrétiser cette idée folle. Charles Godefroy reprendra le projet le mois suivant, en faisant de ce vol un exploit historique, qui ne sera reproduit qu'en 1981, par l'aviateur Alain Marchand.

jeudi 8 août

lever : 6 h 33
coucher : 21 h 18

St Dominique

À la vôtre!

Picardie

La bière Colvert est une des neuf bières élaborées par la brasserie De Clerck à Péronne, brasseurs depuis le XVIIIe siècle. Fabriquée à partir de malt d'orge et de houblon, elle contient 7 % d'alcool et se déguste aussi bien à l'apéritif qu'en cuisine, comme avec la recette du lapin à la bière Colvert et au pain d'épice.

Faune & flore

La papaye

Guadeloupe

Bien qu'il soit originaire du Mexique, c'est dans les Antilles que les Européens découvrirent, au XVIe siècle, ce fruit délicieux riche en vitamines et en sels minéraux. L'arbre qui donne la papaye, le papayer, produit également un latex utilisé notamment pour traiter les troubles digestifs.

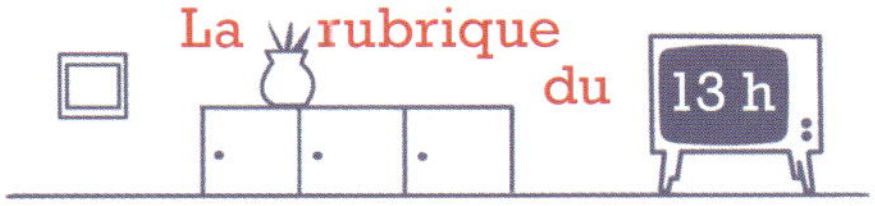

L'ÉGLISE SAINTE-JEANNE-D'ARC DE ROUEN

Haute-Normandie

Si elle ne fait pas l'unanimité, elle ne laisse personne indifférent. Située au cœur de Rouen, non loin de l'emplacement du bûcher où la Pucelle d'Orléans connut ses dernières heures, l'église Sainte-Jeanne-d'Arc a été inaugurée en 1979. Elle remplace une église détruite pendant la guerre, Saint-Vincent; elle a d'ailleurs hérité de ses vitraux du XVIe siècle. La voûte de l'église rappelle les drakkars vikings, et la forme du bateau renversé renoue avec la tradition de nombreuses vieilles églises normandes : le bâtiment moderne est ainsi ancré dans l'histoire de la région.

À table!

Galette aux myrtilles

Auvergne

Pour 6 personnes

Dans un saladier, mélanger 50 g de beurre mou, 50 g de crème fraîche, 120 g de poudre d'amandes et 80 g de sucre. Dans le fond d'un moule, disposer 1 pâte feuilletée. Répartir la préparation. Déposer dessus 200 g de myrtilles. Refermer en déposant 1 seconde pâte feuilletée et souder les bords. Dorer le dessus avec 1 jaune d'œuf. Enfourner 25 min à 180 °C.

Il était une fois en 1909

Naissance de François Valentin

Lorraine

François Valentin, né le 8 août 1909 à Nancy, connaît la carrière politique d'un patriote convaincu et traditionnel. Après des études de droit, il s'engage dans les mouvements de la jeunesse catholique et devient, à 27 ans, le plus jeune parlementaire de France. Espoir de la droite française, il vote en 1940 les pleins pouvoirs au maréchal Pétain, qui le nomme à la tête de la Légion française des combattants. Spectateur stupéfait du régime de Vichy, il démissionne de son poste et rejoint la Résistance en 1943 – il y avait noué des contacts dès 1941. Après la Libération, il remplira de nouveaux mandats de sénateur et de député, prenant notamment position pour l'Algérie française.

vendredi 9 août

lever : 6 h 35
coucher : 21 h 16

St Amour

À table !

Chipirons à la tomate

Aquitaine

Pour 6 personnes

Découper 700 g de chipirons (petits calamars) en rondelles. Émincer 2 oignons et 2 gousses d'ail. Épépiner et émincer 2 poivrons verts. Dans un peu d'huile, faire revenir les chipirons à feu moyen, en remuant, pendant 5 min. Ajouter les oignons. Cuire 10 min en remuant, arroser de 5 cl de cognac et faire flamber. Ajouter les poivrons, 1 grosse boîte de tomates concassées, l'ail et ½ c. à café rase de piment d'Espelette. Laisser mijoter 40 min à feu doux, en remuant.

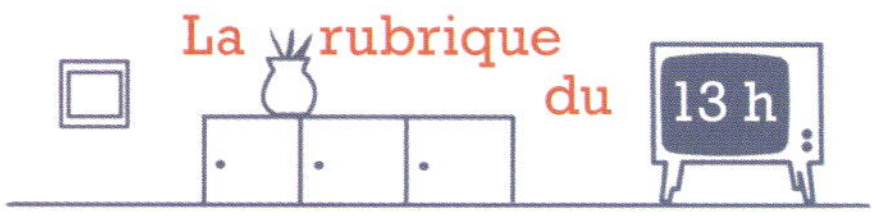

LE CHÂTEAU DE PONTÉCOULANT

Basse-Normandie

Situé non loin de Condé-sur-Noireau, dans la vallée de la Druance, le château de Pontécoulant appartient depuis le début du XXe siècle au département du Calvados, qui l'a converti en musée. Auparavant, le domaine fut la propriété d'une unique famille : les Le Doulcet de Pontécoulant. Ils s'installent, au XIVe siècle, dans une maison forte qu'ils transforment en château au XVIe siècle. Agrandi et modifié deux siècles plus tard, le château devient leur résidence d'été. Aujourd'hui, on peut admirer son parc à l'anglaise et son mobilier d'époque ; le hall est, quant à lui, devenu un lieu d'expositions.

Faune & flore

Le fauve de Bourgogne

Bourgogne

Le nom de certains animaux est parfois trompeur. C'est le cas de ce lapin bourguignon qui, loin d'être un animal sauvage, possède un pelage poil de carotte – quoi de mieux pour un lapin ? Élevé pour la production de viande, il fait également un excellent animal de compagnie.

Devinette

Quel animal totémique est-il possible de voir déambuler dans les rues de Mèze, en Languedoc-Roussilon ?

Un bœuf. De taille démesurée, avec sa charpente de bois recouverte d'une toile brune, il peut loger huit hommes pour le mouvoir, lors de manifestations locales. Sa mort clôt les festivités qui ont lieu à Mèze, à la mi-août.

Il était une fois en 1808

Visite de Napoléon à Nantes

Pays de la Loire

Quand l'empereur Napoléon arrive à Nantes le 8 août 1808, il incarne l'espoir d'une relance économique aux yeux de la population, qui le considère comme le « Pacificateur de l'Ouest ». Un accueil mémorable lui est alors réservé : « Les Nantais ont fait des folies pour moi ! », annonce-t-il à son ministre des Finances. Au cours de cette visite, il approuve notamment le nouveau plan de la Bourse, présenté par l'architecte Mathurin Crucy, et la rénovation du théâtre Graslin, dont il ne reste plus alors que la façade et le vestibule, depuis son incendie en 1796.

BILLET d'Entrée personnelle au BAL que donne la commune de Nantes au Cirque, en réjouissance de la présence de SA MAJESTÉ L'EMPEREUR ET ROI, le Août 1808.

On ouvrira à huit heures et demie.

NOTA. Aucun homme ne sera admis au Bal, sans l'habit français et l'épée ; chacun devra être porteur de son billet nominal, et on est invité à le renvoyer, si l'on n'accepte pas.

Suivez le guide !
Bretagne

La mer, les corsaires et le rock

« Ah ! cette mer est méchante, / Et l'affreux vent d'ouest qui chante / En troublant l'eau, / Tout en sonnant sa fanfare, / Souffle souvent sur le phare de Saint-Malo. » Victor Hugo, « Les paysans au bord de la mer », La Légende des siècles, *1883.*

Dans son poème, Victor Hugo peint la violence des vagues qui viennent s'écraser sur les remparts de la cité malouine. Si les marées de Saint-Malo figurent parmi les plus importantes en Europe, ce n'est heureusement pas tous les jours comme le décrit le poète, et la station balnéaire est très réputée.

Saint-Malo, qui fut une île il y a bien longtemps, est une ville close posée sur un rocher, prête à se défendre : l'épaisseur des remparts de l'ancienne cité corsaire atteint à certains endroits sept mètres. Les premières fortifications datent du XIIe siècle et furent plusieurs fois restaurées et modifiées. « Le tour des murs », comme disent les Malouins, est une promenade très prisée de près de deux kilomètres : les tours de guet et le chemin de ronde offrent une vue spectaculaire sur la mer ou sur le château de Saint-Malo, qui abrite maintenant la mairie. Du pied des remparts, par la plage de Bon-Secours, on accède à marée basse au Grand-Bé, une île inhabitée où est enterré Chateaubriand. Dans ses *Mémoires d'outre-tombe*, l'écrivain rappelle son attachement à la cité malouine, une ville dans laquelle il est né et face à laquelle il a choisi de reposer.

En août, les rues de Saint-Malo se remplissent de musique : cette année a lieu la vingt-troisième édition de La Route du Rock. Ce festival emprunte son nom à la fameuse Route du Rhum, une course transatlantique qui relie Saint-Malo à Pointe-à-Pitre. Organisée depuis 1991, la manifestation se déroule d'abord en hiver. Elle connaît sa première édition en été et en plein air en 1994. Elle a lieu dans l'enceinte d'un fort du XVIIIe siècle laissé à l'abandon, à Saint-Père-Marc-en-Poulet, une commune voisine de la cité malouine. La nouvelle formule est un tel succès que, désormais, le festival a lieu chaque année au fort ; il se déroule durant trois jours autour du 15 août. En 2006, le festival renoue avec ses origines, et une deuxième édition annuelle est ajoutée en février : la Collection Hiver.

lundi 12 août

lever : 6 h 39
coucher : 21 h 11

Ste Clarisse

À table !

Poulet à la lavande

Provence-Alpes-Côte d'Azur

Pour 4 personnes

Dans une poêle, faire revenir 8 morceaux de poulet dans 2 c. à soupe d'huile d'olive. Mettre le poulet dans un faitout. Dans la poêle, faire dorer 1 échalote émincée. Ajouter au poulet. Faire un roux avec 2 c. à soupe de farine. Verser 15 cl de bouillon de poulet et 15 cl de vin rouge. Remuer jusqu'à épaississement. Verser sur le poulet. Ajouter 2 c. à café de fleurs de thym et 2 c. à café de fleurs de lavande. Couvrir et laisser mijoter 40 min.

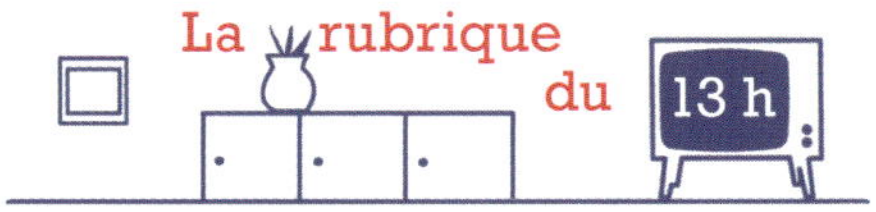

LE GR 20

Corse

Chaque année, des centaines de randonneurs se lancent sur les sentiers mythiques du GR 20. Ils repoussent leurs limites au milieu de sites grandioses, tels que le cirque de la Solitude, les lacs d'altitude, les aiguilles rocheuses ou les pozzines. En effet, le parcours au cœur de la montagne corse se fait bien souvent dans la douleur, mais toujours avec une immense fierté. Le GR 20 traverse l'île du nord au sud, sur environ deux cents kilomètres, et, que l'on préfère l'ambiance festive et conviviale des refuges ou la paix du bivouac, il reste une expérience unique.

Faune & flore

L'écaille chinée

Haute-Normandie

Un peu d'eau et quelques pieds de marjolaine sauvage… Il n'en faut pas plus à ce joli papillon mesurant à peine trois centimètres, très présent dans la région pendant les mois d'été. Volant de jour comme de nuit, l'écaille chinée a la particularité d'être une espèce migratrice.

Un record en Nord-Pas-de-Calais

En 1904, Henri Cornet devient à 19 ans le plus jeune vainqueur du Tour de France, et son record n'a toujours pas été battu. Cette année-là, les quatre premiers à l'arrivée sont disqualifiés, ce qui permet à Cornet, cinquième, de remporter la course.

Il était une fois en 1951

Assassinat de Pierre Chevallier

Centre

Après des études de médecine à Tours et à Paris, Pierre Chevallier retourne dans sa ville natale d'Orléans, pour y ouvrir son cabinet en 1939, et trouve rapidement une clientèle nombreuse. Mais c'est pendant la Seconde Guerre mondiale qu'il montre son caractère héroïque et intrépide : d'abord combattant et médecin, puis prisonnier de guerre, il s'engage ensuite dans la Résistance. À la libération d'Orléans, il est désigné maire provisoire de la ville, puis confirmé dans ses fonctions aux élections municipales de 1947. Pierre Chevallier entre au gouvernement de René Pleven le 11 août 1951, mais il est assassiné le lendemain par sa femme Yvonne, à qui il avait avoué son infidélité.

mardi 13 août

lever : 6 h 40
coucher : 21 h 09

St Hippolyte

Devinette

Qu'appelle-t-on des « galipettes » dans le Maine-et-Loire ?

Des gros champignons de Paris. Leur chapeau, une fois devenu trop gros, ferait des roulades en tombant de la butte sur laquelle on les cultive. Appelés aussi « galipèdes », ils sont principalement servis farcis.

Faune & flore

Le rosé des prés

Limousin

Également connu sous le nom d'« agaric champêtre », ce champignon très apprécié des amateurs comme des connaisseurs atteint parfois des dimensions impressionnantes. Vous le trouverez sans trop de peine, dès la fin de l'été, dans les champs et les prés, plus facilement encore s'il a plu.

La rubrique du 13 h

LE PHARE DE VERZENAY

Champagne-Ardenne

La mer est bien loin de Verzenay, dans le département de la Marne, et pourtant on y trouve un phare ! Celui-ci ne guide pas les marins, mais les amateurs de champagne. Il offre un point de vue exceptionnel sur le village et abrite un musée de la Vigne depuis 1999. Érigé à des fins publicitaires par la maison de champagne Goulet en 1909, le phare est laissé à l'abandon à la fin de la Première Guerre mondiale. Racheté par la commune de Verzenay en 1987, il est restauré, et la végétation qui l'envahissait se transforme en une vigne disciplinée.

À table !

Mousse à la framboise

Picardie

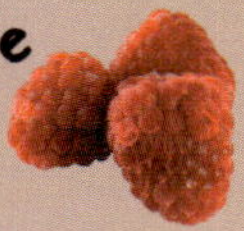

Pour 2 personnes

Faire tremper 2 g de gélatine en feuilles dans de l'eau froide. Mixer 150 g de framboises avec 30 g de sucre semoule et 1 sachet de sucre vanillé. Passer au chinois. Tiédir le jus. Incorporer rapidement la gélatine ramollie et essorée. Monter 10 cl de crème en chantilly avec 1 c. à soupe de sucre glace. Incorporer au jus. Répartir dans deux coupelles. Mettre au froid plusieurs heures.

Il était une fois en 1912

Mort de Jules Massenet

Rhône-Alpes

Avec ses vingt-cinq opéras, le compositeur Jules Massenet laisse une œuvre essentiellement lyrique. Premier prix de piano du Conservatoire de Paris, puis premier grand prix de Rome avec sa cantate *David Rizzio* en 1863, il est pensionnaire de la villa Médicis, où il rencontre Franz Liszt. En 1882, Jules Massenet commence la composition de *Manon Lescaut*, d'après le roman de l'abbé Prévost, un opéra très populaire qui atteindra sa cinq centième représentation en janvier 1905. Ce travailleur infatigable, né près de Saint-Étienne, écrira également de nombreuses suites symphoniques. Il meurt le 13 août 1912.

mercredi 14 août

lever : 6 h 42
coucher : 21 h 07

St Évrard

À table !

Moules à l'échalote et au vin blanc

Bretagne

Pour 4 personnes
Faire chauffer 30 g de beurre. Ajouter 4 échalotes émincées. Cuire jusqu'à ce qu'elles soient translucides. Verser 18 cl de vin blanc. Ajouter 1,3 kg (ou 2 l environ) de moules. Cuire à feu moyen, 5 min, afin que les coquilles s'ouvrent. Présenter les moules dans un plat, avec le liquide de cuisson. Saupoudrer de persil. Servir avec du pain de campagne et du beurre demi-sel.

La rubrique du 13 h

L'ÉGLISE SAINT-LÉGER DE MANSPACH

Alsace

Depuis quelques années, la renommée de l'église Saint-Léger de Manspach s'étend au-delà du Haut-Rhin et même de l'Alsace. Ce n'est pas à son architecture de la fin du XIXe siècle que l'église doit ce soudain succès, mais à son toit composé de tuiles photovoltaïques. En 2010, la municipalité constate qu'une réfection de la toiture de l'église est indispensable, mais difficile à financer. Une idée est alors retenue : faire rimer écologie avec économie, sans dénaturer l'apparence de l'édifice ; le pari est gagné, puisque d'ici à quelques années le coût des travaux sera remboursé grâce à l'électricité produite.

Faune & flore

L'épeire fasciée

Midi-Pyrénées

Grâce à ses rayures jaunes et noires, celle que l'on appelle aussi « argiope frelon » ne se confond avec aucune autre. Elle compte parmi les plus grosses araignées de la région, la femelle mesurant jusqu'à vingt-cinq millimètres de long. Elle s'établit généralement dans les hautes herbes ou au pied d'un buisson.

Savoirs d'antan

Enfer et damnation ! Vous venez de renverser votre tasse de thé sur votre roman favori de Marcel Proust. Pas de panique ! Étalez du talc en petite quantité sur les pages mouillées, fermez le livre et laissez sécher quarante-huit heures environ. Ensuite, ouvrez-le et passez un pinceau sur les pages, pour éliminer l'excédent de talc.

Il était une fois en 1949

Photographie de Christian Claude

Poitou-Charentes

Partenaire des journaux *Sud-Ouest* et *Charente Libre*, Claude Saffier de Bard, plus connu sous le nom de « Christian Claude », était un photographe ; il couvrit l'information dans tout le Charentais d'après-guerre jusqu'à sa mort suite à une longue maladie. Grâce aux archives d'un de ses fils, la Charente d'autrefois revit, et les anonymes aiment à se reconnaître sur les clichés de ce maître du noir et blanc : la foire lace du Champ-de-Mars à Angoulême, l'ancien Hôtel de France d'Angoulême ou cette insolite course de cafetiers, photographiée le 14 août 1949 près du Café du Centre.

lever : 6 h 43

coucher : 21 h 05

Faune & flore

Le chardon aux ânes

Lorraine

Comment ne pas évoquer cette plante terriblement piquante, symbole de la ville de Nancy? C'est d'ailleurs ce chardon qui est à l'origine du dicton « qui s'y frotte s'y pique ». Bien sûr, au jardin, c'est une autre histoire : pour en venir à bout, déchaussez la plante et versez du gros sel autour des racines.

Un record en

Centre

Huit mètres quarante-deux, c'est le record français de saut en longueur. Il est détenu depuis 2009 par Salim Sdiri, alors membre du club USM Montargis. L'athlète détient aussi le record du saut en longueur en salle.

La rubrique du 13 h

LE MUSÉE PIERRE-CORNEILLE

Haute-Normandie

Le musée Pierre-Corneille, à Petit-Couronne, près de Rouen, est une maison familiale peu à peu transformée en manoir. À l'origine, il s'agit d'une ferme entourée de dix-huit hectares de prairies, achetée par le père du dramaturge au début du XVIIe siècle, et dont hérite Pierre Corneille. Il ne subsiste que très peu d'objets personnels dans la maison, mais un mobilier d'époque a été reconstitué. À travers la salle à manger, la chambre, le cabinet de travail et la bibliothèque, le musée s'efforce de relater la vie de Corneille, ses succès, ses échecs.

À table !

Canapés de belles de Fontenay

Île-de-France

Pour 4 personnes

Couper 10 belles de Fontenay (pommes de terre) en lamelles régulières de 1,5 cm d'épaisseur. Les cuire à la vapeur 15 min. Passer sous l'eau froide, puis égoutter. Hacher 200 g de champignons de Paris. Faire revenir 2 échalotes émincées. Ajouter les champignons et cuire jusqu'à évaporation du jus. Sur une plaque, disposer les morceaux de pommes de terre. Sur chacun, répartir les champignons et placer un morceau de comté. Faire gratiner 5 min, à 200 °C. Servir chaud.

Il était une fois en 1636

Fin du siège de Dole

Franche-Comté

Dans la première moitié du XVIIe siècle, la Franche-Comté – qui est alors appelée le « comté de Bourgogne » – appartient aux Habsbourg d'Espagne, depuis le traité de Senlis, signé en 1493, où la France l'a restituée à l'empereur germanique du Saint Empire, Maximilien Ier. En mai 1636, l'armée du prince de Condé franchit la frontière afin de récupérer Dole, la capitale de la région. S'ensuit un siège de quatre-vingts jours, où les Dolois résistent courageusement, malgré la peste qui commence à se propager. Le 15 août 1636, les habitants ont repoussé tous les assauts, et la ville de Dole est libérée.

vendredi 16 août

lever : 6 h 44
coucher : 21 h 04

St Armel

À table !

Tarte meringuée aux groseilles

Nord-Pas-de-Calais

Pour 8 personnes
Étaler une pâte sablée dans un moule. Cuire à blanc 10 min, à 175 °C. Séparer les blancs et les jaunes de 5 œufs. Mélanger les jaunes avec 250 g de vergeoise, jusqu'à ce qu'ils blanchissent. Ajouter 50 g d'amandes en poudre. Monter les blancs en neige avec 1 pincée de sel. Ajouter doucement les blancs à la préparation, puis 400 g de groseilles. Verser sur la pâte. Cuire 45 min à 160 °C.

La rubrique du 13 h

L'ÉGLISE SAINT-JEAN-BAPTISTE D'ALLASSAC

Limousin

Dans le village d'Allassac, en Corrèze, cette église rectangulaire aux proportions modestes attire immédiatement le regard du visiteur. On est frappé par l'architecture austère de l'édifice, accentuée par l'utilisation de schiste noir pour la construction, mais surtout par son clocher. En effet, il a été transformé en tour de défense pendant la guerre de Cent Ans : à son sommet se trouve une petite salle dans laquelle les fidèles pouvaient se réfugier. L'intérieur de l'église est plus coloré, avec notamment un retable et une chaire peinte, deux œuvres des frères Duhamel.

Faune & flore

Le trotteur français

Basse-Normandie

Comme son nom l'indique, ce cheval de sang est essentiellement élevé pour la course de trot attelé ou monté. Si la race ne possède pas de standard, on relève toutefois quelques caractéristiques communes, comme une grande taille ou encore des cuisses très musclées.

À la vôtre !

Alsace

L'Elsasser Schnaps – ou schnaps d'Alsace – est une eau-de-vie à 40 %, à base de mirabelles, quetsches ou cerises conservées en fûts deux à trois mois. Un schnaps authentique n'a pas de sucres ajoutés et n'est pas aromatisé. Il se rapproche de la vodka, quant à sa fabrication, mais il est légèrement plus fruité.

Il était une fois en 1918

Torpillage du Balkan, au large de Calvi

Corse

Pendant les derniers mois de la Première Guerre mondiale, l'offensive sous-marine menée par l'Allemagne n'épargne pas la Méditerranée. Le *Balkan* reste un des seuls navires qui n'a pas été réquisitionné, affecté à la liaison Marseille-Bastia. Les soldats en permission sont attendus impatiemment en Corse et ils sont nombreux sur le *Balkan*, quand, dans la nuit du 15 au 16 août 1918, le navire, qui se dirige vers l'île, est torpillé par un sous-marin allemand et sombre au large des côtes, près de Calvi. Il y aura plus de quatre cents morts, et une centaine de survivants, qui seront recueillis au matin du 16 août.

Suivez le guide !
Aquitaine

Des arènes à la rue

Chaussés de souliers blancs, arborant le pantalon blanc, la cinta rouge, la chemise blanche et le foulard rouge de rigueur, les festayres ont déferlé dans les rues de la station thermale : en ce week-end dédié à la Vierge Marie, patronne de la ville, Dax se lance dans la feria !

Ne comptant pas moins de quinze établissements thermaux, Dax est la première station thermale de France. Nichée entre la forêt landaise, l'océan Atlantique et les Pyrénées, elle est en effet aussi célèbre pour ses promesses curatives que pour sa riche gastronomie ! Mais, quand arrive le week-end de l'Assomption, c'est un autre aspect de la ville que viennent découvrir les *festayres* : sa culture taurine. Lors de la feria, la ville se pare de rouge et de blanc, comme les milliers de visiteurs venus festoyer. Le rouge représente le sang versé par san Fermin, patron de Pampelune, qui fut égorgé, tandis que le blanc fut adopté par les bourgeois pour se distinguer des paysans, traditionnellement vêtus de costumes sombres. Et si tous portent la *cinta*, la ceinture… « c'est pour maintenir leur pantalon », dit-on à Dax !

Le terme « feria » suffit à lui seul à galvaniser les foules : n'évoque-t-il pas la folle ambiance des bodegas et les mélodies endiablées des *bandas* ? L'excitation ne retombe guère au cours des six jours pendant lesquels se déroule la fête dacquoise. Dans les arènes tout d'abord – accueillant corridas, novilladas sans picadors, novilladas avec picadors et une corrida équestre –, mais aussi dans la rue. Il semble qu'un bon *festayre* ne dorme jamais…

lundi 19 août

lever : 6 h 49
coucher : 20 h 58

St Jean Eudes

À table !

Pommes farcies au boudin noir Vertillais

Pays de la Loire

Pour 2 personnes
Laver et évider 4 belles pommes. Les creuser afin de pouvoir les farcir et les disposer dans un plat à four. Répartir, dans les 4 pommes, 2 parts de boudin noir Vertillais (boudin noir nantais au gingembre et au miel d'acacia) et 20 g de beurre. Faire dorer à 220 °C, en veillant à ce que les pommes ne se décomposent pas. Servir bien chaud avec une purée de pommes de terre.

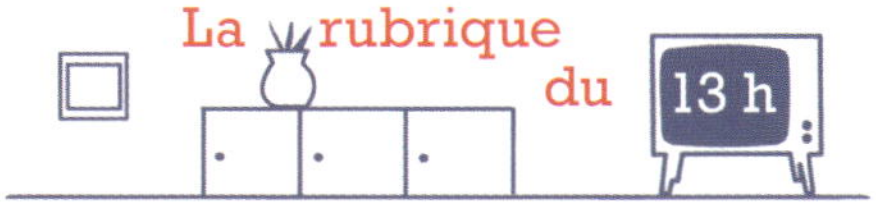

LE MONT CHOUNGUI

Mayotte

Visible de pratiquement partout sur Mayotte, ce sommet entièrement recouvert d'une végétation luxuriante est le plus connu de l'archipel. Il est situé au sud de l'île de Grande-Terre, et c'est une ancienne cheminée de volcan. Son ascension est incontournable pour tout visiteur de l'île, même si elle se révèle sportive. En effet, le mont Choungui se mérite ! Au sommet, qui culmine à près de six cents mètres, les efforts sont récompensés par une vue imprenable sur tout le sud de Mayotte, son relief et son lagon, un des plus beaux du monde.

Faune & flore

La bruyère de Saint-Daboec

Aquitaine

Protégée au niveau européen, cette proche parente de la bruyère se plaît particulièrement bien dans les jardins d'Aquitaine. Plantez-la en bordure, sur une rocaille ou le long d'un muret. Optez pour une exposition semi-ombragée et pensez à pailler le pied dès les premiers frimas.

Devinette

Quel village de L'Indre l'écrivain George Sand affectionnait tout particulièrement ?

Gargilesse. Il est au centre de plusieurs de ses ouvrages, dont *Le Péché de Monsieur Antoine* et *Carnet de voyages à Gargilesse*. Elle aimait s'y retrouver, dans sa maison de villégiature qu'il est possible de visiter aujourd'hui.

Il était une fois en 1839

L'État français achète le daguerréotype

Languedoc-Roussillon

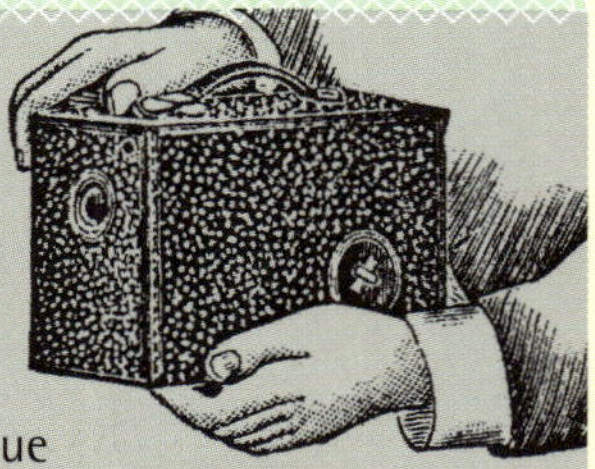

Le 19 août 1839, François Arago, savant et homme politique originaire du Languedoc-Roussillon, annonce publiquement, lors d'une séance de l'Académie des sciences, que l'État français a acheté le brevet du daguerréotype, afin d'« en doter libéralement le monde entier ». Cette invention de Louis Daguerre est une grande avancée, puisqu'elle permet de fixer l'image sur une surface en argent, sans qu'elle soit altérée par la lumière. Pionnier dans la vulgarisation scientifique, François Arago avait créé, en 1835, *Les Comptes rendus des séances de l'Académie des sciences.*

mardi 20 août

lever : 6 h 50
coucher : 20 h 56

St Bernard

Faune & flore

Le saxifrage à feuilles d'épervière

Auvergne

Les monts du Cantal constituent le seul site en France où pousse cette grande amatrice des milieux humides. On la rencontre habituellement sous des latitudes bien plus septentrionales. Le saxifrage à feuilles d'épervière est donc une plante rare, qu'il ne faut en aucun cas cueillir.

La rubrique du 13 h

LES DEMOISELLES COIFFÉES DU SAUZE-DU-LAC

Provence-Alpes-Côte d'Azur

Au Sauze-du-Lac, en bordure du barrage de Serre-Ponçon, on observe un curieux phénomène géologique : des colonnes rocheuses se dressent à plusieurs dizaines de mètres de haut avec à leur sommet des chapeaux de pierre, qui les protègent contre l'effritement. Un chemin a été aménagé pour approcher en toute sécurité celles qu'on surnomme « les Demoiselles coiffées » ; il permet également d'admirer les panoramas exceptionnels des Hautes-Alpes. La légende du pays raconte que ces colonnes sont des jeunes filles qui furent pétrifiées, un soir de fête, par le violoniste qui menait leur danse.

À table !

Le melon de Saint-Memmie

Champagne-Ardenne

Un régiment de cavalerie était autrefois stationné dans l'ancienne abbaye de Saint-Pierre-aux-Monts. Placé dans une tranchée et recouvert de terreau, le fumier assurait la chaleur nécessaire à la culture des graines de melon disposées au-dessus. Le melon de Saint-Memmie, de forme oblongue, pèse entre 2 et 5 kg. Sa chair est orange foncé. Actuellement produit en petites quantités, il était autrefois vendu sur les marchés, de Châlons-en-Champagne à Reims.

Un record en

Limousin

Capitale européenne de la porcelaine, Limoges possède le plus vieux four à porcelaine français. On peut aujourd'hui visiter le four des Casseaux, classé aux monuments historiques, qui permettait de faire cuire jusqu'à dix mille assiettes à la fois.

Il était une fois en 1999

Victoire de la Solitaire du Figaro, Jean Le Cam

Bretagne

En arrivant à Douarnenez le 20 août 1999, Jean Le Cam signe sa troisième victoire de la Solitaire du Figaro, prestigieuse course à la voile en solitaire. Un exploit que le marin avait déjà réalisé en 1994 et 1996, égalant les records de Philippe Poupon et Michel Desjoyaux. Navigateur passionné, il est né à Quimper en 1959, où il s'initie très tôt à la navigation avec son père. Celui que l'on appelle « le Roi Jean » pour son palmarès légendaire a également fait partie de l'équipage du navigateur Éric Tabarly, à bord du *Pen Duick VI*, dans les années 1970.

mercredi 21 août

lever : 6 h 51
coucher : 20 h 54

St Christophe

À table !

Cassolette d'escargots au vin d'Alsace

Alsace

Pour 8 personnes

Laver et émincer 500 g de champignons de Paris. Couper 8 tranches de bacon en lamelles. Ciseler 2 échalotes et 2 gousses d'ail. Faire revenir les échalotes au beurre. Incorporer les champignons, 8 douzaines d'escargots et le bacon. Laisser mijoter 10 min. Disposer le mélange dans des cassolettes et réserver. Déglacer avec 50 cl de sylvaner. Ajouter 50 cl de bouillon de volaille. Laisser réduire. Ajouter 200 g de crème liquide et l'ail. Cuire jusqu'à obtention d'une sauce. Napper les cassolettes et passer au four.

La rubrique du 13 h

LES TRINQUETS DU PAYS BASQUE

Aquitaine

Héritiers du jeu de paume, les trinquets sont des terrains couverts dans lesquels se pratique la pelote basque. Touristes et amateurs éclairés assistent aux parties animées de ce sport ancestral, qui compte plusieurs spécialités, comme le jeu à main nue – l'unique façon de jouer pour les puristes – ou encore avec un chistera, ce gant de cuir, de châtaignier et d'osier qui permet de recevoir et de relancer la pelote. Les joueurs se démènent sur la *cancha*, la surface de jeu au sol, tandis que, dans les tribunes, les plus passionnés prennent les paris.

Faune & flore

La guifette moustac

Centre

À cette époque de l'année, il n'est pas rare de voir la guifette moustac se promener en compagnie de ses petits. Et c'est là un spectacle des plus attendrissants ! Mais ce moment de complicité sera de courte durée, le jeune prenant son indépendance trois semaines après son premier envol.

À la vôtre !

Nord-Pas-de-Calais

Le chuche mourette est un cocktail typique du Nord-Pas-de-Calais. Il se trouve prêt à boire, dans le commerce, mais il sera meilleur préparé par vos soins. Il suffit de mettre dans un shaker 6 cl d'alcool de Wambrechies (alcool de genièvre), 3 cl de crème de cassis et de la glace. À servir frappé dans un verre givré !

Il était une fois en 1926

La gare maritime transatlantique de Cherbourg

Basse-Normandie

Afin de faciliter le transit des voyageurs, qui jusque-là devaient utiliser des transbordeurs pour parvenir aux quais et à la gare maritime, la Ville de Cherbourg décide d'édifier sur le port une nouvelle gare, plus spacieuse, à la fois ferroviaire et maritime. Le projet est adopté le 21 août 1926. Construite par l'architecte René Levasseur à partir de 1928, la gare est inaugurée par le président Albert Lebrun en 1933. Dans ce grand bâtiment d'architecture Art déco, quatre trains et deux paquebots transatlantiques peuvent être accueillis en même temps. Depuis 2002, un musée océanographique y est abrité : la Cité de la Mer.

jeudi 22 août

lever : 6 h 53
coucher : 20 h 52

St Fabrice

Faune & flore

La leucorrhine à front blanc

Franche-Comté

En France, cette étonnante libellule est tellement rare qu'il est difficile d'évaluer sa population. Le fait est qu'elle est très sensible aux modifications de son habitat. Ainsi, sa présence semble limitée aux départements du Doubs et du Jura, cinq sites seulement ayant été recensés dernièrement.

Savoirs d'antan

Si vous souhaitez nettoyer la lame d'un couteau en acier, il existe une technique peu coûteuse et efficace. Humectez un chiffon d'un mélange de cendre et de quelques gouttes d'huile, puis frottez-en la lame. Pour un couteau rouillé, passez-le dans un oignon cru !

La rubrique du 13 h

LA CATHÉDRALE NOTRE-DAME DE SENLIS

Picardie

À Senlis, dans l'Oise, le temps semble s'être arrêté. Demeure royale sous les Capétiens, la ville a gardé ses rues étroites et pavées, si caractéristiques des cités médiévales. Son patrimoine architectural est riche, comme en témoigne la cathédrale Notre-Dame, l'une des plus petites cathédrales de France, mais certainement pas la moins majestueuse. Située entre les vestiges d'un château royal et d'un évêché, elle a été édifiée, au milieu du XIIe siècle, sur d'anciens lieux de culte. Elle est reconstruite au XVIe siècle à la suite d'un incendie, ce qui explique sa façade sud de style gothique flamboyant.

À table !

Sablés au tilleul

Rhône-Alpes

Pour 15 petits sablés

Réduire en poudre 10 g de feuilles de tilleul séchées. Dans un saladier, mélanger la poudre, 60 g de beurre mou, 75 g de farine, 60 g de sucre et 1 pincée de sel. Pétrir rapidement du bout des doigts. Incorporer 1 jaune d'œuf. Former 1 boule et laisser au frais 2 h. Étaler au rouleau et découper les sablés avec un emporte-pièce. Les déposer sur une plaque. Cuire 10 min à 180 °C.

Il était une fois en 1750

Naissance de Benoît Lesterpt-Beauvais

Limousin

Né au Dorat, en Haute-Vienne, le 22 août 1750, Benoît Lesterpt-Beauvais est connu pour avoir été élu, en mars 1789, député du tiers état aux États généraux. Avocat de profession, il se déclare alors partisan des réformes. Proche des Girondins, lorsqu'il est élu en 1792 à la Convention nationale, il vote sans ciller la culpabilité de Louis XVI, mais contre le peuple, qui veut son exécution ; et, en 1793, il se prononce en faveur d'un sursis. Jugé trop modéré sous la Terreur, il est accusé de fédéralisme et comparaît devant le tribunal révolutionnaire avec les chefs des Girondins. Il meurt guillotiné, avec ses camarades.

vendredi 23 août

lever : 6 h 54
coucher : 20 h 50

Ste Rose

À table !

Melon confit

Midi-Pyrénées

Peler, épépiner et couper en tranches 2 melons. Les mettre dans de l'eau froide et amener à ébullition. Égoutter et passer à l'eau froide. Faire chauffer, 30 min, 1 kg de sucre dans 1 l d'eau. Verser du sirop sur les tranches. Conserver au froid 24 h. Égoutter les tranches, faire chauffer le sirop et verser sur les tranches. Laisser au froid 24 h. Recommencer 7 jours de suite. Le 8e jour, faire épaissir le sirop, tremper les tranches, les égoutter et les ranger sur une grille 24 h. Les retourner et laisser 4 jours. Ranger dans des boîtes hermétiques.

La rubrique du 13 h

LE CHÂTEAU DE BEAUFORT-EN-VALLÉE

Pays de la Loire

Situé dans ce qu'on appelle « l'Anjou blanc », à l'extrémité du Bassin parisien, reconnaissable à son relief calcaire, le village de Beaufort-en-Vallée, dans le Maine-et-Loire, est une ancienne place forte, comme en témoignent les ruines de son château. Édifié sur une butte au XIVe siècle par Guillaume Roger, à partir des ruines d'un donjon du XIe siècle, il est aujourd'hui à l'abandon. Cependant, on devine encore la forme des tours médiévales et quelques éléments Renaissance ; perché sur sa motte, le château découvre un vaste panorama sur la ville.

Un record en

PACA

La plus haute falaise de France, trois cent quatre-vingt-dix-neuf mètres au-dessus du niveau de la mer, ne se trouve pas en Normandie, mais dans les Bouches-du-Rhône, entre Cassis et La Ciotat. Il s'agit du cap Canaille.

Faune & flore

L'aubépine maritime

Bretagne

Cet arbrisseau, mesurant entre cinquante centimètres et un mètre de hauteur, poussant à proximité des dunes, n'a été observé qu'en Bretagne, à l'exception de l'île d'Yeu, en Vendée. Ce sont sa taille, plus petite, son port et la pilosité de ses rameaux qui le différencient de l'aubépine commune.

Il était une fois en 1806

Naissance d'Antoine Masson

Bourgogne

Antoine Masson est né à Auxonne, en Côte d'Or, le 23 août 1806. Professeur à l'École centrale des arts et manufactures et au lycée Louis le Grand, ce physicien de talent consacre sa vie à de nombreux travaux scientifiques, dont le plus célèbre restera sans aucun doute la mise au point de la bobine d'induction. C'est en 1841 que, avec Louis Breguet, Antoine Masson construit la première bobine d'induction, afin d'étudier les décharges électriques dans les gaz raréfiés. Un ingénieur allemand, Heinrich Ruhmkorff, perfectionnera cette découverte... qui portera finalement son nom.

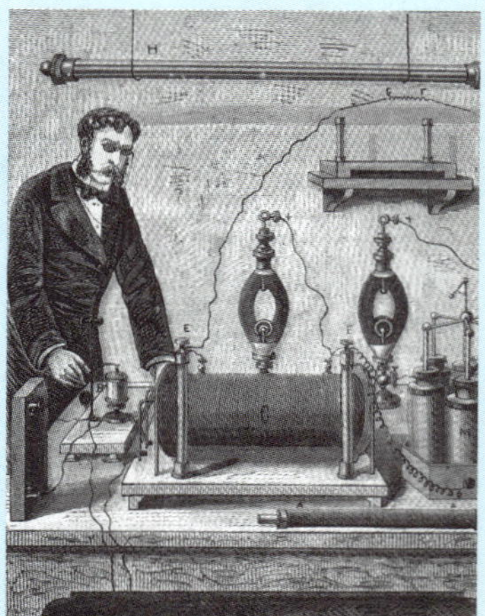

Suivez le guide !
Provence-Alpes-Côte d'Azur

Sous le signe de l'art

Loin de la Provence tape-à-l'œil, Saint-Rémy-de-Provence est la capitale des Alpilles, ce pays d'oliviers et de vignes situé entre le Rhône et la Durance. Prisée par les artistes, la ville a de nombreux atouts pour séduire : découvrez l'incroyable palette de Saint-Rémy.

L'histoire de Saint-Rémy-de-Provence est très riche, comme en témoignent les vestiges de la puissante cité gallo-romaine de Glanum. Aujourd'hui, le village est toujours contenu à l'intérieur de l'enceinte des remparts antiques, et de nombreux souvenirs de ce passé prospère sont conservés au Musée archéologique, situé dans l'hôtel de la famille de Sade. Cet hôtel particulier fait partie des riches demeures aux imposantes façades de pierre qui peuplent les ruelles secrètes de la ville.

C'est à Saint-Rémy-de-Provence qu'est né Nostradamus en 1503. Enfant, celui qui allait devenir un grand érudit de la Renaissance et le conseiller et astrologue de Catherine de Médicis arpentait le mont Gaussier avec son arrière-grand-père. C'est du haut de ce sommet du massif des Alpilles qu'il a appris à reconnaître les étoiles.

L'histoire de Saint-Rémy-de-Provence est également liée à celle de la peinture : séduits par le charme de la ville, de nombreux artistes y ont élu résidence. Les maisons de peintres sont légion, si bien que Saint-Rémy a parfois des allures de galerie géante. Le plus célèbre parmi les artistes attirés par la lumière de la Provence et la beauté des paysages des Alpilles est sans doute Vincent Van Gogh. Arrivé à Saint-Rémy-de-Provence pour y être interné après une violente dispute avec Paul Gauguin, l'artiste y trouvera quelques mois de quoi apaiser son âme tourmentée.

La ville entretient cette tradition picturale : chaque année, pendant cinq journées, un dimanche par mois de mai à octobre, ont lieu les fêtes de la Route des peintres. Ces festivités réunissent plus de deux cent cinquante artistes, des peintres, évidemment, mais aussi des photographes et des sculpteurs qui vendent leurs œuvres directement au public. Une autre manifestation annuelle permet à chacun de développer sa fibre artistique et de se lancer : la Foire aux croûtes, une exposition de peinture annuelle ouverte à tous.

lundi 26 août

lever : 6 h 58
coucher : 20 h 44

Ste Natacha

À table !

Sauce à la moutarde de Normandie

Haute-Normandie

Pour 4 personnes
Faire dorer 1 échalote épluchée et émincée dans 20 g de beurre. Ajouter 1 c. à soupe de moutarde de Normandie. Mélanger. Verser 20 cl de crème fraîche liquide. Laisser épaissir le mélange en remuant. Servir chaud en accompagnement d'une viande rouge, d'un magret de canard ou de pommes de terre chaudes.

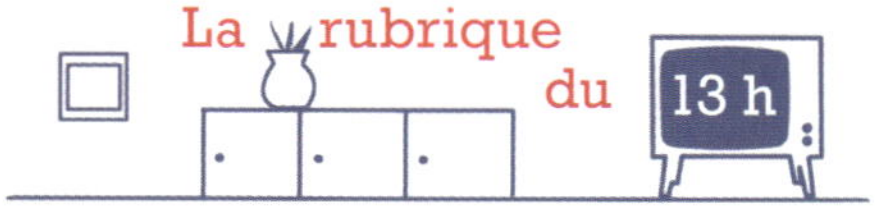

FRAISPERTUIS CITY

Lorraine

Situé à Jeanménil, au cœur de la forêt des Vosges, Fraispertuis City est un parc à thèmes entièrement dédié au Far West. Ce qui consistait, dans les années 1970, en une simple promenade dans un train est devenu un authentique village de cow-boys qui s'étend sur cinq hectares. Le thème du Far West est omniprésent, avec les décors en cactus, les saloons et les chariots de pionniers. Désormais, le parc compte une trentaine d'attractions pour petits et grands, certaines classiques et d'autres moins, comme le rodéo, sport traditionnel de l'Ouest américain.

À la vôtre !

Martinique

Le ti-punch est un apéritif antillais qui se prépare avec un peu de sucre de canne roux, 2 cl de rhum blanc agricole et une tranche de « petit citron », c'est-à-dire un citron vert clair, presque jaune. Si, comme certains Antillais, vous vouliez en prendre un dès le matin, on vous parlerait d'un « décollage » !

Faune & flore

Plantes desséchées

France

De retour de vacances, vous avez la mauvaise surprise de retrouver toutes vos plantes d'intérieur desséchées ? Il n'est peut-être pas trop tard ! Trempez les pots dans une grande bassine d'eau, jusqu'à ce que la terre redevienne humide. Ensuite, placez-les à l'ombre, le temps que les plantes récupèrent.

Il était une fois en 1648

Journée des Barricades

Île-de-France

La journée des Barricades, le 26 août 1648, est une des premières insurrections de la Fronde. Anne d'Autriche – alors régente pendant la minorité de son fils Louis XIV – et son ministre Mazarin font arrêter leurs plus virulents opposants, dont Pierre Broussel et René Potier de Blancmesnil. La détention de ces farouches ennemis des nouvelles mesures fiscales proposées par Mazarin soulève une vague de protestation à Paris, où un grand nombre de barricades sont dressées. Face à ces troubles, la régente Anne se trouve dans l'obligation de les libérer, ce qui calme rapidement la révolte. Mais elle quitte Paris deux jours plus tard, laissant une monarchie affaiblie face à la bourgeoisie parlementaire devenue influente.

mardi 27 août

lever : 7 h 00
coucher : 20 h 42

Ste Monique

Faune & flore

L'alouette des champs

Alsace

Si la célèbre comptine promet un destin funeste à cet habitant des prairies, force est de constater que sa population a considérablement réduit depuis les cinquante dernières années. Le phénomène est plus modéré dans la région, où il n'est pas si rare de voir ce sympathique volatile perché sur un piquet.

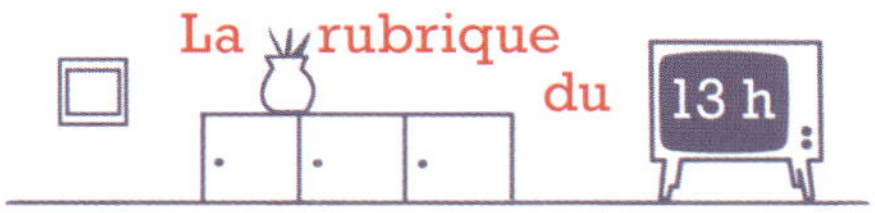

LE LAC DU DER

Champagne-Ardenne

Après les fortes crues de la Seine et de ses affluents en 1955, il est décidé de créer de grands réservoirs pour canaliser le débit du fleuve ; c'est ainsi que naît le lac du Der, aux confins de la Marne et de la Haute-Marne. Le lac s'étend sur quarante-sept kilomètres carrés, ce qui en fait un des plus grands lacs européens. Lors de la mise en eau, en 1974, trois communes furent rayées de la carte, et désormais le lac accueille une autre population : la grue cendrée. Des dizaines de milliers d'oiseaux stationnent au lac lors des périodes de migration, offrant un spectacle visuel et sonore toujours saisissant.

À table !

Édel de Cléron chaud

Franche-Comté

Pour 4 personnes

Faire cuire à l'eau 1,5 kg de pommes de terre. Dans une autre casserole, mettre à cuire 1 saucisse de Morteau, 30 min, à eau frémissante. Entourer de papier aluminium la boîte en bois de 1 Édel de Cléron de 600 g. Creuser au centre un trou de 4 cm de diamètre. Y disposer 1 échalote hachée et verser 4 cl de vin blanc. Enfourner 20 min à 180 °C. Servir les pommes de terre et la saucisse avec le fromage bien chaud.

Savoirs d'antan

Si, d'une année sur l'autre, vous oubliez quelques plantes à bulbes que vous aviez plantées dans tel ou tel coin du jardin, pensez à les prendre en photo, lorsqu'elles sont en fleurs, et vous n'aurez plus qu'à replanter de nouveaux bulbes aux mêmes endroits!

Il était une fois en 1912

Naissance de Léo Marjane

Nord-Pas-de-Calais

Née Thérèse Gérard, le 27 août 1912 à Boulogne-sur-Mer, Léo Marjane est une des chanteuses les plus populaires de la Seconde Guerre mondiale. Elle commence à monter sur les planches et se produit, à partir de 1932, dans différents cabarets en France et à l'étranger. Après un séjour aux États-Unis, elle revient avec des chansons teintées de jazz, souvent adaptées de standards américains, comme *Begin the beguine*, mais son plus grand succès reste *Seule ce soir*, qui se fait l'écho, en 1942, de l'attente douloureuse des femmes de prisonniers. Quelques années plus tard, elle se retire de la scène et revient à l'une de ses premières passions, l'équitation et l'élevage de chevaux.

mercredi 28 août

lever : 7 h 01
coucher : 20 h 40

St Augustin

À table !

Tarte aux nectarines et à la crème d'amandes

Corse

Pour 6 personnes
Couper les nectarines en tranches. Mettre dans un saladier avec 50 g de sucre et remuer doucement. Mélanger 100 g de beurre mou, 80 g de cassonade, 2 œufs, 40 g de farine et 80 g d'amandes en poudre. Étaler 1 pâte sablée dans un plat et répartir la préparation dessus. Disposer les tranches de nectarines. Enfourner 35 min à 180 °C. Servir tiède.

Devinette

Que sert-on traditionnellement en dessert le soir de Noël, en Provence ?

Les treize desserts. Treize comme le nombre de convives de la Cène. Même si la liste de ces desserts varie selon les villes et les traditions familiales, les incontournables sont les mendiants, le nougat, la pompe à l'huile, la pâte de coing et les fruits frais.

La rubrique du 13 h

LE CHÂTEAU DE CHAMEROLLES

Centre

Sauvé de la ruine et de l'oubli par le conseil général du Loiret, à la fin des années 1980, le château de Chamerolles, à Chilleurs-aux-Bois, date de la Renaissance. Édifié en limite de Beauce et de forêt d'Orléans, il se compose de trois ailes bâties en pierre et brique et délimitées par quatre tours rondes. L'ensemble est entouré de douves remises en eau, que franchit un pont-levis. Entièrement restauré – les jardins en damiers et labyrinthes ont été recréés à partir de plans d'époque –, le château accueille désormais un musée du parfum.

Faune & flore

Le cornouiller sanguin

Limousin

La fin du mois d'août marque le moment où les feuilles du cornouiller sanguin prennent cette magnifique teinte rouge à laquelle l'arbuste doit son nom. Plutôt commun dans la forêt limousine, il possède un aspect très décoratif, notamment en hiver, après la chute des feuilles.

Il était une fois en 1812

Naissance de François-Auguste Perrinon

Martinique

Fils d'une esclave affranchie et d'un commerçant de Saint-Pierre, François-Auguste Perrinon naît le 28 août 1812 en Martinique. Il est rapidement envoyé en France métropolitaine pour faire ses études et entre à l'École polytechnique en 1832. Député abolitionniste, élu à l'Assemblée pour la Guadeloupe en 1848, il s'évertue à démontrer que le travail libre est possible pour les esclaves. Après le coup d'État du 2 décembre 1851, il regagne les Antilles et refuse de prêter serment à Napoléon III en avril 1853, ce qui lui vaut d'être rayé des cadres de l'armée. Il se réfugie alors à Saint-Martin, où il finira ses jours.

jeudi 29 août

lever : 7 h 03
coucher : 20 h 38

Ste Sabine

Un record en Poitou-Charentes

Qui mieux que les Poitevins pouvait se lancer dans la fabrication du plus grand broyé du Poitou ? Le record, inégalé jusqu'à présent, est de treize mètres de long pour cette galette typique de la région.

À table !

Tarte au livarot

Basse-Normandie

Pour 4 personnes

Délayer 10 g de levure de boulanger dans 2 c. à soupe de lait. Verser 12 cl de lait dans une jatte, avec 250 g de farine, 50 g de beurre, la levure et 1 pincée de sel. Pétrir, former 1 boule, puis étaler sur une plaque de four. Laisser reposer 1 h. Retirer la croûte de 250 g de livarot et le couper en lamelles. Dans une poêle, faire revenir 2 oignons émincés. Disposer sur la pâte. Répartir 8 tranches de bacon, le livarot et 20 cl de crème fraîche. Enfourner 40 min.

Faune & flore

Le campagnol basque

Aquitaine

Originaire de la péninsule Ibérique, le campagnol basque vit exclusivement dans les Landes et les Pyrénées occidentales. Peut-être plus encore que ses nombreux cousins, il mène une vie très souterraine, à l'instar du campagnol provençal, dont il se distingue par un museau plus pointu.

La rubrique du 13 h

LE THÉÂTRE D'ARRAS

Nord-Pas-de-Calais

Le théâtre d'Arras est exceptionnel à plus d'un titre : inauguré en 1785, il a conservé son architecture typique du XVIIIe siècle, avec ses plafonds peints, ses balcons ornementés et sa salle en arc de cercle. Il a surtout été épargné par les incendies qui ont ravagé tant de théâtres au fil des siècles, échappant même aux bombardements des deux guerres mondiales, alors que toute la ville était meurtrie. Après une réfection complète, entre 2004 et 2007, le théâtre d'Arras possède désormais trois salles, qui accueillent toutes les formes du spectacle vivant.

Il était une fois en 1817

Condamnation à mort de Wilfrid Regnault

Haute-Normandie

En mars 1817, à Amfreville-la-Campagne, a lieu un vol dans une grande maison. Une servante, qui a sans doute surpris le voleur, y est assassinée. Le propriétaire des lieux, Wilfrid Regnault, qui louait la bâtisse, est rapidement accusé par le marquis de Blosseville, le maire du village, car il est fort endetté. Regnault, jacobin normand, était en fait soupçonné d'avoir participé aux massacres de septembre 1792. Mais Benjamin Constant – romancier et intellectuel engagé – prend fait et cause pour Regnault, après que celui-ci a été condamné à mort le 29 août 1817. Grâce à sa plume, il parvient à alerter l'instance royale, et Regnault sera libéré en 1830, sans avoir rencontré son sauveur.

BENJAMIN CONSTANT.

vendredi 30 août

lever : 7 h 04
coucher : 20 h 36

St Fiacre

Savoirs d'antan

Pour soulager l'arthrite, vous pouvez masser les zones concernées par une petite mixture facile à concocter. Mélangez quelques gouttes de jus de citron avec de l'huile d'olive, faites tiédir, et appliquez sur vos articulations en les massant délicatement.

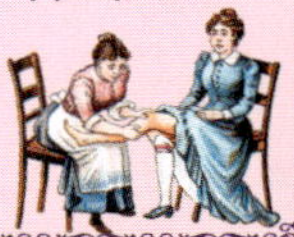

À table !

Poulet au vin blanc

Alsace

Pour 4 personnes
Dans une cocotte pouvant aller au four, faire revenir 4 cuisses de poulet et 6 échalotes finement hachées. Verser 1 bouteille de vin blanc et porter à ébullition. Assaisonner, couvrir et enfourner 1 h 30 à 180 °C. Sortir la cocotte du four, réserver au chaud les morceaux de poulet. Verser dans la cocotte 6 c. à soupe de crème fraîche et, à feu vif, laisser épaissir la sauce. Servir le poulet à l'assiette, nappé de sauce, avec une purée maison.

La rubrique du 13 h

NOYERS-SUR-SEREIN

Bourgogne

Le temps semble s'être arrêté dans ce petit village de l'Yonne. Établi dans un écrin de verdure, le long de la rivière Serein, Noyers a conservé son aspect médiéval, avec ses maisons à pans de bois du XVe siècle, comme la maison du Compagnonnage avec ses sculptures en chêne, représentant divers métiers et leurs saints patrons. Car Noyers, qui comptait autrefois plusieurs ateliers textiles, abrite encore de nombreux artisans. Plus insolite, elle attire aussi des équipes de cinéma à la recherche d'un Moyen Âge authentique.

Faune & flore

La mâcre nageante

Pays de la Loire

Parfois envahissante, cette plante aquatique aime les eaux calmes et s'établit dans des mares ou des étangs mesurant jusqu'à cinq mètres de profondeur. Ses larges feuilles, qui, remplies de gaz au niveau du pétiole, flottent ainsi à la surface de l'eau, persistent jusqu'à l'automne.

Il était une fois en 1895

Don de l'hôtel d'Assézat à Toulouse

Midi-Pyrénées

N'ayant aucune descendance, le banquier Théodore Ozenne fait don de tous ses biens à la ville de Toulouse, par un testament daté du 30 août 1895. Il lègue notamment l'hôtel d'Assézat, à la condition qu'il devienne un lieu de rassemblement pour les sociétés savantes de la ville. Cet hôtel particulier, construit au XVIe siècle, abrite aujourd'hui le musée de la Fondation Bemberg, qui présente une collection de tableaux, de bronzes et d'objets d'art. Et il héberge encore l'Union des académies et des sociétés savantes, comme l'avait prévu Ozenne, le bienfaiteur de la ville.

Suivez le guide !
Lorraine

La mirabelle en fête !

En 2011, la ville de Metz a reçu le label « Ville d'art et d'histoire ». Pourtant, en cette fin du mois d'août, les murs de la belle cité ne sont que le théâtre d'une fête qui célèbre un tout autre – mais non moins délicieux – élément de son patrimoine : la mirabelle !

Dans le pays messin, le mirabellier est le premier arbre fruitier, et son fruit, la mirabelle, bénéficie d'une appellation d'origine contrôlée. Aussi, pendant toute une semaine, de la fin août au début du mois de septembre, Metz met-elle tout en œuvre pour célébrer la petite prune ronde et jaune. Un concours de tartes vous permettra de goûter les mirabelles, à vous de décider alors laquelle est la meilleure, mais vous pourrez aussi les déguster en confiture ou en… mirabelle. Le fruit a en effet donné son nom à l'eau-de-vie qu'il permet de fabriquer. Mais méfiez-vous de cette mirabelle-là, car comme on le dit ici : « À boire trop de mirabelle, on se retrouve à nager dans la Moselle ! »

Le fruit d'or se déguste ainsi sous toutes ses formes, en musique, entre parades, spectacles, feux d'artifice, jeux nautiques, corso, bal, activités sportives et marché traditionnel… Le tout sous l'œil pétillant de Miss Lorraine, portant le digne nom de « reine de la Mirabelle », fraîchement élue lors de la soirée de gala ouvrant les festivités. Le plan d'eau de la ville devient, à cette occasion, le théâtre de prouesses pyrotechniques, les montgolfières flirtent paisiblement avec les clochers… Cette fête gourmande est décidément bien originale et constitue l'éclatant bouquet final des animations estivales de la ville de Metz.

lundi 2 septembre

lever : 7 h 08
coucher : 20 h 30

Ste Ingrid

À table !

Tourte aux mirabelles

Lorraine

Pour 4 personnes
Mélanger 150 g de farine et 75 g de beurre. Ajouter 1 petit verre d'eau. Former une boule. Dénoyauter 400 g de mirabelles. Dans un saladier, battre 1 œuf et 50 g de sucre. Ajouter les mirabelles et 50 g d'amandes hachées. Étaler les 3/4 de la pâte dans le fond d'un plat à tourte. Répartir le mélange aux mirabelles. Fermer la tourte en posant le reste de la pâte sur le dessus et en soudant les bords. Dorer avec 1 jaune d'œuf. Faire un petit trou au centre et enfourner 30 min à 200 °C.

La rubrique du 13 h

LA MANUFACTURE DU LYS ROYAL

Limousin

La tradition de la porcelaine limousine remonte au XVIIIe siècle. À Aixe-sur-Vienne, la Manufacture du Lys Royal révèle les secrets de fabrication de la légendaire porcelaine de Limoges. La visite de l'usine retrace l'histoire de cette matière venue de Chine, composée d'un mélange de trois roches – le kaolin, le quartz et le feldspath – modelées, émaillées et cuites. Le magasin, installé sur mille mètres carrés, a de quoi satisfaire tous les goûts ! Pour les plus exigeants, les ateliers de la manufacture réalisent des pièces sur mesure.

À la vôtre !

Haute-Normandie

À la fin du Xe siècle, la viticulture est en plein essor en Haute-Normandie. L'Église y étant très présente, le vin de messe est très demandé. Mais dès 1154, la région intègre l'empire Plantagenêt et ne rivalise pas avec les vins du Bordelais. Le climat et les parasites auront ensuite peu à peu raison du vignoble.

Faune & flore

L'androsace des Alpes

Rhône-Alpes

C'est nichée entre deux rochers que vous trouverez le plus souvent l'androsace des Alpes. Celle-ci émet de jolies fleurs blanches ou rose pâle – et parfois même les deux – d'août à octobre. C'est donc le moment idéal pour observer cette espèce endémique des Alpes, aussi rare que délicate.

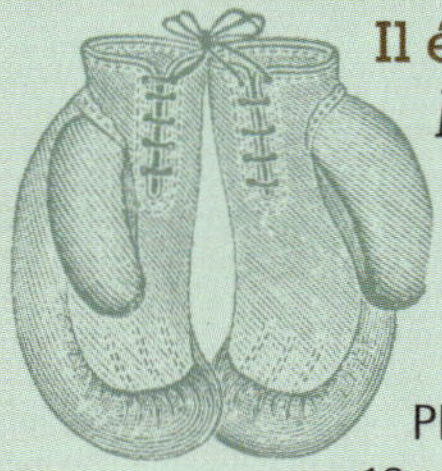

Il était une fois en 1906

Naissance d'Émile Pladner

Auvergne

L'enfant chétif de Clermont-Ferrand, né le 2 septembre 1906, aura eu une carrière de boxeur bien remplie : cent trente-trois combats, dont cent trois victoires. Dans la catégorie poids mouche, Émile Pladner remporte tous les titres à partir de 1925, année où il devient champion d'Europe à l'âge de 19 ans. En 1927, il est champion de France et, en mars 1929, le boxeur auvergnat rafle le titre de champion du monde à l'américain Franckie Genaro, au cours d'un des matchs les plus courts de l'histoire de ce sport : cinquante-huit secondes ! Celui que les Américains surnomment « The Spider », l'araignée, est victime d'un décollement de la rétine lors d'un dernier match, en 1936. Devenu aveugle, le boxeur vedette des années 1920 se reconvertit en masseur.

mardi 3 septembre

lever : 7 h 10
coucher : 20 h 28

St Grégoire

À table !

Céteaux au beurre

Poitou-Charentes

Pour 4 personnes
Laver, éponger, puis fariner 1 kg de céteaux (sorte de petites soles). Dans une poêle, faire chauffer 50 g de beurre et 1 c. à soupe d'huile de pépins de raisin. Faire cuire les céteaux 4 min de chaque côté. Égoutter sur du papier absorbant et réserver dans un plat déjà chaud. Dans la poêle, ajouter 90 g de beurre au jus de cuisson. Le faire fondre et ajouter le jus de 1 citron. Napper les céteaux et parsemer de 1 bouquet de persil ciselé. Servir chaud.

Faune & flore

Le tamia de Sibérie

Île-de-France

Dans les années 1960, la forêt de Sénart est devenue le gîte d'un étrange écureuil particulièrement vif : le tamia de Sibérie. Ce dernier s'y plaît tellement que, depuis, il a progressivement envahi les bois. Résultat : aujourd'hui, on n'en compte pas moins de quinze mille spécimens !

La rubrique du 13 h

LES FONTAINES DU FINISTÈRE

Bretagne

La Bretagne compte dans son petit patrimoine plusieurs milliers de fontaines, particulièrement dans le département du Finistère. Ces sources, qui existent depuis la nuit des temps, symbolisent la vie. Très tôt, elles ont éte peuplées de génies ou de fées, avant de devenir des lieux de culte chrétien et d'être parfois intégrées à une chapelle, lors de la venue des moines celtes en Armorique, au Ve siècle. Chaque source possédait alors ses vertus : on s'y baignait et on venait prier les saints qui lui étaient associés, dans un espoir de guérison ou pour obtenir de bonnes récoltes.

Devinette

Quelle célèbre course cycliste se déroule en partie sur des pavés ?

Paris-Roubaix. Surnommée « l'Enfer du Nord », cette course est l'une des plus difficiles, en raison de cinquante kilomètres à effectuer sur des routes pavées, multipliant ainsi les risques de chutes et de crevaisons.

Il était une fois en 1991

Découverte de la grotte Cosquer

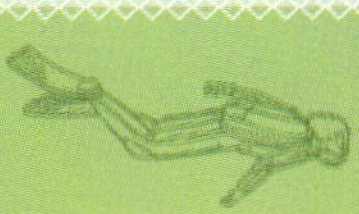

Provence-Alpes-Côte d'Azur

Il aura fallu attendre six ans pour connaître l'existence de cette grotte, dont l'entrée avait été découverte en 1985 par Henri Cosquer, qui lui donnera son nom. Située dans les calanques, près de Marseille, elle est signalée par le scaphandrier au quartier des Affaires maritimes de Marseille le 3 septembre 1991, après que des plongeurs eurent trouvé la mort en tentant de l'explorer. Son entrée se situe à trente-sept mètres sous le niveau de la mer, et, unique au monde, elle est accessible par un tunnel de cent soixante-quinze mètres. Bien que les hommes n'y aient probablement pas habité, elle conserve en son cœur de nombreuses peintures, qui datent de vingt-sept mille ans pour certaines et de dix-neuf mille pour d'autres.

mercredi 4 septembre

lever : 7 h 11
coucher : 20 h 26

Ste Rosalie

À table !

Brèdes lastron aux lardons

La Réunion

Pour 4 personnes

Trier, laver et égoutter 2 bottes de brèdes lastron. Éplucher et hacher 2 oignons. Éplucher et piler 3 gousses d'ail. Dans une marmite, faire roussir les oignons dans 3 c. à soupe d'huile. Ajouter l'ail et 200 g de lardons fumés. Laisser dorer. Ajouter les brèdes, saler et poivrer. Cuire à feu vif. Les brèdes sont cuites lorsque ne subsiste plus qu'un peu de leur croquant.

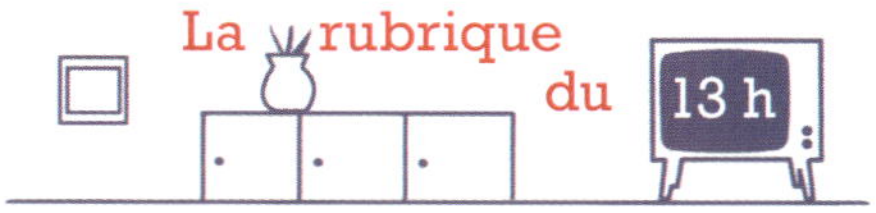

LA TOUR MAGNE

Languedoc-Roussillon

La tour Magne est l'un des monuments romains les plus célèbres de Nîmes. Il s'agit du vestige principal des remparts qui enserraient la ville à l'époque de l'empereur Auguste. Comme son nom l'indique – la tour Magne signifie la « grande tour » –, elle dominait la cité, assurant une fonction de surveillance et affirmant la puissance romaine. Aujourd'hui, la tour est accessible par les jardins de la Fontaine ; à son sommet, où un panorama magnifique attend le visiteur, une table d'orientation montre la géographie de la ville à l'époque romaine.

Faune & flore

Les pozzines

Corse

En arpentant les sentiers du GR 20, vous pourrez observer ces étonnantes formations végétales, typiques de la haute montagne corse. Les pozzines (du corse *pozzi*, « puits ») sont un ensemble de trous d'eau, reliés les uns aux autres par des ruisselets. Le tout sur un épais tapis herbeux, évoquant une tourbière.

Savoirs d'antan

Si vous souffrez du mal des transports, mettez deux cuillerées à café de sirop de gingembre dans une grande tasse, ajoutez de l'eau chaude et dégustez. Ce remède convient également très bien pour soulager les nausées matinales des femmes enceintes.

Il était une fois en 1914

Prise du fort de la Pompelle

Champagne-Ardenne

Le fort de la Pompelle fut construit à proximité de Reims après 1870 – comme dix autres –, pour protéger la ville, et devint un lieu décisif pour sa défense pendant la Première Guerre mondiale. Le fort passe néanmoins aux mains des soldats allemands le 4 septembre 1914 : ils le gardent peu de temps, puisque, une vingtaine de jours plus tard, c'est un régiment d'infanterie français qui le récupère, après la bataille de la Marne. Il ne sera pas reperdu de toute la guerre, grâce à l'acharnement des combattants du fort pour contenir les assauts successifs de l'armée allemande. Le fort de la Pompelle abrite aujourd'hui un musée, qui retrace, à travers une riche collection d'objets quotidiens et de documents historiques, la défense de la Cité des sacres.

jeudi 5 septembre

lever : 7 h 13
coucher : 20 h 24

Ste Raïssa

Faune & flore

Championne de l'agriculture bio

Provence-Alpes-Côte d'Azur

Avec ses mille neuf cent dix-sept exploitations et ses soixante-dix mille hectares entièrement consacrés à l'agriculture bio, on peut dire que la région est une championne en la matière ! Elle prend même la tête du classement en termes de surface agricole utile, puisque 10,5 % sont certifiés bio.

À la vôtre !

Île-de-France

La fête des Vendanges de Montmartre est, depuis 1934, un événement annuel où il est possible de goûter et d'acheter aux enchères le vin issu des vignes de la butte Montmartre. C'est aussi l'occasion de faire une bonne action, car tous les fonds sont reversés aux œuvres sociales du XVIIIe arrondissement de Paris.

La rubrique du 13 h

L'HÔPITAL SAINT-JACQUES DE BESANÇON

Franche-Comté

Situé dans le quartier de la Boucle, l'hôpital Saint-Jacques était, à sa construction, à la fin du XVIIe siècle, l'un des plus beaux de France. Classé monument historique, il renferme une étonnante apothicairerie : on peut y observer une collection de faïences des XVIIe et XVIIIe siècles et visiter une salle de préparation où étaient confectionnés potions et onguents. Il ne faut pas non plus manquer la chapelle Notre-Dame du Refuge : rattachée à l'hôpital en 1802, elle possède une magnifique coupole décorée de marbre et de peintures, avec un toit en tuiles vernies.

À table !

Tarte au cassis

Bourgogne

Pour 6 personnes

Laver et égoutter 1 kg de cassis frais. Dans une casserole, faire chauffer à feu vif le cassis et 1 petit verre d'eau. Après quelques minutes, écraser les fruits. Remettre à bouillir 5 min. Verser le contenu dans une passoire. Presser pour extraire le jus. Dans une casserole, porter à ébullition le jus et 300 g de sucre. Remuer pendant 15 min. Laisser refroidir. Garnir un plat avec 250 g de pâte brisée. Étaler 3 c. à soupe de chapelure, puis le jus de cassis. Cuire 30 min à 165 °C. Servir la tarte froide, nappée de crème fraîche.

Il était une fois en 1833

Naissance de François Émile Ehrmann

Alsace

François Émile Ehrmann, né à Strasbourg le 5 septembre 1833, doit sa carrière à la rencontre de celui qui deviendra son maître, un des plus grands peintres alsaciens de son époque : Théophile Schuler, lui aussi illustrateur et décorateur. Influencé par le romantisme, il se lie d'amitié avec le peintre et céramiste Théodore Deck, avec qui il partage son amour de l'Alsace, comme en témoigne son superbe tableau *Strasbourg en août 1870*. Inspiré par l'Antiquité, il est aussi le créateur de panneaux décoratifs de la bibliothèque Mazarine, de dessins conservés au département des arts graphiques du musée du Louvre et de la décoration du porche du pavillon des beaux-arts de l'Exposition universelle de 1878.

vendredi 6 septembre

lever : 7 h 14
coucher : 20 h 22

St Bertrand

À table !

Pâtes aux trompettes de la mort

Limousin

Pour 2 personnes

Ôter la partie terreuse du pied de 500 g de trompettes de la mort. Couper les petites trompettes en 2 et les grandes en 4. Laver à plusieurs eaux, puis égoutter. Dans une poêle, faire revenir 1 oignon haché. Le retirer. Dans la même poêle, faire revenir les champignons. Saler, poivrer et mélanger avec l'oignon. Puis mélanger avec 1 gousse d'ail émincée. Réserver au chaud. Cuire 250 g de pâtes. Dans un plat, verser les pâtes et disposer les trompettes, au centre, dans un creux.

La rubrique du 13 h

LA CHAPELLE NOTRE-DAME DE VAUCLAIR

Auvergne

Cette chapelle baroque du Cantal abrite une statue de Notre-Dame qui aurait des vertus pour soigner la vue. Le premier miracle officiel remonte à 1646, lorsqu'une jeune fille aveugle recouvra la vue à l'approche de la chapelle. Les fidèles viennent toute l'année confier à la Vierge leurs prières, et ils affluent en septembre à l'occasion d'un important pèlerinage : le prêtre bénit une huile qu'ils appliquent ensuite sur leurs yeux. Pour ceux qui n'attendent pas de miracle, la chapelle romane mérite tout de même une visite, notamment pour ses splendides peintures murales.

Faune & flore

La marguerite de la Saint-Michel

Picardie

Les carrières de Chevregny, dans l'Aisne, abritent de nombreuses espèces remarquables, comme cette jolie marguerite, espèce endémique du pays laonnois. La marguerite de la Saint-Michel a la particularité de fleurir à la fin de l'été : un événement incontournable dans la région !

Un record en Rhône-Alpes

C'est à Montélimar, dans la Drôme, que le plus gros nougat du monde est exposé, dans le palais des Bonbons et du Nougat. Difficile de ne pas saliver devant cette sucrerie de mille trois cents kilos !

Il était une fois en 1963

Paul Joseph Marie Gouyon

Aquitaine

Né à Bordeaux en 1910, Paul Joseph Marie Gouyon y a passé toute son enfance et fait ses études universitaires. Il y entre au séminaire, avant de rejoindre celui de Saint-Sulpice à Paris, puis l'Université pontificale grégorienne à Rome, se destinant à une haute carrière ecclésiastique. Ordonné prêtre à Bordeaux en 1937, il sert dans l'armée de 1939 à 1940, puis Pie XII le nomme évêque du diocèse de Bayonne en 1957. C'est le 6 septembre 1963 qu'il est désigné par Paul VI comme archevêque coadjuteur de Rennes, puis devient cardinal en 1969.

Suivez le guide !
Centre

Les trésors de La Bourdaisière

Ah, le Val de Loire, quelle merveilleuse région ! Inscrite au patrimoine mondial de l'Unesco au titre des paysages culturels, elle abrite nombre de trésors architecturaux et naturels. Blotti en son cœur, le château de La Bourdaisière est une combinaison parfaite de ses deux richesses.

De forteresse au XIVe siècle, dont demeurent encore aujourd'hui les douves sèches et, sous la terrasse et le potager, des caves immenses et obscures, le château prit une tout autre allure sous l'égide de Marie Gaudin, maîtresse de François Ier. Détruite puis reconstruite sous l'influence de divers propriétaires par la suite, la bâtisse a conservé des parties datant de la Renaissance et n'a rien perdu de sa superbe. Entouré d'un parc dans lequel Diane de Poitiers avait fait planter un verger de mûriers pour élever ses vers à soie, le château baigne dans une rare richesse de paysages. Amoureux fou de la nature et de sa diversité, l'actuel propriétaire de La Bourdaisière y a semé un nouveau trésor : la tomate !

Pas la banale tomate stéréotypée et presque insipide que l'on retrouve partout dans nos assiettes, mais bien ce fruit aux mille et une variétés et saveurs, goûtu et charnu comme on n'en faisait presque plus. Et, en ce deuxième week-end de septembre, le « Prince jardinier », comme on le surnomme, maître de ce qui est devenu le Conservatoire de la tomate, ouvre les portes de son laboratoire au public lors du Festival de la tomate. Producteurs, collectionneurs de graines, habiles gourmands capables de transformer le fruit en de délicieux chutneys, jus et sauces, tous sont invités pour vous faire partager un art de vivre au potager, fleurant bon le terroir d'antan retrouvé. Mais vous pouvez aussi vous rendre au château, et même y dormir, tout au long de l'année !

lundi 9 septembre

lever : 7 h 18
coucher : 20 h 16

St Alain

À table !

Velouté de petits pois au pouligny-saint-pierre

Centre

Pour 4 personnes

Écosser 1 kg de petits pois et éplucher 2 pommes de terre. Faire fondre 25 g de beurre dans une casserole. Ajouter les légumes et 1 oignon haché. Faire revenir 5 min. Verser 1 l de bouillon, 1 c. à soupe de sucre et 10 feuilles de basilic ciselées. Couvrir et laisser mijoter 20 min. Ajouter 10 cl de crème liquide et mixer. Retirer la croûte de 1 pouligny-saint-pierre et faire des copeaux. Servir le velouté à l'assiette, en disposant les morceaux de fromage sur le dessus.

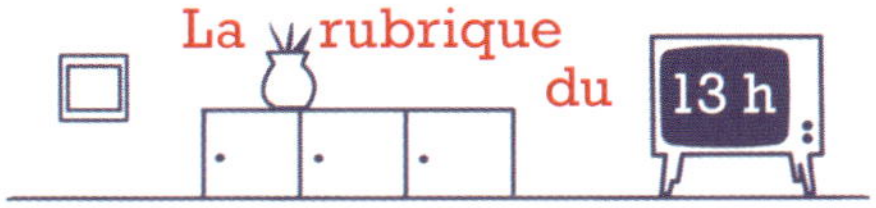

LA CATHÉDRALE DE COUTANCES

Basse-Normandie

Depuis la place du parvis, les lignes épurées de Notre-Dame de Coutances s'élèvent vers le ciel. La cathédrale, qui a résisté aux assauts du temps et aux bombardements de la Seconde Guerre mondiale, est en réalité la superposition de deux édifices : en effet, la structure romane du XIe siècle a été rhabillée dans le style gothique au XIIIe siècle. Surmontée de deux flèches visibles depuis la mer, Notre-Dame frappe surtout par sa vertigineuse tour lanterne de cinquante-sept mètres : destinée à éclairer l'intérieur de l'édifice, elle donne l'impression d'être élevée dans le vide.

Devinette

Quelle petite baie a été cultivée à côté des vignes pendant le XXe siècle, en Bourgogne ?

Le cassis. Baptisée « noir de Bourgogne », cette variété de cassis fait son apparition sur les sols argilo-calcaires, près des vignes, après la création de la première liqueur de cassis par le liquoriste Auguste Denis Lagoute, à Dijon, en 1841.

Faune & flore

Le bec-croisé des sapins

Champagne-Ardenne

C'est à son bec, si particulier avec ses mandibules croisées, que l'on reconnaît cet habitant des forêts de conifères. Son arbre préféré est de loin l'épicéa. Il y construit généralement son nid en hauteur (vingt à trente mètres), sur une branche latérale ou contre le tronc.

Il était une fois en 1642

Reprise de Perpignan par la France

Languedoc-Roussillon

Au XVIIe siècle, Perpignan, située à la frontière entre la France et l'Espagne, est un enjeu important pour les deux grandes puissances. Après l'échec d'un premier assaut des troupes de François Ier en 1542, c'est un siècle plus tard, le 9 septembre 1642, que la France et ses alliés catalans entrent dans Perpignan, après plusieurs mois de siège. Les Catalans, hostiles à la garnison espagnole qui tenait la ville, avaient fait appel au roi Louis XIII, pour qu'il leur vînt en aide. La ville est annexée au royaume de France, avec le reste du Roussillon, par le traité des Pyrénées en 1659. Et Perpignan est définitivement française.

mardi 10 septembre

lever : 7 h 20
coucher : 20 h 14

Ste Inès

Faune & flore
Le groseillier
Nord-Pas-de-Calais

Merveilleux fruits que ceux du groseillier, à l'origine du Perlé de groseille, célèbre vin pétillant. Si vous habitez dans la région, choisissez un emplacement ensoleillé. Vous pouvez le planter à l'automne ou au printemps, de préférence en haie et en espaçant les pieds d'au moins un mètre cinquante.

Savoirs d'antan

Pour permettre à vos plants de tomates d'avoir une santé de fer, tout en décorant votre potager, vous pouvez planter des œillets d'Inde tout autour. Au-delà de l'aspect fleuri et décoratif, les œillets d'Inde sont antibactériens et assainiront vos plants.

La rubrique du 13 h

LES HÔTELS PARTICULIERS DE TOULOUSE
Midi-Pyrénées

Toulouse possède encore de très beaux hôtels particuliers du XVIe siècle, époque où la cité était prospère grâce à la culture du pastel. Le plus beau de tous est sans doute l'hôtel d'Assézat, construit pour un riche marchand du précieux pigment bleu, devenu aujourd'hui un musée. En déambulant dans les rues de la Ville rose, on peut admirer également l'hôtel du Vieux Raisin, de style Renaissance, ou encore l'hôtel de Dahus et sa tour surmontée d'une tourelle. Bien souvent, les cours intérieures de ces hôtels abritent des trésors d'ornementation.

À table !
Langoustines à la quimpéroise
Bretagne

Pour 6 personnes
Dans un faitout, préparer un court-bouillon et en réserver 1 verre. Ajouter 2 c. à soupe de gros sel et jeter 1 kg de langoustines. À l'ébullition, les égoutter et les décortiquer. Faire réduire 1 verre de muscadet. Ajouter le verre de bouillon. Porter à ébullition. Ajouter 1 c. à soupe de farine, 1 c. à soupe de beurre et 1 c. à soupe de crème. Cuire 10 min en remuant. Ajouter 1 jaune d'œuf. Disposer les langoustines dans des ramequins. Napper de sauce et de chapelure. Passer au four 10 min, à 180 °C.

Il était une fois en 1444
Siège de Metz
Lorraine

Intégrée depuis le milieu du Xe siècle au Saint Empire romain germanique, la ville de Metz, en Lorraine, est assiégée le 10 septembre 1444 par Charles VII, roi de France, et René d'Anjou, duc de Bar et de Lorraine. Après six mois de souffrances, les Messins se résignent à négocier. Les bourgeois de la ville achètent le départ des troupes en payant deux cent mille écus au roi Charles VII et en annulant les importantes dettes du duc René d'Anjou. Metz sortira affaiblie financièrement de cette lutte, mais restera une ville libre, au cœur du Saint Empire.

mercredi 11 septembre

lever : 7 h 21
coucher : 20 h 11

St Adelphe

À table !

Salade composée au jambon de Bayonne

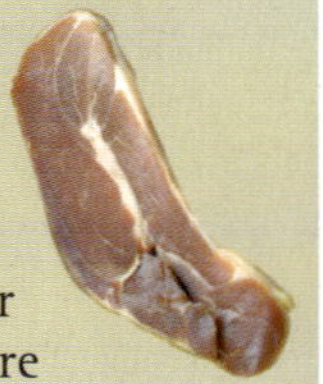

Aquitaine

Pour 2 personnes
Éplucher et couper ½ concombre. Faire dégorger. Couper 2 tomates et 4 champignons de Paris. Faire cuire à sec, dans une poêle, 2 tranches de jambon de Bayonne pour les rendre croustillantes. Découper en dés 100 g de tomme des Pyrénées. Faire des croûtons avec 2 tranches de pain de campagne. Dans 2 assiettes, répartir le concombre, les tomates, les champignons, le jambon effiloché, les croûtons et le fromage. Parsemer de persil et servir avec une vinaigrette.

La rubrique du 13 h

LA CITÉ DE L'HUÎTRE

Poitou-Charentes

La Cité de l'huître est un parc à thèmes de Charente-Maritime qui retrace l'histoire d'une tradition de la région : l'ostréiculture. À Marennes, le long du chenal de la Cayenne, les touristes sillonnent le marais à vélo, à pied ou en petit train. Chacun visite les dix hectares du site à son rythme, grâce à de nombreuses animations dans des cabanes ostréicoles ou aux bassins d'affinage. La Cité de l'huître et son espace muséographique permettent de tout connaître sur le prestigieux coquillage, de sa culture à sa dégustation.

Faune & flore

Le marais Vernier

Haute-Normandie

Situé entre Pont-Audemer et Quillebeuf, cet ancien marais assaini, puis mis en culture, fait partie des sites incontournables de la région. Outre une faune et une flore particulièrement riches, il abrite une tourbière qui, avec une surface de deux mille hectares, est la plus grande de France.

Un record en Franche-Comté

L'*Origine du monde* de Gustave Courbet, natif d'Ornans, qui représente notamment le sexe d'une femme au premier plan, est sans conteste le tableau le plus provocant du XIXe siècle. Il fut d'ailleurs, pendant plusieurs années, caché aux yeux de tous par un autre tableau du peintre.

Il était une fois en 1930

Naissance de Jean-Claude Forest

Île-de-France

Le créateur de Barbarella, Jean-Claude Forest, naît le 11 septembre 1930 au Perreux-sur-Marne, en Île-de-France. Illustrateur à l'imagination débordante, il commence par travailler pour la jeunesse, dans les années 1950-1960, avant de se tourner vers l'illustration de science-fiction. En 1962, il invente Barbarella, une héroïne plantureuse, qui évolue dans un décor futuriste et dont les aventures teintées d'érotisme feront scandale. Roger Vadim fait une adaptation cinématographique de la bande dessinée en 1968, avec Jane Fonda dans le rôle mythique de l'aventurière et avec des décors dessinés par Jean-Claude Forest lui-même. En 1983, le Festival de la bande dessinée d'Angoulême consacrera cet auteur avec le grand prix de la ville d'Angoulême, rendant ainsi hommage à l'ensemble de son œuvre.

jeudi 12 septembre

lever : 7h23
coucher : 20h09

St Apollinaire

Faune & flore

Le drongo de Mayotte

Mayotte

Particulièrement menacé en raison de la déforestation massive de l'île, le drongo de Mayotte a une allure de petit corbeau, dont il se distingue par son bec, plus fin et plus court, et sa queue, bien plus longue. De nature forestière, il s'aventure parfois jusqu'aux cultures, en quête de nourriture.

La rubrique du 13 h

SÉGUR-LE-CHÂTEAU

Limousin

Classé parmi les plus beaux villages de France, Ségur-le-Château est un village médiéval corrézien établi dans une boucle de l'Auvézère. Du château fort du XIIe siècle qui lui a donné son nom, il ne reste aujourd'hui que la chapelle et un donjon. Qu'importe, le village vaut également le détour pour ses imposantes maisons nobles construites entre le XVe et le XVIIIe siècle. À colombages ou en pierres apparentes, comportant des tourelles pour certaines, elles témoignent de l'importance de la vicomté de Ségur dans la région.

À table !

Tarte au poulet fermier d'Auvergne

Auvergne

Pour 4 personnes

Détailler en petits morceaux ½ poulet fermier d'Auvergne rôti. Faire revenir 120 g de lardons fumés. Battre 4 œufs avec 40 cl de crème, un peu de muscade et d'origan. Étaler 1 pâte brisée sur un plat à tarte. Piquer avec une fourchette. Répartir les morceaux de poulet et les lardons. Verser la préparation. Parsemer de gruyère râpé. Cuire 30 min à 200 °C. Servir chaud ou froid, avec une salade.

À la vôtre !

Centre

Planté le long des rives de la Loire, le vignoble AOC des coteaux du Giennois fait cent cinquante hectares et doit son essor aux nombreuses abbayes construites dans la région. Le terroir silico-calcaire associé au sauvignon donne des blancs fruités et minéraux et des rouges peu tanniques, mais idéaux sur tous les types de viandes.

Il était une fois en 1491

Mort de Jean Meschinot

Pays de la Loire

Poète breton du XVe siècle, Jean Meschinot, seigneur de Mortiers, naît vers 1420 près de Clisson, au sud de Nantes. Issu d'une famille ancienne et noble, il est « écuyer de corps et de garde » des ducs de Bretagne, d'abord sous Jean V et François Ier. Il accompagne ensuite ses maîtres à la cour de France, où il compose ballades et rondeaux, lorsque le duc François II ne renouvelle pas sa charge d'écuyer. Dépité, le Banni de liesse – comme il se surnomme lui-même – entre dans la suite du comte de Laval, avant d'accéder à la charge de général maître des monnaies. Il meurt le 12 septembre 1491. C'est un texte de Meschinot que le groupe breton Tri Yann a repris et mis en musique dans la chanson *Princes qu'en mains tenez.*

Les lunettes des princes avec aulcunes balades & additiōs nouuellemēt cōposees par noble hōme Jehan meschinot Escuier. en son viuant grant maistre dhostel de la Royne de frāce

vendredi 13 septembre

lever : 7h24
coucher : 20h07

St Aimé

À table !

Olives marinées

Provence-Alpes-Côte d'Azur

Pour 6 personnes

Mettre dans un saladier 500 g d'olives noires et vertes mélangées, 3 c. à soupe d'huile d'olive, 1 filet de jus de citron, les zestes de ½ orange, 2 gousses d'ail, 1 piment rouge haché et quelques brins de thym frais. Recouvrir le saladier d'un film alimentaire et laisser mariner la préparation une nuit entière, au frais. Servir en accompagnement de cocktails.

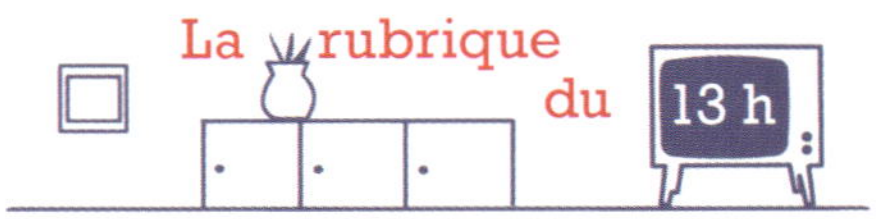

KAYSERSBERG

Alsace

Au cœur du vignoble alsacien, bordée par la Weiss, se dresse Kaysersberg, une ancienne cité impériale ; d'ailleurs, son nom signifie « la montagne de l'empereur » en allemand. La ville natale du médecin Albert Schweizer – un musée lui est consacré dans la maison où il a vu le jour – a de tout temps occupé un rôle stratégique dans la région, ce qui lui a apporté une grande prospérité, comme en témoigne son centre historique. Les ruines du château impérial dominent aujourd'hui la ville et ses nombreuses maisons colorées à pans de bois.

Faune & flore

L'amanite phalloïde

Midi-Pyrénées

Attention ! Danger absolu avec ce champignon hautement toxique, responsable des plus graves cas d'empoisonnement en France. D'autant que l'amanite phalloïde ressemble beaucoup au tricholome équestre, qui, lui, est comestible et a même tendance à pousser à proximité.

Devinette

Comment appelle-t-on un monument formé de menhirs ?

Un cromlech. Ce monument mégalithique préhistorique est constitué de pierres verticales alignées, formant une enceinte. Le plus grand de France se trouve à Kergonan, en Bretagne. Il mesure environ cent mètres de diamètre et compte vingt-quatre menhirs.

Il était une fois en 2011

Saut en parachute à Besançon

Franche-Comté

Surplombant Besançon, la citadelle doit sa renommée au plus grand architecte français du XVIIe siècle : Sébastien Le Prestre de Vauban. Il en fait les plans en 1668, mais la ville étant à nouveau sous le pouvoir des Espagnols, ce sont eux qui la mettent en œuvre. Louis XIV demandera à Vauban de la remanier entre 1678 et 1711. Sur le front royal, qui domine la ville de Besançon, trônent deux guérites de surveillance, la tour de la Reine et la tour du Roi. Le 13 septembre 2011, un anonyme, parfaitement équipé, mais sans aucune autorisation, visiblement adepte émérite du base jump, a sauté en parachute du haut des cent quarante mètres de la tour du Roi, peut-être pour rendre hommage à Vauban ou, qui sait, au Roi-Soleil lui-même.

Suivez le guide !
Alsace

Chouette, la fête du chou !

En temps normal, rien ne distingue Meistratzheim et Krautergersheim des autres villages du canton d'Obernai : situés à une trentaine de kilomètres de Strasbourg, ils incarnent, au fil des saisons, le charme pittoresque du nord de l'Alsace. Il en est tout autrement, en septembre, lors de la fête de la Choucroute et du Folklore.

La choucroute est une préparation à base de chou émincé que l'on fait fermenter avec du sel, pendant plusieurs semaines, et qui est conservée toute l'année. D'ailleurs, le mot « choucroute » est un emprunt au dialecte alsacien et signifie « chou aigre ». Fleuron de la cuisine alsacienne, la choucroute était le plat du dimanche par excellence : elle mijotait autrefois pendant que la famille était à l'église. Chaque année, aux alentours de la mi-septembre, a lieu le temps d'un week-end la fête de la Choucroute et du Folklore à Meistratzheim, dans le Bas-Rhin. Au cours de ces deux jours, des centaines de kilos de choucroute sont consommés, certains habitants revêtent le costume traditionnel et défilent entre les stands.

Un peu plus tard, toujours en septembre, c'est au tour de Krautergersheim de célébrer à son tour ce plat alsacien de renommée internationale. La Capitale de la choucroute

– *Kraut* signifie « chou » en allemand, et on appelle les habitants de la ville les « Chouvillois » – organise l'une des plus grandes fêtes du chou au monde, tant par le nombre de visiteurs que par la taille des spécimens : certains choux peuvent peser jusqu'à sept kilos ! Après avoir déambulé à travers les stands à la découverte d'objets anciens de l'artisanat régional et d'autres spécialités du terroir alsacien, après avoir assisté à une démonstration de coupe de choux, les touristes ne manqueraient pour rien au monde le cortège folklorique, au son des musiques traditionnelles.

lundi 16 septembre

lever : 7 h 28
coucher : 20 h 01

Ste Édith

À table !

Navarin d'agneau de pré salé de la baie de Somme

Picardie

Pour 6 personnes
Dans une cocotte, mettre 60 g de beurre à fondre à feu vif et faire revenir 2 oignons émincés, 1,5 kg d'agneau AOC coupé en morceaux et 3 carottes coupées en rondelles. Faire sauter pour que tous les morceaux soient dorés. Saupoudrer avec 2 c. à soupe de farine. Remuer sans arrêt, à feu doux, jusqu'à ce que la farine roussisse. Ajouter ½ l de bouillon chaud et 1 bouquet garni. Couvrir et laisser mijoter 2 h.

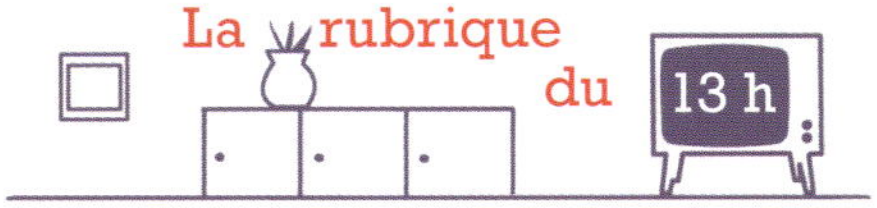

LE JARDIN D'ACCLIMATATION

Île-de-France

Inauguré en 1860 par Napoléon III, en même temps que le bois de Boulogne, le Jardin d'Acclimatation est à l'origine un lieu de culture et d'exposition de plantes exotiques. Il n'a pas perdu sa vocation première et accueille chaque année des centaines de familles qui viennent profiter de ses serres, mais aussi de ses animaux : le jardin possède une immense volière, des ruches ou encore une ferme normande. Pédagogique, le parc de dix-neuf hectares est aussi ludique, avec plusieurs manèges et attractions, comme la rivière enchantée ou l'incontournable petit théâtre de Guignol.

Faune & flore

Le pipit à gorge rousse

Bourgogne

Chaque année, de septembre à mi-novembre, ce joli passereau effectue un passage dans la région, à l'occasion de sa deuxième grande migration annuelle. Il en profite souvent pour faire une halte près d'une rivière ou d'un étang, avant de s'envoler vers l'Afrique tropicale.

Un record en *Aquitaine*

La dune du Pyla, située à l'entrée du bassin d'Arcachon, en Gironde, est la plus haute d'Europe. Plus d'un million de touristes visitent chaque année ce monticule de sable, qui culmine à cent mètres au-dessus du niveau de la mer.

Il était une fois en 1398

Sanctuaire à Annecy

Rhône-Alpes

Dans la vieille ville d'Annecy, près de la rivière le Thiou, se dissimule un minuscule oratoire, bâti au Moyen Âge, à la gloire de la Vierge Marie. Le comte Amédée III de Genève en commande la transformation en 1360. Transformé en sanctuaire, il abritera les dépouilles des familles des comtes de Genève. C'est le 16 septembre 1398 que le sanctuaire est consacré solennellement. Il est célèbre pour avoir, au XVIe siècle, accueilli le saint suaire, afin de l'exposer aux yeux des fidèles. Les vitraux actuels retracent cet épisode, notamment la venue – pour contempler le linceul du Christ – de la mère de saint François de Salle, le saint le plus emblématique de la Savoie.

mardi 17 septembre

lever : 7 h 30
coucher : 19 h 59

St Renaud

Faune & flore

Le muscardin

Basse-Normandie

Un pelage roux, deux grands yeux noirs et la taille d'une souris, c'est tout ce qui distingue ce petit rongeur plutôt courant dans la région. Le muscardin est aussi un excellent grimpeur, ce qui lui permet d'accéder facilement à sa nourriture (baies, fruits, graines, insectes…).

À la vôtre !

Champagne-Ardenne

On se demande parfois s'il faut dire « sabrer » ou « sabler » le champagne. En réalité, ce sont deux choses différentes. « Sabrer » le champagne est le fait de faire sauter le bouchon avec un sabre à champagne, et le « sabler », c'est le boire d'un trait. On peut donc sabrer le champagne, puis le sabler !

La rubrique du 13 h

LE CLOS ARSÈNE LUPIN

Haute-Normandie

L'ancienne maison de vacances de Maurice Leblanc à Étretat est devenue, il y a quelques années, un musée à la gloire d'Arsène Lupin. C'est dans ces murs, sur la Côte d'Albâtre, non loin des falaises et de la fameuse aiguille, que l'écrivain a pendant plus de vingt ans relaté les aventures du célèbre voleur. Dans le manoir anglo-normand à colombages, entouré d'un jardin à la française, ce sont Maurice Leblanc et Arsène Lupin eux-mêmes qui accueillent et guident les visiteurs. Plongés au XIXe siècle dans une atmosphère Belle Époque, ils tentent toujours de percer le mystère du gentleman cambrioleur.

À table !

Chaussons aux échalotes de Busnes

Nord-Pas-de-Calais

Pour 20 petits chaussons

Dans une poêle, faire revenir 6 échalotes ciselées dans de l'huile d'olive. Faire suer 5 min. Assaisonner avec du poivre et du curry. Dérouler 1 pâte feuilletée. Découper et disposer sur une plaque des cercles de 6 cm. Placer ½ c. à café de préparation sur chaque disque. Plier en 2 et souder les bords en les pressant. Dorer le dessus des chaussons avec de l'œuf battu. Enfourner 10 min à 210 °C.

Il était une fois en 1911

Fêtes régionalistes à Bourges

Centre

Encore marquée par les querelles de territoires liées à la guerre de 1870 et un esprit revanchard contre l'Allemagne, Bourges accueille, au début du XXe siècle, un régionalisme pluriel, où se côtoient républicains et nostalgiques des provinces de l'Ancien Régime. Grâce au sculpteur et écrivain Jean Baffier, régionaliste passionné de contes traditionnels, la Fédération régionaliste française choisit Bourges pour accueillir ses fêtes, du 15 au 17 septembre 1911. Dans une époque prête à la célébration des « petites patries », la poésie locale, la musique folklorique et ses danses, ainsi que la gastronomie traditionnelle sont à l'honneur, le point d'orgue de la fête étant le grand défilé du dimanche 17 septembre.

mercredi 18 septembre

lever : 7 h 31
coucher : 19 h 57

Ste Nadège

Devinette

Quelle célèbre découverte ont fait les frères Bouyssonie en 1908 ?

Un homme de Néandertal. Ces trois frères – dont deux abbés – passionnés d'archéologie découvrirent, le 3 août 1908, le premier squelette complet d'un Néandertalien dans le village de la Chapelle-aux-Saints, en Corrèze.

À table !

Coques du Croisic au cidre

Pays de la Loire

Pour 4 personnes

Laver plusieurs fois 2 l de coques, dans une grande bassine d'eau froide, en les remuant. Les égoutter. Éplucher et émincer 6 échalotes. Dans une grande marmite, verser ¼ l de cidre brut et ajouter les échalotes. À feu vif, porter à ébullition et faire réduire de moitié. Ajouter les coques. Remuer sans cesse. Lorsqu'elles sont toutes ouvertes, ajouter 30 g de beurre et du persil. Mélanger rapidement et servir.

La rubrique du 13 h

LE PALAIS DES ROIS DE MAJORQUE À PERPIGNAN

Languedoc-Roussillon

Ce palais, construit par le roi Jacques II de Majorque à la fin du XIIIe siècle, a davantage des allures de forteresse que de château d'apparat : au cœur d'une région disputée par plusieurs royaumes, la citadelle de Perpignan n'a été rattachée à la France qu'au XVIIe siècle. Utilisé comme caserne jusqu'au milieu du XXe siècle, le château accueille désormais le public. Les deux chapelles superposées sont sans doute la partie du palais qui rencontre le plus de succès, avec leurs fresques et leurs sols d'inspiration mauresque.

Faune & flore

La piéride du chou

Lorraine

Pour lutter contre cette petite chenille gloutonne, il existe nombre de solutions, la plus naturelle et la plus profitable étant l'installation de plantes compagnes. Ainsi, en prévoyant un plant de tomate entre chaque pied, vous tiendrez à distance les indésirables.

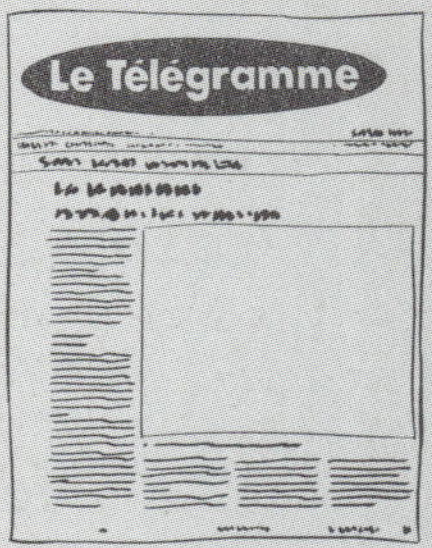

Il était une fois en 1944

Premier numéro du Télégramme

Bretagne

La Dépêche de Brest et de l'Ouest – qui a transféré ses locaux à Morlaix pour se protéger des bombardements qui sévissent à Brest – devient *Le Télégramme*, à la fin de la Seconde Guerre mondiale. Son premier numéro paraît le 18 septembre 1944, le jour même où la ville de Brest est libérée par les troupes de l'armée américaine. *Le Télégramme*, avec le soutien du Parti radical-socialiste, est repris en main par l'homme politique Victor Le Gorgeu, qui assure la direction du journal jusqu'en 1947. Puis le journal s'affranchit rapidement de toute filiation politique pour devenir un quotidien d'information généraliste, dont le tirage atteint aujourd'hui encore plus de deux cent mille exemplaires quotidiens.

jeudi 19 septembre

lever : 7 h 32
coucher : 19 h 54

Ste Émilie

Faune & flore

La jasione d'Auvergne

Auvergne

Cette plante d'altitude émettant, entre juin et septembre, de très jolies fleurs bleues aux accents indigo n'est autre qu'une sous-espèce de la jasione crépue. Endémique de la région, elle est extrêmement rare et n'est présente que dans le Puy-de-Dôme, dans le massif du Mont-Dore.

Savoirs d'antan

Si vous souhaitez que vos jeans conservent plus longtemps leur couleur originelle, pensez au sel. Pour bien fixer la couleur, vous devez les tremper dans de l'eau froide et salée pendant une demi-journée. Les lavages suivants ne les feront plus pâlir.

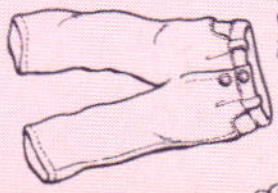

La rubrique du 13 h

LA ROUTE DE LA TRAVERSÉE

Guadeloupe

Également appelée « la route des Mamelles », cette route traverse Basse-Terre d'est en ouest. Elle permet de découvrir de nombreux sites exceptionnels de la Guadeloupe, à commencer par les Mamelles en question : deux sommets de sept cent soixante-huit et sept cent seize mètres de haut, qui n'attendent que les randonneurs. Les amoureux de la nature pourront s'arrêter au parc zoologique et botanique et emprunter un parcours de ponts suspendus à la cime des arbres. Les moins téméraires se prélasseront dans l'eau claire de la rivière Corossol, au pied de la cascade aux Écrevisses.

À table !

Duo d'emmenthal et de brési

Franche-Comté

Pour 4 personnes

Dans 4 grandes assiettes, répartir alternativement 24 tranches fines d'emmenthal et 24 tranches fines de brési. Arroser légèrement d'huile de pépins de raisin. Au centre de chaque assiette, disposer des feuilles de salade assaisonnées. Parsemer de graines de sésame, préalablement grillées quelques minutes au four.

Il était une fois en 1356

Bataille de Poitiers

Poitou-Charentes

Au début de la guerre de Cent Ans – qui se déroulera de 1337 à 1453 –, la France va connaître une de ses plus importantes défaites : la bataille de Poitiers. Après l'échec de négociations entre le prince de Galles Édouard de Woodstock et le roi de France Jean II, c'est le 19 septembre 1356 que les combats commencent près de Poitiers, à Maupertuis. Bien que l'armée française soit supérieure en nombre, elle est battue, laissant aux mains des Anglais le roi Jean II, prisonnier. Le traité de Brétigny, en 1360, rend la liberté au roi contre une rançon élevée de trois millions d'écus d'or. La France abandonnera également une partie de son royaume, pratiquement tout le Sud-Ouest.

vendredi 20 septembre

lever : 7 h 34
coucher : 19 h 52

St Davy

À table !

Gelée de raisin

Champagne-Ardenne

Laver et égrener 2 kg de raisin. Dans une cocotte à fond épais, verser ½ verre d'eau et ajouter le raisin. Porter à ébullition 3 min. Passer les grains éclatés au moulin à légumes. Peser le mélange jus-pulpe obtenu. Prévoir du sucre selon la proportion suivante : 800 g de sucre à confiture par kilogramme de jus. Cuire le jus 10 min, à gros bouillons. Ajouter le sucre et cuire 3 min. Répartir ensuite dans des pots, fermer, retourner les pots et laisser refroidir.

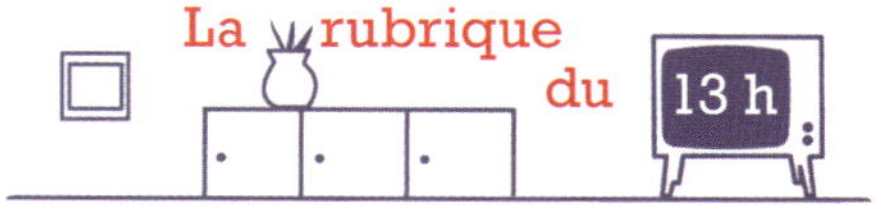

La rubrique du 13 h

LE PARC BORÉLY DE MARSEILLE

Provence-Alpes-Côte d'Azur

Ce parc est le plus prisé des espaces verts marseillais. Créé dans la seconde moitié du XIXe siècle, il est réaménagé en 1920. Il tient son nom de Louis Borély, un riche négociant du XVIIIe siècle, dont le château occupe une place importante dans le parc, flanqué d'un jardin à la française à l'ouest, et d'un jardin à l'anglaise à l'est. Le parc comporte un plan d'eau, une roseraie et un jardin botanique composé d'espaces à thèmes, dont un jardin méditerranéen, un jardin chinois, un jardin tropical ou encore un jardin médicinal.

Faune & flore

La grive musicienne

Limousin

Peu exigeante quant à son habitat, la grive musicienne peut aussi bien s'établir dans la forêt que dans les milieux plus urbains. Ainsi, on la trouve partout dans la région, notamment en automne, quand les oiseaux migrateurs rejoignent ceux qui nichent là toute l'année.

Devinette

Quelle fête médiévale célèbre-t-on dans la ville de Ribeauvillé, en Alsace ?

La fête des Ménétriers. Appelée aussi « Pfifferdaj », cette fête vieille de plus de six cents ans célèbre les trouvères. Tous les premiers dimanches du mois de septembre, elle rassemble mille cinq cents figurants pour l'animation de chars, fanfares et fresques médiévales.

Il était une fois en 1984

Première du spectacle Napoléon *de Serge Lama*

Aquitaine

Alors qu'il connaît depuis ses débuts de nombreux succès (*D'aventures en aventures*, *Je suis malade*) le chanteur bordelais Serge Lama se lance dans une nouvelle aventure au début des années 1980 : écrire une comédie musicale sur un sujet étonnant, Napoléon. Avec dix-sept tableaux mis en musique par Yves Gilbert, le spectacle retraçant la vie de Bonaparte est présenté pour la première fois le 20 septembre 1984, au théâtre Marigny. Serge Lama incarne lui-même l'empereur, accompagné de l'actrice et chanteuse Christine Delaroche dans le rôle de Joséphine. Le public est au rendez-vous, et une tournée en France a lieu à la fin des années 1980, jusqu'à ce que le chanteur arrête son spectacle en plein succès.

Suivez le guide !
Corse

Une virée hors saison avec Napoléon

Si c'est en avion que vous posez le pied sur le sol corse, le ton est donné : bienvenue à l'aéroport Napoléon-Bonaparte ! Et bienvenue, en effet, à Ajaccio, dans la ville qui vit naître l'Empereur, au bord de la Méditerranée, sous un soleil que l'on pourrait, en tant que natifs du Nord, trouver presque indécent…

Baignés par la Méditerranée, abrités sur la côte ouest de l'île de Beauté, les vieux quartiers d'Ajaccio, entre mer et montagne, sont tranquilles. Un emplacement idéal sur une île sublime. Que demander de plus ? Une histoire, bien sûr… Eh bien, vous ne serez pas déçu : cette partie du sud de la Corse n'a pas toujours été si paisible ! Et ses murs nous racontent encore, sans qu'elle ne s'use jamais, la grande histoire de la cité. D'abord place forte, puis capitale de l'île, Ajaccio a suscité bien des convoitises et fait naître bien des rivalités. Tous les regards se sont tournés vers elle quand Napoléon Ier, son enfant chéri, fut sacré empereur des Français. Aujourd'hui encore, son souvenir hante celle qui fut surnommée « la Ville impériale » : de nombreuses statues le représentent, et un musée lui est consacré.

S'il fait bon se cultiver en cette rentrée, il est encore temps également de se reposer : siestes et farniente, voilà de quoi un bon week-end est fait ! Traîner ses espadrilles usées par l'été sur les quais, s'arrêter en terrasse pour picorer dans un plateau de fromages corses, respirer à pleins poumons l'air du golfe, flâner et enfin s'allonger sur la plage Saint-François après une baignade dans ses eaux claires et chaudes, si le temps le permet encore… Voilà une belle façon de clore la saison !

lundi 23 septembre

lever : 7 h 38
coucher : 19 h 46

St Constant

À table !

Artichauts à la Clamart

Île-de-France

Pour 4 personnes
Écosser 750 g de petits pois. Laver 4 gros artichauts, retirer la queue, les feuilles et les poils fins du centre. Arroser avec le jus de 1 citron. Couper les fonds en morceaux et les faire revenir 5 min, avec du beurre, dans une sauteuse. Couvrir avec les petits pois et 1 bouquet garni. Verser 1 c. à soupe de sucre et 3 c. à soupe d'eau. Laisser mijoter 30 min à feu doux. Servir chaud, après avoir ajouté un morceau de beurre.

La rubrique du 13 h

LE POTAGER DES PRINCES DE CHANTILLY

Picardie

Ce véritable musée du jardin est l'ancien parc de la faisanderie du Grand Condé. Dessiné par Le Nôtre, il a pourtant été délaissé et s'est retrouvé menacé par un projet immobilier. Racheté par le fondateur du Musée vivant du cheval, le parc de trois hectares décline à présent vingt-cinq jardins correspondant à des pays différents. Tourné vers la pédagogie, le Potager des Princes accueille de nombreux enfants, qui apprennent l'art du jardinage. C'est également un lieu de détente, avec un théâtre de plein air au bord du bassin et une guinguette.

Faune & flore

La salsepareille

Languedoc-Roussillon

Figurant parmi les végétaux emblématiques de la garrigue languedocienne, la salsepareille est une plante originaire du Mexique. Si les jeunes pousses peuvent être préparées et consommées comme des asperges, les racines, quant à elles, servent à soigner divers maux.

Savoirs d'antan

Pour éviter que de la poussière ne se répande partout lorsque vous utilisez votre perceuse, placez, sur votre foret, le haut d'une bouteille en plastique découpée. Ainsi, lorsque vous percerez un mur en plâtre, les petites particules seront maîtrisées et se déposeront dans le récipient.

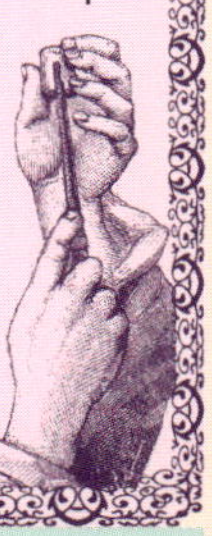

Il était une fois en 1846

Découverte de la planète Neptune

Basse-Normandie

C'est grâce aux travaux de l'astronome normand Urbain Le Verrier que la planète Neptune, la plus lointaine des planètes, fut découverte. En effet, depuis 1844, Urbain Le Verrier travaille sur la présence possible d'une nouvelle planète, qui pourrait être la cause des anomalies des mouvements d'Uranus, recherches dont il donne les résultats à l'Académie des sciences en août 1846. Grâce à ses calculs, l'astronome Johann Galle peut observer la nouvelle planète le 23 septembre 1846. Devant l'Académie des sciences, François Arago, qui avait demandé que la planète s'appelle « Le Verrier », prononcera cette phrase restée célèbre : « M. Le Verrier vit le nouvel astre au bout de sa plume. » Urbain Le Verrier émettra la même hypothèse pour expliquer les perturbations de la trajectoire de Mercure, mais sa théorie ne fut pas vérifiée.

mardi 24 septembre

lever : 7 h 40
coucher : 19 h 44

Ste Thècle

Un record en Auvergne

C'est à Aurillac qu'a été établi le record français du plus grand nombre de personnes nues photographiées à la fois. Spencer Tunick, spécialiste de la discipline, a immortalisé mille Aurillacois munis d'un parapluie, la spécialité de la commune.

Faune & flore
Le lapin de garenne
Centre

Quel autre animal que le plus populaire des lagomorphes de nos régions peut davantage évoquer la Sologne et sa tradition cynégétique ? Aujourd'hui pourtant, rien ne garantit sa présence, le lapin de garenne se faisant de plus en plus rare, menacé, entre autres fléaux, par la myxomatose.

La rubrique du 13 h

LA BASTILLE DE GRENOBLE
Rhône-Alpes

La Bastille est un fort militaire construit sur la rive droite de l'Isère, à Grenoble. Dès le XVe siècle, une maison forte est bâtie sur le mont Rachais, un rocher calcaire qui domine la ville. Remanié par Vauban, puis par le général Haxo au XIXe siècle, le bâtiment devient peu à peu une forteresse. L'ascension en téléphérique offre une vue imprenable sur la ville, le massif de Belledonne, la Chartreuse et le Vercors. À l'arrivée, les férus d'histoire admireront le système de défense de la Bastille, tandis que les autres pourront se rendre au Centre d'art contemporain, situé à l'intérieur du fort.

À table !
Dampfnudeln
Alsace

Pour 6 personnes
Préparer une pâte au levain avec 500 g de farine, 10 g de sel, 80 g de sucre, 20 g de levure de boulanger, 1 œuf, 200 ml de lait et 50 g de beurre ramolli. Pétrir et laisser reposer 30 min. Faire bouillir de l'eau dans une casserole. Façonner des petites boules de pâte. Faire chauffer de l'huile dans une cocotte. Y placer des boules, sans qu'elles se touchent. Verser 2 louches d'eau bouillante et couvrir immédiatement. Cuire 30 min environ, à feu doux.

Il était une fois en 1893
Naissance de Jean Casale
Corse

As de la Première Guerre mondiale, avec treize victoires homologuées, Jean Casale, dit « Marquis de Montferratto », naît à Olmeta-di-Tuda, en Haute-Corse, le 24 septembre 1893. C'est en rentrant en Corse, convalescent, alors qu'il a été blessé en août 1914, qu'il s'intéresse à l'aviation. Il se porte volontaire et intègre le groupe de Dijon en décembre 1914. Enchaînant les victoires, il obtient le titre d'« as » et, se pliant à la tradition, il choisit l'emblème qui personnalisera son avion : ce sera « le Corse », puis, plus tard, « Vendetta Corsa ». Après-guerre, fort de son statut, il devient pilote d'essai chez Blériot-Aéronautique, battant au passage des records d'altitude et de vitesse. En 1923, alors qu'il rentre d'un meeting aérien, son avion s'écrase. Jean Casale repose dans sa commune natale.

lever : 7 h 41
coucher : 19 h 42

St Hermann

À table !

Tourteau à la mode de Fécamp

Haute-Normandie

Pour 2 personnes
Préparer un court-bouillon avec 2 carottes, 2 oignons, 1 bouquet garni, 1 verre de vinaigre. Faire bouillir 20 min, puis laisser refroidir. Y plonger 1 gros tourteau. Faire chauffer à feu vif et laisser 10 min à petite ébullition. Laisser refroidir dans le court-bouillon. Ouvrir le crabe et récupérer toute la chair. La mélanger avec 1 échalote émincée, 50 g de beurre et 1 verre de vin blanc sec. Remplir la coquille, recouvrir de chapelure et faire gratiner au four.

La rubrique du 13 h

LA MAISON ADAM À ANGERS

Pays de la Loire

Dans le cœur historique d'Angers, derrière la cathédrale, se dresse un des plus célèbres témoignages de l'architecture médiévale de la ville. Cette imposante maison à pans de bois surprend par la richesse de son décor qui en fait un chef-d'œuvre de charpenterie. Chaque poteau de bois est sculpté : on y retrouve des motifs végétaux et des ornementations abstraites, mais aussi des personnages. Les sujets sont religieux – la maison doit son nom aux figures d'Adam et Ève sur un des poteaux – ou profanes, comme le célèbre « Tricouillard », un homme au pantalon baissé.

Faune & flore

Visiteurs de la forêt

Franche-Comté

En Franche-Comté, troisième région forestière de France, il arrive que les jardins soient situés en bordure de forêt. Pour protéger son potager et ses parterres du passage des daims, des chevreuils ou des sangliers, mieux vaut placer des barrières – naturelles si possible –, comme une haie d'arbustes.

À la vôtre !

Poitou-Charentes

En dépit de la grande crise du phylloxera, qui le fit passer de quarante-quatre mille à sept cent cinquante-quatre hectares au cours de la première moitié du XXe siècle, le vignoble du Haut-Poitou est aujourd'hui très actif : cinq cent six hectares sont exploités par la cave coopérative et les deux cent cinquante-huit hectares restants par des producteurs indépendants. Ses vins sont AOC depuis 2010.

Il était une fois en 1915

Bataille de Loos

Nord-Pas-de-Calais

La principale bataille menée par les Anglais pendant la Première Guerre mondiale eut lieu aux alentours de Loos-en-Gohelle. Commencée le 25 septembre 1915, la bataille de Loos avait un seul but : prendre la ville de Loos aux Allemands, ville stratégique assurant ravitaillement et pénétration vers le nord. Les Britanniques parvinrent à rejoindre Loos très rapidement, mais cette première victoire ne put être exploitée : manque d'obus, retard des renforts et vent contraire qui ne permit pas aux cent quarante tonnes de gaz moutarde d'atteindre leur cible, mais les fit se rabattre sur ceux qui avaient tiré, les Anglais eux-mêmes. Le 28, sous la poussée allemande, la bataille fut perdue.

jeudi 26 septembre

lever : 7 h 42
coucher : 19 h 40

St Damien

Faune & flore

L'hermine

Bretagne

La légende raconte que l'animal, acculé devant une mare de boue, aurait préféré mourir plutôt que de salir son beau pelage. C'est suite à cette anecdote que l'hermine serait devenue le symbole de la région, apparaissant sur le drapeau sous forme de mouchetures évoquant la queue noire de l'animal.

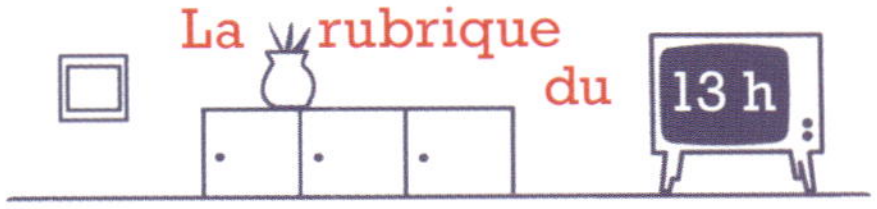

L'ÉGLISE RUSSE DE BIARRITZ

Aquitaine

L'église orthodoxe de Biarritz, consacrée à la Protection de la Mère de Dieu et à saint Alexandre Nevski, est édifiée au XIXe siècle, une époque où les aristocrates russes affluent sur la côte basque : ils rendent alors visite à Napoléon III et à l'impératrice Eugénie, qui a fait de la station balnéaire son lieu de villégiature favori. La population russe ne cessant d'augmenter à Biarritz, on ne peut plus se contenter d'une salle du palais impérial comme lieu de culte ; la construction d'une église est donc décidée. L'édifice, à l'architecture byzantine très marquée, accueille toujours les fidèles.

Un record en Languedoc-Roussillon

Le 31 mars 2012, la ville de Perpignan est entrée dans la légende en organisant le plus grand *lipdub* du monde. Plus de sept mille personnes ont participé à cette action en faveur de la langue catalane.

À table !

Tarte au picodon

Rhône-Alpes

Pour 6 personnes

Écraser à la fourchette 3 picodons frais. Mélanger avec 1 gros bouquet de ciboulette ciselée, 1 c. à café de moutarde forte, 2 tomates séchées en petits morceaux et 200 g de crème fraîche. Dans un plat à tarte, placer 1 pâte brisée. La piquer avec une fourchette. La couvrir de légumes secs et la cuire à blanc 10 min, à 185 °C. Retirer les légumes secs. Recouvrir de la préparation au fromage. Cuire 45 min, à 185 °C. Se déguste chaude ou froide.

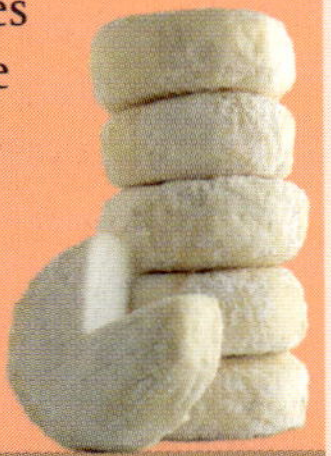

Il était une fois en 1980

Première émission, radio locale RTF Limoges

Limousin

Apparues dans le paysage radiophonique vers les années 1970, les radios pirates, qui émettaient sans autorisation, ont connu un réel essor, avec un ton nouveau et une totale liberté d'expression des animateurs. Nombre de radios locales ont ainsi commencé à émettre sur les ondes sans autorisation. Ce fut le cas pour la Radio Trouble Fête (RTF), la plus ancienne radio associative de la région du Limousin. Sa création date de 1980, et c'est le 26 septembre que la première émission est diffusée sur les ondes, en pirate. Mêlant musique rock et informations locales, la radio RTF remplit sa mission depuis plus de vingt ans, pour le plus grand plaisir de ses auditeurs.

vendredi 27 septembre

lever : 7h44
coucher : 19h37

St Vincent de Paul

À table !

Gratin de raisin de Moissac

Midi-Pyrénées

Pour 4 personnes

Laver 600 g de raisin. Couper en 2 et épépiner les grains. Les répartir dans des ramequins. Dans une casserole, au bain-marie, battre, pendant 10 min, 2 œufs, 2 jaunes, 80 g de sucre, 50 g de poudre d'amandes, 1 c. à café de cannelle et 1 c. à soupe de fleur d'oranger. Napper les raisins avec le mélange. Faire dorer au four quelques minutes, à 240 °C.

Devinette

Quelle était la passion de Roland Garros ?

L'aviation. Né à La Réunion, Roland Garros a notamment réalisé plusieurs records d'altitude et effectué en 1913 la première traversée de la Méditerranée en avion, de Fréjus à Bizerte. Il mourut lors d'un combat aérien pendant la Première Guerre mondiale.

La rubrique du 13 h

HAUTVILLERS, DOM PÉRIGNON

Champagne-Ardenne

Ce petit village de la Marne, avec ses vignes à flanc de coteau, est le berceau du champagne. C'est ici, dans l'abbaye bénédictine, que le roi des vins a acquis ses lettres de noblesse, grâce à dom Pérignon, un moine cellérier du XVIIe siècle, qui repose désormais sous une dalle noire, au pied de l'autel de l'abbaye. Depuis 1832, le vignoble Dom Pérignon et les bâtiments conventuels appartiennent à la maison Moët et Chandon : on peut visiter un petit musée du Vin et les caves creusées jusqu'à trente-huit mètres de profondeur, dans la craie, par le célèbre moine lui-même.

Faune & flore

Le pin sylvestre

Poitou-Charentes

Du haut de ces trente mètres, ce grand résineux domine la forêt de la Coubre, en Charente-Maritime. Bien que le pin sylvestre occupe près de dix mille hectares en Poitou-Charentes, la production de bois reste très faible, certaines essences n'étant pas très bien adaptées au climat et au sol de la région.

Il était une fois en 1838

Mort de Bernard Courtois

Bourgogne

Nous devons les découvertes de la morphine et de l'iode au chimiste Bernard Courtois, né à Dijon en 1777. Ce sont ses travaux sur l'opium qui lui permettent de découvrir la morphine, en 1801, avec Armand Seguin, pour qui il travaille. Pourtant, il délaisse sa carrière de chercheur et reprend avec son père une fabrique de salpêtre. Grâce à sa nouvelle activité d'industriel, il isole une substance inconnue, issue d'algues nécessaires à la production de salpêtre, qui sera nommée « iode » par le chimiste Gay-Lussac. Peu considéré par ses pairs, il recevra néanmoins le prix de l'Académie des sciences pour cette découverte. Il meurt le 27 septembre 1838.

Suivez le guide !
Midi-Pyrénées

Le roc d'Amadour

Au cœur du parc naturel régional des Causses du Quercy, Rocamadour semble prêt à basculer dans le vide, à se décrocher de son roc. Une comptine populaire définit ainsi ce joyeux amas de toits : « Les maisons sur le ruisseau, les églises sur les maisons, les rochers sur les églises, le château sur les rochers. »

Rocamadour, village d'exception du département du Lot, domine de plus de cent cinquante mètres de haut la gorge de l'Alzou et son petit filet d'eau. Accroché sur les rochers à pic d'une falaise, Rocamadour est renommé non seulement pour sa beauté et son incroyable configuration, mais surtout pour son pèlerinage. D'ailleurs, pendant longtemps, le village tout entier fut dédié à la Vierge. Attesté depuis le haut Moyen Âge, le pèlerinage atteint son apogée entre le XIe et le XIIIe siècle, où quelque trente mille pèlerins pénétraient dans la ville par la porte du Figuier les jours de grand pardon. Celui-ci se méritait : les fidèles grimpaient à genoux le grand escalier qui mène au sanctuaire et à la statue de la Vierge noire, exposée dans la chapelle miraculeuse Notre-Dame.

Aujourd'hui, si le pèlerinage est moins important, Rocamadour a conservé son patrimoine religieux : chapelles, cryptes ou grottes qui abritent de nombreuses reliques, comme celles d'Amadour ou de Roland; mais n'est-ce pas Durandal, la fameuse épée du héros malheureux de Roncevaux, qui est fichée dans le roc près du tombeau de l'ermite? Désormais, ce sont les touristes qui affluent vers le village cramponné à sa falaise. Récompense du randonneur après la traversée aride du causse, Rocamadour est aussi une destination de choix pour tous les amoureux d'histoire.

Impossible de quitter Rocamadour sans avoir goûté son fameux fromage de chèvre, appelé autrefois « cabécou de Rocamadour » et élaboré à partir de lait cru entier.

Le Quercy est peuplé de forteresses : les constructions sont robustes, pour résister aux ennemis, mais aussi à l'assaut des vents.

lundi 30 septembre

lever : 7 h 48
coucher : 19 h 31

St Jérôme

Savoirs d'antan

Quelques astuces à connaître pour éloigner les petites bêtes de votre potager. Faites pousser du basilic autour des aubergines pour écarter les insectes. Pensez à semer du thym serpolet, qui repousse les lapins. Et n'oubliez pas l'ail, qui fait fuir les pucerons de presque toutes les plantes.

À table !

Compote banane-carambole

Guyane

Pour 4 personnes

Éplucher 4 bananes bien mûres. Couper en morceaux les bananes et 4 caramboles. Cuire à feu doux dans une casserole, avec 1 petit verre d'eau. Lorsque les fruits sont bien tendres, ajouter 2 c. à soupe de jus de citron et 1 c. à café de cannelle. Mixer le tout. Présenter la compote, froide, dans des ramequins, avec les lamelles de 1 carambole crue.

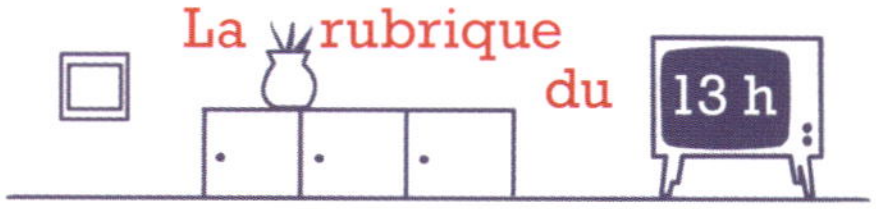

LA PLACE DE LA CARRIÈRE DE NANCY

Lorraine

Cette place appartient au centre historique de Nancy. En effet, elle est créée au XVIe siècle, et sa fonction première était d'accueillir des jeux équestres. Elle n'acquiert sa physionomie actuelle qu'au XVIIIe siècle, lorsqu'on décide de réunir la vieille ville et la ville nouvelle. Aujourd'hui, la place de la Carrière, bordée d'hôtels particuliers, dont certains sont classés, prolonge la place Stanislas ; à son autre extrémité se trouve le palais du Gouvernement. Autrefois parsemé d'orangers, le terre-plein central est désormais délimité par des tilleuls.

Faune & flore

Compostage et bêchage

France

Fini le mal de dos et les ampoules sur les mains ! Étalez une bonne couche (cinq centimètres) de compost bien mûr sur vos sols, et les lombrics feront le reste, sans que vous ayez besoin de bêcher ou d'amender la terre. Veillez juste à renouveler cette couche de compost tous les ans.

Il était une fois en 1665

Début des Grands Jours d'Auvergne

Auvergne

À la fin du mois de septembre 1665, le roi Louis XIV envoie en Auvergne, à Clermont-Ferrand et au Puy, un équipage constitué de seize conseillers du Parlement de Paris. Ces magistrats sont en charge de réhabiliter la justice et de réprimer les abus d'une partie de la noblesse de province, dans des affaires contestées ou qui avaient été soustraites à un jugement équitable. Nommés « les Grands Jours d'Auvergne », ces tribunaux extraordinaires se dérouleront jusqu'en janvier 1666 et prononceront un verdict pour près de mille quatre cents affaires.

mardi 1er octobre

lever : 7 h 50
coucher : 19 h 29

Ste Thérèse de Lisieux

Faune & flore

L'able de Heckel

Alsace

Ce petit poisson d'une dizaine de centimètres tient son nom du zoologiste qui l'a découvert au xixe siècle. En France, sa répartition se limite au Rhin et à ses affluents. Très grégaire, l'able de Heckel forme de grands bancs qu'il sera facile de repérer dans les eaux peu profondes.

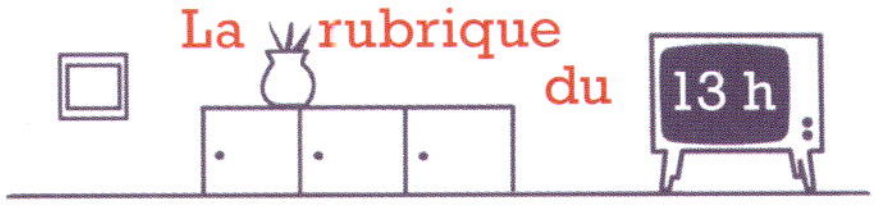

LES MARAIS DE BOURGES

Centre

À quelques minutes à peine du centre de Bourges, la ville s'efface pour laisser place à près de mille cinq cents parcelles cultivées. Autrefois utilisés pour défendre la ville, ces cent trente-cinq hectares de marécages insalubres, alimentés par l'Yèvre, la Voiselle et le Faux Pallouet, ont été asséchés et entretenus par des maraîchers à partir du xviie siècle. Encore aujourd'hui, ils constituent un exemple rare d'agriculture urbaine. Classés site naturel, les marais font toujours le bonheur des jardiniers amateurs et sont un lieu de promenade recherché par les Berruyers.

À la vôtre !

Champagne-Ardenne

Les bulles sont un des critères essentiels d'un bon champagne. Elles doivent être fines et monter dans le verre en colonnes ininterrompues. C'est souvent le vieillissement des champagnes de garde qui les façonne. S'il n'y a aucune bulle, c'est que le verre n'a aucun défaut… ou que votre champagne est éventé !

À table !

Poêlée de coquilles Saint-Jacques de Normandie

Basse-Normandie

Pour 4 personnes

Dans une poêle, faire fondre 1 noix de beurre dans 1 c. à soupe d'huile d'olive. Faire revenir 1 échalote émincée. Cuire 16 noix de coquilles Saint-Jacques, 2 à 3 min de chaque côté. Saler et poivrer. Au bain-marie, faire fondre 50 g de beurre avec le jus de ½ citron. Verser ce mélange dans la poêle, parsemer de persil haché et servir immédiatement.

Il était une fois en 1632

Ancien château de Gruissan

Languedoc-Roussillon

La construction de l'ancien château de Gruissan semble dater de la fin du xe siècle ou du début du xie. Assurant la surveillance côtière des navires passant à proximité du port de Narbonne, construit sur une colline très abrupte, il est agrandi et fortifié au xiie siècle par l'archevêque de Narbonne. Malgré des incursions de pirates, notamment catalans et génois, le château reste aux mains de Narbonne, qui est la dernière ville du Languedoc à se soumettre au roi Henri IV en 1596. Soucieux de renforcer l'autorité royale, Richelieu, ministre de Louis XIII, ordonne la démolition de l'édifice le 1er octobre 1632. Aujourd'hui, il ne reste du temps de sa splendeur que la tour Barberousse, qui offre une vue exceptionnelle sur la côte, les marais salants et le port de Gruissan.

mercredi 2 octobre

lever : 7 h 51
coucher : 19 h 27

St Léger

Devinette

Quelle rivière naît de la jonction des rivières de la Douze et du Midou à Mont-de-Marsan ?

La Midouze. La vaste presqu'île, formée par le confluent de ces deux rivières, constitue le centre historique de la Ville aux trois rivières, avec notamment son ancien moulin bâti en surplomb de la confluence.

À table !

Tarte à la fiouse

Lorraine

Pour 6 personnes

Disposer sur un plat à tarte 1 pâte brisée. La piquer à la fourchette et la cuire à blanc. Dans un saladier, mélanger 200 g de fromage blanc égoutté et 12 cl de crème fraîche. Dans un bol, battre 3 œufs en omelette. Ajouter les œufs au mélange fromage blanc-crème. Verser la préparation sur la pâte à tarte. Cuire 30 min à 210 °C. Il est possible d'en faire un dessert en ajoutant 3 c. à soupe de sucre au fromage blanc.

La rubrique du 13 h

BERZÉ

Bourgogne

Berzé est un village du Mâconnais, en Saône-et-Loire. Au cœur d'un paysage vallonné, il a su entretenir le charme d'autrefois : on y découvre notamment des maisons typiquement bourguignonnes et des fours à gypse restaurés. Mais Berzé est surtout renommé pour son château féodal, qui a, lui aussi, résisté aux guerres et au temps. Cette forteresse du xe siècle est la mieux conservée de la région. Accrochée à un éperon rocheux face à la célèbre roche de Solutré, elle semble bien imprenable avec ses treize tours, dont deux donjons, et ses trois murs d'enceinte.

Faune & flore

Les ruchers parisiens

Île-de-France

Qui aurait pu penser que quelque trois cents ruchers se cachent au cœur de la capitale ? Ils sont nichés un peu partout, dans les parcs (jardin du Luxembourg, parc Monceau, Parc floral), mais aussi dans le bois de Vincennes et le bois de Boulogne et même… sur les toits de l'Opéra Garnier !

Il était une fois en 1776

Naissance de Guérard de La Quesnerie

Haute-Normandie

C'est à Rouen, le 2 octobre 1776, que naît Guérard de La Quesnerie, agronome célèbre, à qui sa région doit de grandes avancées dans le domaine de l'agriculture. Il introduit en Normandie de nouvelles cultures : diverses variétés de pommes de terre, de choux et de blé. Éternel chercheur, il adopte dans sa ferme l'assolement triennal, qui divise en trois parcelles la partie cultivée et en maintient toujours une, à tour de rôle, en jachère. Reconnu de son vivant membre de la Société centrale d'agriculture de Paris, puis de la Société centrale d'agriculture de Seine-Inférieure, Guérard de La Quesnerie est élu à l'Académie de Rouen en 1824.

jeudi 3 octobre

lever : 7 h 53
coucher : 19 h 25

St Gérard

Faune & flore

La renoncule à feuilles d'ophioglosse

Pays de la Loire

Cette jolie plante annuelle des prairies humides donne une fleur très similaire à celle du bouton-d'or – ce qui lui a valu le surnom de « bouton-d'or à feuilles d'ophioglosse ». Elle est surtout présente dans le Marais poitevin, où les conditions de vie sont idéales pour cette adepte des milieux humides.

Savoirs d'antan

Si vous souhaitez éviter les éclaboussures de matière grasse lorsque vous cuisinez, ajoutez une pincée de farine dans la poêle, pendant la cuisson. Ainsi, vous n'aurez plus besoin de laver votre plaque après chaque préparation de repas et vous réduirez les risques de vous brûler avec les projections.

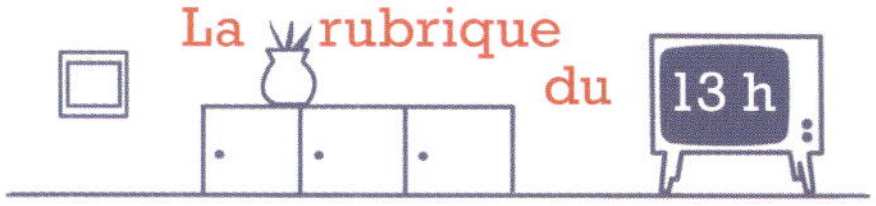

AMBLETEUSE

Nord-Pas-de-Calais

Ambleteuse se distingue des autres villes du littoral du nord de la France et de leurs immenses étendues de sable. Ici, la station a gardé des proportions modestes et familiales, mais le paysage de la Côte d'Opale, composé de dunes d'oyats, n'en est pas moins majestueux. Dans cette commune du Pas-de-Calais, on peut admirer le fort Mahon, un édifice de Vauban que des bénévoles font revivre depuis 1967. Ce fort, un des derniers du genre encore en état, défendait les côtes du royaume des attaques anglaises.

À table !

Polenta de châtaignes

Corse

Pour 8 personnes

Porter à ébullition 1 l d'eau légèrement salée et 1,5 l d'eau non salée. Passer 500 g de farine de châtaigne au tamis. Verser très progressivement la farine dans l'eau salée. Rester sous le point d'ébullition et remuer sans cesse. Quand la polenta devient très épaisse, verser 2 louches d'eau bouillante non salée. Continuer à remuer 30 min minimum. Saupoudrer un linge d'un peu de farine de châtaigne et verser la polenta dessus. Elle se déguste en tranches, nature ou frites.

Il était une fois en 2006

Vente aux enchères des œuvres de Ferdinand Bac

Picardie

Petit-neveu de Napoléon Ier par son père, Ferdinand Bac voit le jour en 1859 à Stuttgart, mais choisit, après la chute du second Empire, de quitter l'Allemagne pour Paris, afin d'y mener une carrière de dessinateur et d'écrivain. Il devient vite un artiste en vue et l'ami de grands noms de l'époque, comme Hugo, Verlaine et Wagner. Il publie un nombre impressionnant d'ouvrages artistiques et littéraires, qu'il se charge d'illustrer lui-même. Après avoir connu les guerres mondiales, qui le marquent profondément, il emménage à Compiègne dans un hôtel particulier luxueux, sans jamais cesser de travailler et de voyager. Il y meurt en 1952. La maison de vente Tajan a organisé, le 3 octobre 2006, des enchères rassemblant l'ensemble de ses œuvres.

vendredi 4 octobre

lever : 7 h 54
coucher : 19 h 23

St François d'Assise

À table !

Œufs de Marans à la mousse de citron

Poitou-Charentes

Pour 4 personnes

Râper le zeste de 3 citrons. Presser le jus et le réserver. Dans une terrine, fouetter 5 œufs (réserver 4 coquilles) avec 200 g de sucre. Incorporer 20 g de Maïzena, le zeste et le jus des citrons. Porter 15 cl d'eau à ébullition. Ajouter la préparation. Cuire à feu doux 10 min. Hors du feu, battre la mousse pendant qu'elle refroidit. Incorporer 1 blanc d'œuf en neige et 1 c. à soupe de crème. Remplir, avec une douille, 4 coquilles d'œufs de la préparation.

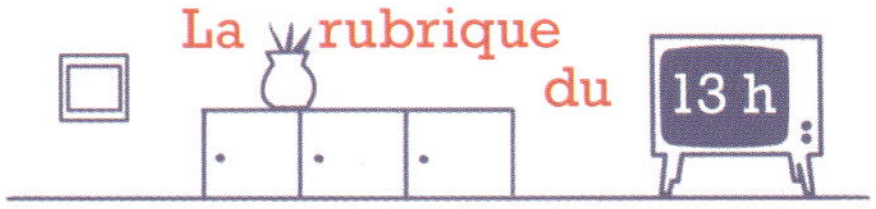

L'HÔTEL DES INVALIDES

Île-de-France

Voulu par Louis XIV pour accueillir les soldats invalides de son armée ou tout simplement trop vieux pour servir, l'hôtel des Invalides ouvre ses portes en 1673, après trois ans de construction seulement. Loin de se reposer, les militaires sont répartis dans plusieurs ateliers, où ils confectionnent, par exemple, des uniformes. Aujourd'hui, l'hôtel des Invalides accueille toujours une centaine d'anciens soldats ; le monument parisien est également une nécropole – plusieurs grands hommes y reposent – et le plus grand ensemble muséal d'histoire militaire de France.

Faune & flore

L'élanion blanc

Aquitaine

Bien qu'il soit rare de le voir dans nos régions, il n'est toutefois pas impossible d'observer ce bel oiseau au regard sévère, qui niche habituellement sur les côtes africaines et asiatiques. C'est dans les Pyrénées-Atlantiques que la rencontre sera la plus probable, notamment au crépuscule.

À la vôtre !

Auvergne

La marquisette est un cocktail typique de la Haute-Loire. Pour dix personnes, mélangez dans un grand saladier 50 cl de limonade, 50 cl de mousseux, 1 l de vin blanc, 50 g de sucre, 10 cl de Mandarine Napoléon, 15 cl de rhum blanc, 15 cl de sirop d'orange, 500 g d'oranges et 250 g de citrons jaunes. Servez bien frais et régalez-vous !

Il était une fois en 1572

Massacre à Toulouse

Midi-Pyrénées

Épisode tragique des guerres de Religion, le massacre des protestants s'est déroulé à Paris le 24 août 1572, jour de la Saint-Barthélemy, avant que d'autres villes du royaume ne soient à leur tour le théâtre d'événements similaires. Dans les jours qui suivent cette date, Guillaume de Joyeuse, lieutenant général du Languedoc, demande aux gouverneurs des villes de la région d'être vigilants, afin d'assurer l'ordre public, et de réprimer tout soulèvement. Cependant, le 4 octobre 1572, une émeute éclate à Toulouse : la prison est forcée, et une partie des prisonniers huguenots est massacrée.

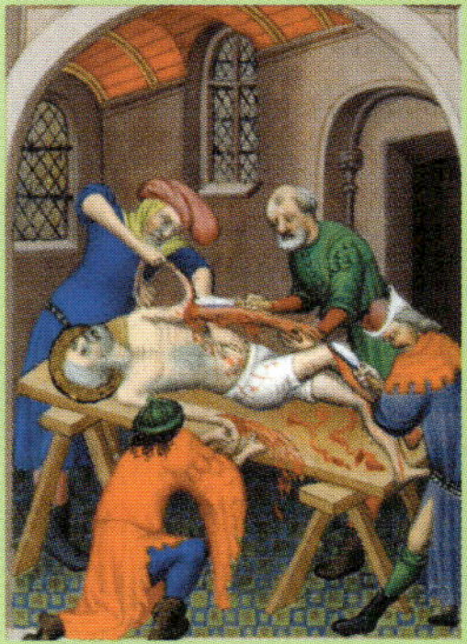

Suivez le guide !
Picardie

La Petite Venise du Nord

Connue pour ses hortillonnages, qui couvrent environ trois cent trente hectares près du centre-ville, Amiens est aussi une ville d'histoire, puisqu'elle possède l'une des plus vastes cathédrales du monde.

« Sur le désir de ma femme je me fixe à Amiens, ville sage, policée, d'humeur égale, la société y est cordiale et lettrée. On est près de Paris, assez pour en avoir le reflet, sans le bruit insupportable et l'agitation stérile. » C'est par ces mots que Jules Verne décrivait la ville picarde, dans une lettre à son ami Charles Wallut, en 1873.

Si Amiens a beaucoup évolué en cent cinquante ans, il y fait toujours bon vivre. Parcourue de canaux, elle a les atouts des grandes villes et le pittoresque des cités de charme. L'eau a envahi ses quartiers et fait partie de son histoire, avec les hortillonnages. Ce mot picard désigne d'anciens marais comblés, afin d'être utilisés pour la culture maraîchère. Chaque parcelle de terre est entourée d'un labyrinthe de canaux, et le jardinier – appelé « hortillon » – se déplace en barque à cornet. Cette embarcation à fond plat, qui servait autrefois d'étal pour vendre les légumes sur le marché, promène aujourd'hui de nombreux touristes. Bercés par les clapotis de l'eau, ils observent les oiseaux qui ont élu domicile sur les îlots désertés.

Si vous choisissez de rester sur la terre ferme, ne manquez pas la cathédrale Notre-Dame d'Amiens et sa façade extérieure remarquablement sculptée. Édifiée au XIIIe siècle, elle est un chef-d'œuvre de l'époque gothique. Il s'agit de la plus vaste cathédrale française : son volume fait deux fois celui de Notre-Dame de Paris.

Gourmandises amiénoises

Si Amiens est une merveille pour les yeux, elle l'est aussi pour les papilles. Parmi les nombreuses spécialités de la cuisine picarde, plusieurs sont d'origine amiénoise. Ainsi, vous ne résisterez pas au fameux pâté de canard : ce plat, qui remonterait au XVIIe siècle, consiste en un canard désossé farci et enfermé dans une abaisse de pâte, la farce étant un mélange flambé de foie gras, de lard, de lapin et de champignons.

Si votre préférence va au sucré, précipitez-vous sur le macaron d'Amiens. Introduit en France par Catherine de Médicis, ce biscuit au goût d'amande doit son cœur moelleux, presque coulant, à la présence de miel parmi ses ingrédients.

lundi 7 octobre

lever : 7 h 59
coucher : 19 h 17

St Serge

Un record en Alsace

William Wyler remporte en 1960, avec son péplum *Ben-Hur* un total de onze oscars : un record égalé depuis, mais jamais battu ! Ce réalisateur naturalisé américain est né dans la ville de Mulhouse.

À table !

Quiche aux boulettes de Bussy

Champagne-Ardenne

Pour 6 personnes

Éplucher et couper en rondelles fines 5 boulettes (navets) de taille moyenne. Dans une sauteuse, faire revenir les boulettes et 80 g de lardons. Cuire 20 min à feu doux. Étaler 1 pâte à tarte sur un plat et répartir le mélange boulettes-lardons. Battre 3 œufs avec un petit pot de crème, du poivre et de la muscade. Verser dans le plat et parsemer de 50 g de fromage. Cuire 30 min à 200 °C.

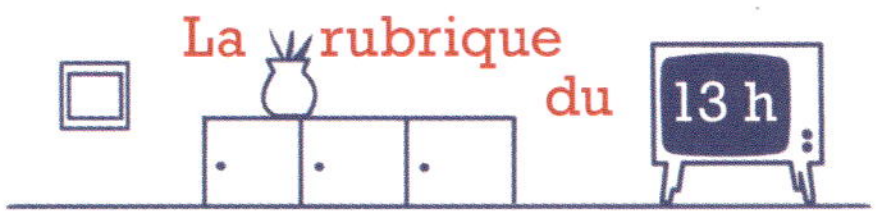

LA PRESQU'ÎLE DE QUIBERON

Bretagne

La ville de Quiberon se situe à l'extrémité sud de la presqu'île qui porte son nom. On appelle cette partie du Morbihan la « côte sauvage », et cette dénomination n'est pas usurpée, tant le dépaysement est garanti. En toute saison, la balade le long de la mer est vivifiante, si ce n'est « ébouriffante » ! Les jours de houle, lorsque l'écume s'écrase violemment sur les rochers de granit, il vaut mieux rester sur la terre ferme et, pourquoi pas, poursuivre la promenade vers ce petit château, à l'emplacement unique, sur la pointe de Beg-er-Lann.

Faune & flore

La châtaigne d'Ardèche

Rhône-Alpes

C'est la saison idéale pour déguster la châtaigne d'Ardèche, qui se distingue par son goût et sa chair de qualité. Vous avez le choix : Comballe, Bouche Rouge ou encore Sardonne… Plus de soixante-cinq variétés se cachent derrière ce petit fruit savoureux aux nombreux atouts nutritionnels.

Il était une fois en 1749

Mort de Louis Antoine Pille

Picardie

Né à Soissons en 1749, Louis Antoine Pille s'illustre dès le début de sa longue carrière militaire, lors de la Révolution française. D'abord sous-lieutenant des chasseurs volontaires à cheval de Dijon, puis chef de bataillon et commandant, il se joint aux fédérés volontaires qui se rendent à Paris en juillet 1790. Général de division, il se fait remarquer dans la campagne d'Italie, où il reçoit la Légion d'honneur. Admis à la retraite, il meurt dans sa ville natale le 7 octobre 1828. Une rue de Soissons porte son nom, mais Louis Antoine Pille a aussi son patronyme inscrit sur l'Arc de triomphe.

mardi 8 octobre

lever : 8 h 00
coucher : 19 h 14

Ste Pélagie

Faune & flore
Le mirabellier
Lorraine

Voici enfin le moment de planter l'arbre qui donnera, dès l'été prochain, les merveilleux petits fruits au goût si unique ! Choisissez un sol frais, profond et drainé, et bien exposé au soleil. L'entretien sera ensuite très facile, puisque ni arrosage ni apport d'engrais ne devraient être nécessaires.

À la vôtre !
Basse-Normandie

Obtenu par assemblage de jus de pommes non fermenté et de calvados, le pommeau est un apéritif reconnu AOC depuis 1991. Il est élaboré par plus de soixante-dix producteurs différents, et s'accordera à merveille avec foie gras, melon, desserts aux pommes ou au chocolat !

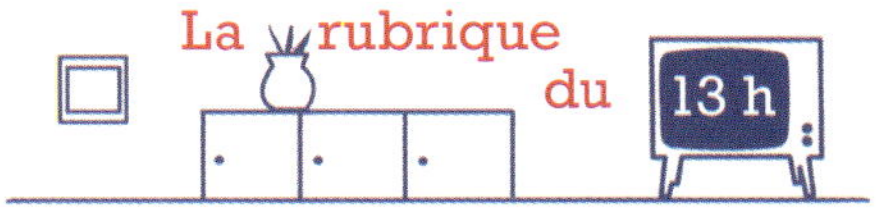

LE LAC DU BOUCHET
Auvergne

Situé à une vingtaine de kilomètres du Puy-en-Velay, dans le département de la Haute-Loire, le lac du Bouchet est un ancien cratère de volcan. Selon la légende, l'ancien village du Bouchet avait été établi à l'emplacement du lac, mais les dieux, exaspérés par l'immoralité des habitants, l'ont englouti sous une immense vague. D'une superficie de quarante-quatre hectares, le lac est entouré d'une forêt de hauts sapins ; on peut y voir un tonneau de trois mètres carrés, qui servait autrefois d'abri pour les gardiens de troupeaux ; dans les années 1960, un homme s'y était installé pendant la belle saison.

À table !
Croquets de Donzy
Bourgogne

Mélanger 100 g de farine, ½ paquet de levure chimique, 100 g de sucre et 100 g d'amandes. Au centre, casser 1 œuf et verser quelques gouttes de fleur d'oranger. Mélanger et faire 1 boule. Laisser reposer 1 h. Abaisser la pâte au rouleau et découper des croquets de 10 x 10 cm, d'une épaisseur de 1 cm. Les poser sur du papier sulfurisé et cuire 10 min à 200 °C. Conserver dans une boîte à fermeture hermétique.

Il était une fois en 1845
Bourdon de la basilique Notre-Dame-de-la-Garde
Provence-Alpes-Côte d'Azur

Surnommée « la Bonne Mère » par les Marseillais, la basilique Notre-Dame-de-la-Garde est située sur la colline de la Garde, point culminant de la ville avec ses cent cinquante-quatre mètres de hauteur. C'est la reconstruction du clocher, en 1843, qui permet à la basilique de recevoir non plus une simple cloche, mais un bourdon – une grosse cloche à son grave – commandé à un fondeur lyonnais. Le bourdon arrive à Marseille au début du mois de septembre 1845, et un attelage de pas moins de vingt-six chevaux est nécessaire pour le hisser jusqu'au sommet de la colline : il faut préciser qu'il pèse plus de huit mille kilos ! C'est le 8 octobre 1845 que commence l'ascension ; le bourdon mettra deux jours pour atteindre la basilique et résonnera pour la première fois le 8 décembre 1845.

mercredi 9 octobre

lever : 8 h 02
coucher : 19 h 12

St Denis

À table !

Tartine au brie de Melun, au miel et aux noix

Île-de-France

Pour 1 personne

Passer 1 grosse tranche de pain de campagne au grille-pain, afin qu'elle soit juste croustillante. Découper 100 g de brie de Melun en lamelles de 5 cm. Les disposer sur la tranche de pain encore chaude. Arroser avec 1 c. à café de miel et répartir 5 cerneaux de noix. Manger sans attendre, avec une salade verte assaisonnée de jus de citron, agrémentée d'oignons frits et de pignons de pin.

La rubrique du 13 h

LES MARAIS DE KAW

Guyane

Situés à quelques kilomètres de Cayenne, au sud-est, les marais de Kaw, qui s'étendent sur près de cent mille hectares, forment la plus vaste zone humide de France ; c'est pour cela que le meilleur moyen pour les découvrir reste la pirogue. Classés réserve naturelle, ils offrent un spectacle naturel grandiose, fait d'eau, de montagne et de forêt. Paradis des oiseaux, des loutres géantes et des caïmans, les marais de Kaw peuvent se vanter de connaître une incroyable biodiversité : de nombreuses espèces animales ou végétales sont d'ailleurs endémiques à la région.

Faune & flore

Le lézard de Bédriaga

Corse

Le joli motif vert et brun qui orne son dos confère à cet animal, uniquement présent sur l'île de Beauté et en Sardaigne, une allure peu commune. Agile, rapide, le lézard de Bédriaga est peu craintif et attend souvent le dernier moment pour disparaître dans un arbre ou une crevasse, s'il se sent en danger.

Devinette

Dans quelle ville de Basse-Normandie les habitants sont-ils appelés les « Sourdins » ?

À Villedieu-les-Poêles. Le terme « sourdin » est lié à l'ancienne activité de dinanderie et de chaudronnerie de la ville. Le martelage du cuivre, provenant des ateliers, aurait rendu sourds les habitants de la Cité du cuivre.

Il était une fois en 1461

Louis XI en Touraine

Centre

C'est à l'époque où Tours devient la capitale du royaume de France pour un siècle, en 1450, que le château de Plessis-lès-Tours s'unit au destin du roi Louis XI, de la dynastie des Valois. Ce dernier, après son couronnement, ne reste pas à Paris et s'installe à Tours, le 9 octobre 1461, en attendant la construction d'une nouvelle demeure au domaine de Montils-lès-Tours, où son père, Charles VII, avait séjourné à plusieurs reprises. L'aménagement des bâtiments – achevé vers 1470 – permet au nouveau château dit de « Plessis-lès-Tours » d'accueillir le premier atelier de soierie à Tours. C'est dans cette demeure, sa préférée, que meurt Louis XI en 1483.

jeudi 10 octobre

lever : 8 h 03
coucher : 19 h 10

St Ghislain

Savoirs d'antan

Bronzer sans soleil, c'est possible avec un simple sachet de thé, et bien moins dangereux que les UV ! Préparez-vous un thé assez fort, laissez refroidir, puis, avec un coton, enduisez votre peau de thé. Veillez à bien hydrater votre peau par la suite.

Faune & flore

Le poisson-chat

Nord-Pas-de-Calais

Importé d'Amérique du Nord au XIXe siècle, le poisson-chat vit désormais à l'état sauvage dans nos cours d'eau, après s'être échappé du Muséum d'histoire naturelle de Paris par les égouts ! Dans certains étangs du Nord, comme celui de Phalempin ou d'Ors, son abondance est devenue un vrai problème écologique.

La rubrique du 13 h

LA PERRIÈRE

Basse-Normandie

Petit village millénaire du XIe siècle, dans lequel l'Huisne, un affluent de la Sarthe, prend sa source, La Perrière pourrait résumer à lui tout seul la région du Perche. Situé à la lisière de la forêt de Bellême, qui alimentait autrefois une industrie prospère, il a su préserver son histoire, comme en témoignent l'ancien presbytère ou le logis de l'Évêque, tout en restant vivant. De tout temps, La Perrière a attiré de nombreux artisans, qui, en s'y installant, ont toujours contribué à la vie du village et à son entretien.

À table !

Boudin noir aux pommes du Limousin

Limousin

Pour 4 personnes

Éplucher 4 grosses pommes du Limousin et 1 oignon. Les détailler en cubes. Faire revenir les pommes et l'oignon dans une sauteuse, 6 min, en remuant de temps en temps. Verser 2 c. à soupe de vinaigre de pomme. Piquer 2 boudins à la châtaigne avec une fourchette et déposer dans la sauteuse. Cuire 10 min, en retournant à mi-cuisson. Servir bien chaud, avec de la Moutarde Violette de Brive-la-Gaillarde.

Il était une fois en 2000

Le grand établissement municipal de bains de Strasbourg

Alsace

Solide bâtiment doté d'une façade rouge monumentale et de multiples références à l'eau, l'établissement municipal de bains de Strasbourg trône sur le boulevard de la Victoire. Chef-d'œuvre de Fritz Beblo, l'architecte principal de la ville au début du XXe siècle, le bâtiment se divise en deux ailes. L'aile gauche – qui accueillait les bains médicinaux – comporte notamment un sauna et son étuve à vapeur. L'aile droite, quant à elle, renferme une chaufferie à vapeur, une particularité de l'établissement. Ses boiseries, ses baignoires en faïence, ses robinetteries en cuivre et ses carrelages en marbre sont aujourd'hui protégés : l'établissement est inscrit à l'Inventaire supplémentaire des monuments historiques depuis le 10 octobre 2000.

vendredi 11 octobre

lever : 8h05
coucher : 19h08

St Firmin

Faune & flore

L'oreille de Judas

Picardie

S'il est possible de la ramasser toute l'année, c'est à l'approche de l'hiver que l'oreille de Judas sera la plus facile à trouver. Cherchez-la sur les bois morts de hêtre, de robinier et, surtout, de sureau. Une fois la cueillette terminée, vous pourrez la déguster aussi bien crue que cuisinée.

À table !

Matafans savoisiens

Rhône-Alpes

Pour 4 personnes

Mélanger 200 g de farine, 2 œufs, 1 c. à soupe d'huile de noix et 200 ml d'eau, afin d'obtenir une pâte liquide. Laisser reposer 1 h. Ajouter un peu de liquide, si elle a trop épaissi. Chauffer de l'huile d'arachide dans une poêle. Verser 1 louche de pâte, en allant du centre vers les bords, et laisser frire 3 min de chaque côté. Recommencer jusqu'à épuisement de la pâte. Déguster avec une salade verte.

La rubrique du 13 h

L'HÔTEL DE CHAMPAGNEY

Franche-Comté

Cet hôtel particulier du XVIe siècle se trouve dans le quartier du Battant, un des quartiers les plus vieux et les plus animés de Besançon. Remarquable pour sa façade construite en pierre calcaire ocre et bleue et ornée de quatre gargouilles, l'hôtel de Champagney est célèbre pour sa cour intérieure et ses galeries à colonnes et pans de bois. Accessible à tous, cette cour sert même de passage pour rejoindre le fort Griffon, une petite citadelle de la fin du XVIe siècle, intégrée plus tard aux fortifications de Vauban à Besançon.

Un record en Bourgogne

Une toile jamais exposée du Douanier Rousseau a atteint un prix record pour l'artiste dans une vente aux enchères organisée à Nevers, en avril 2012. Le tableau de jeunesse, estimé entre 50 000 et 60 000 euros, s'est finalement vendu à 102 000 euros.

Il était une fois en 1599

Naissance d'Abraham de Fabert d'Esternay

Lorraine

Abraham de Fabert d'Esternay, né à Metz le 11 octobre 1599 dans une famille d'imprimeurs messins renommés, embrasse la carrière militaire alors qu'il est encore adolescent. Major en 1627 au siège de La Rochelle, il participe également à la prise de Suse, alors assiégée par le roi Louis XIII. Mais c'est grâce à son succès au siège de Stenay, en présence du roi Louis XIV, qu'il est fait maréchal de France en juin 1658. Il est le premier roturier à accéder à cette fonction. La ville de Metz dépêche en son honneur une délégation pour lui adresser ses félicitations : elles seront formulées dans un discours du grand archidiacre de Metz, Jacques Bénigne Bossuet.

samedi 12 octobre
St Wilfried

dimanche 13 octobre
St Géraud

Suivez le guide !
Mayotte

Un week-end en apnée

En apnée, dans une île où partout l'ylang-ylang répand son parfum ? Eh bien oui. Car si la superbe fleur jaune est devenue la grande favorite des parfumeurs du monde entier, Mayotte est, quant à elle, l'élue des plongeurs. Amateurs des fonds sous-marins, plongeons !

L'humidité commence à gagner l'île de l'archipel des Comores, situé dans le canal du Mozambique, mais qu'à cela ne tienne : il fait aux alentours de vingt-cinq degrés Celsius, et ce n'est pas la température de l'océan Indien, équivalente, qui empêchera les aficionados de trésors maritimes de se jeter à l'eau ! Pêche, promenades en voiliers, plongée sous-marine, ski nautique, ou simple baignade pour observer coraux et poissons-clowns multicolores le long de la côte, ce ne sont pas les activités qui manquent sous ces latitudes !

La faune aquatique y est en effet remarquable, qu'il est possible d'observer sans bouteilles, simplement muni d'un masque et d'un tuba. Mais il est tout aussi possible de se délecter, depuis les plages désertes, du ballet des dauphins surgissant des eaux, voire, avant qu'elles ne repartent, du spectacle des baleines à bosse, venues de l'Antarctique pour se reproduire et mettre bas au nord du lagon, sous des cieux plus cléments. Il est certain, en tout cas, que vous croiserez quelques tortues marines, vertes ou à écailles, qui logent ici à l'année. N'Gouja, notamment, plage paradisiaque s'il en est, sise dans la commune de Kani-Kéli, en est un célèbre lieu de villégiature, entre eau turquoise et baobabs.

lundi 14 octobre

lever : 8 h 09
coucher : 19 h 02

St Juste

Faune & flore

Le labbe parasite

Haute-Normandie

À mi-chemin entre le labbe pomarin et le labbe à longue queue, il y a le labbe parasite, que l'on pourra notamment observer dans la région lors de sa migration postnuptiale. Comme son nom l'indique, cet oiseau exclusivement marin a tendance à dérober la nourriture de ses voisins (sternes, mouettes).

À table !

Soupe aux carottes et à la lentille blonde de Saint-Flour

Auvergne

Pour 4 personnes

Éplucher, laver et couper en morceaux 5 carottes, 5 champignons de Paris, 2 pommes de terre et 1 oignon. Dans une cocotte, mettre les légumes, 130 g de lentilles, 1 carré de bouillon de volaille, du sel et du poivre. Couvrir d'eau et placer un couvercle. À partir de l'ébullition, cuire 30 min à petits bouillons. Mixer le tout et rectifier l'assaisonnement avant de servir.

La rubrique du 13 h

MICROPOLIS

Midi-Pyrénées

À Saint-Léons se trouve un parc à thèmes à faire bondir tous les entomophobes. En effet, c'est dans ce village de l'Aveyron, à proximité du viaduc de Millau, qu'on peut visiter Micropolis, la Cité des insectes. Cet espace ludique et pédagogique se découpe en quinze espaces intérieurs consacrés aux espèces locales, mais aussi tropicales, avec pas moins de soixante-dix espèces réparties dans les vivariums, les serres et les mares. La plongée dans le monde fascinant des insectes se prolonge à l'extérieur avec le « carnaval des insectes », un grand parcours jalonné d'étapes animées et musicales.

À la vôtre !

Corse

La brasserie Pietra produit à Furiani trois bières différentes. Ambrée et affichant 6° d'alcool, la Pietra est issue d'un mélange de malt et de farine de châtaigne. La Serena est une bière blonde à 5°, idéale à savourer sous le soleil corse, et la Colomba, une bière blanche à base de malt d'orge et de froment, aromatisée aux herbes du maquis.

Il était une fois en 1848

Naissance de Marius Hurard

Martinique

Figure politique marquante de la Martinique, Marius Hurard naît le 14 octobre 1848 à Saint-Pierre. Il entre en politique après des études de droit en métropole et est élu député de son île à trois reprises, de 1881 à 1893. Siégeant au conseil général, il s'emploie – avec Ernest Deproge, grand défenseur lui aussi de l'école laïque – à lutter contre le monopole des congrégations religieuses et il est à l'origine de la première école laïque de la Martinique, un peu avant la loi Ferry. Il trouvera la mort en 1902 dans sa ville natale, lors de l'éruption de la montagne Pelée.

mardi 15 octobre

lever : 8 h 11
coucher : 19 h 00

Ste Thérèse d'Ávila

Faune & flore

L'ophrys mouche

Nord-Pas-de-Calais

Le Nord-Pas-de-Calais fait partie des trois régions françaises où cette élégante orchidée bénéficie d'un statut de protection. À l'instar de l'ophrys abeille, l'ophrys mouche tient son nom de la forte ressemblance de sa fleur avec l'insecte. Une similitude qui, en outre, rend la plante facilement identifiable.

Devinette

Quel est le titre du premier film français tourné en 3D, dont l'intrigue se déroule dans un village auvergnat ?

Derrière les murs. Sorti en 2011, ce thriller a été tourné en Haute-Loire, à Blassac et à Lavoûte-Chilhac. Lætitia Casta y incarne une romancière qui, en 1922, s'installe dans un village pour y trouver l'inspiration, quand celui-ci devient la scène de mystérieuses disparitions.

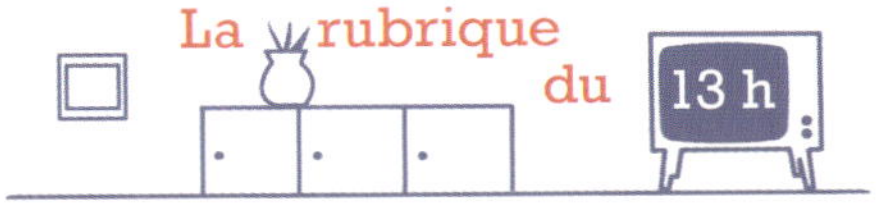

LA COURSIVE À LA ROCHELLE

Poitou-Charentes

De l'ancien couvent des Carmes bâti au XVIIe siècle, il ne reste qu'une façade ornée d'une imposante coquille Saint-Jacques et le cloître, aujourd'hui coiffé d'une verrière. Avant de devenir la scène nationale de La Rochelle, la Coursive fut tour à tour une manufacture de tabac, un entrepôt et un marché aux poissons. La maison de la culture prend possession des bâtiments, avant de laisser la place à la scène nationale, telle qu'on la connaît maintenant. La Coursive comprend trois salles de spectacle, dont un cinéma art et essai.

À table !

Chou farci aux châtaignes

Bretagne

Pour 4 personnes

Faire blanchir 1 chou. Éplucher 200 g de châtaignes et les plonger 10 min dans l'eau bouillante. Les faire revenir au beurre. Dans un saladier, mélanger 300 g de chair à saucisse, 1 jaune d'œuf, 2 tranches de pain de mie trempées dans du lait et les châtaignes. Reconstituer le chou et placer la farce roulée en boule au centre. Ficeler le chou et le mettre dans une cocotte avec 1/4 l d'eau et 1 bouquet garni. Cuire au four 1 h 30 à 200 °C.

Il était une fois en 1829

Inauguration des anciens abattoirs de Nantes

Pays de la Loire

Construits sur un terrain vierge, les abattoirs de Nantes sont inaugurés le 15 octobre 1829. « La tuerie aux animaux », comme les surnommaient les Nantais, était constituée de deux bâtisses, avec des grilles imposantes que les employés pouvaient refermer prestement lorsque les animaux tentaient de s'échapper. En raison des problèmes de sécurité et de salubrité qu'entraînait l'abattage des animaux au cœur de la ville, le bâtiment centenaire est détruit en 1934, pour permettre la construction d'un marché alimentaire : le marché de Talensac. Seule l'inscription « Anciennement passage de l'Abattoir » sous la plaque de la rue Basse-Porte témoigne encore de son existence.

mercredi 16 octobre

lever : 8 h 12
coucher : 18 h 59

Ste Edwige

Faune & flore

Le satyre puant

Bourgogne

Impossible de confondre celui que l'on nomme également « phalle impudique » avec un autre champignon, tant il se caractérise par sa forme – si évocatrice – et son odeur de cadavre. Même s'il est comestible, son goût et son aspect le rendent peu intéressant en cuisine. À éviter, donc, lors de la prochaine cueillette !

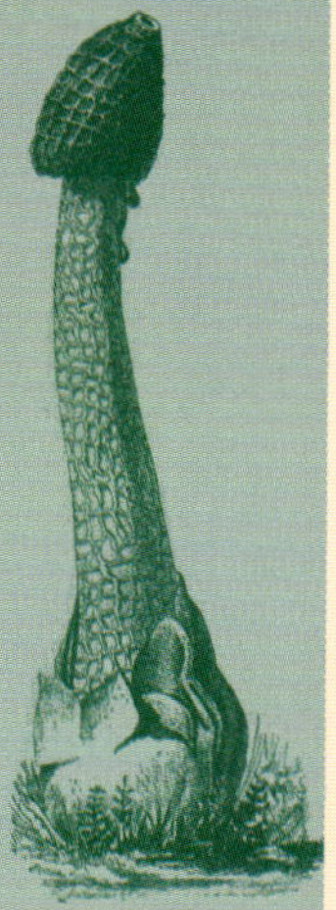

À table !

Croquants aux amandes

Provence-Alpes-Côte d'Azur

Dans un saladier, battre 200 g de sucre, 50 g de beurre fondu et 2 œufs. Ajouter 150 g d'amandes coupées en 2, ½ verre de fleur d'oranger et 300 g de farine. Former 2 pains longs et pas trop épais. Les disposer sur une feuille de papier sulfurisé et cuire 30 min à 180 °C, pour qu'ils soient bien dorés. Laisser tiédir, puis couper en tranches régulières. Les repasser rapidement au four bien chaud pour les brunir.

La rubrique du 13 h

LA VILLA SAVOYE À POISSY

Île-de-France

Une maison « posée sur l'herbe comme un objet, sans rien déranger », c'est ainsi que Le Corbusier décrivait sa construction. C'est en effet l'impression que l'on a lorsqu'on regarde ce parallélépipède blanc posé sur des pilotis, au milieu de prairies et de vergers. Achevée en 1931, cette villa Savoye, du nom de ses premiers propriétaires, est encore follement moderne de nos jours. Fortement endommagée pendant la Seconde Guerre mondiale et négligée jusque dans les années 1960, elle ne retrouve sa splendeur que lorsque l'État en devient propriétaire ; elle est aujourd'hui ouverte au public.

Un record en *Midi-Pyrénées*

La très sérieuse FFLNO, la Fédération française de lancer de noyaux d'olive, a été créée par des Castrais en 2008. C'est elle qui entérine les records, comme celui d'Emmanuelle Carla, qui est devenue en 2011 la détentrice du record féminin, avec un lancer de sept mètres dix.

Il était une fois en 1898

Gare de Dompierre-sur-Mont

Franche-Comté

À la fin du XIXe siècle, le trajet entre Lons-le-Saunier, dans le Jura, et le village d'Orgelet ne peut s'accomplir qu'en calèche ou en diligence. Après de nombreuses tergiversations, on vote la construction d'une ligne ferroviaire et on l'inaugure en grande pompe le 16 octobre 1898 : la gare de Dompierre-sur-Mont est née. Le petit train permet de tisser un lien social nouveau entre les villages, dans un voyage qui ressemble alors à une aventure : quoique révolutionnaire, il s'avère long et peu confortable. Hélas, en 1946, l'Administration décrète la suppression de l'embranchement Bifurcation-Orgelet. La gare est abandonnée, mais le petit train n'est pas tout à fait oublié…

jeudi 17 octobre

lever : 8 h 14
coucher : 18 h 57

St Baudouin

Savoirs d'antan

On vient de vous offrir un joli bouquet de fleurs, mais vous partez quelques jours en vacances. Placez un morceau de sucre au fond du vase. Vos fleurs conserveront leurs belles couleurs. Un cachet d'aspirine permettra également de les garder plus longtemps.

Faune & flore

Conserver les fruits d'automne

France

Pour assurer la bonne conservation de vos pommes et de vos poires, entreposez-les dans des caissettes, dans un local sain, suffisamment aéré et à l'abri des gelées. Les amandes, les noix et les noisettes peuvent être conservées dans la maison. Faites-les sécher en veillant bien à ôter les fruits véreux.

La rubrique du 13 h

LE MÉMORIAL D'ALSACE-MOSELLE

Alsace

À Schirmeck, dans le Bas-Rhin, ce mémorial retrace les faits marquants de la région depuis 1871 et son annexion à l'Empire allemand jusqu'à nos jours, en insistant particulièrement sur la Seconde Guerre mondiale. Les décors, l'ambiance sonore et les films projetés plongent le visiteur à l'intérieur d'un fort de la ligne Maginot et lui font découvrir la vie sous le régime nazi ou dans les camps de concentration. Pendant cette longue période, l'Alsace, prise entre deux pays, a beaucoup souffert, mais le mémorial fait la part belle à la réconciliation et à la construction européenne.

À table !

Purée de piment d'Espelette

Aquitaine

Nettoyer 30 piments d'Espelette. Les sécher, enlever les graines. Les hacher, puis les réduire en purée au robot. Ajouter 4 c. à soupe rases de gros sel et 4 morceaux de sucre. Ajouter un peu de vinaigre blanc, pour obtenir une consistance de purée. Bien mélanger et mettre en pot. Verser ½ cm d'huile d'olive et fermer le pot. Laisser macérer au moins 15 jours.

Il était une fois en 1792

La Grande-Chartreuse

Rhône-Alpes

À la fin du xie siècle, saint Bruno fonde dans un vallon encaissé, non loin de Saint-Pierre-de Chartreuse, dans l'Isère, le premier monastère de l'ordre des Chartreux – des religieux contemplatifs. Le 17 octobre 1792, pendant la Révolution, les moines sont expulsés. À partir de cette date et pour plusieurs décennies, l'ordre des Chartreux n'a plus d'existence légale en France. Présents en Suisse, ils reviennent en 1816, avant d'être à nouveau condamnés à l'exil en 1903. Ce n'est qu'en 1940 que les frères réintègrent définitivement la Grande-Chartreuse, un lieu de prière paisible, où ils confectionnent une liqueur très réputée.

vendredi 18 octobre

lever : 8 h 15
coucher : 18 h 55

St Luc

À table !

Soufflé au potiron

Picardie

Pour 4 personnes

Peler, épépiner et couper en morceaux 1,2 kg de potiron. Le faire cuire, 30 min, sans couvrir, avec un peu d'eau. L'égoutter et le passer à la moulinette. Égoutter la purée obtenue. Ajouter 4 jaunes d'œufs, 4 c. à soupe de crème fraîche et 100 g de fromage râpé. Incorporer délicatement 4 blancs d'œufs montés en neige. Verser dans un plat à four beurré. Enfourner à 240 °C, 5 min, puis laisser 10 min à 180 °C. Servir immédiatement.

À la vôtre !

Languedoc-Roussillon

Le banyuls est un vin doux naturel AOC issu de vieilles vignes cultivées sur les coteaux des Pyrénées. Il est élaboré principalement à base de grenache noir et de grenache blanc, et son vignoble s'étend sur mille cent quatre-vingts hectares. Le banyuls se déguste idéalement avec des fromages à pâte persillée, du chocolat ou simplement à l'apéritif, avec quelques olives !

La rubrique du 13 h

LE MUSÉE DE LA CÉRAMIQUE DE ROUEN

Haute-Normandie

Les collections du musée de la Céramique de Rouen, qui comportent aujourd'hui environ cinq mille pièces, ont beaucoup voyagé. En effet, le musée occupe l'hôtel d'Hocqueville depuis 1984, mais il a été fondé au XIXe siècle, grâce à la collection de faïences d'André Pottier, son premier conservateur, dans une galerie de l'ancien couvent Sainte-Marie, devenu par la suite le musée des Antiquités de Rouen. La visite du musée vaut autant pour les pièces présentées que pour le bâtiment : un ancien hôtel particulier au décor intérieur néoclassique, construit au XVIIe siècle à partir des pierres de l'ancien château de Rouen.

Faune & flore

Le carabe à reflets cuivrés

Basse-Normandie

Le rare carabe à reflets cuivrés est un animal précieux, car, tout comme son cousin doré, il participe à la protection des cultures en consommant des parasites tels que la limace, l'escargot ou encore la ravageuse carpocapse. Dans la région, on le trouve notamment dans les marais du Cotentin et du Bessin.

Il était une fois en 1973

Sortie du film Les Aventures de Rabbi Jacob

Île-de-France

Dans la comédie irrésistible des années 1970, *Les Aventures de Rabbi Jacob*, le réalisateur Gérard Oury fait jouer Louis de Funès dans un de ses rôles les plus marquants. Il y devient Victor Pivert, un homme d'affaires irascible qui, à la suite d'un quiproquo, devra prendre les habits d'un rabbin, Rabbi Jacob. Pour les nécessités du tournage, plusieurs lieux ont été reconstitués en banlieue parisienne, comme le vieux quartier juif du Marais, qui sert de décor à la scène mémorable de danse traditionnelle hassidique. *Rabbi Jacob* sortit dans les cinémas français le 18 octobre 1973 et connut un immense succès populaire.

Suivez le guide !
Auvergne

La châtaigne dans tous ses états

« L'Auvergne… C'est un secret plus qu'une province. Elle vous tourmente toujours d'un tendre songe. C'est quand on l'a trouvée qu'on la cherche le plus. » Ainsi parlait Alexandre Vialatte ; comme lui, faites la découverte de cette région isolée et pourtant si accueillante.

La Haute-Auvergne est le pays des grands volcans et des vallées verdoyantes ; c'est aussi le pays de la châtaigne. Si l'activité est en déclin depuis quelques décennies, le village de Mourjou, dans le Cantal, n'oublie pas la tradition d'une région si justement nommée « la Châtaigneraie cantalienne ». Chaque année, lors de l'avant-dernier week-end d'octobre, s'y déroule la Foire de la châtaigne ou la *Fièira de la castanha* en occitan. Cette manifestation est née à l'initiative de l'association du Pélou – la bogue de la châtaigne en occitan –, qui vise à promouvoir la châtaigne auvergnate. Depuis 1990, le succès est au rendez-vous, et des milliers de gourmands et de passionnés envahissent le village pendant deux jours, au cours desquels deux tonnes de châtaignes sont grillées. Les musiques folkloriques résonnent dans les allées du marché, où l'on peut déguster la châtaigne sous toutes ses formes, au côté d'autres produits du terroir.

De nombreuses animations rythment ces deux jours : des conférences, des randonnées, des ateliers culinaires ou encore des démonstrations du travail du bois de châtaignier. Chaque soirée se termine par un bal, et il n'est pas rare de voir déambuler dans Mourjou les membres de la confrérie du Pélou, coiffés de leur chapeau de feutre noir garni d'une feuille de châtaignier.

C'est grâce à cette foire que la Maison de la châtaigne a ouvert ses portes à Mourjou en 1999. Aménagée dans un ancien corps de ferme restauré, elle regroupe une épicerie et un espace muséographique sur la Châtaigneraie. Elle possède également un verger, un four à pain, un *sécadou* – un séchoir à châtaignes – et une éplucheuse à châtaignes fraîches, qu'elle met à la disposition de tous.

lundi 21 octobre

lever : 8 h 20
coucher : 18 h 49

Ste Céline

Faune & flore

Le marais de Pagny-sur-Meuse

Lorraine

Parmi les rares tourbières alcalines de Lorraine, ce marais était jadis le point de confluence de la Meuse et de la Moselle. Le site est géré de manière originale : les zones herbeuses sont entretenues par des koniks, petits chevaux rustiques, considérés comme les plus proches cousins du tarpan.

À table !

Pâté angevin aux prunes

Pays de la Loire

Pour 8 personnes

Préparer une pâte avec 500 g de farine de blé, 100 g de sucre en poudre, 200 g de beurre, 1 œuf et 125 g d'eau. Laisser reposer 1 h. Séparer en 2 morceaux. Étendre 1 morceau et le déposer dans le fond d'un moule. Disposer dessus 1,3 kg de reines-claudes (prunes). Saupoudrer avec 50 g de sucre. Étaler la 2e pâte et recouvrir le plat. Souder les bords et réaliser une cheminée sur le dessus. Cuire 1 h à 180 °C.

La rubrique du 13 h

LES TOURS GÉNOISES

Corse

Au Moyen Âge, l'histoire de la Corse est indissociable de celle de l'Italie et principalement de la république de Gênes. La cité ligurienne est encore très présente dans le patrimoine architectural de l'île de Beauté, comme dans la citadelle de Calvi ou dans les fameuses tours génoises. Construites à partir du XVe siècle, elles sont réparties sur tout le littoral, pour protéger les Corses des invasions des populations d'Afrique du Nord. Elles communiquent alors entre elles grâce à des feux d'alarme, si bien que l'annonce d'une attaque imminente fait le tour de l'île en quelques heures.

Savoirs d'antan

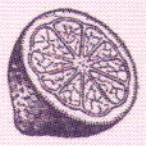

Vous aimez manger du saucisson bien tendre et vous déplorez le fait qu'une fois entamé il se dessèche trop rapidement. Et si la solution était dans la salade et les agrumes ? Placez une feuille de laitue sur la partie entamée, pour éviter qu'elle ne sèche, ou une tranche de citron pour que le saucisson ne durcisse pas !

Il était une fois en 1934

Premier match de football au stade municipal de Reims

Champagne-Ardenne

Le premier stade municipal pouvant accueillir les matchs à domicile de l'équipe de football de Reims fut inauguré officiellement en juin 1935. Cependant, l'équipe de Reims n'avait pas attendu pour s'en emparer, puisqu'elle y joua son premier match le 21 octobre 1934 face à Vireux. Avec ses dix-huit mille places, le stade était alors un des plus grands de France et pouvait également accueillir de nombreuses épreuves cyclistes. Baptisé stade Auguste-Delaune après la Seconde Guerre mondiale, il a connu en 2008 d'importants travaux d'agrandissement et de rénovation.

mardi 22 octobre

lever : 8 h 21
coucher : 18 h 47

Ste Salomé

Faune & flore

L'ail rose de Lautrec

Midi-Pyrénées

La légende raconte qu'il aurait été introduit dans la région au Moyen Âge par un marchand qui aurait échangé un repas contre quelques gousses. Une jolie histoire pour un légume aux nombreuses qualités nutritionnelles, qui se distingue par son goût sucré et sa très bonne conservation.

Devinette

Comment appelle-t-on le petit repas des travailleurs du matin à Lyon ?

Le mâchon. Terme dérivé du verbe « mâcher », c'est à l'origine le casse-croûte des canuts, les ouvriers de la soie de la Croix-Rousse. Composé de cochonnaille et accompagné de vin, il est servi dans les bouchons lyonnais.

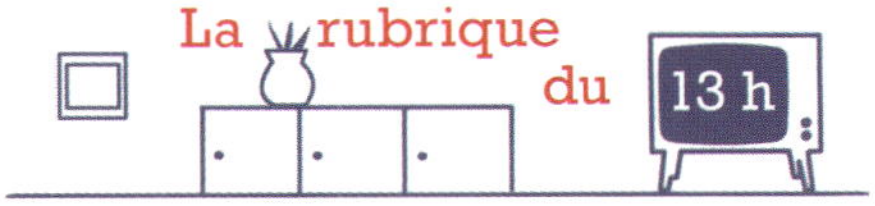

LA PLAGE DE LA GRANDE CONQUE AU CAP D'AGDE

Languedoc-Roussillon

Cette plage, l'une des plus célèbres de la région, est pourtant récente. Elle est créée dans les années 1970, lors d'une grande campagne de valorisation du Languedoc-Roussillon, afin d'y développer le tourisme. Située sur une coulée de lave descendue du mont Saint-Loup, elle présente un sable noir. Le cap d'Agde est vite devenu incontournable, et Agde est désormais au premier rang des villes touristiques françaises par sa capacité d'hébergement. Elle accueille notamment des plaisanciers, dont les bateaux prennent place dans les huit ports de la ville.

À table !

Courbine rôtie

Guadeloupe

Pour 4 personnes

Préchauffer le four à 210 °C. Poser une feuille sulfurisée sur une plaque de four. Saler 1,2 kg de courbine ou de maigre (autre nom de la courbine, poisson de l'Atlantique et de la Méditerranée). Poser le poisson sur le papier et l'arroser d'huile d'olive parfumée. Cuire ¼ h au four. Découper et déposer des portions de courbine sur des assiettes bien chaudes. Arroser d'un filet d'huile d'olive et donner un tour de moulin à poivre. Servir avec une purée.

Il était une fois en 1913

Église Saint-Sulpice-de-Royan

Poitou-Charentes

Une église existe à Saint-Sulpice-de-Royan depuis le XIe siècle. Pendant tout le Moyen Âge, la paroisse, qui cultive de la vigne et des céréales sur ses plateaux et qui exploite les salines des bords de la Seudre, s'enrichit, embellit, au XIIe siècle, la façade de l'église Saint-Sulpice et lui adjoint un clocher carré au XIIIe siècle. L'église a connu au fil de son existence des restaurations qui en font un monument au style composite : une façade dotée d'un portail en arc brisé, une ouverture ogivale ornée d'un vitrail représentant saint Louis, un chœur du XIXe siècle ainsi que des peintures murales de la même période. Le 22 octobre 1913, la nef et le clocher sont classés au titre des monuments historiques.

mercredi 23 octobre

lever : 8 h 23
coucher : 18 h 45

St Jean de Capistran

À table !

Goyère de Valenciennes

Nord-Pas-de-Calais

Pour 4 personnes

Écraser à la fourchette 120 g de fromage blanc égoutté. Mélanger avec 100 g de maroilles coupé en fines languettes, du sel, du poivre, 2 œufs et 60 g de gruyère râpé. Garnir un plat avec 1 pâte brisée, la piquer à l'aide d'une fourchette et façonner un gros rebord. Verser la préparation. Cuire 20 min à 180 °C. Servir bien chaud, en entrée, avec une salade de mâche.

Un record en Picardie

Louis Philipon, maire de Juvigny, a exercé son mandat pendant soixante-neuf ans, de 1929 à 1998. Il détient encore le record du plus vieux maire de France, puisqu'il fut en fonction jusqu'à 98 ans.

La rubrique du 13 h

LES CORNICHES DE LA RIVIERA

Provence-Alpes-Côte d'Azur

On appelle « corniches » les trois routes qui relient Nice et Menton. On les distingue par leurs altitudes différentes : la plus haute et la plus ancienne, la Grande Corniche, offre des panoramas spectaculaires sur le littoral, la Moyenne Corniche, à flanc de montagne, est plus escarpée, tandis que la Petite Corniche, la moins élevée, relie entre elles les différentes stations balnéaires de la côte. Pour ceux qui souhaitent laisser la voiture au garage, il est possible de profiter de la vue exceptionnelle sur la Méditerranée en randonnant dans le parc naturel départemental de la Grande Corniche, qui s'étend sur plusieurs centaines d'hectares.

Faune & flore

Les plateaux du Limousin

Limousin

Si les plateaux du Limousin sont aussi verdoyants, c'est certainement parce qu'ils sont les plus irrigués de France. En effet, la région est parcourue par plus de neuf mille kilomètres de cours d'eau. De plus, les précipitations sont importantes et peuvent atteindre mille six cents millimètres par an !

Il était une fois en 1452

L'Angleterre reprend Bordeaux

Aquitaine

Sous le règne de Charles VII, une reconquête méthodique est entreprise pour libérer le pays des troupes anglaises. C'est le tour de la ville de Bordeaux en juin 1451. Pourtant, la ville est reprise par l'Anglais John Talbot le 23 octobre 1452. Illustration de la lutte qui fait rage entre la France et l'Angleterre, Bordeaux devra attendre la bataille de Castillon, en juillet 1453, pour être définitivement libérée, ce qui marquera la fin de la guerre de Cent Ans.

JOHN TALBOT

jeudi 24 octobre

lever : 8 h 25
coucher : 18 h 43

St Florentin

Faune & flore

Le lavaret

Franche-Comté

Dans les lacs de Saint-Point et de Remoray vit, souvent à proximité du fond, un poisson rare : le lavaret. Aussi appelé « corégone », « palée », « marène » ou encore « féra », cet animal encore mal connu du monde scientifique est facilement identifiable grâce à sa petite tête et à sa queue fourchue.

Savoirs d'antan

Saviez-vous que la laitue pouvait vous aider à dormir ? Un plat à base de bouillon de laitue dégusté le soir vous fera effectivement passer une très bonne nuit. Vous pouvez également vous préparer une tisane de laitue, en faisant infuser soixante-quinze grammes de laitue fraîche dans un litre d'eau.

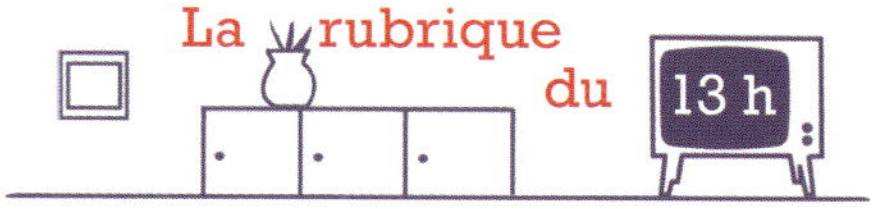

L'ABBAYE SAINT-GERMAIN À AUXERRE

Bourgogne

Fondée au VIe siècle à l'emplacement de la sépulture de Germain, l'ancien évêque d'Auxerre mort en 448, cette abbaye a su traverser les siècles. Son architecture intègre différents styles : le roman, le gothique et le classique. Elle est surtout remarquable pour sa crypte carolingienne du IXe siècle, dont les peintures sont les plus anciennes de France. Devenu le musée d'Art et d'Histoire d'Auxerre, l'abbaye présente également un ensemble monastique complet, qui permet aux visiteurs de s'immerger dans ce qu'était le quotidien des serviteurs de Dieu.

À table !

Soufflé aux coings

Alsace

Pour 2 personnes

Peler 1 coing et ôter le cœur. Découper en lamelles et les citronner. Faire cuire les lamelles 15 min à l'eau bouillante. Égoutter et passer au mixeur. Laisser refroidir. Monter 4 blancs d'œufs en neige, en incorporant progressivement 30 g de sucre et 1 sachet de sucre vanillé. Incorporer délicatement ces blancs à la compote. Beurrer et poudrer de sucre 2 ramequins. Répartir la préparation. Faire cuire 10 min à 240 °C. Servir aussitôt.

Il était une fois en 1881

Naissance de René Levavasseur

Basse-Normandie

René Levavasseur est un grand architecte des années 1930, dont les créations se trouvent principalement à Cherbourg et dans le Cotentin. Diplômé de l'École ces beaux-arts de Paris, René Levavasseur, qui est né dans le Calvados, à Vire, le 24 octobre 1881, installe son cabinet à Cherbourg, où il est nommé architecte départemental des monuments historiques, en charge de la restauration de plusieurs communes de la Basse-Normandie. Après la Première Guerre mondiale, la ville de Cherbourg lui commande un immense projet : la gare maritime transatlantique. Il crée d'autres bâtiments, tels que l'immeuble des magasins Ratti et de nombreux hôtels particuliers et demeures dans la région.

vendredi 25 octobre

lever : 8 h 26
coucher : 18 h 42

St Crépin

À table !

Champignons de Paris au vinaigre balsamique

Île-de-France

Pour 2 personnes

Laver et couper en lamelles 250 g de champignons de Paris frais. Dans une poêle, faire suer les champignons dans un peu de beurre. Ajouter 1 échalote émincée, puis du sel, du poivre et du persil haché. Lorsque le jus a été absorbé, verser 2 c. à soupe de vinaigre balsamique. Cuire quelques minutes. Ajouter 2 c. à soupe de crème fraîche et cuire 3 min. Servir aussitôt, sur des toasts, pour l'apéritif.

La rubrique du 13 h

ÉGLISE DE SAINT-VALERY-SUR-SOMME

Picardie

La chapelle Saint-Valery, à la façade en damier de grès et de silex, offre l'un des plus beaux points de vue sur l'estuaire de la Somme et son immensité sableuse. Au VIIe siècle, le moine Gualaric – devenu Walric, puis Valery – vit en ermite sur un promontoire qui domine la baie. À sa mort, ses disciples fondent une abbaye, qui disparaît à la Révolution. Il ne reste désormais qu'une chapelle, qui abrite le tombeau du saint homme ; chaque année, les reliques de Gualaric étaient portées en procession dans la ville, avant de regagner le repos de la chapelle.

Faune & flore

La lavangère

La Réunion

Comme toutes les îles des Mascareignes, La Réunion abrite de nombreuses espèces végétales qu'il est impossible de trouver ailleurs dans le monde. C'est le cas de la lavangère, unique plante grasse endémique de l'île. Elle pousse en tapis le long des falaises qui bordent le littoral sud de La Réunion.

Devinette

Comment appelle-t-on les grandes colonnes de roche supportant un rocher en leur sommet ?

Les demoiselles coiffées. Aussi appelée « cheminée de fée », cette originalité géologique résulte d'un long travail d'érosion. Telle une coiffe, le rocher les protège des intempéries. En France, on en trouve surtout dans les Hautes-Alpes.

Il était une fois en 1875

Naissance d'Hippolyte Masson

Bretagne

Personnalité marquante de la Section française de l'Internationale ouvrière (SFIO) du Finistère, Hippolyte Masson fut, de 1905 à 1966, de tous les combats socialistes. Originaire de Brest, où il voit le jour le 25 octobre 1875, il fait des études au lycée de Quimper avant d'entrer dans les Postes et Télégraphes en 1893. Son militantisme lui permet d'être élu conseiller municipal à Brest en 1904, puis maire de la ville de 1912 à 1920. Conseiller de la République, puis sénateur du Finistère de 1946 à 1955, il s'emploie à maintenir dans sa région l'unité de la SFIO, mise à mal par le départ du député Tanguy-Prigent.

Suivez le guide!
Limousin

Le temps file, à Felletin…

Si le nom d'Aubusson évoque à chacun la célèbre tapisserie, celui de Felletin, sa voisine creusoise, ne vous évoque peut-être rien. Et pourtant…

Depuis des siècles, Felletin est également un haut lieu de la tapisserie, si ce n'est un de ses berceaux. Aujourd'hui encore, c'est bien la laine fine d'Aubusson-Felletin qui fait rêver les amateurs de tapisserie à l'aiguille ou de tapisserie de lisse – effectuée grâce à des navettes que l'on passe entre des fils de chaîne tendus sur un métier à lisses. Les ateliers Pinton, notamment, établis à Felletin depuis une centaine d'années, perpétuent la tradition haute en couleur de la tapisserie felletinoise. Nombreux sont les artistes, tels que Le Corbusier, Delaunay, et Malevitch, qui ont trouvé ici des artisans à la hauteur de leurs ambitions, capables de changer la peinture en laine et de métamorphoser leurs œuvres.

Chaque année, le dernier week-end du mois d'octobre, Felletinois et Felletinoises, fiers de rendre hommage à leur patrimoine, accueillent les Journées internationales de la laine. À l'orée du plateau de Millevaches, la matière première venue des environs – les ovins, en effet, sont nombreux sur le plateau qui ne porte pas leur nom – se décline sous toutes ses formes, entre traditions et innovations. Ainsi, vous trouverez tant, parmi les exposants, des lissiers, des informations sur les filatures et les manufactures, que des professionnels pratiquant le tissage assisté par ordinateurs ou du bâtiment ! Car, si la laine attire à Felletin filateurs, tisserands, feutriers, artisans d'art et créateurs, elle offre un certain intérêt également pour les amateurs d'éco-construction, curieux de découvrir quel rôle elle peut jouer dans l'isolation !

lundi 28 octobre

lever : 7 h 31
coucher : 17 h 36

St Simon

À table !

Soupe aux moules de Barfleur

Haute-Normandie

Pour 6 personnes

Dans un grand faitout, verser 2 verres de vin blanc sec. Ajouter 1 bouquet garni et 1 échalote émincée. Bien poivrer. Mettre dans le faitout 2 l de moules lavées. Cuire à feu vif. Lorsqu'elles sont ouvertes, les décortiquer et les réserver. Filtrer le jus de cuisson. Dans une cocotte, cuire avec un peu d'huile, pendant 10 min, 3 blancs de poireaux coupés en tronçons. Verser autant de jus de cuisson que d'eau. Amener à ébullition doucement. Ajouter 3 c. à soupe de crème et les moules décortiquées.

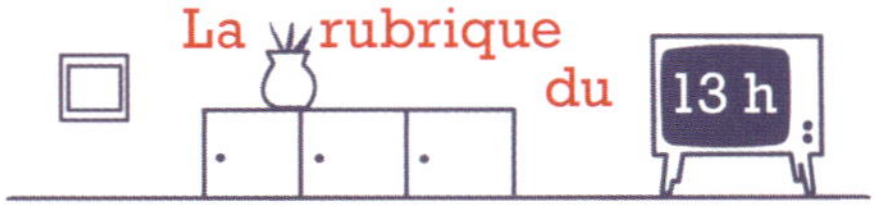

LE LAC LÉMAN

Rhône-Alpes

Bien qu'il soit appelé « lac de Genève » dans la plupart des pays, la langue française lui préfère son nom d'origine latine, histoire de revendiquer son appartenance à notre pays, du moins pour un tiers de ses rives. Morceau de frontière entre la France et la Suisse, ce lac naturel est l'un des plus grands lacs européens. Il est possible, bien entendu, d'y pratiquer des activités de plaisance, mais c'est avant tout un espace commercial : ses eaux sont troublées par le passage régulier des bateaux qui assurent la liaison vers l'Helvétie et par les coups de filet des marins-pêcheurs de métier.

Faune & flore

Le merle de roche

Auvergne

Ce charmant passereau des montagnes est un vrai mélomane ! Son chant, clair et mélodieux, pourra être entendu à tout moment, même – voire surtout – lorsque l'oiseau est en vol. Friand de baies et d'insectes, le merle de roche construit son nid au sol, généralement dans une cavité rocheuse.

Un record en *Lorraine*

La bergamote de Nancy est une spécialité régionale dont les Lorrains sont très fiers. C'est le seul bonbon en France qui bénéficie d'une IGP (indication géographique protégée), et les confiseurs gardent secrète sa recette, qui date du XIXe siècle.

Il était une fois en 1928

Monument à la mémoire de Louis Capazza

Corse

Pionnier de l'aéronautique, Louis Capazza, accompagné d'Alphonse Fondère, se lance à 24 ans dans la première traversée aérienne de la Méditerranée. C'est en novembre 1886 qu'ils partent de Marseille à bord du ballon sphérique le *Gabizos*, pour un voyage épique de cinq heures et demie, dans de mauvaises conditions météorologiques. Ils atterrissent dans le sud de la Corse, à Appietto, après avoir parcouru plus de trois cents kilomètres. Leur exploit a été commémoré le 28 octobre 1928, au col de San-Bastiano, par l'inauguration d'un monument de deux mètres de haut en granit rose d'Appietto, qui présente les profils en bronze de l'intrépide Louis Capazza et de son équipier.

mardi 29 octobre

lever : 7 h 32
coucher : 17 h 35

St Narcisse

Faune & flore

Le fusain

Champagne-Ardenne

À l'automne, cet arbuste plutôt commun dans la région révèle ses petits fruits étonnants, dont la forme leur a valu le surnom de « bonnets d'évêque ». En carbonisant l'une des branches en vase clos, on obtient l'outil de dessin, qui a l'avantage de ne laisser que peu de traces sur les doigts.

À la vôtre !

Franche-Comté

Souvent appelé « pont », le Pontarlier-Anis est un apéritif anisé à 45°, qui se boit dilué dans deux volumes d'eau. Vingt personnes travaillent à son élaboration, et 85 % de la production est distribuée en Franche-Comté. Il fut créé en 1921, quand l'absinthe fut interdite, jugée trop forte en alcool.

La rubrique du 13 h

LE CHÂTEAU D'ARDENAY

Pays de la Loire

Le village d'Ardenay-sur-Mérize, à une vingtaine de kilomètres du Mans, est connu pour son usine de production d'eau minérale. Il possède également un très beau château, bâti au XVIIIe siècle sur les fondations d'un ancien château féodal. Véritable havre de paix, le château d'Ardenay est entouré de prairies et de bois bordés par un étang et des canaux. Les visiteurs, qui apprécient la sobriété de l'architecture du bâtiment soulignée par un jardin à la française, sont invités à découvrir la chapelle, les salons et la cuisine.

À table !

Lapin à la berrichonne

Centre

Pour 8 personnes

Découper en morceaux 2 gros râbles de lapin. Les faire dorer dans une cocotte. Ajouter 6 échalotes émincées, 1 c. à soupe de farine et laisser blondir. Ajouter 50 cl de bouillon chaud, 2 feuilles de laurier, 1 brindille de thym et 1 branche de sauge. Couvrir et cuire à feu doux 1 h 15. Dans une poêle, faire blondir 6 foies de lapin avec 300 g de lard maigre frais, coupé en languettes. Ajouter aux râbles et cuire 20 min. Flamber au cognac. Lier la sauce avec 2 c. à soupe de moutarde et 250 g de crème.

Il était une fois en 2007

Mort de Christian d'Oriola

Languedoc-Roussillon

Champion des champions français, d'Artagnan, Mozart du fleuret… On ne manque pas de surnoms élogieux pour évoquer l'escrimeur perpignanais Christian d'Oriola. Ce Catalan au tempérament de feu est entraîné dès son plus jeune âge par son père, qui possède un sous-sol aménagé dans la demeure familiale et qui lui fait disputer sa première compétition dès l'âge de 13 ans. Double champion olympique et quadruple champion du monde, il cumule, pendant plus de quinze ans de compétitions, de nombreux prix et victoires au fleuret individuel ou en équipe. Il meurt à Nîmes le 29 octobre 2007.

mercredi 30 octobre

lever : 7 h 34
coucher : 17 h 33

Ste Bienvenue

À table !

Poulet aux pommes de Mirepoix et aux flocons d'avoine

Midi-Pyrénées

Pour 4 personnes

Dans une poêle, faire revenir 1 oignon émincé. Ajouter 4 blancs de poulet détaillés en dés et 2 pommes coupées en cubes. Laisser cuire 10 min et saupoudrer de 1 c. à café de curry. Verser dans un plat à four. Dans un saladier, mélanger 150 g de flocons d'avoine, 110 g de beurre mou et 50 g de parmesan. Émietter du bout des doigts et répartir le mélange sur le poulet. Cuire 20 min à 180 °C.

La rubrique du 13 h

LE PONT DE CUBZAC

Aquitaine

Cubzac-les-Ponts, une commune de Gironde, compte trois ponts qui enjambent la Dordogne sur son territoire. De ces trois ponts, le plus célèbre est sans doute celui qu'on appelle « le pont Eiffel ». Reliant Cubzac à Saint-Vincent-de-Paul, ce pont métallique remplace un pont suspendu emporté par une tempête en 1869. Détruit pendant la Seconde Guerre mondiale, il est rebâti peu après par le petit-fils de Gustave Eiffel. Ce pont routier a inspiré la création un peu plus loin d'un pont ferroviaire, le plus long de France à sa construction.

Faune & flore

Le cerf sika

Alsace

Plus petit que son cousin élaphe, le cerf sika vit en toute liberté dans la forêt de la Hardt. Celle-ci fait partie des rares sites où il est possible de l'observer à l'état sauvage. En effet, l'animal est d'origine japonaise et a été introduit dans nos régions à des fins ornementales au XIXe siècle.

Savoirs d'antan

Vous avez envie de faire un peu de jardinage d'intérieur et de replanter quelques pousses dans votre jardinière. Pour rendre votre terre plus meuble et pour la travailler plus facilement, vous pouvez y ajouter quelques gouttes d'huile d'olive.

Il était une fois en 1981

Inauguration du palais des sports de Beaublanc, Limoges

Limousin

Construit sur un terrain de basket en plein air, inauguré le 30 octobre 1981, le palais des sports de Beaublanc est, depuis cette date, le vrai sanctuaire du sport de haut niveau à Limoges. Son toit de chêne souligne sa forme de pièce de monnaie tordue. Temple du club de basket de la ville, le Limoges CSP, il a connu les plus grandes heures de l'équipe, lors de ses années fastes entre 1981 et 1995. Beaublanc est également célèbre pour d'autres manifestations sportives : compétitions prestigieuses de la Coupe Davis et de la Fed Cup de tennis ou matchs de handball exceptionnels. Avant 2007, date où fut construit le Zénith de Limoges, Beaublanc accueillait aussi tous les grands concerts de la ville.

jeudi 31 octobre

lever : 7 h 36
coucher : 17 h 31

St Quentin

Devinette

Dans quelle commune de la Somme peut-on croiser des Ypsiloniennes et des Ypsiloniens?

La commune d'Y. Ce petit village – dont le nombre d'habitants, environ quatre-vingts, est à l'image de la taille de son nom, le plus court de France – s'étend sur deux cent soixante-treize hectares.

À table !

Féroce d'avocat

Martinique

Pour 6 personnes

La veille, dessaler 300 g de morue salée séchée. Le jour même, la pocher et retirer la peau et les arêtes. Éliminer l'eau et réserver. Dans un bol de robot, mettre la chair de 2 avocats, le jus de 2 citrons verts, 1 oignon épluché coupé en 4, 4 gousses d'ail pelées, ¼ de piment antillais, 5 cl d'huile et la morue. Mixer pour obtenir une pâte homogène. Dans une jatte, la mélanger avec 5 c. à soupe de farine de manioc (ou de blé). Réserver au froid et servir à l'apéritif.

Faune & flore

Le champignon de Paris

Île-de-France

Vous n'avez que peu de chances de trouver ce proche parent du rosé-des-prés au cours de vos excursions en forêt, le champignon de Paris n'existant presque plus à l'état naturel. D'ailleurs, les trois quarts de la production du champignon le plus cultivé au monde ne viennent pas de France, mais... de Chine !

La rubrique du 13 h

LE MUSÉE DE LA SORCELLERIE

Centre

On prête au Berry une longue histoire en matière de sorcellerie, popularisée notamment par George Sand. Aménagé dans une ancienne ferme berrichonne, à Concressault, ce musée vous invite à un voyage à travers les siècles dans l'univers de la sorcellerie. De multiples activités sont proposées, comme la découverte des plantes magiques ou la fabrication d'un balai. Il n'est pas nécessaire d'attendre ce jour de Halloween pour se rendre au musée, mais, attention, après il sera trop tard, car le musée ferme ses portes à la fin des vacances de la Toussaint pour les rouvrir à Pâques.

Il était une fois en 1960

Naissance d'Arnaud Desplechin

Nord-Pas-de-Calais

Arnaud Desplechin, héritier d'Alain Resnais et de François Truffaut, est salué comme le chef de file d'un nouveau cinéma à la sortie son premier long-métrage, *La Sentinelle*, en 1992. Originaire du nord de la France, où il naît le 31 octobre 1960, il filme aussi habilement les chassés-croisés amoureux que les secrets de famille. Pour son huitième long-métrage, il retourne dans sa ville natale, Roubaix, où il situe une sombre réunion de famille : *Un conte de Noël*. Pour ce film sous-titré *Roubaix !*, le jeune réalisateur réunit autour de Catherine Deneuve deux de ses acteurs fétiches : Emmanuelle Devos et Mathieu Amalric.

vendredi 1er novembre

lever : 7 h 37
coucher : 17 h 30

Toussaint

À table !

Gâteau fouetté de Saint-Lô

Basse-Normandie

Pour 4 personnes
Faire fondre 1 c. à soupe de crème dans 100 g de beurre. Dans un saladier, mélanger doucement 125 g de farine, 125 g de sucre semoule et 4 jaunes d'œufs battus à la fourchette. Ajouter le mélange beurre-crème, la levure délayée dans un peu de lait et 1 c. à soupe de calvados. Lorsque la pâte est homogène, verser dans un moule à hauts bords (la pâte ne doit être qu'à mi-hauteur des bords du moule). Couvrir et laisser lever 2 h. Cuire 30 min à 180 °C.

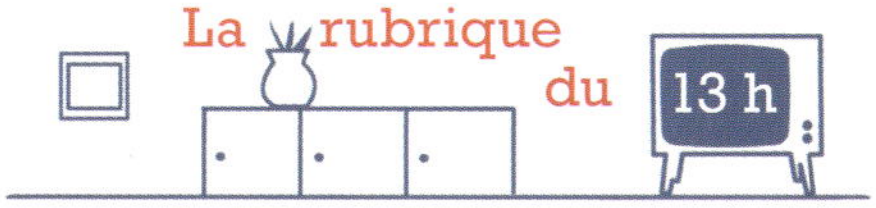

LE CAMPO SANTO DE PERPIGNAN

Languedoc-Roussillon

Le Campo Santo, c'est-à-dire le « champ saint », est un cloître funéraire du XIVe siècle, accolé à la cathédrale Saint-Jean de Perpignan. Trois des quatre côtés du cloître sont des arcades, sous lesquelles les notables étaient enterrés. Laissé en désuétude au XXe siècle – il a néanmoins accueilli les archives du département et une caserne de gendarmerie –, le cloître a été restauré dans les années 1980, et des fouilles ont mis au jour l'ossuaire central, destiné à accueillir les dépouilles des populations moins aisées.

Faune & flore

L'ormeau

Bretagne

Ce mollusque à la coquille unique percée de trous vit accroché aux rochers du littoral breton. Très prisé pour sa chair goûteuse, mais aussi pour la nacre qui orne sa face interne – on l'utilise notamment pour l'ornement des guitares –, il bénéficie aujourd'hui de mesures de protection pour éviter sa surpêche.

À la vôtre !

Rhône-Alpes

Le châteauneuf-du-pape est un vin AOC de la vallée du Rhône, exploité sur trois mille deux cents hectares par trois cent vingt vignerons. C'est ici que la notion d'AOC apparut, en 1923, et la plupart des vins élaborés aujourd'hui y sont des vins rouges.

Il était une fois en 1272

Consécration de la cathédrale de Beauvais

Picardie

La cathédrale Saint-Pierre est composée de la Haute-Œuvre, la cathédrale gothique, et de ce que l'on appelle « Notre-Dame-de-la-Basse-Œuvre », l'église carolingienne primitive – dont il ne subsiste que quelques travées de la nef –, dévastée par un incendie en 1225. L'archevêque Milon de Nanteuil décide de bâtir un nouvel édifice et se lance dans un projet audacieux : le nombre des piliers est doublé, les croisées d'ogives et les arcs-boutants multipliés, pour bâtir une voûte haute de quarante-huit mètres, un record pour l'époque. La verrière de la chapelle axiale de l'abside est posée en 1240, les étages sont achevés en 1255. La cathédrale est consacrée religieusement le 1er novembre 1272.

Suivez le guide !
Martinique

La nature flamboyante

Fêtée le 1er novembre, la Toussaint est souvent confondue avec le jour des Morts, le 2 novembre : la fête chrétienne de « tous les saints » étant un jour férié, il permet aux familles d'aller fleurir les tombes de leurs proches disparus. En métropole, ce week-end automnal de trois journées est donc généralement considéré comme triste. Mais en Martinique, il n'en est rien !

Il faut dire que là-bas, la saison n'est guère « monotone », comme le « chantait » si bien Paul Verlaine. Les arbres ne sont point décharnés, et nulle « feuille morte » ne vient entacher les paysages luxuriants sous ces températures, bien au contraire : l'humidité exalte la végétation, et les célèbres flamboyants commencent à fleurir, teintant l'île des Caraïbes de rouge et d'orange, loin de l'automne « blême » de la métropole, n'en déplaise au poète.

Mais les flamboyants ne sont pas les seuls à animer l'île en ce week-end de novembre. Aux Antilles, en effet, la Toussaint a conservé son caractère festif. Dès le matin, les femmes, comme en métropole, nettoient les tombes et les caveaux familiaux afin de les fleurir, mais la soirée n'en est pas moins gaie ! S'il s'agit de fêter les morts, pas question pour autant de négliger les vivants : les familles se réunissent pour boire du punch, chacun prenant des nouvelles et se remémorant le bon vieux temps, contant joyeusement des anecdotes de la vie des défunts. Quand vient le crépuscule, cierges et bougies illuminent les cimetières, offrant un spectacle dont des témoins disent qu'il est « féerique ».

Si le colibri flamboyant ne se rencontre qu'en Amérique du Sud, vous pourrez néanmoins observer quatre autres espèces de ce petit oiseau si particulier en Martinique, butinant parmi les fleurs : le colibri madère, le colibri huppé, le colibri falle-vert et le colibri à tête bleue. Grâce à leurs battements d'ailes extrêmement rapides, ils peuvent voler sur place et se délecter en vol, grâce à leur long bec et à leur langue protractile, du nectar des fleurs et des petits insectes de l'île.

lundi 4 novembre

lever : 7 h 42
coucher : 17 h 25

St Charles

À table !

Sciacce de pommes de terre

Corse

Pour 2 personnes

Faire cuire 4 pommes de terre avec leur peau dans de l'eau salée. Les écraser. Ajouter 4 c. à soupe de tomates concassées, 1 c. à café de thym, 2 œufs battus et 1 gousse d'ail écrasée. Bien mélanger. Découper 4 cercles de la taille d'une assiette dans 500 g de pâte brisée abaissée. Disposer 2 d'entre eux sur une plaque. Répartir le mélange sur chacun et refermer chacun d'entre eux avec un 2e cercle. Souder les bords. Cuire 1 h à 180 °C.

La rubrique du 13 h

LA CITADELLE DE BITCHE

Lorraine

Construite par Vauban dans les années 1680 et reconstruite au milieu du XVIIIe siècle, cette citadelle domine Bitche, en Moselle, depuis un plateau situé à trois cent soixante-cinq mètres d'altitude. Composée de plusieurs bastions, de deux ponts-levis et de trois mille mètres carrés de souterrains, elle pouvait contenir un millier d'hommes. Fortement endommagée par les bombardements de la Seconde Guerre mondiale, la citadelle voit partir les derniers militaires après 1945 ; elle est aujourd'hui un musée historique, qui témoigne de la vie militaire lors des conflits les plus importants de la région.

Faune & flore

Le caloptéryx éclatant

Pays de la Loire

Cet insecte, de la famille des demoiselles, est un habitué des rives de la Mayenne. Si le mâle est aisément reconnaissable à son corps bleu métallique et aux grosses taches bleu sombre qui ornent ses ailes, la femelle, au corps vert et aux ailes presque transparentes, se fait plus discrète.

Un record en

Île-de-France

Originaire de Meaux, Maud Fontenoy est une navigatrice aguerrie qui, après avoir parcouru les mers en solitaire, a créé une fondation pour la protection et la défense des océans et des littoraux. Elle est la première femme à avoir traversé l'Atlantique à la rame dans le sens ouest-est.

Il était une fois en 1039

Mort de Hugues de Chalon

Bourgogne

Après la mort de son père, comte de Chalon-sur-Saône, Hugues de Chalon, né vers 975, devient évêque d'Auxerre, grâce au duc Henri Ier de Bourgogne. À la mort de ce dernier en 1002, il soutient le roi de France et bénéficie de ses largesses. Mêlé aux guerres de succession du duché de Bourgogne, il est vaincu en 1027 par le comte de Dijon, ce qui le pousse à ne plus s'occuper de politique. Après avoir secouru son peuple, lors des deux incendies d'Auxerre et de la famine aux alentours de 1030, et demandé au pape Jean XIX son absolution – il avait longtemps guerroyé –, il prend l'habit religieux au monastère de Saint-Germain à la fin de sa vie. Il y meurt le 4 novembre 1039.

mardi 5 novembre

lever : 7 h 44
coucher : 17 h 23

Ste Sylvie

À la vôtre !

Midi-Pyrénées

Élaboré par distillation de vins blancs secs, l'armagnac tire son nom de l'ancienne province gasconne éponyme. D'un degré d'alcool de 40 % environ, cette eau-de-vie est la plus ancienne de France, sa production remontant au Moyen Âge. Il est aujourd'hui consommé comme apéritif, digestif, en cuisine ou même en cocktail !

La rubrique du 13 h

LA COLLÉGIALE NOTRE-DAME DE DOLE

Franche-Comté

Restaurée à la fin des années 2000, cette collégiale du XVIe siècle est le symbole de Dole. Édifiée à proximité du canal du Rhône au Rhin, elle domine la vieille ville, grâce à son clocher-donjon de soixante-quinze mètres. Il s'agit en réalité d'une basilique, mais les Dolois ont conservé l'ancienne dénomination. De style gothique, la collégiale renferme plusieurs trésors : un orgue rare du XVIIIe siècle, des statues de l'école bourguignonne ou encore une très belle Vierge à l'Enfant.

Faune & flore

Le blaireau d'Europe

Poitou-Charentes

Il a une silhouette d'ours miniature et des allures de brigand, avec son « masque » formé des deux raies noires qui couvrent son museau. La nuit, il n'est pas rare de croiser dans les forêts poitevines cet animal fouisseur qui, le jour, se cache dans les terriers qu'il a creusés de ses griffes puissantes.

À table !

Côtes de veau à la marmotte

Rhône-Alpes

Pour 4 personnes

Découper en dés 50 g de lard. Les disposer dans le fond d'un plat à four. Recouvrir avec 3 oignons hachés. Coucher ensuite 4 côtes de veau. Dans un bol, mélanger 2 oignons hachés, 8 filets d'anchois dessalés et écrasés, du persil haché, 1 clou de girofle, de la ciboulette émincée, du thym, du laurier et de la coriandre. Étaler ce mélange sur chaque face des côtes. Arroser avec 2 cl de marc de Savoie et ¼ de verre d'eau. Couvrir et cuire 50 min à 150 °C.

Il était une fois en 1841

Les orgues de la cathédrale d'Évreux

Haute-Normandie

Connue pour la diversité de ses styles architecturaux, la cathédrale d'Évreux l'est un peu moins pour ses orgues. Le premier instrument est un don de l'évêque en 1549. Il sera restauré en 1774, composé de quatre claviers et d'un pédalier. En 1841 est construit un orgue de chœur, à la demande de l'évêque Nicolas Théodore Olivier. L'instrument, qui est alors considéré comme « le plus grand orgue d'accompagnement établi en France », est livré le 5 novembre 1841. Ce n'est qu'en juin 2006 que sera inauguré un nouvel orgue principal, d'une architecture impressionnante, résolument moderne et en accord avec la verticalité de la nef gothique. Le son est dirigé par de longs volets , qui lors de leur ouverture suscitent un plaisir tant musical que visuel.

mercredi 6 novembre

lever : 7 h 45
coucher : 17 h 22

Ste Bertille

À table !

Tarte à l'oignon de Givet

Champagne-Ardenne

Pour 6 personnes

Étaler 300 g de pâte brisée. Garnir une tourtière, piquer le fond et réserver au réfrigérateur. Dans une cocotte, faire cuire, pendant 20 min, 750 g d'oignons émincés dans 50 g de saindoux. Saupoudrer de 1 c. à soupe de farine. Faire cuire 2 min. Ajouter 15 cl de crème fraîche et 12 cl de lait. Cuire 5 min, jusqu'à obtention d'une bouillie épaisse. Battre 4 œufs dans un bol. Incorporer la bouillie d'oignons. Saler. Verser sur le fond de tarte. Cuire 25 min à 220 °C.

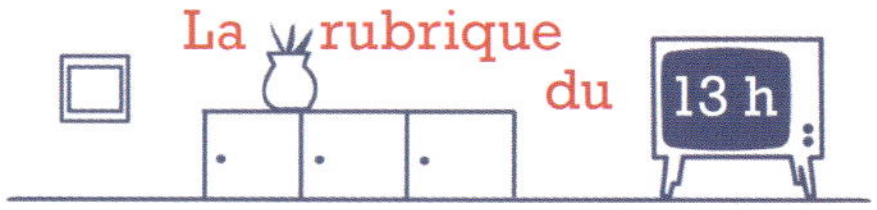

LE DOMAINE DÉPARTEMENTAL DE CHAMARANDE

Île-de-France

Le domaine de Chamarande se compose d'un château du XVIIe siècle et d'un parc classé jardin remarquable. Propriété du conseil général de l'Essonne depuis 1978, le domaine est devenu un centre artistique et culturel et le fonds départemental d'Art contemporain. Au patrimoine historique s'ajoute ainsi une activité artistique en direction de tous les publics : le domaine est notamment un centre d'hébergement pour les jeunes. Le jardin accueille une programmation de danse, de musique et de cinéma en plein air.

Faune & flore

Le cyprès de Provence

Provence-Alpes-Côte d'Azur

Ce conifère, qui s'apparente à une longue colonne effilée pouvant atteindre trente mètres de haut, rythme les paysages provençaux. Son tronc est recouvert d'une écorce gris-vert et crevassée et ses courts rameaux d'écailles vertes persistantes, d'où son autre appellation de « cyprès toujours vert ».

Un record à La Réunion

Le Trou de Fer, sur l'île de La Réunion, est un gouffre impressionnant du massif du piton des Neiges. Plusieurs cours d'eau se jettent dans ce gouffre, formant les plus hautes chutes françaises, avec plus de sept cents mètres de dénivelé.

Il était une fois en 1969

Château d'Opme

Auvergne

Sur la commune de Romagnat, surplombant la vallée de Chanonat, le château d'Opme était une forteresse située sur la voie romaine de Clermont-Ferrand au Puy-en-Velay, la construction primitive datant du XIe siècle. Il appartient aux comtes, puis aux dauphins d'Auvergne, est pris par les Anglais en 1381 et libéré en 1393. Le trésorier de France, Antoine de Ribeyre, l'acquiert au XVIIe siècle et le transforme considérablement, créant une entrée d'honneur et un escalier intérieur, et ouvrant de grandes fenêtres. Le château possède aussi un bassin et une fontaine Renaissance sublime. Sur les cinq tours initiales, trois subsistent de nos jours. Le château et ses jardins sont classés au titre des monuments historiques depuis le 6 novembre 1969.

jeudi 7 novembre

lever : 7 h 47
coucher : 17 h 20

Ste Carine

Faune & flore

Le thym corse

Corse

Le thym corse ou *erba barona* est une plante aromatique rampante, au fort parfum poivré, qui se développe en larges nappes sur une vingtaine de centimètres de hauteur. Il pousse en altitude, sur des sols arides, qui se parent de superbes nuances roses ou mauves lors de sa floraison, de mai à août environ.

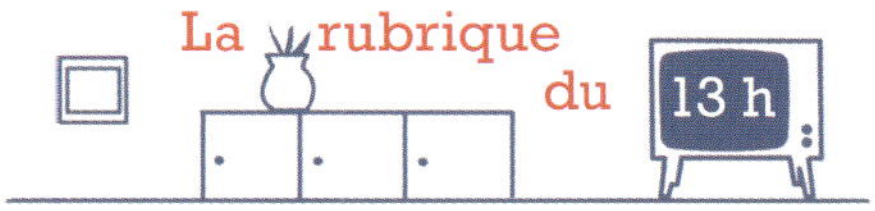

LE CHÂTEAU D'OLHAIN

Nord-Pas-de-Calais

Au cœur de l'Artois se dresse le château médiéval le mieux conservé du nord de la France. Situé au sud de Béthune, dans la plaine et non sur un promontoire, le château d'Olhain n'avait pas une vocation purement défensive ; il était toutefois bien protégé par ses larges douves. Privé et appartenant à la même famille depuis près d'un siècle, le château d'Olhain est ouvert, depuis 1954, aux visiteurs qui viennent admirer sa construction en matériaux locaux : grès et briques. Selon la légende du pays, le célèbre d'Artagnan serait enterré au milieu de la cour du château.

À table !

Velouté de mogettes de Vendée

Poitou-Charentes

Pour 2 personnes

Faire chauffer 500 ml d'eau et ajouter 1 cube de bouillon de légumes. Mixer 500 g de mogettes de Vendée (gros haricots blancs) déjà cuites, en allongeant avec un peu de bouillon. Verser la crème de haricots dans le bouillon. Mélanger et mettre à chauffer. Cuire 150 g de lardons. Ajouter au velouté.
Au moment de servir, verser un filet d'huile de noix.

Savoirs d'antan

Pour soulager des yeux qui ont beaucoup pleuré, de l'eau peut suffire. Mouillez vos yeux, en alternant, avec de l'eau chaude, puis avec de l'eau froide, en veillant à terminer par de l'eau froide.
Les yeux dégonfleront petit à petit et seront moins rouges.

Il était une fois en 1492

Chute de la météorite d'Ensisheim

Alsace

C'est dans la matinée du 7 novembre 1492, après une explosion impressionnante, qu'une pierre noire de plus de cent vingt kilos est retrouvée dans un champ près d'Ensisheim, alors siège de la régence d'Autriche. À la fin du même mois, le roi Maximilien, futur empereur germanique, fait son entrée dans la ville et demande à contempler la « pierre tombée du ciel » : il y voit un signe miraculeux, de bon augure pour sa prochaine bataille contre la France. Il s'en fait donner deux morceaux et ordonne qu'on la suspende dans l'église paroissiale, où elle restera trois siècles. Aujourd'hui, la météorite est conservée dans l'ancien palais de la régence, ne faisant plus que cinquante-cinq kilos, après de nombreux prélèvements et dons à différents pays. La météorite d'Ensisheim est la plus ancienne météorite datée précisément.

vendredi 8 novembre

lever : 7 h 48
coucher : 17 h 19

St Geoffroy

À table !

Andouille du val d'Ajol aux pommes de terre

Lorraine

Pour 4 personnes
Faire cuire 30 min 1 andouille du val d'Ajol dans une casserole d'eau, avec 1 bouquet garni. Faire revenir 1 oignon émincé avec du beurre dans une cocotte en fonte. Ajouter 1 morceau de lard coupé en morceaux. Ajouter, en remuant, 1 kg de pommes de terre coupées en rondelles. Couvrir et cuire 15 min à feu doux. Couper l'andouille en rondelles et répartir sur les pommes de terre. Servir aussitôt.

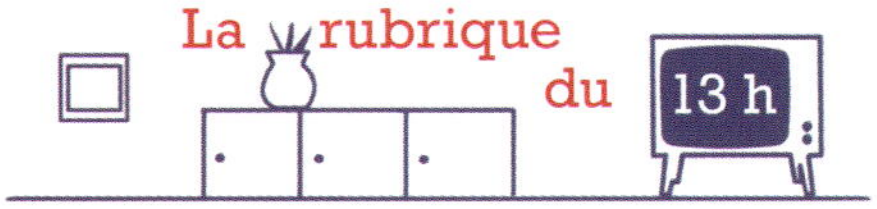

SAZILEY

Mayotte

Située sur la commune de Bandrélé, à l'extrême sud de Mayotte, la pointe Saziley est une réserve naturelle de plus de quatre cent cinquante hectares. À partir de 1997, le Conservatoire du littoral a compris la nécessité de préserver ses paysages somptueux et ses incroyables fonds marins, ainsi que sa faune et sa flore. Le meilleur moyen de découvrir la pointe est d'emprunter un sentier de six kilomètres, bordé de baobabs, le « sentier des tortues de Saziley » : en effet, les tortues de mer viennent la nuit déposer leurs œufs sur la plage de sable foncé. Il existe également un sentier sous-marin, balisé par des bouées, qui permet d'admirer le récif corallien.

Devinette

Quel engin s'envole pour la première fois avec des hommes à son bord en 1783 ?

Une montgolfière. Le 21 novembre 1783, Jean François Pilâtre de Rozier et le marquis d'Arlandes montent à bord du ballon à air des frères de Montgolfier, au château de la Muette. Ils parcourent environ dix kilomètres jusqu'à la Butte-aux-Cailles, dans le XIIIe arrondissement de Paris.

Faune & flore

L'asperge du Blayais

Aquitaine

C'est dans les sables noirs et riches en humus des environs de l'estuaire de la Gironde que pousse cette asperge blanche aux pointes violettes, à la tendreté et à la saveur uniques. Elle est cultivée sur près de deux cents hectares au total, par de petits exploitants qui, souvent, sont aussi viticulteurs.

Il était une fois en 2011

Passage à la télévision numérique terrestre (TNT)

Midi-Pyrénées

Depuis février 2009, un grand changement est intervenu dans la vie quotidienne des téléspectateurs français : le passage à la télévision numérique terrestre (TNT). L'installation est progressive et, le 8 novembre 2011, c'est au tour de la région Midi-Pyrénées de voir apparaître ce nouveau système de diffusion. Remplaçant la télévision terrestre analogique, la TNT permet une meilleure qualité d'image et l'apparition d'une soixantaine de nouvelles chaînes gratuites, des chaînes nationales et locales, qui donnent aux téléspectateurs l'accès à un choix plus large et à des programmes spécialisés.

Suivez le guide !
nord-Pas-de-Calais

Le bon saint Martin

Alors que dans presque toutes les régions de France la Saint-Martin sonne la fin des récoltes et le début de l'hiver, ici, dans le Nord-Pas-de-Calais, elle donne des raisons de se réjouir grâce à une vieille légende.

Ce 11 novembre, comme chaque année, des dizaines d'enfants défileront dans les rues de Dunkerque et d'autres villes de la Flandre maritime, à la lueur des lanternes qu'ils auront eux-mêmes fabriquées, en creusant des betteraves. Ils commémoreront ainsi la mésaventure qui arriva autrefois à Martin et à son âne. Alors que le saint homme se trouvait à Dunkerque, l'animal têtu profita de l'inattention de son maître pour se sauver : attiré par les chardons, il prit le chemin des dunes, comme d'autres auraient pris le maquis. Martin se lança à ses trousses, bientôt épaulé dans sa recherche par les Dunkerquois et tout particulièrement par les enfants. La petite troupe retrouva rapidement l'animal, et Martin se mit en devoir de remercier tous ceux qui l'avaient accompagné. La légende raconte qu'il transforma les crottes abandonnées dans les dunes par son âne en brioches, appelées « voolaeren ». Depuis, chaque année, une fois la retraite aux flambeaux achevée, les enfants reçoivent ces brioches qui célèbrent la Saint-Martin.

Un saut à Lille

Si vous êtes de passage dans le si chaleureux département du Nord, ne manquez pas de visiter Lille. Celle qu'on surnomme « la Capitale des Flandres » est une cité dynamique, classée « Ville d'art et d'histoire ». Plusieurs monuments sont incontournables ; c'est le cas de la vieille Bourse de Lille, qui est sans doute le plus bel édifice de la ville. Le bâtiment se compose de vingt-quatre maisons, adossées à une galerie, autour d'une cour intérieure. Les fenêtres, les colonnes, la riche décoration ou encore les sculptures sont caractéristiques de l'architecture flamande. Autrefois lieu d'agitation perpétuelle, le monument est aujourd'hui un endroit paisible, où de nombreux joueurs d'échecs et bouquinistes se sont installés.

lundi 11 novembre

lever : 7 h 53
coucher : 17 h 15

Armistice de 1918

À table !

Gargouilleau aux poires

Bourgogne

Pour 8 personnes

Éplucher et couper en lamelles 6 poires. Les dorer à feu vif dans une poêle, avec 50 g de beurre. Saupoudrer de 2 sachets de sucre vanillé et laisser caraméliser. Verser le contenu dans un moule beurré. Dans un saladier, mélanger 4 œufs, 100 g de sucre, 50 g de farine, 3 c. à soupe de marc de Bourgogne, 20 cl de lait chaud et 15 cl de crème. Une fois la pâte bien lisse, verser dans le moule et parsemer de noix de beurre. Cuire 35 min à 210 °C. Servir avec un coulis de cassis.

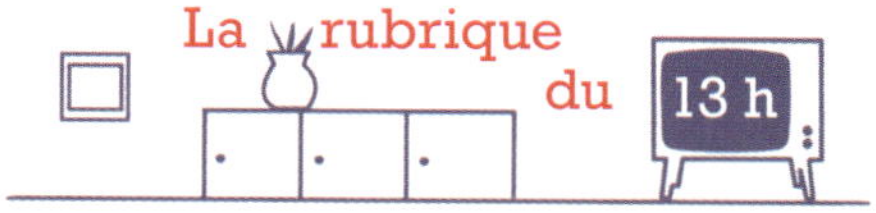

LÉHON

Bretagne

Léhon, petite commune du département des Côtes-d'Armor, a su mettre en valeur son patrimoine naturel et historique. Située sur les bords de la Rance, elle a d'ailleurs reçu le label « Petite Cité de caractère de Bretagne ». Parmi ses atouts, il convient de mentionner les vestiges, aujourd'hui revalorisés, d'une forteresse bâtie au XIIIe siècle, qui défendait autrefois l'entrée de la vallée de la Rance, et un charmant pont de pierre, qui connut bien des vicissitudes : édifié entre le XVe et le XVIe siècle, il a été plusieurs fois détruit, la dernière reconstruction datant de 1946.

Faune & flore

La lavande de mer

Picardie

Cette plante, qui n'a de commun avec la lavande que sa couleur, se plaît à pousser dans les sols vaseux des prés salés et des estuaires. Elle est donc très présente dans la baie de Somme, qu'elle colore de douces touches mauves. Avis à ses admirateurs : sa cueillette y est limitée à un bouquet par famille.

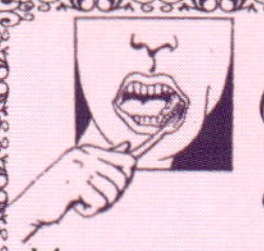

Savoirs d'antan

Vous pouvez lutter contre le jaunissement de vos dents et avoir un sourire éclatant grâce à des plantes récoltées dans votre jardin. Il vous suffit de cueillir quelques feuilles de sauge et d'en frotter vos dents. Renouvelez l'opération une fois par mois, pour permettre à vos dents de rester toujours blanches.

Il était une fois en 1941

Croix de la Libération pour Nantes

Pays de la Loire

Créé en novembre 1940 par le général de Gaulle pour récompenser les personnes ou les villes qui se distingueraient pour la libération de la France pendant la Seconde Guerre mondiale, l'ordre de la Libération ne fut attribué qu'à cinq communes et à un millier de résistants. Nantes est la première ville à recevoir cette haute distinction par décret, dès le 11 novembre 1941. Charles de Gaulle en personne remet la croix de la Libération au maire de la ville, Clovis Constant, en janvier 1945. Depuis, les cinq communes honorées – Nantes, Grenoble, Paris, Vassieux-en-Vercors et l'île de Sein – ont lié un pacte d'amitié, afin d'assurer la pérennité de l'ordre.

mardi 12 novembre

lever : 7 h 55
coucher : 17 h 14

St Christian

Un record en Champagne-Ardenne

La Marne, qui donne son nom à un département, n'est pas seulement la plus longue rivière française, elle est aussi celle qui, grâce à ses berges bucoliques, a sûrement le plus inspiré les peintres impressionnistes.

À table !

Truites panées aux noisettes

Franche-Comté

Pour 4 personnes

Préparer de la chapelure, en mixant quelques brindilles de romarin, 60 g de noisettes, 1 petite gousse d'ail, 70 g de chapelure, 1 zeste de citron et 1 pincée de fleur de sel. Battre 2 œufs dans une assiette creuse. Faire fondre du beurre dans une poêle. Pendant ce temps, prendre 700 g de filets de truite, les passer dans les œufs, puis dans la chapelure. Les cuire dans le beurre chaud 5 min de chaque côté. Servir avec des pommes de terre vapeur.

Faune & flore

L'abondance

Rhône-Alpes

Cette vache, à la robe et aux « lunettes » d'un bel acajou, fait le bonheur des éleveurs savoyards. Résistante au froid, elle est appréciée à la fois pour sa viande et pour son lait, qui est à l'origine de plusieurs fromages AOC, dont le reblochon, le beaufort et, bien sûr, l'abondance.

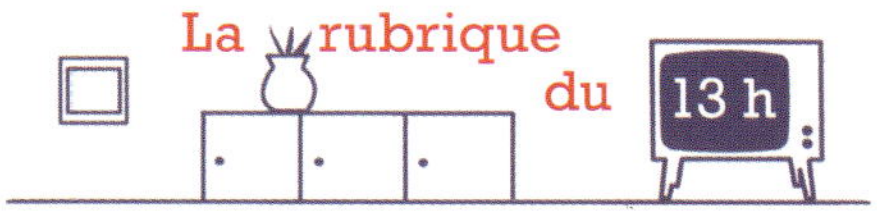

LA SUISSE NORMANDE

Basse-Normandie

La Suisse normande, à cheval sur les départements de l'Orne et du Calvados, foisonne de paysages magnifiques. Cette zone géographique doit son nom à son relief escarpé. Ici, comme dans les Alpes, les routes serpentent, et les randonneurs se lancent à l'assaut de la route des Crêtes. Il faut toutefois rester modeste, puisque le mont Pinçon, le plus haut sommet, ne culmine qu'à trois cent quarante-cinq mètres d'altitude. La Suisse normande possède aussi une faune caractéristique, notamment aquatique : saumons, truites, anguilles et mollusques abondent dans les gorges de l'Orne ou de la Rouvre.

Il était une fois en 2011

BD sur l'histoire de Châteauroux primée

Centre

En 1987, un album de bande dessinée témoigne de l'histoire de la ville de Châteauroux : *Châteauroux, passés simples.* On y apprend notamment que la ville fut appelée « Indre-Libre » pendant la Révolution, qu'un tramway y passait au XXe siècle, entre autres curiosités. Après cinq mille exemplaires vendus, la Jeune Chambre économique de Châteauroux imagine un nouveau projet en 2010, cette fois en plusieurs tomes. *Châteauroux, c'est ici que tout commence* (tome I, « Des origines à 1914 »), une réédition en couleurs du volume de 1987, est suivi d'un tome II en 2011. La bande dessinée historique est récompensée comme « Meilleure action communautaire de la Jeune Chambre économique française » le 12 novembre 2011.

mercredi 13 novembre

lever : 7 h 56
coucher : 17 h 12

St Brice

À table !

Bajana ou soupe de châtaignes

Languedoc-Roussillon

Pour 6 personnes

Ébouillanter 1 kg de châtaignes fraîches. Ôter leur peau. Dans une cocotte en fonte, recouvrir les châtaignes d'eau. Maintenir à ébullition pendant 1 h, en veillant à ce qu'elles soient en permanence recouvertes d'eau. Ajouter 200 g de pruneaux ou de fruits secs. Continuer la cuisson pendant 2 h. Mixer pour obtenir une texture onctueuse. Servir la soupe additionnée de lait ou de vin.

La rubrique du 13 h

LE SITE TROGLODYTE DE JONAS

Auvergne

À Saint-Pierre-Colamine, dans le Puy-de-Dôme, s'élève un manoir un peu particulier, car entièrement creusé par l'homme dans le tuf volcanique. Ce manoir est au centre des grottes de Jonas, du nom d'un volcan dont l'éruption a entraîné la formation de plusieurs cônes rocheux. Les hommes commencent à creuser ces grottes plusieurs siècles avant Jésus-Christ, mais c'est véritablement au Moyen Âge qu'un village apparaît. Soixante-dix pièces sont aménagées sur cinq étages dans le manoir habité par un chevalier et sa famille ; outre les pièces à vivre, on trouve aussi une boulangerie et une chapelle.

Faune & flore

L'orvet

Haute-Normandie

Contrairement aux apparences, ce reptile de cinquante centimètres de long n'est pas un serpent, mais un lézard, la seule espèce d'Europe dépourvue de pattes ! Tout comme ses cousins, il a la faculté d'autonomie – en cas d'attaque, il peut perdre une partie de sa queue – et peut cligner des yeux grâce à ses paupières mobiles.

Devinette

Quel sport a été pratiqué à des fins stratégiques pendant le siège de Paris, en 1870 ?

La colombophilie. Après décision du préfet du Nord, mille cinq cents pigeons prirent le départ depuis Roubaix et Tourcoing pour ramener des nouvelles de la capitale. La première dépêche reçue à Roubaix donnait des informations sur la bataille de Champigny.

Il était une fois en 2001

Mort de Babik Reinhardt

Provence-Alpes-Côte d'Azur

Fils du célèbre guitariste Django Reinhardt, précurseur du jazz manouche, Jean-Jacques Reinhardt suit dès son plus jeune âge les traces de son père, qui lui offre sa première guitare à 3 ans. Il continue à suivre son apprentissage à la mort de ce dernier et joue, à partir de 1965, dans les clubs de jazz parisiens, sous son nouveau nom, Babik. Également compositeur, il impose son style et connaît un franc succès avec le Trio Gitan. En 1992, il participe à la création d'un prix musical, les Django d'or, rendant un dernier hommage à son père. À la veille d'un concert prévu à Cannes, il meurt d'une crise cardiaque le 13 novembre 2001, dans la ville de Grasse.

jeudi 14 novembre

lever : 7 h 58
coucher : 17 h 11

St Sidoine

Faune & flore

Le parc aux daims

Champagne-Ardenne

À Châteauvillain se trouve un parc fermé de deux cent soixante-dix hectares, créé en 1665 par un noble féru de chasse, qui souhaitait voir s'y développer le gibier. Aujourd'hui public, ce lieu recèle environ quatre-vingts daims, qu'il est rare d'apercevoir, tant ces timides animaux ont l'ouïe fine et déguerpissent au moindre craquement de branche.

La rubrique du 13 h

LA HALLE AUX VIVRES DE BROUAGE

Poitou-Charentes

Autrefois, Hiers-Brouage, en Charente-Maritime, était un port très apprécié, un site incontournable du commerce du sel et la plus grande place forte de toute la côte atlantique. La halle aux vivres, construite en 1631, servait donc à ravitailler non seulement les troupes, mais aussi les marchands et les navires corsaires. Au fur et à mesure du déclin de Brouage, l'utilisation de ce bâtiment en briques et pierres calcaires évolua : caserne, prison, poudrière. La halle aux vivres est aujourd'hui le Centre européen d'architecture militaire.

À la vôtre !

Pays de la Loire

Le muscadet est un vin blanc sec AOC produit en Loire-Atlantique. Cultivé sur neuf mille hectares, il s'accorde idéalement avec les fruits de mer. Ce vin est en outre un monocépage : un seul type de raisin est utilisé pour son élaboration, le melon de Bourgogne. Il est aussi connu sous le nom de « vin de Vallet », d'après la commune du même nom.

À table !

Chou rouge à la lilloise

Nord-Pas-de-Calais

Pour 4 personnes

Couper 1 chou rouge en quartiers. Blanchir les morceaux 10 min à l'eau bouillante. Égoutter et tailler en lanières. Éplucher 1 oignon et le piquer de 3 clous de girofle. Dans une cocotte, faire dorer légèrement 1 tranche de poitrine fumée coupée en dés. Ajouter le chou, l'oignon, 2 verres de bière et 2 c. à soupe de vergeoise. Couvrir et cuire à feu doux pendant 3 h.

Il était une fois en 1888

Inauguration de l'Institut Pasteur

Île-de-France

Alors qu'il vient de créer le vaccin contre la rage – en juillet 1885 –, qui lui confère une grande renommée, Louis Pasteur en profite pour lancer une souscription en vue de fonder l'institut qui portera son nom et qui sera inauguré le 14 novembre 1888. Il le dirige jusqu'à sa mort, en 1895, et y repose depuis. À la fois dispensaire, centre de recherche et d'enseignement, l'institut a vu les collaborateurs et les successeurs du célèbre scientifique multiplier les découvertes, et huit prix Nobel les ont couronnés ; on peut citer notamment celui de Françoise Barré-Sinoussi et de Luc Montagnier pour la découverte du VIH en 1983.

vendredi 15 novembre

lever : 7 h 59
coucher : 17 h 10

St Albert

À table !

Tourte à la fourme d'Yssingeaux

Auvergne

Pour 4 personnes
Garnir le fond d'une tourtière avec 180 g de pâte feuilletée. Râper grossièrement 350 g de fourme d'Yssingeaux. Émincer 1 oignon et couper en rondelles fines 2 grosses pommes de terre. Répartir, sur le fond de la tourte, l'oignon, les pommes de terre et le fromage. Recouvrir avec un cercle de 120 g de pâte feuilletée. Dorer à l'œuf et former une cheminée. Enfourner 25 min à 200 °C. À mi-cuisson, verser par la cheminée 20 cl de crème assaisonnée de muscade.

La rubrique du 13 h

LE PARC DES EAUX VIVES DE HUNINGUE

Alsace

Dans le Haut-Rhin, le parc des Eaux vives de Huningue met le rafting, l'hydrospeed et le kayak à la portée de tous. Cette rivière d'une longueur de trois cent cinquante mètres est conçue pour accueillir tous les niveaux : son débit est modulable, les obstacles sont mobiles, et il existe même un bassin en eaux calmes pour l'initiation. Le parc des Eaux vives est intégré au cœur d'un espace arboré de six hectares, où il est possible de pratiquer d'autres activités, comme la course d'orientation ou l'escalade : de quoi bien remplir la journée !

Faune & flore

Le perce-neige

Centre

Gracieuse et d'un blanc virginal, cette jolie plante à bulbe semble regarder humblement vers le sol. Elle tient son nom du fait qu'elle est l'une des premières de l'année à fleurir, fin janvier dans les régions les plus chaudes, bravant ainsi les intempéries hivernales.

Un record en Corse

Dix-neuf ans de maquis : c'est le record actuel de la plus longue cavale corse ! Condamné à la prison à perpétuité par contumace, le criminel s'était enfui et avait vécu dans un petit village corse, avant d'être arrêté en 2009, quelques mois avant la prescription de sa peine.

Il était une fois en 1944

Reddition de Metz

Lorraine

Pendant la Seconde Guerre mondiale, les troupes allemandes considèrent Metz comme partie intégrante du Reich et exercent une répression sévère sur la population locale attachée à la France, mais négligent l'intérêt stratégique de la ville. Après le débarquement de juin 1944, la IIIe armée du général Patton est en marche vers l'est. Une multitude de forts aux alentours de la cité sont hâtivement réarmés par les Allemands pour la défendre contre les Alliés et stopper leur progression. Leur résistance est acharnée. Le 15 novembre 1944, dans le bois de Fèves, le fort nord de la ligne Canrobert tombe aux mains des Américains, tandis qu'une autre division américaine entre dans Woippy, au nord de Metz. La tactique de l'étau finit par payer : la ville se rend une semaine plus tard.

Suivez le guide !
La Réunion

L'île en mouvement

La lumière, les odeurs, les plantes voluptueuses et des animaux incroyables : tout semble plus coloré au métropolitain en vadrouille sur la petite île voisine de Madagascar, au large de l'Afrique. Mais ce qui le frappera sans doute le plus, c'est bien le relief, la rencontre de l'océan Indien et d'une terre rocheuse vivante, qui ne cesse de se façonner, entre éruptions et érosion.

L'île est constituée de deux massifs volcaniques. Au sud-est, le piton de la Fournaise culmine à plus de deux mille six cents mètres d'altitude et domine l'île de La Réunion de son ombre terrible. Ce volcan, parmi les plus actifs de la planète, crache régulièrement, inlassablement, sa lave, anéantissant la vie végétale alentour, laquelle se reforme, changeante, dès que la bave minérale, rouge, est refroidie. Chaque année, le piton de la Fournaise attire et fascine des milliers de touristes, dont certains survolent le cracheur de feu en hélicoptère.

Au nord-ouest, culminant à trois mille soixante-dix mètres, le piton des Neiges est assoupi. Ses parois accidentées, tourmentées, enferment les cirques de Salazie, de Cilaos et de Mafate. À l'intérieur de Mafate, on se sent comme dans un autre monde. Ici, la mer est invisible – les montagnes forment des remparts pouvant aller jusqu'à près de trois mille mètres –, mais le cirque est coupé par la rivière des Galets. Ne cherchez pas la route, ce site exceptionnel n'est accessible qu'à pied ou par la voie des airs. Les quelque cent quarante kilomètres de sentiers qui le parcourent font le bonheur des randonneurs ; ils sont aussi indispensables aux Mafatais, plusieurs centaines d'irréductibles, qui ne quitteraient leurs montagnes pour rien au monde.

Ci-dessus : Le piton de la Fournaise, au nom évocateur, culmine à deux mille six cent trente et un mètres. Un observatoire volcanologique fut créé à la suite de l'éruption de 1977, qui détruisit une partie du village de Piton-Sainte-Rose ; on se souvient également de l'éruption spectaculaire, qui dura cent quatre-vingt-seize jours, de mars à septembre 1998, ou encore de celle d'avril 2007, plus courte, mais plus intense.
Ci-contre : Les « pitons, cirques et remparts de l'île de La Réunion » désignent un « bien naturel » inscrit depuis 2010 au patrimoine mondial de l'Organisation des Nations unies pour l'éducation, la science et la culture.

lundi 18 novembre

lever : 8 h 04
coucher : 17 h 06

Ste Aude

À table !

Sauce picarde aux oignons

Picardie

Peler et hacher 1 kg d'oignons. Dans une casserole, préparer un roux blanc avec 120 g de beurre, 120 g de farine et 1 c. à soupe de bouillon de volaille. Ajouter les oignons. Faire cuire 1 h, à feu très doux, en remuant régulièrement. Verser 20 cl de vinaigre et faire cuire 5 min. Ajouter 20 cl de bouillon chaud. Cuire 30 min pour obtenir une consistance de crème. Servir avec un rôti, en remplacement de la moutarde.

Devinette

Quelles petites plantes recouvrent les canaux du Marais poitevin ?

Les lentilles d'eau. Véritable emblème du Marais poitevin, ces petites plantes aquatiques flottantes forment un tapis vert sur les canaux du marais mouillé, d'où son surnom de « Venise verte ».

La rubrique du 13 h

LE CHÂTEAU DE CORMATIN

Bourgogne

À Cormatin, en Saône-et-Loire, le château longtemps délaissé a depuis quelques années retrouvé sa splendeur d'antan. Construit au début du XVIIe siècle, il est un des plus beaux exemples du style Louis XIII. Les appartements de la marquise sont une merveille de raffinement, avec leurs décors peints et sculptés et leurs dorures du sol au plafond. L'extérieur du château a, lui aussi, fait l'objet de restaurations admirables : les jardins de douze hectares ont été recréés, avec notamment un labyrinthe de buis, plusieurs pièces d'eau et un étonnant potager.

Faune & flore

Le hareng

Nord-Pas-de-Calais

Ce poisson se déplace en grands bancs dans les mers froides et salées, notamment dans la Manche. Il a fait le succès de Boulogne-sur-Mer, premier port de pêche français, où l'on a coutume de le consommer frais, fumé, sauré ou encore vinaigré, et où l'on lui consacre une fête, tous les ans, en novembre.

Il était une fois en 1999

Ouragan Lenny

Guadeloupe

Situé dans la mer des Caraïbes, l'archipel de la Guadeloupe se trouve fréquemment sur le trajet des ouragans. Du 17 au 19 novembre 1999, c'est le cyclone Lenny, formé au sud de la Jamaïque, qui surprend l'île par des pluies diluviennes, qui provoqueront d'importantes inondations. La houle qui déferle sur les côtes n'épargne pas le front de mer, entre dans les terres et détruit de nombreuses habitations. Le bilan est lourd : on dénombrera dix-sept morts liés à l'ouragan, dont cinq en Guadeloupe, ainsi que près de mille cinq cents familles sinistrées sur tout l'archipel.

mardi 19 novembre

lever : 8 h 05
coucher : 17 h 05

St Tanguy

Faune & flore

Les crassiers

Basse-Normandie

Ces étranges récifs, que l'on peut découvrir à marée basse dans la baie du Mont-Saint-Michel, sont l'œuvre des hermelles, de petits vers marins de quatre centimètres de long qui construisent des tubes de sable, dans lesquels ils vivent et pullulent à raison d'au moins quinze mille par mètre carré. Un beau travail d'équipe !

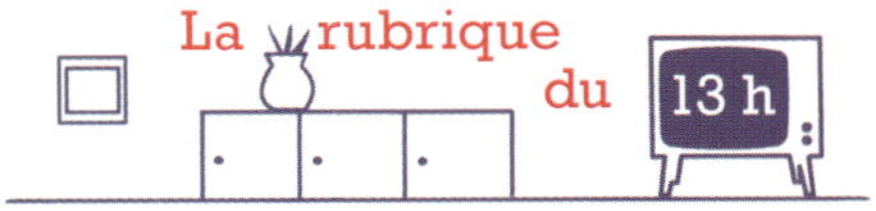

LA GROTTE DE LOMBRIVES

Midi-Pyrénées

C'est dans la grotte de Lombrives que serait enterrée Pyrène, la déesse mère des Pyrénées. Ce qui est certain, c'est que la plus vaste grotte d'Europe était connue des hommes dès la préhistoire et qu'elle leur a longtemps servi de refuge. Les salles de la grotte de Lombrives, réparties sur sept niveaux, se succèdent sur près de quarante kilomètres. Elles ne sont pas toutes ouvertes au public, mais celles qui le sont offrent une grande variété de paysages souterrains. Ce qui caractérise cette grotte, outre sa richesse géologique, c'est l'immensité de ses salles : on ferait rentrer plusieurs cathédrales dans certaines d'entre elles.

À la vôtre !

Lorraine

Bière ambrée à l'arôme naturel de mirabelle, la Bière du Verrier est brassée à Pont-à-Mousson et titre à 5,2 % d'alcool. Elle tire son nom de l'activité des verriers, présents depuis plus de deux siècles à Vannes-le-Châtel, en Meurthe-et-Moselle. Le Centre européen de recherches et de formation aux arts verriers y est aujourd'hui implanté.

À table !

Crémet d'Anjou

Pays de la Loire

Pour 8 personnes

Dans un saladier, monter 4 blancs en neige avec 1 pincée de sel. Dans un autre récipient, battre 50 cl de crème fraîche et 100 g de sucre. Incorporer les blancs à la crème. Disposer une mousseline dans le fond d'un moule à faisselle. Verser la préparation, afin qu'elle s'égoutte. Réserver au frais ½ journée. Au moment de servir, démouler le crémet, napper de crème fraîche non battue et servir avec des fruits de saison, du coulis ou du caramel.

Il était une fois en 1899

Mort de Yan' Dargent

Bretagne

Né en Bretagne, à Saint-Servais, en 1824, Yan' Dargent a consacré une grande partie de son œuvre de peintre et d'illustrateur à des évocations de sa région natale. Même si son père voit en lui un futur marin, il travaille tout d'abord aux Ponts et Chaussées, puis dans les chemins de fer comme topographe, avant de révéler des talents de dessinateur. Le succès met une dizaine d'années à arriver : il le doit à Théophile Gautier, qui fait l'éloge de son tableau *Les Lavandières de la nuit*. Mais c'est dans l'illustration qu'il gagne sa vie, tour à tour ami et rival du grand Gustave Doré. On fait aussi appel à lui pour la décoration de plusieurs églises : il réalise son chef-d'œuvre à la cathédrale Saint-Corentin de Quimper, en se consacrant pendant sept ans aux fresques des chapelles latérales. Il s'éteint le 19 novembre 1899 et repose dans sa ville natale.

mercredi 20 novembre

lever : 8 h 07
coucher : 17 h 04

St Edmond

À table !

Tourtons provençaux

Provence-Alpes-Côte d'Azur

Pour 12 tourtons

Mélanger 300 g de farine, 3 œufs, 3 c. à soupe d'huile et 50 g de beurre fondu, afin d'obtenir une pâte. La rouler en boule et laisser reposer. Écraser 750 g de pommes de terre cuites à l'eau. Ajouter 150 g de blancs de poireaux cuits et hachés, 1 échalote émincée, 20 g de beurre et 50 g de tomme émiettée. Découper, dans la pâte abaissée, des carrés de 8 cm de côté. Déposer de la farce au centre d'un carré et fermer avec un second, en soudant les bords, jusqu'à épuisement des carrés. Faire rissoler 2 à 3 min par côté.

La rubrique du 13 h

L'ÉGLISE SAINT-JOSEPH DU HAVRE

Haute-Normandie

Imaginée par Auguste Perret, l'architecte chargé de la reconstruction du centre du Havre après la Seconde Guerre mondiale, l'église Saint-Joseph déroute tout d'abord : construite en béton, elle est massive et austère. Mais il en est tout autrement à l'intérieur : c'est l'utilisation de ce béton armé qui offre un incroyable volume, en rendant les piliers superflus au centre de l'édifice. Saint-Joseph a des allures de phare – d'ailleurs, on la voit depuis la mer –, avec sa flèche de cent sept mètres, à base octogonale, tour-lanterne aux vitraux multicolores.

Faune & flore

Le cheval de Przewalski

Languedoc-Roussillon

Dernier cheval sauvage de la planète, il apparaît sur certaines peintures rupestres préhistoriques en France. On en trouve aujourd'hui une quarantaine sur le causse Méjean, où une association les élève en semi-liberté pour réintroduire l'espèce dans les plaines de Mongolie, leur terre originelle.

Savoirs d'antan

Il existe une technique simple pour vous débarrasser facilement de vos mangeuses de salades. Créez autour des zones concernées un petit rempart avec des cendres de bois, et vous pourrez constater qu'elles ne s'aventureront plus sur vos plates-bandes !

Il était une fois en 1615

Installation de l'ordre des Ursulines à Vesoul

Franche-Comté

Le 20 novembre 1615, Anne de Xainctonge vient s'établir à Vesoul avec les sœurs de la Communauté des Ursulines, ordre qu'elle a fondé en 1606. Occupant tout d'abord une modeste bâtisse qu'elles ont louée, les religieuses construisent une église, consacrée en 1632, puis leur couvent, un bâtiment rectangulaire composé de quatre corps entourant une cour. Un jardin en terrasse complète l'ensemble – elles obtiennent l'autorisation de déplacer un ancien mur d'enceinte en ruine à cet effet –, ainsi qu'une écurie acquise en 1700. Déclaré bien national à la Révolution, le couvent est partiellement récupéré par la ville de Vesoul en 1810. Il abrite aujourd'hui un musée, et la rue adjacente, la rue des Ursulines, rappelle la vocation première du lieu.

jeudi 21 novembre

lever : 8 h 08
coucher : 17 h 03

St Gélase

Faune & flore

L'arnica des montagnes

Lorraine

Cette jolie plante couronnée d'une fleur jaune pousse dans les chaumes, qui constituent le dernier étage de végétation des Vosges. Connue pour ses vertus anti-inflammatoires, elle entre dans la composition de décoctions et de pommades visant à soulager les hématomes, d'où son surnom d'« herbe aux chutes ».

À la vôtre!

Limousin

Créé par les Romains, le vin de paille, ou vin paillé, est un liquoreux élaboré à partir des plus belles grappes de chaque vendange. Celles-ci sont ensuite séchées sur des claies en paille, pour se concentrer en sucre, d'où le nom du vin. Il est surtout produit dans le vignoble de Queyssac-les-Vignes, en Corrèze.

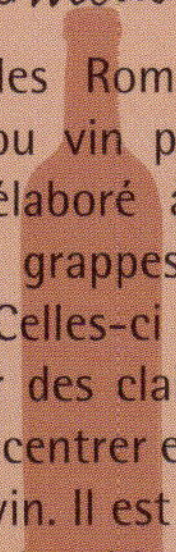

La rubrique du 13 h

LA PORTE DE MARS À REIMS

Champagne-Ardenne

Ce monument romain du IIIe siècle se compose de trois arches soutenues par plusieurs colonnes. Ayant d'abord la fonction d'un arc de triomphe, il devient ensuite une porte de la ville, intégrée aux remparts successifs de Reims. Sur le décor de cet arc, on distingue des scènes paysannes – les travaux des champs – et des scènes mythologiques – la louve romaine allaitant les jumeaux Romulus et Rémus ou Léda séduite par Zeus transformé en cygne. Dégagée entièrement au milieu du XIXe siècle, la porte de Mars est désormais prolongée par un jardin.

À table!

Kalawang

Guyane

Pour 4 personnes

Laver et éplucher 2 mangues vertes. Dans un saladier, à l'aide d'un couteau économe, couper les mangues en fines lamelles. Passer au moulin à grille fine 2 gousses d'ail, 1 oignon et ¼ de piment antillais. Ajouter ce mélange aux mangues. Arroser de citron vert. Saler, poivrer. Remuer longuement. Laisser reposer 1 h au réfrigérateur avant de déguster en entrée.

Il était une fois en 1782

Mort de Jacques de Vaucanson

Rhône-Alpes

Né à Grenoble, Jacques de Vaucanson trompe son ennui toute son enfance en montant et démontant de vieilles horloges. Il part ensuite à Paris suivre des études de mécanique, d'anatomie, de musique et de physique. Fort de ce précieux bagage, il construit son premier automate, « le flûteur automate », qui joue de la flûte traversière et fait sensation. Suivront un joueur de tambourin, un canard capable de manger, de digérer et même de nager... mais il se spécialisera dans la fabrication de machines industrielles, inventant notamment un métier à tisser révolutionnaire. Il meurt le 21 novembre 1782, laissant un nom toujours admiré par les inventeurs et les férus de mécanique.

vendredi 22 novembre

lever : 8 h 10
coucher : 17 h 02

Ste Cécile

Faune & flore
Le busard cendré
Bourgogne

Le plus petit des busards d'Europe vient nicher dans les champs de céréales de Côte-d'Or d'avril à septembre. Si la femelle possède une robe brune assez commune, le mâle est, quant à lui, aisément identifiable à ses ailes, ornées d'une bande noire sur le dessus et de deux autres sur le dessous.

À table !
Soupe de chicons
Nord-Pas-de-Calais

Pour 5 personnes
Couper 2 carottes et 1 oignon en petits morceaux. Les cuire dans 80 g de beurre. Lorsqu'ils commencent à se colorer, ajouter 60 g de farine en remuant. Verser doucement 1,5 l de bouillon de volaille. Mettre 450 g de chicons épluchés et coupés en morceaux dans la soupe bouillante. Cuire 5 min en remuant avec un fouet. Ajouter 2 c. à soupe de crème fraîche. Servir bien chaud.

La rubrique du 13 h
SARTÈNE
Corse

Cette commune de Corse-du-Sud est la plus étendue de l'île. Mérimée a sans doute raison, quand il dit que Sartène est « la plus corse des villes corses » : bâtie contre la montagne, elle domine la vallée du Rizzanèse de ses hautes maisons de pierre. Qu'il est agréable de se promener dans le quartier du Pitraghju, le siège de l'ancienne citadelle et d'arpenter les ruelles étroites, pavées de granit, où les maisons s'entassent ! Pour les amateurs d'archéologie, Sartène possède, dans l'ancienne prison, un musée départemental consacré à la préhistoire.

Un record en
Basse-Normandie

Phénomène très impressionnant à observer, mais aussi dangereux, la marée du Mont-Saint-Michel est la plus forte d'Europe. Quand la mer monte, une vague de vingt-cinq kilomètres de large et de cinquante centimètres de haut s'engouffre dans la baie, recouvrant tout sur son passage.

Il était une fois en 1863
Naissance de Sem
Aquitaine

Le dessinateur et caricaturiste Sem, de son vrai nom Georges Goursat, né à Périgueux le 22 novembre 1863, ne sera pas sans influence sur ses contemporains, par la modernité de son art et de ses pratiques. Issu de la presse caricaturiste, Sem est le premier à sortir ses dessins des feuillets des journaux pour en éditer des albums, satiriques, sur la vie mondaine qu'il connaît bien. En 1909, il construit un diorama : des silhouettes en contreplaqué, hommes, animaux, voitures, etc., forment un défilé en route pour les courses de chevaux, sa plus grande source d'inspiration. Revenant à la caricature politique pendant la Première Guerre mondiale, il est un des premiers artistes à prêter son talent à des travaux publicitaires.

Suivez le guide !
Bourgogne

L'hôpital ne se moque pas de la charité

Comme chaque année, c'est l'effervescence à Beaune. Ce week-end a lieu la célèbre Vente aux enchères des hospices de Beaune. Cette vente de charité à la bougie a fait la renommée de l'hôtel-Dieu, bien au-delà des frontières bourguignonnes.

Les vignes sont présentes en Bourgogne depuis l'époque romaine, et le savoir-faire des vignerons du pays a toujours été reconnu ; d'ailleurs, les ducs de Bourgogne ne portaient-ils pas fièrement le titre de « princes des meilleurs vins de la chrétienté » ? Aujourd'hui, les vins bourguignons sont toujours prisés dans le monde entier, comme on peut le constater lors de la Vente des hospices de Beaune, qui attire, chaque troisième dimanche de novembre, des milliers de curieux et d'acheteurs.

L'hôtel-Dieu de Beaune fut créé après la guerre de Cent Ans, pour venir en aide aux indigents. Il n'a jamais cessé ses activités depuis 1452 et, s'il est aujourd'hui une structure moderne, il n'oublie pas les plus démunis. Ainsi, depuis 1794, la communauté des hospices de Beaune organise chaque année une vente aux enchères des vins du domaine – grâce aux dons et legs qui se sont succédé au fil des siècles, les hospices sont propriétaires de plus de soixante-deux hectares de vignes. Les revenus sont consacrés à l'amélioration des équipements médicaux et du confort des malades, ainsi qu'à la conservation du patrimoine historique.

En effet, la renommée des hospices de Beaune n'est pas liée uniquement à son vignoble, elle l'est également à toutes ses richesses, qui ont su traverser le temps. L'hôtel-Dieu, dans un état de conservation remarquable, déploie une magnifique façade gothique, mais, ce qui fait véritablement la fierté des Beaunois, ce sont les tuiles vernissées de son toit. Disposées en motifs géométriques sophistiqués, ces tuiles colorées, en terre cuite émaillée, sont une exception architecturale : la légende dit qu'elles seraient d'origine flamande.

L'hôtel-Dieu possède également une considérable collection d'objets, de tapisseries et de meubles d'époque. Parmi les trésors du musée se trouve le polyptyque du *Jugement dernier* de Rogier Van der Weyden, un retable composé de neuf panneaux de bois. Ce chef-d'œuvre unique et mondialement connu n'a jamais quitté les hospices depuis plus de cinq cents ans.

lundi 25 novembre

lever : 8 h 14
coucher : 17 h 00

Ste Catherine

Devinette

Quel club de rugby a remporté le plus de championnats de France ?

Le Stade toulousain. Depuis la création du championnat, en 1892, le club de Toulouse a remporté dix-neuf titres. Sa première victoire remonte à 1912 et sa dernière à 2012. Le Stade français et l'AS Béziers comptabilisent respectivement treize et onze victoires.

À table !

Carré d'agneau de l'Aveyron aux herbes

Languedoc-Roussillon

Pour 4 personnes

Hacher finement 1 bouquet de persil, quelques brindilles de romarin et 6 brins de thym. Mélanger les herbes avec 50 g de chapelure. Badigeonner les carrés d'agneau avec de l'huile d'olive et les rouler dans le mélange herbes-chapelure. Huiler un plat à four. Disposer dedans les carrés d'agneau et 6 gousses d'ail. Cuire 20 min à 210 °C, puis laisser 10 min au chaud.

La rubrique du 13 h

LE CHÂTEAU DE SÉDIÈRES

Limousin

Ce château, situé à Clergoux dans le département de la Corrèze, a été édifié au XVe siècle, mais il a été plusieurs fois remanié au cours des siècles, notamment à la Renaissance, où il a été agrandi. Peu entretenu au fil du temps, il est dans un état quelque peu dégradé lorsque le conseil général de la Corrèze l'acquiert en 1965. Réhabilité, il accueille chaque été un festival pluriculturel depuis 1974, avec au programme concerts, spectacles de danse et expositions. Quant à son domaine de cent trente hectares de forêts et d'étangs, il est le théâtre de promenades balisées à pied ou à vélo et de parties de pêche.

Faune & flore

L'iris des marais

Franche-Comté

Voici la fleur qui aurait inspiré le blason des rois de France. Il est vrai qu'avec ses trois grands pétales extérieurs jaunes, elle ressemble davantage à ce dernier que la véritable « fleur de lys » dont il porte pourtant le nom. Cette plante pousse dans les marécages et les étangs et fleurit au printemps.

Il était une fois en 1753

Naissance d'André Mercier du Rocher

Poitou-Charentes

Issu d'une famille d'échevins de La Rochelle, André Mercier du Rocher, né dans cette ville le 25 novembre 1753, se retrouve très tôt orphelin. Sans le sou, il est destiné à une carrière ecclésiastique, mais le jeune homme s'arrange pour n'y suivre que les cours de logique, de morale et de philosophie. Il devient avocat en 1787. À Paris, un de ses oncles lui fait découvrir salons littéraires et autres clubs politiques. Patriote éloquent et Jacobin militant, il s'oppose au pouvoir des ecclésiastiques, est élu à la Convention nationale et intensifie son combat contre l'Église. Il participe à la guerre de Vendée, rédigeant ses *Mémoires*, une source riche de renseignements historiques sur cette période. Il meurt d'une crise d'apoplexie en 1816.

mardi 26 novembre

lever : 8 h 16
coucher : 16 h 59

Ste Delphine

Faune & flore

La parnassie des marais

Auvergne

Quelques feuilles en forme de cœur à la base, une longue tige nue et, au sommet, une fleur blanche à cinq pétales, aux nervures transparentes et aux longs cils dorés… Comme elle est élégante et pure, la parnassie des marais ! Cette plante vivace fleurit de juillet à septembre dans les tourbières auvergnates.

Savoirs d'antan

Pour défroisser un vêtement, alors que vous n'avez pas de fer à repasser, placez-le sur un cintre, que vous accrocherez au-dessus de votre baignoire. Faites couler de l'eau chaude, pour créer de la vapeur d'eau, et fermez la porte de la salle de bain pendant quelques heures.

La rubrique du 13 h

LE PALAIS DU PHARO À MARSEILLE

Provence-Alpes-Côte d'Azur

Ce palais, qui domine le vieux port et offre une vue imprenable sur la rade de Marseille, fut construit en 1858 à la demande de Napoléon III pour son épouse, l'impératrice Eugénie. Le promontoire sur lequel il est édifié avait été offert au couple par la ville de Marseille. Ce qui devait être une villégiature impériale ne fut finalement jamais habité, et, à la mort de l'empereur, Eugénie céda à son tour le palais à la ville. D'abord transformé en école de médecine, le palais du Pharo et ses quatre mille mètres carrés accueillent aujourd'hui colloques et congrès.

À table !

Morue à la paimpolaise

Bretagne

Pour 4 personnes

Couvrir d'eau froide 600 g de morue dessalée, porter à frémissement et laisser pocher 10 min. Égoutter. Retirer la peau et les arêtes. Dans une poêle, faire revenir 250 g d'oignons hachés. Couper en rondelles fines 1 kg de pommes de terre cuites. Dans un plat à four beurré, disposer, en couches alternées, les pommes de terre et la morue émiettée. Couvrir avec les oignons, puis avec 25 cl de crème fraîche. Cuire 20 min à 180 °C. Servir aussitôt.

Il était une fois en 1946

Création de La Manche libre

Basse-Normandie

C'est à la Libération, le 26 novembre 1944, qu'est créé le journal de la Manche, *La Manche libre*, devenu depuis le premier hebdomadaire régional en France. Fondé par Joseph Leclerc-Hardy, natif de Saint-Lô et fils d'imprimeur, le journal s'illustre dans de vraies campagnes en faveur de la modernisation agricole, avec un tirage d'environ cinquante-cinq mille exemplaires en 1947. De nos jours, *La Manche libre* demeure un organe indépendant, avec sa propre imprimerie et sa radio, Tendance Ouest. Ses chiffres sont en progression constante depuis 2002, atteignant désormais un tirage à soixante-quinze mille exemplaires.

mercredi 27 novembre

lever : 8 h 17
coucher : 16 h 58

St Séverin

Faune & flore

Le tamarin à mains jaunes

Guyane

Pas facile d'apercevoir ce petit singe, tant il se déplace avec vélocité au sein des denses forêts guyanaises. Il est pourtant doté de pieds et de mains d'un jaune orange éclatant, qui contraste avec le pelage noir qui couvre le reste de son corps, de ses grandes oreilles à sa longue queue non préhensile.

À table !

Gâteau à la pomme et à la sucrine du Berry

Centre

Pour 6 personnes

Éplucher et découper en dés 200 g de pommes. Râper et fariner une sucrine du Berry. Réserver. Dans un saladier, mélanger 3 œufs, 170 g de sucre, puis 120 g de beurre fondu. Incorporer 200 g de farine et ½ sachet de levure. Ajouter les pommes et la sucrine. Bien mélanger. Verser la préparation dans un moule à cake beurré. Cuire 40 min à 180 °C.

La rubrique du 13 h

LA FONTAINE AQUA FAMILIA D'ANGERS

Pays de la Loire

Cette fontaine est l'œuvre du sculpteur Jacques Tempereau, un artiste angevin, disparu en 2006, dont l'art est très présent à Angers. Située au carrefour de l'avenue Yolande-d'Aragon et du boulevard Foulque-Nerra, non loin des bords de la Maine, la fontaine se compose de cinq sculptures représentant des personnages dorés et tout en rondeurs, sans doute la famille en question. Quatre de ces sujets tournent sur eux-mêmes grâce à l'action de l'eau, et autour d'eux l'eau jaillit par intermittence.

À la vôtre !

Nord-Pas-de-Calais

« Faire la bistouille » est une expression du Nord-Pas-de-Calais qui signifie « ajouter de l'eau-de-vie à son café ». Il s'agit généralement de genièvre, l'alcool emblématique de la région. On en verse soit avant de boire le café, soit dans le fond de la tasse pour terminer celui-ci. C'est l'équivalent du « café-calva » normand !

Il était une fois en 1913

Naissance de Gaston Bonheur

Languedoc-Roussillon

Lié aux surréalistes, l'Audois Gaston Bonheur – de son vrai nom Gaston Tesseyre –, né le 27 novembre 1913 à Belvianes, est d'abord considéré comme un poète, se qualifiant lui-même d'écrivain occitan d'expression « parisienne ». Protégé du grand réalisateur Abel Gance, dont il garde précieusement une lettre de recommandation de sa main, lorsqu'il part à l'assaut de la capitale, il participe à la création de la revue *Choc* avec les surréalistes. C'est le journaliste et producteur Pierre Lazareff qui le fait embaucher à *Paris-Soir*. S'ensuit une grande carrière de reporter, avant qu'il ne devienne rédacteur en chef de *Paris-Match* en 1947, et de *Paris-Presse* en 1948.

jeudi 28 novembre

lever : 8 h 18
coucher : 16 h 58

St Jacques de la Marche

Faune & flore

La salamandre tachetée

Midi-Pyrénées

Cet amphibien vit en forêt, caché dans les souches ou sous les tas de feuilles, près des mares et des zones humides, où il peut trouver, la nuit, vers et autres invertébrés qui composent son repas. Vous n'en rencontrerez pas deux semblables : chaque spécimen a une disposition de taches unique.

Savoirs d'antan

Vous allez quitter le logement que vous louez et le jaunissement des murs vous fait craindre le verdict de l'état des lieux de sortie. Coupez une pomme de terre en deux et frottez-en les murs. Rincez ensuite avec une éponge légèrement humide.

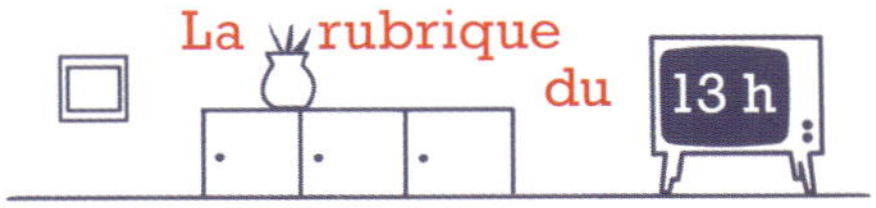

LA TOUR D'ULSTER

Picardie

Dressée à Thiepval – un village au nord-est d'Amiens –, la tour d'Ulster est la réplique de celle qui s'élevait près de Belfast dans le camp d'entraînement de la 36ᵉ division. Le 1er juillet 1916, au cours de la bataille de la Somme, cette division irlandaise se retrouva prise entre les tirs allemands et ceux de l'artillerie britannique. Les Irlandais perdirent plus de cinq mille hommes en quelques heures à peine, tandis que les Anglais en perdaient vingt mille. Inaugurée en 1921, cette tour est un mémorial pour tous les soldats des bataillons de l'Ulster.

À table !

Huîtres chaudes au cidre

Haute-Normandie

Pour 4 personnes

Ouvrir 24 huîtres de Normandie et décoller la chair. Réserver la chair et les coquilles. Dans une casserole, faire revenir 1 échalote hachée dans un peu de beurre. Ajouter la chair et verser 50 cl de cidre. Laisser réduire de moitié. Sur une grille de four, disposer les coquilles. Récupérer les huîtres dans la sauce et les disposer dans les coquilles. Verser 25 cl de crème dans la casserole et remuer. Napper les huîtres avec le mélange. Faire gratiner au gril.

Il était une fois en 1738

Mort de Raphaël de Casabianca

Corse

Pendant toute sa vie de militaire, Raphaël de Casabianca se souviendra de son éducation corse – il naît à Vescovato, en Haute-Corse, le 27 novembre 1738. Elle lui a inculqué la haine des agresseurs génois et intimé de garder l'île de Beauté unie à la France. Engagé dans l'armée de Louis XV, il est nommé capitaine en 1770 et promu lieutenant-colonel en 1777. Il se fait remarquer par ses exploits au sein de l'armée du Nord, un grade de maréchal de camp récompense sa bravoure en 1792, mais c'est le siège de Calvi, en 1794, qui le rend populaire. Sénateur sous l'Empire, à la retraite sous la Restauration, il meurt le 28 novembre 1825.

vendredi 29 novembre

lever : 8 h 20
coucher : 16 h 57

St Saturnin

À table !

Fleischschnacka

Alsace

Pour 4 personnes
Mélanger 300 g de farine, 3 œufs et 1 pincée de sel. Former 1 boule et réserver au frais. Mixer 700 g de restes de viande. Mélanger la viande, 1 œuf, 1 oignon, du persil et 1 gousse d'ail hachés. Étaler la pâte, en lui donnant la forme d'un rectangle de 1 mm d'épaisseur. Répartir la farce et rouler la pâte pour obtenir un boudin. Couper des tranches. Les faire dorer à la poêle. Dans un plat à four, disposer les tranches. Verser 1,5 l de bouillon et 25 cl de riesling. Cuire 30 min à 180 °C. Servir sans le bouillon.

La rubrique du 13 h

LA PLACE GRENETTE À GRENOBLE

Rhône-Alpes

Cette place doit son nom aux foires aux grains qui s'y tenaient autrefois. Située dans le centre historique et bordée de commerces, de restaurants et de cafés, la place Grenette est aujourd'hui un des poumons de la ville. On peut y admirer la fontaine Lavalette, du nom d'un ancien maire à l'origine du premier réseau de canalisations de la ville. Dans les faits, les Grenoblois appellent cet ensemble taillé dans la pierre « la fontaine aux dauphins » ; devenue un emblème de la ville, la fontaine dite « le château d'eau » fut sculptée en 1824 par Victor Sappey.

Faune & flore

Le surmulot

Île-de-France

En voilà un qui a bien mauvaise réputation ! Et pour cause, c'est celui que l'on surnomme « rat d'égout », qui peuple les sous-sols de Paris et se nourrit de nos déchets. Sachez cependant que cet animal nocturne, qui d'ordinaire vit en groupe, est aussi très intelligent, sociable et facile à apprivoiser.

Un record en

Bretagne

Pour promouvoir son action, la SNSM organise chaque année une manifestation de régates entre Saint-Nazaire et Saint-Malo, le Record SNSM. La performance à battre pour relier ces deux villes à la voile est, depuis 2006, de treize heures, vingt-six minutes et quarante-neuf secondes.

Il était une fois en 1226

Sacre de Louis IX de France

Champagne-Ardenne

Depuis le XIe siècle, c'est dans la cathédrale de Reims que sont sacrés un grand nombre de rois de France. Le 29 novembre 1226, Louis IX à son tour y est sacré roi par l'évêque de Soissons, Jacques de Bazoches : à 12 ans, il succède à son père Louis VIII, qui vient de mourir. Sa mère, Blanche de Castille, assure la régence jusqu'en 1235, année où Louis IX prend définitivement le pouvoir. Fervent croyant, il mène plusieurs croisades jusqu'à sa mort en 1270. Ce parfait chevalier chrétien est canonisé par l'Église en 1297, sous le nom de « Saint Louis ».

Suivez le guide !
Franche-Comté

Baume la reculée

Ce village est blotti dans un site entouré de hautes falaises, à un carrefour de vallées, dans ce qu'on appelle en Franche-Comté une « reculée » : les ruisseaux souterrains ont érodé petit à petit la roche, parvenant à faire leur lit à l'air libre, faisant de Baume-les-Messieurs un des villages les plus cachés et les plus beaux de la région.

Baume-les-Messieurs n'existerait pas sans son abbaye ; c'est d'ailleurs elle qui a donné son nom au village : on appelait les moines « messieurs », en raison de leur origine noble. Après la fondation d'un premier monastère au VIe siècle, l'abbaye ne se développe réellement qu'à partir de 909 et de l'arrivée de l'abbé Bernon, accompagné d'une douzaine de moines recrutés parmi les plus grandes familles de la chrétienté. Dès lors, le monastère ne cessera de prospérer. Les moines procèdent à de nombreux travaux d'agrandissement, devenant les nouveaux seigneurs de

Baume : l'abbaye s'enrichit, mais oublie son vœu de pauvreté. La Révolution met un terme brutal à son éclat : le cloître est détruit, les biens et mobiliers de l'abbaye sont dispersés, les bâtiments conventuels donnés aux paysans.

Aujourd'hui, les vestiges de l'abbaye vous emmènent dans une promenade hors du temps. Ne manquez pas, au cœur du quartier abbatial, l'église Saint-Pierre : chef-d'œuvre de l'art roman, elle abrite un des plus grands retables d'Europe. Offerte par la ville de Gand en 1525, cette pièce maîtresse de l'art flamand relate les épisodes de la vie du Christ en dix-neuf tableaux.

Le village de Baume s'est développé en même temps que l'abbaye. L'eau y est omniprésente, notamment la Seille, dans laquelle se reflètent les maisons du village. À l'origine, ces maisons appartenaient aux paysans qui travaillaient les terres du domaine de l'abbaye. De type montagnard, coiffées de toits fortement inclinés, elles se sont transformées peu à peu et font aujourd'hui le bonheur des amoureux des vieilles pierres.

lundi 2 décembre

lever : 8 h 24
coucher : 16 h 55

Ste Viviane

À table !

Gâteau de châtaignes au chocolat

Limousin

Pour 6 personnes

Passer au presse-purée 500 g de châtaignes épluchées et cuites. À la purée, ajouter 125 g de beurre, 250 g de sucre, du sel, puis, un à un, 4 œufs. Placer une feuille de papier sulfurisé dans un moule et verser la préparation. Cuire 1 h 30 à feu doux. Au bain-marie, faire fondre 50 g de chocolat, 25 g de sucre glace et 40 g de beurre. Une fois la pâte lisse, laisser refroidir 10 min et napper le gâteau froid. Laisser durcir une nuit.

La rubrique du 13 h

LES CABANES DU BREUIL

Aquitaine

Dans le Périgord, les cabanes sont des constructions en pierres sèches. Elles étaient édifiées autrefois le long des vignes, selon une technique élaborée depuis des millénaires. Les vignerons les utilisaient pour s'abriter en cas d'averse, ranger des outils ou se restaurer ; à la ferme, elles pouvaient servir de poulailler. Tenant sans ciment – la difficulté principale était de former une structure arrondie sans aucune armature –, ces cabanes datent du milieu du XVIIIe siècle à la fin du XIXe siècle. Il est possible d'observer cinq de ces constructions uniques à Saint-André-d'Allas, autour d'une ferme toujours en activité.

Faune & flore

La réglisse

Languedoc-Roussillon

Cette plante aux petites fleurs violettes et aux racines aromatiques a longtemps été cultivée autour d'Uzès, capitale du bonbon à la réglisse. Si, aujourd'hui, les usines transforment surtout des racines importées, la réglisse reste un des emblèmes de la ville, où la marque Haribo a d'ailleurs son musée.

Devinette

Qu'est le cotignac d'Orléans ?

Une gelée de coing. Aussi appelée « confiture d'Orléans », cette friandise est présentée dans une petite boîte ronde en écorce d'épicéa. Pour la déguster, il faut casser un morceau du couvercle afin de s'en servir comme cuillère.

Il était une fois en 1419

Convention d'Arras

Nord-Pas-de-Calais

C'est lorsque la lignée des rois capétiens se termine avec la mort successive des trois fils de Philippe Le Bel que le royaume de France revient alors à Philippe, comte de Valois, plutôt qu'au neveu du roi défunt, comme l'aurait voulu la coutume. Celui-ci, Édouard III, roi d'Angleterre, entend bien mener bataille pour récupérer son trône. La guerre de Cent Ans commence alors en 1340. La France connaît une série de défaites, à Crécy, Calais, et Azincourt notamment. Lorsque le duc de Bourgogne signe, avec les ambassadeurs du roi d'Angleterre, une convention à Arras le 2 décembre 1419, entendant que l'héritage des Valois vaincus reviendrait à la couronne d'Angleterre, les partisans du roi de France se font rares.

mardi 3 décembre

lever : 8 h 25
coucher : 16 h 55

St François-Xavier

Faune & flore

La vive
Provence-Alpes-Côte d'Azur

La vive est le cauchemar du baigneur méditerranéen. Enfouie dans le sable et munie d'une épine dorsale venimeuse, elle cause une douleur très « vive » à celui qui vient à lui marcher dessus. Une idée de vengeance : déguster une bouillabaisse, dont ce poisson est un des ingrédients traditionnels.

Savoirs d'antan

Si vous souffrez des mauvaises odeurs qui se dégagent de votre évier, mais que vous voulez éviter tout produit chimique pour les faire disparaître, pensez au marc de café. Versez deux cuillerées de marc dans l'évier, puis faites couler l'eau abondamment. C'est écologique, et cela ne risque pas de boucher vos canalisations !

La rubrique du 13 h

LE TEMPLE NEUF DE METZ

Lorraine

Sur la pointe de l'île du Petit-Saulcy, le Temple neuf ne manque pas d'intriguer les passants. En effet, ce temple protestant contraste nettement avec le classicisme des bâtiments alentours. C'était justement l'effet recherché par Guillaume II, lorsqu'il le fit édifier pour ses officiers, au début du XXe siècle. À l'époque, Metz vient d'être annexée par l'Empire, et plusieurs travaux sont entrepris pour germaniser la ville. Désormais, le style totalement allemand du temple – qui s'inspire de l'architecture néo-romane de la cathédrale de Spire – témoigne de l'histoire messine.

À table !

Timbale de salers aux pommes de terre
Auvergne

Pour 4 personnes

Éplucher et couper en rondelles fines 1 kg de pommes de terre. Beurrer un moule à charlotte. Remplir le fond du moule de lamelles de pommes de terre sur 2 cm d'épaisseur. Couvrir de tranches de salers. Continuer à monter en alternant les couches. À mi-hauteur, disposer 4 tranches fines de lard fumé. Finir avec une couche de salers. Cuire 1 h à 180 °C. Démouler et déguster très chaud.

Il était une fois en 1998

Vingtième anniversaire des Trans Musicales
Bretagne

Les rencontres des Trans Musicales sont nées en 1979, à l'initiative de l'association rennaise Terrapin. Ce festival musical, axé à ses débuts sur les musiques rock, s'est ensuite intéressé à la découverte d'autres styles, comme la musique électronique et le rap. Découvreur de talents, il sert de tremplin à de nombreux artistes, comme Étienne Daho, qui y fit ses débuts en 1980. Le 3 décembre 1998, la ville de Rennes fête le vingtième anniversaire du festival, avec une programmation toujours éclectique, qui mêle aux musiques actuelles les musiques traditionnelles bretonnes. Lors de cette édition, les frères Morvan, figures incontournables du fest-noz, ont été salués par une ovation des nombreux spectateurs présents.

mercredi 4 décembre

lever : 8 h 26
coucher : 16 h 55

Ste Barbara

À table !

Foie gras poêlé aux navets confits

Midi-Pyrénées

Pour 4 personnes
Couper en lamelles 600 g de navets épluchés. Les poêler dans du beurre. Arroser de 5 cl de jus de volaille. Laisser confire 10 min. Couper 400 g de foie gras cru en tranches de 1 cm d'épaisseur. Les assaisonner. Les cuire 3 à 4 min sur chaque face, sans matière grasse, dans une poêle très chaude. Servir aussitôt avec les navets.

La rubrique du 13 h

LA CASCADE DU VOILE DE LA MARIÉE

Corse

Cette cascade, située au sud de Bocognano, en Corse-du-Sud, est réputée pour être une des plus hautes chutes de l'île. De ses soixante-dix mètres environ, elle se déverse dans des bassins successifs, donnant naissance à un site splendide. La cascade doit son nom poétique à une légende locale : il y avait autrefois, à l'endroit de la chute d'eau, une source miraculeuse dans laquelle une princesse vint guérir un poignet endolori. C'est alors qu'un prince mauvais la vit et voulut l'attraper ; elle s'échappa, mais son voile resta accroché.

Faune & flore

La bacchante

Poitou-Charentes

Avec ses ailes ajourées, ornées de liserés beiges et d'ocelles sombres cerclés de jaune pâle, la bacchante a la délicatesse d'une pièce de broderie anglaise. Lorsqu'elle ne se camoufle pas sur un tronc d'arbre, cette habitante des forêts est facilement observable du fait de son vol relativement lent.

À la vôtre !

Champagne-Ardenne

En juillet 2010, des plongeurs finlandais qui exploraient une épave en pleine mer Baltique y ont découvert cent quarante-neuf bouteilles de champagne ! Datées d'environ 1840, une Veuve Clicquot et une Juglar issues de ce trésor ont été mises aux enchères le 3 juin 2011 : la première a été adjugée trente mille euros et la seconde vingt-quatre mille euros, un record !

Il était une fois en 1953

Diffusion du premier film en CinémaScope

Île-de-France

Henri Chrétien, inventeur français, est à l'origine en 1926 d'un objectif photographique qu'il nomme « Hypergonar » et qui utilise l'anamorphose, une déformation de l'image afin qu'elle devienne panoramique lors de la projection. La 20th Century Fox achète le brevet en 1953 et le commercialise sous le nom de « CinémaScope ». C'est le 4 décembre 1953 que les spectateurs parisiens peuvent découvrir le premier film réalisé en CinémaScope, *La Tunique* (*The Robe*) d'Henry Koster, dans les cinémas le Rex et le Normandie. L'avant-programme de la projection est assuré par le premier film français en CinémaScope, le court-métrage de Marcel Ichac, *Nouveaux horizons.*

jeudi 5 décembre

lever : 8 h 27
coucher : 16 h 54

St Gérald

Faune & flore

L'adonis d'été

Alsace

La beauté de l'adonis d'été n'a d'égale que celle du mythe grec qui lui est associé : lorsque le bel Adonis mourut, tué par un sanglier, Aphrodite versa des larmes, qui, au contact du sang de son amant, donnèrent naissance à de belles fleurs rouges. Protégée en Alsace, cette messicole fleurit de mai à juillet.

La rubrique du 13 h

MONTARGIS

Centre

Avec son canal qui la parcourt comme des veines un corps, Montargis, dans le Loiret, mérite bien son surnom de « Venise du Gâtinais ». Traversée par le Loing, qu'enjambent cent trente et un ponts et passerelles, la ville est un appel à la flânerie. Les hôtels particuliers de la Renaissance et les maisons à colombages des vieux quartiers témoignent d'un riche passé. On peut ainsi admirer les vestiges d'un château royal du Moyen Âge, démoli à la Révolution, puis reconstruit en partie au XIXe siècle, ou encore l'église Sainte-Madeleine et son clocher-tour à flèche d'ardoise.

À table !

Demoiselle de Cherbourg à la nage

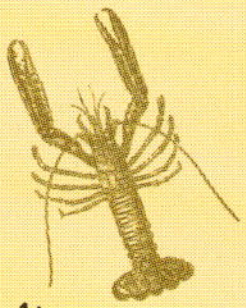

Basse-Normandie

Pour 2 personnes

Dans une grande casserole, verser ½ l d'eau. Ajouter, coupés en rondelles, 2 carottes et 1 oignon. Saler avec du gros sel. Porter à ébullition, écumer, puis cuire 15 min à feu doux. Pocher 1 demoiselle de Cherbourg (petit homard), pendant 10 min. Partager la queue en 2, dans le sens de la longueur. Passer et faire réduire la nage. Ajouter 1 petit pot de crème. Faire réduire à nouveau. Dresser dans les assiettes la demoiselle nappée avec la nage.

Devinette

Comment s'appelle le sanglier en métal devenu une véritable mascotte pour les Ardennes ?

Woinic. Cet animal de taille colossale – haut de huit mètres cinquante pour cinquante tonnes – a été installé sur l'aire des Ardennes de l'A34, en 2008. Il a été réalisé entre 1983 et 1993 par le sculpteur ardennais Eric Sleziak.

Il était une fois en 1829

Notice sur l'héliographie de Niépce

Bourgogne

Né à Chalon-sur-Saône sous Louis XV, Joseph Nicéphore Niépce se destine à une carrière ecclésiastique, mais s'engage dans l'armée révolutionnaire en 1792. Après s'être marié, il rentre au pays et élabore à cette période une série d'inventions : un moteur marin à explosion et une machine hydraulique, qui le rendent célèbre. Vers 1816, il lance ses recherches en « héliographie », technique du transfert d'un positif photographique sur un vernis sensible à la lumière. Le 5 décembre 1829, il signe son ouvrage de référence, *Notice sur l'héliographie*, qui lance sa collaboration avec Daguerre, autre grand pionnier de la photographie. Les travaux de Niépce sont concluants, mais il meurt subitement en 1833. Le musée de la Photographie de Chalon-sur-Saône porte le nom de cet inventeur remarquable.

vendredi 6 décembre

lever : 8 h 28
coucher : 16 h 54

St Nicolas

À table !

Tournedos aux truffes

Aquitaine

Pour 4 personnes

Se procurer 1 pot de 16 g de truffes première ébullition. 1 h à 1 h 30 avant la cuisson, dans un récipient à fermeture hermétique, verser le jus des truffes et 20 cl de crème liquide, ajouter les truffes râpées. Saler et poivrer. Remuer et réserver. Cuire 250 g de pâtes fraîches et 4 tournedos. Déglacer la poêle avec la crème truffée (1 min sans ébullition). Servir les pâtes et les tournedos nappés de crème.

La rubrique du 13 h

L'ÉGLISE D'IRACOUBO

Guyane

Établi sur les bords du fleuve du même nom, à cent trente kilomètres de Cayenne, le petit village d'Iracoubo est avant tout célèbre pour son église de la fin du XIXe siècle. En effet, si l'extérieur ne présente pas une architecture spectaculaire, il en est tout autrement de l'intérieur de l'édifice. Le visiteur est immédiatement saisi par le décor peint : pas un centimètre carré n'a échappé aux pinceaux de Pierre Huguet, un forçat pensionnaire du bagne dont il a essayé de s'évader six fois. C'est grâce à ses fresques naïves, représentant des anges et des guirlandes de fleurs, que l'église a été classée depuis 1978.

Faune & flore

La coucou de Rennes

Bretagne

Très présente sur les marchés bretons au XIXe siècle, cette poule au plumage barré avait presque disparu au profit de races plus propices à l'élevage industriel. Depuis 1988, l'écomusée du Pays de Rennes a organisé sa renaissance, en réunissant des éleveurs souhaitant faire perdurer la volaille, très appréciée pour sa chair.

Un record en

Centre

Monument privé le plus visité de France, le château de Chenonceaux, en Indre-et-Loire, est surnommé le « château des dames », car son histoire fut marquée par de grandes femmes, telles Diane de Poitiers et Catherine de Médicis.

Il était une fois en 1872

Mort de Félix Archimède Pouchet

Haute-Normandie

À la fin de ses études de médecine, Félix Archimède Pouchet obtient le titre de chirurgien à Rouen, sa ville natale. Mais, après avoir consacré sa thèse aux solanées, une variété de plantes plus connues sous le nom de « morelles », il embrasse la carrière de botaniste et s'adonne à sa grande passion : la zoologie. Ayant été nommé professeur d'histoire naturelle au muséum de Rouen, il décide d'en ouvrir les portes au grand public en 1834, fait inédit pour l'époque. Connu pour son adhésion à la théorie de la génération spontanée, il est également célèbre pour être l'inventeur de l'aéroscope, un appareil permettant d'étudier les poussières de l'air. Il s'éteint à Rouen le 6 décembre 1872.

Suivez le guide !
Rhône-Alpes

Lyon illuminée

Le 8 septembre 1852, jour de la fête de la Nativité de la Vierge, la ville de Lyon, qui s'est placée sous la protection de Marie depuis 1643, s'apprête à ériger une statue de la Vierge dans une chapelle de la colline de Fourvière. Hélas, la Saône entre en crue, et l'inauguration est ajournée au 8 décembre.

Mais le sort semble s'acharner contre Lyon, puisque le jour J, de violents orages obligent les autorités à reporter de nouveau les festivités. Cependant, le soir venu, le ciel s'éclaircit enfin, et la population illumine spontanément les fenêtres, avant de descendre dans les rues : la fête des Lumières est née.

Depuis, les Lyonnais allument des lumignons chaque 8 décembre : ce sont ainsi des centaines de milliers de lumières qui sont déposées sur le bord des fenêtres. Avec les progrès techniques, la fête des Lumières a évolué, et, depuis une vingtaine d'années, des éclairages artistiques complètent la farandole de lumignons. Ces gigantesques installations mettent en valeur plus de deux cents édifices et espaces publics lyonnais, attirant des millions de visiteurs.

Profitez de la fête des Lumières pour découvrir ou redécouvrir la capitale des Gaules. Vous pourrez admirer les vestiges de nombreux sites antiques, comme l'odéon, les thermes, l'aqueduc du Gier ou l'amphithéâtre des Trois Gaules, qui offre un très beau panorama sur la ville.

On ne peut parler de Lyon sans évoquer les canuts – les ouvriers tisserands – et le quartier de la Croix-Rousse, « la colline qui travaille », nommée ainsi par opposition à la colline de Fourvière, sur laquelle est érigée la basilique Notre-Dame, appelée « la colline qui prie ». Pour arpenter le quartier de la Croix-Rousse, il suffit d'emprunter les traboules, comme le faisaient les canuts lors de leur grande révolte en 1831. Ces passages couverts forment des raccourcis et permettent de circuler d'une rue à l'autre, par l'intérieur des immeubles, à travers les cours et les escaliers.

lundi 9 décembre

lever : 8 h 32
coucher : 16 h 53

St Pierre Fourier

À table !

Rissoles

Rhône-Alpes

Préparer une pâte feuilletée avec 300 g de farine, 150 g de beurre, du sel, 1 c. à soupe de sucre, 1 œuf battu. Éplucher 1 kg de poires. Faire cuire 2 h à feu doux les poires, 150 g de raisins secs, 6 abricots secs, 1 bâton de cannelle et 180 g de sucre. Laisser refroidir et égoutter. Réserver 24 h au frais la pâte et les fruits. Étaler la pâte en un rectangle. Faire des tas de farce sur une moitié de la pâte. Mouiller au bord de chaque tas. Fermer avec l'autre moitié de pâte. Découper les rissoles. Cuire 20 min à 220 °C.

Devinette

Quel artiste a dessiné le logo de la Région Lorraine en 1993 ?

Charlélie Couture. À la demande du conseil régional de Lorraine, l'artiste originaire de Nancy a créé le logo en s'inspirant du blason de la région. On y retrouve les trois alérions avec des formes plus contemporaines.

La rubrique du 13 h

LE LAC DE BONLIEU

Franche-Comté

Les glaciers du jurassique sont à l'origine des très nombreux lacs que compte la Franche-Comté. Si le lac de Bonlieu n'est pas le plus impressionnant, il est sans doute le plus charmant. D'une superficie modeste – dix-sept hectares –, il est enserré par la forêt. Peu importe la saison, il offre toujours de très beaux paysages, surtout depuis le belvédère, d'où le point de vue est magnifique ; ses eaux très poissonneuses font le bonheur des amateurs de pêche au printemps, tandis que, l'hiver, les cœurs romantiques contemplent, ravis, sa couche de glace immaculée.

Faune & flore

La trompette de Méduse

Pays de la Loire

Comme tous les narcisses, c'est une plante bulbeuse à la tige creuse, dotée de quatre longues feuilles en gouttière. Sa spécificité réside dans sa fleur en cornet, qui fait penser au pavillon de l'instrument à vent dont elle porte le nom. Habituée des prairies humides, elle y fleurit de mars à mai.

Il était une fois en 2006

Élection de la première dauphine Sophie Vouzelaud

Limousin

L'élection de Miss France est certainement le concours de beauté le plus célèbre depuis sa création en 1920. Le 9 décembre 2006, le public découvre, aux côtés de la nouvelle Miss France Rachel Legrain-Trapani, sa première dauphine, Sophie Vouzelaud. Née à Saint-Junien, Sophie Vouzelaud représente le Limousin dans cette élection au cours de laquelle elle évoquera sa surdité. Dans un livre paru en 2008, *Miss et sourde !*, elle raconte son enfance et son parcours jusqu'à cette élection qui la fit connaître du grand public et devenir la Miss de cœur des Français. « Il était pour moi essentiel de prouver que le handicap ne représente un frein que dans la mesure où il est nié », écrit-elle. Elle a participé à plusieurs émissions de télévision et fait ses premiers pas au cinéma en 2010.

mardi 10 décembre

lever : 8 h 33
coucher : 16 h 53

St Romaric

À la vôtre !

Bourgogne

La fête de la Saint-Vincent tournante est une fête viticole qui se tient tous les ans en Bourgogne, le dernier week-end de janvier. Un village producteur est choisi chaque année pour la recevoir et l'organiser. On peut y voir de superbes défilés de viticulteurs, mais surtout participer à une grande dégustation offerte par une quarantaine de domaines !

La rubrique du 13 h

LE PARC DE LA VILLETTE

Île-de-France

Le parc de la Villette est un site unique à Paris : en quelques années seulement, il est devenu un lieu incontournable de la culture en Île-de-France. Aménagé sur l'emplacement des anciennes halles de la Villette, ce parc de cinquante-cinq hectares parvient à concilier la nature et la ville. Il se compose d'espaces consacrés à la musique et aux sciences, avec par exemple la Cité des sciences et de l'industrie et la Géode, cette immense sphère d'acier qui abrite une salle de cinéma. L'architecture spectaculaire des bâtiments s'intègre parfaitement à l'environnement de jardins et de prairies.

À table !

Soupe aux fèves des marais

Poitou-Charentes

Pour 4 personnes

Faire blanchir 400 g de fèves 3 min à l'eau bouillante. Passer à l'eau froide, égoutter et réserver. Détailler 2 carottes, 1 vert de poireau, 1 oignon et 1 gousse d'ail. Les faire revenir 5 min dans une cocotte avec 100 g de lardons. Retirer du feu, ajouter les fèves, 1 cube de bouillon, 1 bouquet garni et 2 l d'eau. Amener à ébullition, puis cuire à feu doux 50 min. Retirer le bouquet garni et mixer. Passer au tamis et servir bien chaud.

Faune & flore

La Vache Tigre

Corse

Cette vache corse à la robe étonnante existait déjà à la préhistoire, comme le prouvent certaines peintures rupestres. On la rencontre aujourd'hui dans la basse vallée du Taravo, où un éleveur a reconstitué un troupeau de cent soixante têtes, à partir de l'authentique souche bovine, et a fait de la race une marque déposée.

Il était une fois en 1991

Premiers essais de l'avion Rafale M

Midi-Pyrénées

Prévu pour remplacer les avions de chasse vieillissants Super-Étendard et Crusader, le Rafale naît en 1976, sur la planche à dessin d'un ingénieur. Plusieurs séries de plus en plus perfectionnées, qui répondent à la volonté de l'armée de l'air de posséder un avion de combat « multirôle », voient le jour à partir de 1986 : le Rafale A, puis les Rafale C et B, enfin le Rafale M, qui peut être lancé d'un porte-avions. Les essais structuraux du Rafale M, un monoplace, commencent à Toulouse le 10 décembre 1991. Au 31 décembre 2011, cent cinq appareils sont utilisés par les forces françaises, et chaque avion coûte environ cent cinquante-deux millions d'euros.

mercredi 11 décembre

lever : 8 h 34
coucher : 16 h 53

St Daniel

À table !

Spritz de Noël

Lorraine

Pour 6 personnes
Mélanger dans une terrine 1 kg de farine, 1 sachet de levure chimique, 500 g de sucre, 500 g de poudre d'amandes, 3 sachets de sucre vanillé, 1 pincée de sel et 500 g de beurre ramolli. Ajouter 5 œufs. Pétrir 10 min à la main. Réserver au frais 12 h. Laisser la pâte 2 h à température ambiante. Équiper une machine à hacher la viande d'un embout-pochoir. Faire passer la pâte et déposer les morceaux obtenus sur une feuille de papier sulfurisé. Cuire 7 min à 180 °C.

La rubrique du 13 h

LE MUSÉE DU DÉBARQUEMENT D'ARROMANCHES

Basse-Normandie

Arromanches, dans le Calvados, pourrait être une station balnéaire comme les autres, si ce n'étaient ces blocs de béton plantés dans la mer, qui témoignent du rôle essentiel joué par la commune pendant la Seconde Guerre mondiale. Le musée du Débarquement, créé en 1953, rappelle que c'est sur ce site que fut construit le port artificiel qui permit aux Alliés, qui venaient de débarquer, d'acheminer neuf mille tonnes de matériel par jour. Organisé en quatre parties, le musée retrace la bataille de Normandie, à l'aide de films, d'objets et de maquettes.

Faune & flore

L'anémone pulsatille

Champagne-Ardenne

Cette superbe fleur bicolore égaie les talus et les pelouses calcaires du plateau de Langres-Châtillonnais. On avait coutume de l'utiliser pour teindre les œufs de Pâques en violet, en plongeant ces derniers dans un récipient d'eau bouillante, dans lequel on avait auparavant jeté quelques pétales.

Un record en

Haute-Normandie

La cathédrale de Rouen, magnifique bâtiment gothique célébré par Monet dans sa série de peintures « Cathédrale de Rouen », possède la plus haute flèche de France, qui culmine à cent cinquante et un mètres.

Il était une fois en 2011

Mise en service de la gare Aulnat-Aéroport

Auvergne

C'est un coup de téléphone d'Édouard Michelin en janvier 1916 à l'un de ses ingénieurs, Henri Fraisot, qui lance la création de l'aérodrome d'Aulnat : il deviendra, avec le temps, l'aéroport Clermont-Ferrand Auvergne. Michelin cherche en effet un terrain pour ses fameux avions Breguet-Michelin, qui s'illustreront pendant la guerre de 1914-1918. Après sa destruction pendant la Seconde Guerre mondiale, l'aérodrome retrouve une utilisation commerciale, avec aujourd'hui de nombreux vols nationaux et internationaux. Dernier aménagement : la gare d'Aulnat, baptisée « Aulnat-Aéroport », dessert depuis sa mise en service, le 11 décembre 2011, les villes avoisinantes ainsi que l'aéroport Clermont-Ferrand Auvergne voisin.

jeudi 12 décembre

lever : 8 h 34
coucher : 16 h 53

St Corentin

Faune & flore
La belette
Picardie

Celle que l'on appelle *bacoulette* en picard est le plus petit mammifère carnassier d'Europe. Elle n'en est pas moins redoutable pour les oiseaux, serpents et rongeurs, car son corps fin et agile lui permet de se glisser dans les terriers les plus étroits ou de grimper aux arbres pour atteindre ses proies.

Savoirs d'antan

Vos rideaux ou vos voilages ont jauni à cause de la fumée de cigarette – ou de votre cheminée. Lavez-les et ajoutez un ou deux paquets de levure chimique lors du cycle de rinçage de votre machine à laver. Ils retrouveront leur blancheur d'antan.

La rubrique du 13 h

LA COUPOLE D'HELFAUT
Nord-Pas-de-Calais

Émergeant à cinq kilomètres de Saint-Omer, cet énorme dôme de béton de plus de cinq mètres d'épaisseur n'est que le sommet de l'iceberg. En effet, sous cette coupole, qui a donné son nom à l'ensemble du bunker, courent six kilomètres de galeries. Quand les travaux débutent en 1943, la Coupole est conçue comme un lieu imprenable, dans lequel l'armée allemande pourra produire, stocker et lancer des fusées V2 en direction de Londres. Averties par la Résistance française, les Alliés bombardent l'usine, mais sans succès. Finalement, aucune fusée V2 n'aura jamais quitté les côtes du Pas-de-Calais.

À table !
Confiture d'oignons des Cévennes
Languedoc-Roussillon

Pour 1 pot

Émincer 500 g d'oignons des Cévennes en lamelles et les faire dorer à feu doux dans une cocotte, avec de l'huile d'olive. Quand ils sont bien dorés, ajouter 1 c. à soupe de cassonade et 3 c. à soupe de vinaigre balsamique. Laisser mijoter jusqu'à évaporation du liquide. Mettre dans un pot stérilisé. Cette confiture accompagne agréablement les viandes rouges, le gibier ou le foie gras.

Il était une fois chaque année
Marché de Noël de Strasbourg
Alsace

Sûrement le marché de Noël le plus célèbre de France, le marché de Strasbourg est aussi le plus ancien. Au XIVe siècle, il se tenait entre la cathédrale Notre-Dame de Strasbourg, le palais de Rohan et le musée de l'Œuvre Notre-Dame, proposant des cadeaux aux enfants pour célébrer saint Nicolas, le patron des écoliers. En 1570, pour lutter contre le culte des saints, le pasteur de la ville décide de le dédier désormais à l'Enfant Jésus, dont il gardera le nom alsacien : *Christkindelsmärik*. Il dure désormais du début du mois de décembre jusqu'au 31 et attire des milliers de touristes du monde entier, ravissant petits et grands autour des saveurs alsaciennes et des spécialités de l'artisanat local.

vendredi 13 décembre

lever : 8 h 35
coucher : 16 h 53

Ste Lucie

À table !

Œufs en meurette

Bourgogne

Pour 4 personnes
Faire fondre 30 g de beurre dans une poêle. Ajouter 2 échalotes émincées et 100 g de lardons. Laisser fondre 10 min à feu doux. Verser 25 cl de bouillon de volaille et 50 cl de vin rouge. Laisser réduire de 2/3 à feu doux. Avant de servir, ajouter 2 branches de persil haché et incorporer au fouet 80 g de beurre en pommade. Faire pocher 1 ou 2 œufs par personne. Servir en disposant dans chaque assiette 2 toasts grillés et 1 ou 2 œufs nappés de sauce.

Un record en *Limousin*

Le département de la Creuse détient un record dans le domaine de l'immobilier : on y trouve en effet le prix moyen au mètre carré le moins élevé de métropole. Si vous cherchez un loyer raisonnable, pensez au Limousin !

La rubrique du 13 h

LA VILLE CLOSE DE CONCARNEAU

Bretagne

La ville close n'est certes aujourd'hui qu'une infime partie de Concarneau, mais sans doute la plus prisée. Cet îlot d'environ trois cent cinquante mètres de long est une véritable forteresse, à laquelle on accède par une passerelle. Ses remparts, datant des XIVe et XVe siècles, ont été remaniés par Vauban, l'architecte militaire de Louis XIV : avec ces chemins de ronde, ces créneaux et ces échauguettes, la ville close était imprenable. Aujourd'hui, les remparts constituent une promenade très appréciée, qui offre de jolis points de vue sur la station balnéaire.

Faune & flore

Le frangipanier

Guadeloupe

Cet arbre porte, au bout de ses branches noueuses, de somptueux bouquets blancs, jaunes, roses ou rouges. Les fleurs, dont les pétales sont disposés en hélices, sont utilisées en pâtisserie, bien qu'elles n'entrent en rien dans la composition de la frangipane, même si leur parfum y fait irrésistiblement penser.

Il était une fois en 1560

États généraux convoqués à Orléans

Centre

Convoqués par François II, les états généraux se réunissent à Orléans le 13 décembre 1560, dans une grande salle bâtie pour cette occasion place de l'Étape. Mais le roi meurt quelques jours auparavant : son frère Charles IX et leur mère, la régente Catherine de Médicis, président alors les instances. Plus de quatre cents députés sont présents, représentant la noblesse, le clergé et le tiers état. Dans son discours d'ouverture, le chancelier Michel de l'Hospital appelle catholiques et protestants à la modération. À la fin des états généraux, le 31 janvier 1561, l'ordonnance d'Orléans n'a pas le temps d'être appliquée, puisque la première guerre de Religion éclate peu de temps plus tard.

samedi 14 décembre
Ste Odile

dimanche 15 décembre
Ste Ninon

Suivez le guide !
Haute-Normandie

Dans l'ombre de Victor Hugo

« Quand on a vu, seize ans, de cet autre soi-même / Croître la grâce aimable et la douce saison, / Lorsqu'on a reconnu que cet enfant qu'on aime / Fait le jour dans notre âme et dans notre maison, / Que c'est la seule joie ici-bas qui persiste / De tout ce qu'on rêva, / Considérez que c'est une chose bien triste / De le voir qui s'en va ! » Victor Hugo, « À Villequier » (extrait), Les Contemplations.

La Seine dessine sa boucle la plus large et la plus belle au niveau de Villequier, en Seine-Maritime. C'est là que les gros bateaux échangeaient autrefois leur pilote de mer contre celui d'eau douce et attendaient le signal avant de poursuivre leur route vers Rouen. La ville semble prise entre le fleuve et la haute falaise de craie, qui s'étend de la Manche à la vallée de la Seine et qui caractérise si bien le pays de Caux. Posé sur cette falaise, le château de Villequier, un édifice du XVIIe siècle transformé aujourd'hui en hôtel, offre un panorama incomparable d'une trentaine de kilomètres sur le fleuve et la campagne environnante.

À Villequier, on pouvait observer autrefois le mascaret. Ce phénomène, appelé dans la région « la barre », attirait beaucoup de curieux. Cette vague qui remonte le fleuve à la suite des grandes marées a disparu en Basse-Seine dans les années 1960, après les travaux d'endiguement de l'estuaire. Ce n'est pas le mascaret qui a emporté Léopoldine, la fille de Victor Hugo, mais c'est bien aux abords de Villequier qu'elle s'est noyée en 1843, avec son mari Charles Vacquerie, fils d'un armateur havrais et ami de Victor Hugo, ainsi que deux autres membres de la famille, dans le naufrage de leur barque. Le poète n'apprendra le drame que quelques jours plus tard, en lisant le journal, sur la route du retour de ses vacances en Espagne. Léopoldine et son mari reposent dans le petit cimetière de Villequier, accolé à l'église paroissiale – par la suite, d'autres membres des deux familles y seront également enterrés –, et la maison des Vacquerie est aujourd'hui un musée consacré à Victor Hugo. Depuis le 4 septembre 1847, jour de la date anniversaire du naufrage, la statue du poète au bord de la Seine semble tourner un regard accusateur vers le fleuve.

lundi 16 décembre

lever : 8 h 38
coucher : 16 h 54

Ste Alice

Savoirs d'antan

En nettoyant votre salle de bain, vous venez d'éclabousser votre tapis de sol avec de l'eau de Javel. Afin de résorber la tache au plus vite, appliquez une goutte d'alcool ménager. Cela permettra de limiter les dégâts.

À table !

Sauce agliata

Corse

Pour 6 personnes
Couper 5 gousses d'ail en tranches fines. Les faire dorer dans 5 c. à soupe d'huile d'olive. Ajouter ½ verre de vinaigre, quelques brindilles de thym, 2 feuilles de sauge, 1 tige d'origan, quelques brindilles de romarin ciselées et assaisonner. Faire réduire la préparation de moitié, à feu vif. Laisser refroidir et réserver 12 h. Cette sauce servie froide accompagne généralement les poissons frits.

La rubrique du 13 h

HÉRISSON

Auvergne

Hérisson est un village médiéval de l'Allier, situé à vingt-cinq kilomètres de Montluçon. Fortifié par les ducs de Bourbon au XIVe siècle, le bourg a conservé de cette époque un imposant château aujourd'hui à l'état de ruine. On peut toutefois le visiter et admirer des vestiges des tours, des courtines, du donjon et du logis. Depuis le château, la vue sur le village et la vallée de l'Aumance est magnifique. Outre son patrimoine défensif, Hérisson possède aussi un riche héritage religieux : le village compte plusieurs églises et chapelles.

Faune & flore

Le porc basque

Aquitaine

C'est à partir de la chair de ce drôle de cochon, à la tête et à la croupe noires comme le charbon, que l'on produit le célèbre jambon de Bayonne. Présent dans la région depuis le Moyen Âge, il en avait presque disparu dans les années 1990, avant de revenir en force grâce aux efforts d'éleveurs passionnés.

Il était une fois en 1793

Fin du siège de Toulon

Provence-Alpes-Côte d'Azur

La convention montagnarde ayant pris le pouvoir en juin 1793 et instauré la Terreur, les grandes villes de France favorables aux Girondins se rebellent tour à tour. En juillet 1793, la révolte gagne Toulon, qui fait appel à l'Angleterre, en possession d'une flotte puissante, rejointe en août par des troupes espagnoles, sardes et napolitaines. Le siège de la ville s'engage et dure quatre mois. Dans la nuit du 16 au 17 décembre, Bonaparte décide de lancer un assaut général – précédé d'un bombardement avant l'attaque décisive – et y est blessé. Les Britanniques évacuent sans combat et se retirent de la ville le 18 décembre. Leur défaite mettra en lumière le talent d'un jeune officier d'artillerie, au début de son ascension : Napoléon.

mardi 17 décembre

lever : 8 h 38
coucher : 16 h 54

St Judicaël

Faune & flore

Le chêne d'Allouville-Bellefosse

Haute-Normandie

Ce chêne pédonculé, qui fait la fierté du pays de Caux, aurait été témoin de plus de mille ans d'histoire ! Son tronc, qui atteint quinze mètres de circonférence par endroits, s'est creusé au fil des siècles ; si bien que, en 1696, un curé y a aménagé une chapelle et une chambre, qui attirent encore aujourd'hui une foule de touristes ébahis.

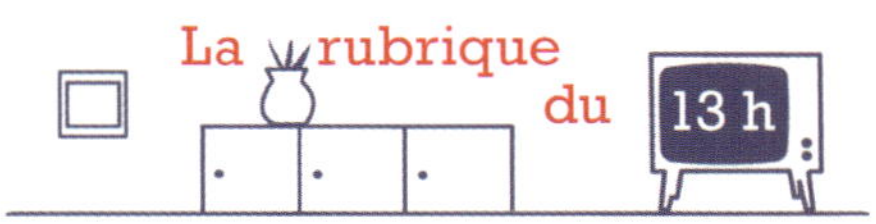

L'ABBAYE DE VALMAGNE

Languedoc-Roussillon

À Villeveyrac, à vingt-cinq kilomètres de Sète, l'abbaye de Valmagne est campée dans un cadre prestigieux. Fondée au XIIe siècle, cette abbaye cistercienne a été immédiatement prospère, notamment grâce à son vignoble. Très endommagée par la guerre de Cent Ans et les guerres de Religion qui font rage dans la région, elle survit jusqu'à la Révolution, où elle est saccagée. Elle est aujourd'hui un domaine viticole réputé et, entre deux dégustations, les visiteurs peuvent admirer le cloître et sa fontaine, la salle capitulaire et l'église gothique convertie en chai.

À table !

Boudins blancs au vin jaune

Franche-Comté

Pour 4 personnes

Faire tremper 25 g de morilles séchées dans un mélange d'eau et de lait, pendant quelques heures. Les laver 6 fois à l'eau et les égoutter. Les faire suer avec 2 échalotes ciselées et du beurre. Déglacer avec 20 cl de vin jaune et cuire 10 min à feu moyen. Ajouter 20 cl de crème. Cuire 4 boudins blancs à feu vif 2 min, puis à feu moyen 4 min. Les retourner régulièrement. Présenter les boudins nappés de sauce au vin jaune et aux morilles.

Devinette

Quel poème de Jacques Prévert, parlant de Brest, Yves Montand a-t-il chanté ?

« Barbara ». En 1962, Yves Montand chante ce poème tiré du recueil *Paroles*, publié en 1946. Le poète y évoque Brest, le sentiment amoureux et y déplore l'horreur de la guerre qui a causé la destruction de la ville.

Il était une fois en 1903

Invention de la photographie en couleurs

Rhône-Alpes

Avant l'invention de l'Autochrome, la photographie en couleurs n'était pas accessible aux amateurs, si fortunés fussent-ils. Déposée sous forme de brevet le 17 décembre 1903 à Lyon et dévoilée à l'Académie des sciences en mai 1904, la plaque Autochrome Lumière, inventée par Louis Lumière, est le premier procédé photographique en couleurs. C'est dans l'emploi de la fécule de pomme de terre teintée que réside le secret de cette invention, qui permet de capter et de filtrer la lumière. Commercialisée à partir de 1907, elle connaît immédiatement un grand succès, qui dure une trentaine d'années, jusqu'à l'apparition des procédés chimiques.

mercredi 18 décembre

lever : 8 h 39
coucher : 16 h 55

St Gatien

À table !

La Marianne

Centre

Pour 4 personnes
Cuire 750 g de pommes de terre à purée. Les égoutter et les écraser dans un saladier. Incorporer 125 g de beurre. Ajouter 200 g de farine en plusieurs fois, afin de former une boule. Abaisser la pâte sur une feuille de papier sulfurisé pour obtenir un carré de 1 cm d'épaisseur. Tracer des motifs et dorer au jaune d'œuf. Cuire 30 min à 200 °C.

La rubrique du 13 h

LE MUSÉE DU PAIN D'ÉPICES

Alsace

En décembre, l'Alsace fait revivre ses traditions. Incontournable pendant la période de l'Avent, la pâtisserie fait patienter petits et grands. Parmi les nombreux gâteaux traditionnels alsaciens, le pain d'épices tient une place à part. À Gertwiller, un petit village situé au pied du mont Sainte-Odile, à mi-chemin entre Colmar et Strasbourg, le pain d'épices s'expose ! En effet, à côté de l'atelier de fabrication artisanale et de la boutique, un musée présente une incroyable collection de pièces autour du pain d'épices, de la pâtisserie et de l'art populaire alsacien.

Faune & flore

Le sorbier des oiseleurs

Bourgogne

On rencontre ce petit arbre en lisière des forêts d'épicéas. Au printemps, il se couvre de fleurs blanches qui, à la fin de l'été, donnent naissance à des baies rouges. Ces fruits persistent sur les branches pendant l'automne et une partie de l'hiver, constituant une réserve de nourriture fort appréciée des oiseaux.

À la vôtre !

La Réunion

Le faham est une orchidée récoltée sur l'île de La Réunion pour confectionner un rhum arrangé. Sa saveur caractéristique confère à la préparation un goût caramélisé, que l'on retrouve aussi dans l'élaboration de tisanes. Cueillie à l'état sauvage, cette plante se raréfie dans les Mascareignes et fait aujourd'hui partie des espèces en danger.

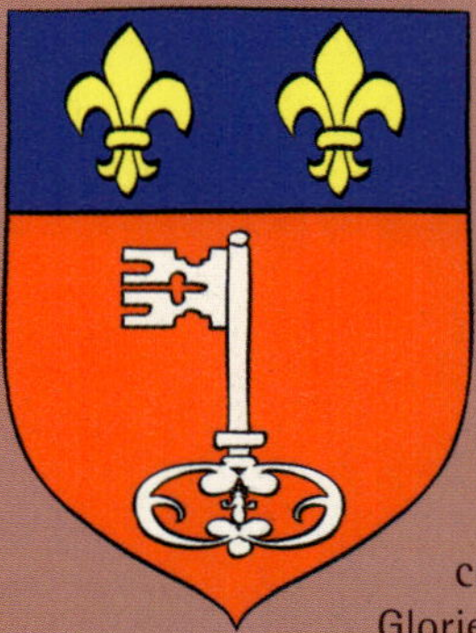

Il était une fois en 1836

Mort de Prégent Brillet de Villemorge

Pays de la Loire

Le père de Prégent Brillet de Villemorge, qui était capitaine de l'infanterie royale, pousse ses deux fils, dont Prégent, né à Angers, vers une carrière militaire. Pendant la Révolution, du fait de son origine noble, il préfère quitter la France, et on le retrouve à partir de 1792 guerroyant un peu partout en Europe au côté du prince de Condé. À son retour, en 1800, il devient maire de Challain-la-Potherie. Il se soulève avec les Vendéens pendant les Cent Jours, puis pendant la Terreur blanche. Nommé maire d'Angers par ordonnance royale en 1816, il est à l'origine de la construction du théâtre de la ville. Élu à l'Assemblée nationale en 1824, il démissionne après les Trois Glorieuses et meurt dans sa ville natale le 18 décembre 1836.

jeudi 19 décembre

lever : 8 h 40
coucher : 16 h 55

St Urbain

À table !

Noix de saint-jacques de la baie de Saint-Brieuc au Noilly-Prat

Bretagne

Pour 4 personnes

Éplucher et laver 8 petits poireaux. Les couper en tronçons de 2 cm. Dans une sauteuse, faire revenir les poireaux avec 25 g de beurre salé. Couvrir et laisser étuver 7 min à feu moyen. Rectifier l'assaisonnement et verser 1 c. à soupe de Noilly-Prat. Cuire 2 min sans couvrir. Dans une poêle, faire chauffer 25 g de beurre et faire colorer 16 noix de saint-jacques. Émincer 1 truffe de 25 g. Présenter les noix, sur un lit de poireaux, décorées de lamelles de truffe.

Faune & flore

La linotte mélodieuse

Nord-Pas-de-Calais

Contrairement à la plupart des passereaux, qui ne gazouillent qu'en période de nidification, la bien nommée « linotte mélodieuse » chante… tout le temps ! Aimant la lumière et les espaces ouverts, elle évolue dans les champs cultivés, les prairies et les jardins. Peu méfiante, bruyante, elle est un peu… « tête de linotte ».

La rubrique du 13 h

LE PHARE DES BALEINES

Poitou-Charentes

Ce phare est un des emblèmes de l'île de Ré. Il est situé à la pointe ouest de l'île, à un endroit où des navires et de nombreuses baleines se sont échoués au XVIIe siècle. Mis en service en 1854, il remplace la vieille tour, devenue aujourd'hui un musée qui retrace l'histoire du site, du balisage maritime et de la circulation entre l'île et le continent. Spectaculaire, le phare des Baleines s'élève à cinquante-sept mètres au-dessus des hautes mers. L'ascension de ses deux cent cinquante-sept marches est récompensée par une vue splendide sur l'île, ses marais et ses plages.

Devinette

Quelle borne matérialise la frontière entre la Franche-Comté et la région Rhône-Alpes ?

La borne au Lion. Cette pierre, posée au lieu-dit Les Magras en 1613, marquait la nouvelle frontière entre le royaume de France et la Franche-Comté bourguignonne. Elle est aujourd'hui classée aux monuments historiques.

Il était une fois en 1883

Mort de Jules Joseph Ray

Champagne-Ardenne

Natif de Troyes, Jules Joseph Ray retourne dans l'Aube après ses études de pharmacologie à Paris. Il s'emploie alors à ses recherches de naturaliste amateur, et devient membre de plusieurs sociétés savantes et naturalistes de diverses régions de France, et ce dès 1842. Il entre à la Société académique de l'Aube en 1846, puis devient conservateur du musée de la ville. Là, il étend les collections dans différents domaines : arachnides, coléoptères, isopodes. Elles sont étudiées par des spécialistes et lui valent les honneurs de la communauté scientifique. Il meurt le 19 décembre 1883, laissant nombre d'ouvrages qui font de lui un zoologiste et un entomologiste de renom.

vendredi 20 décembre

lever : 8 h 40
coucher : 16 h 55

St Théophile

À table !

Soupe de Noël au saint-nectaire

Auvergne

Pour 6 personnes

Écroûter ½ saint-nectaire. Le détailler en lamelles. Couper 300 g de pain rassis. Dans une grande cocotte, mettre le pain et verser 1,5 l d'eau, du sel et du poivre. Porter à ébullition et laisser mijoter jusqu'à ce qu'une grande partie de l'eau soit évaporée. Incorporer le saint-nectaire. Cuire encore quelques minutes en mélangeant sans cesse. Ajouter 20 cl de crème. Remuer et servir bien chaud.

Un record en

Pays de la Loire

Chanel N° 5, créé par Ernest Beaux pour Coco Chanel en 1921, est le parfum le plus connu au monde. Il a été longtemps le plus vendu en France, grâce à de très célèbres égéries, telle Marylin Monroe, qui disait que, la nuit, elle ne portait que lui…

La rubrique du 13 h

LA CATHÉDRALE SAINT-ALAIN DE LAVAUR

Midi-Pyrénées

Lavaur est une commune du Tarn située sur la rive gauche de l'Agout. C'est dans cet ancien bastion cathare que se dresse un chef-d'œuvre de l'architecture gothique méridionale : la cathédrale Saint-Alain. L'édifice du XIIIe siècle, bâti en briques, impressionne avec son clocher-porche et son portail monumental de style gothique flamboyant. La particularité de Saint-Alain est de posséder un jacquemart, un automate en bois qui fait résonner la cloche. Coiffé d'un bonnet phrygien, il rythme les heures de la vieille cité depuis 1604.

Faune & flore

La courge sucrine du Berry

Centre

Cette très vieille variété régionale, dont on peine à retracer l'histoire, est aujourd'hui redécouverte et cultivée par les amateurs de légumes dits « rares » ou « oubliés ». Chaque pied donne, une fois par an, jusqu'à huit fruits verts à ocre en forme de poire, à la chair dense et à la saveur sucrée.

Il était une fois en 1848

Émancipation par décret de tous les esclaves

La Réunion

Date capitale dans l'histoire de l'île de La Réunion, le 20 décembre 1848 marque la fin de deux cent quarante et une années d'esclavage sur l'île : le décret d'émancipation de tous les esclaves est officiellement promulgué. La Réunion fête en ce jour le bien-aimé Joseph Napoléon Sébastien Sarda-Garriga, qui fit carrière dans l'Administration, en se distinguant – et en se faisant beaucoup d'ennemis – par ses idées progressistes inspirées de la philosophie des Lumières. Nommé commissaire général de la République à La Réunion, pour mettre en application le fameux décret, il y arrive en octobre 1848, mais l'assemblée des propriétaires du nord de l'île lui demande de la reporter. Il s'y refuse et, après une tournée d'information sur l'île pour rassurer la population, il officialise le décret le 20 décembre.

Suivez le guide !
Languedoc-Roussillon

Carcassonne la légendaire

Sise sur la dernière colline des Corbières, au cœur d'un vignoble, la cité de Carcassonne, dominant la ville basse, témoigne avec panache et austérité des temps troubles. À cette lointaine époque, seules les autorités, civiles, religieuses et militaires, avaient le privilège de séjourner entre ces murs épais. Mais, aujourd'hui, chacun est le bienvenu parmi donjons, courtines et clochetons, pour revivre le passé mouvementé des murs de la citadelle.

La petite histoire

Il s'en est fallu de peu que la cité, que l'on surnommait jadis trivialement la « pucelle du Languedoc », puissante et imprenable, soit démolie. Au XIXe siècle, en effet, celle qui avait résisté à des siècles d'assauts – les murs se souviennent encore du siège de Simon de Montfort et de la croisade contre les Albigeois – fut enfin mise à mal par ceux mêmes dont elle avait protégé les ancêtres : les lices, champs clos où se déroulaient les tournois, furent transformées par les habitants en carrières de pierre, matériaux foisonnant, bien évidemment, pour la construction de leurs maisons. On doit à Prosper Mérimée, alors inspecteur général des Monuments historiques, de l'avoir sauvée et à Viollet-le-Duc de lui avoir redonné son aspect d'antan, lequel déclara alors : « Je ne sache pas qu'il existe nulle part en Europe un ensemble aussi complet de défense des Ve, XIIe et XIIIe siècles... » C'est ainsi que, aujourd'hui, on peut être époustouflé par la grandeur et la fierté de la citadelle telle qu'elle apparaissait au XIVe siècle.

La légende de dam Carcas

Non loin de la porte Narbonnaise, on peut observer une femme, sculptée, il faut bien le dire, à son grand désavantage. Pourtant, elle ne représente rien de moins que dame Carcas. La légende veut qu'à l'époque où Charlemagne assiégeait la forteresse, alors occupée par les Wisigoths, dame Carcas, épouse du chef, ait été la seule à survivre dans l'enceinte. Mais, fabriquant des mannequins qu'elle plaçait sur les créneaux et changeant de tenue pour faire des tours de ronde, elle parvint à faire croire à l'ennemi que les résistants étaient encore nombreux. Enfin, depuis les remparts, elle lança un pourceau, qu'elle avait nourri avec ses derniers vivres, et finit par convaincre ses ennemis que la nourriture abondait dans les murs ; et ceux-ci, qui attendaient depuis sept ans, furent découragés... et levèrent le camp ! La dame sonna la cloche pour faire résonner sa joie, et les hommes de Charlemagne lui auraient alors dit : « Carcas te sonne. »

lundi 23 décembre

lever : 8 h 42
coucher : 16 h 57

St Armand

À table !

Bredeles à la noisette

Alsace

Pour environ 50 bredeles
Sortir 250 g de beurre quelques heures à l'avance. Battre ce beurre mou avec 120 g de sucre. Ajouter 250 g de farine et 170 g de noisettes en poudre. Faire une boule. Laisser au frais 30 min. Déposer sur une plaque, couverte d'une feuille de papier sulfurisé, de petites boules de pâte. Cuire 35 min à 150 °C. Laisser refroidir et conserver dans une boîte métallique.

La rubrique du 13 h

L'USINE ÉLÉVATOIRE DE TRILBARDOU

Île-de-France

Cette usine permet d'élever les eaux de la Marne pour les rejeter dans le canal de l'Ourcq, afin de maintenir son niveau pendant les périodes sèches. Créée en 1864, l'usine garantissait ainsi les liaisons commerciales avec Paris. Aujourd'hui encore, son rôle est essentiel, puisque le canal de l'Ourcq alimente les canaux Saint-Denis et Saint-Martin de la capitale, ainsi qu'une grande partie de son réseau d'eau non potable. L'immense roue à aubes du barrage – qui fournissait autrefois l'énergie de l'usine – est toujours là, même si des pompes électriques ont pris le relais.

Faune & flore

Le génépi noir

Rhône-Alpes

Reconnaissable aux écailles noirâtres qui assombrissent le calice de ses fleurs, le génépi noir pousse dans les rocailles ou sur les rochers, de deux mille à trois mille sept cents mètres d'altitude, et fleurit de juillet à septembre. À l'instar du génépi blanc, il est une variété propice à la fabrication de liqueur.

À la vôtre !

Picardie

Le phylloxera eut pratiquement raison de la totalité du vignoble de Picardie au XIXe siècle. Avant cela, celui-ci était très florissant, mais de qualité inégale. Aujourd'hui, si l'on exclut les trente-neuf communes productrices de champagne dans le sud de l'Aisne, on y trouve de la viticulture de plaisance à but historique, touristique ou pédagogique.

Il était une fois en 1970

Institut national polytechnique de Lorraine

Lorraine

Créé par décret le 23 décembre 1970, l'Institut national polytechnique de Lorraine partage la date de sa fondation avec les instituts polytechniques de Toulouse et de Grenoble. Constitué de nos jours de sept écoles d'ingénieurs, regroupant vingt-huit laboratoires de recherche, l'établissement eut comme siège, à Nancy, au moment de sa création, la monumentale porte de la Craffe, érigée au XIVe siècle. Elle reste l'unique et imposant vestige des fortifications médiévales. C'était le seul point d'entrée dans la cité par le nord ; une seconde porte fut ajoutée au XVIe siècle, pendant la construction des bastions, les deux étant reliées par un tunnel.

mardi 24 décembre

lever : 8 h 42
coucher : 16 h 57

Ste Adèle

Savoirs d'antan

Votre voisin vous a rapporté un panier plein de pommes et de poires, et vous aimeriez pouvoir les conserver un petit moment. Dans votre corbeille à fruits, disposez les pommes à l'envers et les poires la queue en l'air.

Faune & flore

Le calament à grandes fleurs

Midi-Pyrénées

On le rencontre dans les sous-bois des monts d'Aubrac, où il se développe en de larges massifs parsemés de fleurs mauves, dont l'odeur évoque à la fois la menthe et le citron. Les Aveyronnais, qui le nomment parfois « thé d'Aubrac », le consomment en infusion ou en parfument leurs desserts.

La rubrique du 13 h

LA POINTE DE LA REVELLATA

Corse

La côte déchiquetée de la presqu'île de la Revellata est le bout de terre corse le plus proche des côtes continentales. Cette côte sauvage magnifique, à quelques kilomètres de Calvi, attire beaucoup de touristes, même s'il est parfois plus aisé de l'admirer et de l'apprivoiser en venant de la mer, tant les vents balayent ses falaises. Sur la pointe de la Revellata se trouve la station de recherches sous-marines et océanographiques de Calvi. Le laboratoire de biologie marine, qui dépend de l'université de Liège, se situe juste au-dessous du phare.

À table !

Nougat noir

Provence-Alpes-Côte d'Azur

Pour 4 parts

Préparer 4 barquettes d'aluminium de ½ l, en disposant dans le fond 2 rectangles de papier « hostie ». Passer 1 kg d'amandes entières à four chaud, 5 min, pour les sécher. Porter à ébullition 1 kg de miel de lavande, en tournant avec une cuillère en bois. Verser les amandes dans le miel et cuire, en remuant, jusqu'à ce que le miel prenne une couleur brune et que les amandes se mettent « à chanter ». Verser doucement dans les barquettes. Recouvrir avec 2 rectangles de papier « hostie ». Laisser refroidir sous un poids.

Il était une fois en 1095

Urbain II célèbre la messe de minuit à Limoges

Limousin

Le pape Urbain II réunit, en novembre 1095, le concile de Clermont – aujourd'hui Clermont-Ferrand –, qui est à l'origine de la première croisade menée pour libérer la Terre sainte. À Noël, cette même année, le souverain pontife, venu d'Auvergne, est à Limoges, où il célèbre la messe de minuit dans l'église des religieuses dite « de la Règle ». Après la prédication de Limoges, toute la région fournit de nombreux croisés. Guillaume X, comte de Poitiers et duc d'Aquitaine, qui est alors le plus puissant vassal de la couronne de France, appelle sous sa bannière tous les grands vassaux de la province limousine.

mercredi 25 décembre

lever : 8 h 43
coucher : 16 h 58

Noël

À table !

Pommes dauphines à la tome de Cambrai

Nord-Pas-de-Calais

Pour 4 personnes

Passer au presse-purée 500 g de pommes de terre bintjes cuites. Faire chauffer 12,5 cl d'eau avec 40 g de beurre. Incorporer la farine et faire sécher 2 min à feu très doux. Hors du feu, incorporer 2 œufs. Couper en petits morceaux 200 g de tome. Mélanger la purée, la pâte et la tome. Réserver au frais. Dans une casserole, faire chauffer de l'huile à 170 °C. Réaliser de petites boules avec deux cuillères et les plonger dans l'huile. Les sortir lorsqu'elles remontent à la surface.

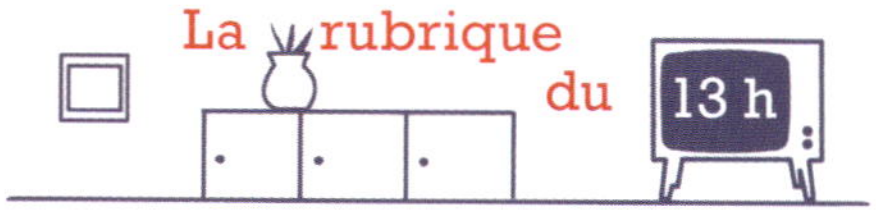

LE PALAIS DUCAL DE NEVERS

Bourgogne

Ce palais, bâti aux XVe et XVIe siècles, est un des bâtiments emblématiques de la préfecture de la Nièvre. En effet, après son édification, c'est au palais que se concentraient tous les pouvoirs de la cité. Son architecture est remarquable, grâce notamment aux tourelles polygonales qui encadrent le palais et à l'escalier d'honneur construit dans la tourelle centrale. La façade ocre, du début de la Renaissance, domine la vieille ville, tandis que l'esplanade, achevée au XIXe siècle, s'étire jusqu'aux bords de la Loire. Le palais est aujourd'hui une annexe de l'hôtel de ville et un lieu d'exposition.

Faune & flore

La fourmi rousse

Lorraine

Bien que dépourvue de dard, cette fourmi au thorax rouge brique sait se défendre : elle mord et projette l'acide formique qu'elle sécrète jusqu'à cinquante centimètres de distance. C'est notamment de cette façon qu'elle tue pucerons et autres insectes nuisibles aux arbres, ce qui lui vaut d'être protégée.

Devinette

Quel sportif d'origine guadeloupéenne est le plus titré des judokas ?

Teddy Riner. Après son cinquième titre de champion du monde en 2011, ce poids lourd des tatamis – cent trente-huit kilos pour deux mètres quatre – est devenu à 22 ans le judoka le plus titré au niveau mondial.

Il était une fois en 1564

Pont de Châtellerault

Poitou-Charentes

Au confluent de la Vienne et du Clain, Châtellerault accueille son premier pont au XIe siècle, entièrement fait de bois, auquel on ajoutera un moulin amarré à l'une des arches. Mais, après la guerre de Cent Ans, le pont est en très mauvais état, et de coûteux travaux de renforts – avec du sable pour protéger les piles des crues – sont lancés. Puis, après la crue de 1556, qui balaie le pont de bois, c'est Henri II en personne qui ordonne la construction d'un pont de pierre. Le 25 décembre 1564, les architectes Joguet et Belle présentent leur rapport et leur devis. Après de longues tergiversations et l'acheminement difficile de pierres en plein conflit des guerres de Religion, ce n'est qu'en 1609 que le pont est achevé ; un pavillon est ajouté rive gauche, entre les deux tours du pont, en 1611.

jeudi 26 décembre

lever : 8 h 43
coucher : 16 h 59

St Étienne

Faune & flore

La ligulaire de Sibérie

Auvergne

On peut admirer cette espèce protégée, survivante de la dernière période glaciaire, dans plusieurs réserves naturelles du Puy-de-Dôme. Haute de parfois plus d'un mètre, cette robuste montagnarde arbore, de juillet à août, de généreux épis de fleurs jaunes.

À la vôtre !

Bretagne

Le premier cidre breton ayant obtenu une AOC, en 1996, est le cidre de Cornouaille. Il est élaboré dans le sud du Finistère, et sa confection est très encadrée : rendements limités, effervescence naturelle, ramassage manuel, etc. Il se caractérise par une robe dorée, un nez aux arômes floraux et un bouquet fruité et légèrement amer.

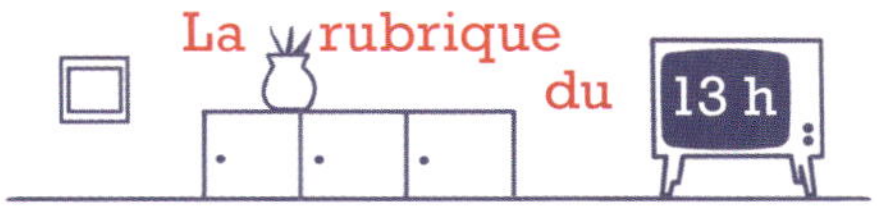

VOGÜÉ

Rhône-Alpes

Ce village médiéval établi au bord de l'Ardèche est l'un des plus beaux villages de France et l'un des plus pittoresques. Qu'il est agréable de se perdre dans le labyrinthe de ses ruelles entrecoupées d'arcades ! Adossé à la falaise, Vogüé est bâti en amphithéâtre au pied d'un château réaménagé au XVIIe siècle, dont les jardins en terrasses surplombent la rivière. Appartenant à la famille de Vogüé, le château accueille néanmoins des expositions. Il faut, pour y accéder, remonter une splendide allée de marronniers centenaires ; de là-haut, le panorama sur la vallée de l'Ardèche est exceptionnel.

À table !

Sauce au maroilles

Picardie

Pour 6 personnes

Couper 100 g de maroilles en fines lamelles. Dans une petite casserole, faire fondre doucement les lamelles avec 10 cl de crème. Poivrer et ajouter un peu de muscade. Ajuster l'onctuosité avec 5 à 10 cl de crème. Servir dès que la consistance est crémeuse. Cette sauce se sert en accompagnement de viandes ou de croque-monsieur. Il est possible de retirer la croûte du fromage avant cuisson, afin que la sauce soit moins forte.

Il était une fois en 2011

Le château de Cirey

Champagne-Ardenne

Sur la commune de Cirey-Sur-Blaise, en Haute-Marne, trône le château de Cirey. Construit en 1643 sur les ruines d'un château à l'abandon, il est célèbre pour avoir accueilli le grand écrivain et philosophe des Lumières Voltaire, qui y fut convié par la marquise du Châtelet. À l'époque du séjour de Voltaire, entre 1734 et 1749, la bâtisse, de style Louis XIII, tombe en ruine : une aile supplémentaire est construite, avec une porte extérieure ornée de sculptures représentant une scène maritime dessinée par Voltaire lui-même, et un théâtre est aménagé. Le lavoir, l'orangerie, la glacière, le logis et la halle de l'ancienne forge sont classés monuments historiques depuis le 26 décembre 2011.

vendredi 27 décembre

lever : 8h43
coucher : 17h00

St Jean l'Évangéliste

À table !
Goula-goula
Mayotte

Pour 20 beignets
Mélanger 500 g de farine avec 4 œufs. Ajouter 50 g de sucre, 100 ml de lait, 2 sachets de sucre vanillé et 1 sachet de levure chimique. Mélanger l'ensemble à la main pour obtenir une pâte épaisse. Réserver quelques minutes. Faire chauffer de l'huile. Préparer de petites boules à la main ou à la cuillère. Plonger ces boules dans le bain de friture. Les sortir lorsqu'elles sont cuites des deux côtés. Servir avec du thé.

Savoirs d'antan

Vous n'osez plus faire de friture, de peur que cela n'infeste votre intérieur. La solution nous vient des Antilles ! Juste après avoir versé l'huile dans votre récipient, et avant qu'elle ne chauffe, ajoutez une goutte d'essence de vanille. Cela neutralisera les mauvaises odeurs.

La rubrique du 13 h

LE BEFFROI DE MILLAU
Midi-Pyrénées

Le beffroi, symbole du pouvoir de la ville, comporte deux parties distinctes. Sa base est un donjon carré du XIIe siècle, qui faisait partie d'une enceinte chargée de protéger Millau. Cette tour carrée a ensuite été surmontée d'une tour octogonale au XVIIe siècle, devenant ainsi un beffroi. La partie supérieure reçut la cloche et l'horloge communales, tandis que l'ancien donjon fut transformé en prison. Il est possible de visiter le beffroi et d'accéder ainsi à une vue d'ensemble de Millau et des causses, depuis la plate-forme située à quarante-deux mètres de hauteur.

Faune & flore
La martre
Franche-Comté

La martre est souvent confondue avec la fouine, mais s'en distingue par son pelage plus foncé et par la couleur orangée de sa bavette – celle de sa fausse jumelle est blanche. Farouche, elle vit principalement dans les forêts densément boisées, où, la nuit, elle chasse petits mammifères, oiseaux et insectes.

Il était une fois en 1940
Grotte de Lascaux classée
Aquitaine

Célèbre grotte ornée du paléolithique, la grotte de Lascaux, surnommée la « chapelle Sixtine de l'art pariétal » par le préhistorien Henri Breuil, est située dans la vallée de la Vézère, sur la commune de Montignac, au cœur du Périgord noir. Même si les versions évoquant sa découverte en 1940 varient – l'une d'entre elles fait état d'un chien poursuivant un lapin venu s'y réfugier –, le premier spécialiste à y pénétrer est bien Henri Breuil, alors réfugié dans la région. La grotte est classée monument historique le 27 décembre 1940, et le tourisme y fait rapidement fureur : des mesures restrictives devront être prises au fil des décennies, pour y limiter la présence humaine, qui provoque l'acidification des parois et, de ce fait, la destruction des fresques.

Suivez le guide !
Midi-Pyrénées

La fin de l'année au balcon… des Pyrénées

Si le temps de s'embrasser sous le gui n'est pas encore venu, il est en revanche grand temps de se reposer après cette année 2013 bien chargée. Et il n'est pas question de choisir entre cure de thermalisme, séjour gastronomique, lecture au coin du feu ou sports d'hiver : direction Luchon, où il fait si bon vivre pour les gourmands, les sportifs, les adeptes du cocooning ou du thermalisme !

Ce n'est pas pour rien, en effet, que Luchon, blottie dans une vallée de la Haute-Garonne et toute proche de la frontière espagnole, est la station la plus visitée des Pyrénées. Celle que l'on appelle également « Bagnères-de-Luchon » – *balnearia* ou *balnearium* signifiant « bains » en latin – est renommée pour les propriétés de ses eaux thermales depuis des siècles. Ce sont les Romains qui, les premiers, aménagèrent des bains pour exploiter les sources de Luchon. Mais les invasions barbares eurent peu à peu raison de la renommée de la station, qui ne reconquit sa réputation qu'au XVIIIe siècle, sans la reperdre depuis.

À cette activité, perfectionnée au fil des ans, s'est ajoutée la pratique du ski, avec la construction de la station de Luchon-Superbagnères, domaine réparti en trois secteurs, entre pentes douces et ensoleillées pour les skieurs balbutiants, descente à travers la forêt et pistes au dénivelé plus franc, pour les plus aventureux.

Et après tant de dépenses, il serait bien dommage de ne pas s'attabler devant quelques spécialités locales : une assiettée de pétéram de Luchon, de brandade de truite d'Oô ou encore de pescajous, voilà de quoi remplir bien des estomacs…

Superbagnères, située à mille huit cents mètres d'altitude, domine Luchon, la Reine des Pyrénées, qui lui est reliée par un télécabine. En descendant les pistes vers le lac d'Arbesquences, il est ensuite possible de rejoindre le domaine skiable du pic de Céciré, culminant lui à deux mille quatre cent trois mètres d'altitude.

lundi 30 décembre

lever : 8 h 44
coucher : 17 h 02

St Roger

Un record en Rhône-Alpes

Rochefourchat, jolie localité de la Drôme, est à ce jour la commune de France la moins peuplée, puisqu'elle ne compte qu'un seul Rochefourchatien.

À table !

Mouclade des boucholeurs

Poitou-Charentes

Pour 4 personnes

Dans une casserole, mettre 3 échalotes ciselées, 40 cl de vin blanc et du persil. Cuire 5 min, ajouter 1,4 kg de moules. Quand les moules sont ouvertes, les retirer et les mettre dans un plat. Passer le jus de cuisson au tamis. Faire blondir 100 g de beurre avec 1 oignon, 2 échalotes et 1 gousse d'ail hachés. Ajouter 2 c. à soupe de farine et 1 pointe de safran. Mouiller avec le jus et laisser mijoter 30 min. Mélanger 3 jaunes d'œufs et 150 g de crème. Incorporer ce mélange à la sauce. Servir en nappant les moules.

La rubrique du 13 h

LE CENTRE HISTORIQUE MINIER DE LEWARDE

Nord-Pas-de-Calais

Autrefois, le bassin minier du Nord-Pas-de-Calais fournissait un tiers de la production française de charbon. Situé à l'emplacement d'une ancienne mine, le Centre historique de Lewarde rend hommage à ses travailleurs. Les visiteurs sont invités à prendre place dans les ascenseurs qui transportaient les mineurs entassés à près de cinq cents mètres sous terre, pour découvrir leurs conditions de travail, dans le noir, le bruit et la poussière. La visite ne serait pas complète sans un petit tour dans la « salle des pendus », où les « gueules noires », maculées de charbon, retrouvaient leur vrai visage.

Faune & flore

L'hirondelle de fenêtre

Île-de-France

C'est entre mai et août que ces hirondelles revenues d'Afrique investissent balcons et charpentes pour y faire leur nid. Certaines d'entre elles, particulièrement raffinées, apprécient les creux et recoins offerts par les monuments parisiens, notamment l'arc de triomphe du Carrousel du Louvre, où plusieurs colonies ont été repérées.

Il était une fois en 1789

Antoine Christophe Saliceti

Corse

Né à Saliceto, en Haute-Corse, en 1757, l'avocat Antoine Christophe Saliceti devient député du tiers état aux États généraux de 1789. C'est ainsi qu'il vote, le 30 décembre, le rattachement administratif de l'île de Beauté au royaume de France. Siégeant à la Convention en 1792 au côté des Montagnards, il est désigné pour aller surveiller Paoli en Corse, dont les intentions séparatistes sont source d'inquiétude. Il est aussi responsable de la nomination d'un commandant d'artillerie pour mater les révoltes de Toulon et de Marseille en 1793, un certain Napoléon Bonaparte... Napoléon devenu empereur aura pour lui ces mots : « Saliceti, les jours de danger, valait cent mille hommes ! »

mardi 31 décembre

lever : 8 h 44
coucher : 17 h 03

St Sylvestre

Devinette

Quel jardin a été inauguré en 2004 à Honfleur ?

Le jardin des Personnalités. Situé le long de la jetée, il couvre une superficie de dix hectares, et ses chemins sont jalonnés de bustes de personnalités ayant marqué la ville : peintres, artistes, navigateurs, personnages historiques.

Faune & flore

La punaise verte

Limousin

Cette punaise, qui mesure douze à quatorze millimètres de long, imite la végétation : elle devient brune à l'approche de l'hiver, avant de reverdir au printemps. Assez commune dans les jardins et les forêts, elle est tout à fait inoffensive, si on lui passe l'odeur nauséabonde qu'elle émet quand elle se sent menacée.

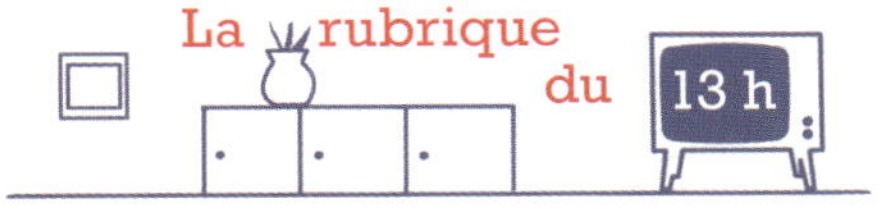

LE CHÂTEAU DE COUCY

Picardie

Sur un plateau balayé par le vent se dressent les ruines impressionnantes d'une forteresse élevée au XIIIe siècle par Enguerrand III, l'ambitieux seigneur de Coucy, qui voulait défier le pouvoir royal. À la frontière entre l'Île-de-France et la Picardie, le château dominait toute la vallée de l'Ailette. Le donjon, qui était autrefois le plus imposant de toute la chrétienté, avait des murs de plus de sept mètres d'épaisseur à la base et un diamètre de trente et un mètres. Démantelé au XVIIe siècle sur ordre de Mazarin, le château est restauré au XIXe siècle par Viollet-le-Duc, avant d'être détruit par les Allemands en 1917.

À table !

Caviar d'Aquitaine et noix de saint-jacques

Aquitaine

Pour 4 personnes

Ouvrir 8 coquilles Saint-Jacques. Les nettoyer en laissant les noix attachées à leur coquille. Préchauffer le four à 180 °C. Disposer les coquilles sur une plaque de four avec une noix de beurre demi-sel dans chacune.
Les cuire 5 min. Disposer 2 coquilles par assiette.
Répartir 100 g de caviar d'Aquitaine, en mettant 1 c. dans chaque coquille. Servir aussitôt avec du pain frais.

Il était une fois en 1476

Siège de Nancy

Lorraine

La bataille de Nancy oppose Charles le Téméraire, alors duc de Bourgogne, et René II, le duc de Lorraine. Deux sièges se succèdent à Nancy. Le premier est le fait de René II : la ville est tenue par les Bourguignons, avec une garnison de soldats anglais, qui capitulent en octobre 1476. Il y en aura un second, qui verra Charles le Téméraire revenir à l'assaut avec dix mille soldats. Il s'installe autour de la ville, mais l'hiver est dur. Le 31 décembre, sous le harcèlement des troupes de René II, Campobasso, le chef des mercenaires italiens à la solde du Téméraire, déserte avec cent quatre-vingts cavaliers et passe à l'ennemi. Découragée et affaiblie, l'armée bourguignonne est prise en tenaille, par surprise, en janvier 1477, et Charles le Téméraire est tué.

Crédits photographiques

1er janvier
13 h : © Les Pointilleuses
À table ! : © Biscuiterie Deymsier
Faune & flore : © Association de l'âne du Cotentin

2 janvier
À table ! : © Collection IM/KHARBINE-TAPABOR
Il était une fois en : © KEYSTONE-FRANCE

3 janvier
13 h : © Lucie Bergin-Violette
À table ! : © FOOD-micro – Fotolia.com
Faune & flore : © Collection Grob/KHARBINE-TAPABOR
Il était une fois en : © Jean-Baptiste Hostache

4 janvier
13 h : © Office de Tourisme de Bordeaux/R. Cellier
À table ! : © Gilles Chabrier – Mairie de Murat
Faune & flore : © Confrérie du Coco de Paimpol

5 janvier/6 janvier
De haut en bas :
© Gaëlle Vanherzeeke
© Coll. Perrin/KHARBINE-TAPABOR
© Mihai-Bogdan Lazar – Fotolia.com

7 janvier
13 h : © Vincent Nicko – Éditions Valoire- Estel – ChâteauCheverny
À table ! : © Distillerie du Cellier Saint-Pierre
Faune & flore : © photographe25700 – Fotolia.com
Il était une fois en : © Collection IM/KHARBINE-TAPABOR

8 janvier
13 h : © Stéphane Vérin – Fotolia.com
À table ! : © Fromagerie rouzaire
Il était une fois en : © Collection IM/KHARBINE-TAPABOR

9 janvier
13 h : © Office de Tourisme d'Airaines
À table ! : © FOOD-micro – Fotolia.com
Faune & flore : © Mathieu Despont
Il était une fois en : © Collection JEAN VIGNE/KHARBINE-TAPABOR

10 janvier
13 h : © Tony Hisget
À table ! : © Collection IM/KHARBINE-TAPABOR
Faune & flore : © Louis Capeloto – Fotolia.com
Il était une fois en : © Collection IM/KHARBINE-TAPABOR

11 janvier
13 h : © Office du Tourisme du Pays de Laval
À table ! : © Collection KHARBINE-TAPABOR
Faune & flore : © Yvann K – Fotolia.com
Il était une fois en : © Robert DOISNEAU/RAPHO

12 janvier/13 janvier
© Office du tourisme de Bonneval-sur-Arc
© Office du tourisme de Bonneval-sur-Arc

14 janvier
13 h : © Les Pointilleuses
À table ! : © lubashi – Fotolia.com
Faune & flore : © Conservatoire Botanique national Sud-Atlantique CBNSA-FB
Il était une fois en : © Louis MONIER/GAMMA

15 janvier
13 h : © Musée gallo-romain de Lyon-Fourvière, Jean-Michel Degueule
À table ! : © mimon – Fotolia.com
Faune & flore : © François Barthélemy
Il était une fois en : © Collection IM/KHARBINE-TAPABOR

16 janvier
13 h : © http://www.chateau-fort-manoir-chateau.eu
À table ! : © Confiserie Mazet de Montargis
Il était une fois en : © Collection KHARBINE-TAPABOR

17 janvier
13 h : © DD/www.les-mouettes-17.fr
À table ! : © Samuel DHOTE/Enrx – Espaces naturels régionaux Nord-Pas-de-Calais

Faune & flore : © www.lesbaladeux.com

18 janvier
13 h : © Pierre Oliva
À table ! : © Coll. Jonas/KHARBINE-TAPABOR
Il était une fois en : © Photo Migny/KHARBINE-TAPABOR

19 janvier/20 janvier
De haut en bas :
© javarman – Fotolia.com
© Collection IM/KHARBINE TAPABOR

21 janvier
13 h : © Aurélie Gigan
À table ! : © Collection IM/KHARBINE-TAPABOR
Faune & flore : © Olivier Delvaux/Enrx – Espaces naturels régionaux Nord-Pas de Calais
Il était une fois en : © Collection IM/KHARBINE-TAPABOR et © KHARBINE-TAPABOR

22 janvier
13 h : © hôtel Château de Pourtalès
Faune & flore : © Renaud Puissauve, photo prise à l'Eperont-Murat, Ferrière-Larçon (37)
Il était une fois en : © KEYSTONE-FRANCE

23 janvier
13 h : © Office de tourisme de Rocroy
Faune & flore : © mariec31 – Fotolia.com et © Collection IM/Kharbine Tapabor
Il était une fois en : © Barsupilami1512

24 janvier
13 h : © Service communication – Ville de Flers
À table ! : © Collection KHARBINE-TAPABOR et © nool – Fotolia.com
Faune & flore : © Parc naturel régional du Morvan
Il était une fois en : © KEYSTONE-FRANCE

25 janvier
13 h : © Olivier Poncelet – Fotolia.com
À table ! : © jeehyun – Fotolia.com
Il était une fois en : © Coll. Dixmier/KHARBINE-TAPABOR et © Ericos – Fotolia.com

26 janvier/27 janvier
De haut en bas :
© Office de Tourisme Angoulême
La Fille des Remparts © Synchro X

28 janvier
À table ! : © Collection Kharbine Tapabor et © msheldrake – Fotolia.com
Faune & flore : © James Kennerley, stagiaire bagueur – La Maison de l'estuaire
Savoirs d'Antan : © Collection IM/KHARBINE-TAPABOR
Il était une fois en : © Syndicat d'Initiative de Bain de Bretagne

29 janvier
13 h : © Karsten Thiele – Fotolia.com
À table ! : © RomainQuéré – Fotolia.com
Faune & flore : © emer – Fotolia.com

30 janvier
13 h : © Ville de Limoges – Vincent Schrive
À table ! : © Collection IM/KHARBINE-TAPABOR et © Frog 974 – Fotolia.com
Faune & flore : © Association Le Gyapète Barbu/Julien Heuret

31 janvier
13 h : © Lucie Bergin-Violette
À table ! : © blende40 – Fotolia.com
Faune & flore : © Sylvie Poulain
Il était une fois en : © Jean-Baptiste Hostache

1er février
13 h : © Marco Desscouleurs – Fotolia.com
À table ! : © Picturefoods.com – Fotolia.com
Faune & flore : © Pierre Bachelard -Association Entomologique d'Auvergne
Il était une fois en : © JEAN VIGNE/KHARBINE-TAPABOR

2 février/3 février
De gauche à droite :
© Christophe Brémont
© Christophe Brémont
© Collection IM/KHARBINE-TAPABOR

4 février
13 h : © Cédric Vanherzeeke
À table ! : © Jean-Baptiste Hostache
Faune & flore : © Jean-Baptiste Hostache

5 février
13 h : © Stéphane Deve – Mémorial de Caen
À table ! : © Collection KHARBINE-TAPABOR
Faune & flore : © Les Jardiniers d'Anjou et du Poitou/ www.cuissedepouletdupoitou.com

6 février
13 h : © Les Pointilleuses
À table ! : © meailleluc.com – Fotolia.com
Il était une fois en : © Jean-Baptiste Hostache

7 février
13 h : © C. Veran – Villa Kérylos
À table ! : © Jean-Marie Polese – Fotolia.com
Faune & flore : © Collection IM/KHARBINE-TAPABOR
Il était une fois en : © KEYSTONE-FRANCE

8 février
13 h : © Collection Château de Serrant
À table ! : © Collection IM/KHARBINE-TAPABOR
Faune & flore : © Thierry Helsens
Il était une fois en : © Léon Humblot

9 février/10 février
De haut en bas :
© Collection Grob/Kharbine-Tapabor
© C.J.C. – Fotolia.com

11 février
13 h : © Abbaye de Longpont
À table ! : © Collection KHARBINE-TAPABOR
Faune & flore : © Richard Griffin – Fotolia.com
Il était une fois en : © Collection IM/KHARBINE-TAPABOR

12 février
13 h : © Mairie d'Arques
Il était une fois en : © Jean-Baptiste Hostache
et © Collection IM/KHARBINE-TAPABOR

13 février
13 h : © Le Château de la Groulais
Faune & flore : © Chantal Noir
Il était une fois en : DR

14 février
13 h : © Musée départemental breton
À table ! : © Les Pointilleuses
Faune & flore : © FHoTo – Fotolia.com
Il était une fois en : © Collection IM/Kharbine-Tapabor

15 février
13 h : © Renaud Lambert – Fotolia.com
Faune & flore : © odg Kiwi Adour/Clin d'Oeil
Il était une fois en : © Collection KHARBINE-TAPABOR

16 février/17 février
De haut en bas :
© Collection IM/KHARBINE-TAPABOR
© jeanmi – Fotolia.com

18 février
13 h : © Frère Pierre – Abbaye de Léoncel
À table ! : © Jean-Baptiste Hostache
Faune & flore : © seefrau83 – Fotolia.com
et © V. Poupon
Il était une fois en : © Jean-Baptiste Hostache

19 février
13 h : © La Maison de la Salers
À table ! : © L'Andouillerie artisanale
Faune & flore : © Charly Farinelle
Il était une fois en : © Collection JEAN VIGNE/
KHARBINE TAPABOR

20 février
13 h : © CG 31
À table ! : © Collection Kharbine Tapabor
Faune & flore : © Patriarch38
Il était une fois en : © EXPLORER ARCHIVES/
KEYSTONE-FRANCE

21 février
13 h : © Corderie Royale
À table ! : © Malyshchyts Viktar – Fotolia.com
Faune & flore : © Jules Devos – Club Français du Boulant Lillois
Il était une fois en : © GARFIELD/STILLS/GAMMA

22 février
Faune & flore : © LaurentCrassous – Fotolia.com
Il était une fois en : © EXPLORER ARCHIVES/
KEYSTONE-FRANCE

23 février/24 février
De haut en bas :
Collection IM/KHARBINE-TAPABOR
Communauté de communes Gueret-St-Vaury © Com Com
Guéret JM Pericat

25 février
13 h : © Laurent Dorey
Faune & flore : © Les Pointilleuses
Il était une fois en : © KEYSTONE-FRANCE

26 février
13 h : © Gaëlle Vanherzeeke
Faune & flore : © Association de L'Herboretum -
www.herboretum.org
Il était une fois en : © KEYSTONE-FRANCE

27 février
13 h : © Laurence de Susanne – www.ilemayotte.com
À table ! : © Les Pointilleuses
Faune & flore : © Patriarch38
Il était une fois en : © Benjamin Haas – Fotolia.com

28 février
13 h : © Mairie de Mandeure
Il était une fois en : © Jean Vigne/KHARBINE-TAPABOR

1er mars
13 h : © Lucie Bergin-Violette
À table ! : © Collection KHARBINE-TAPABOR
Faune & flore : © RATEL Sébastien

2 mars/3 mars
De haut en bas :
© globe-trotter – Fotolia.com
© Collection Grob/Kharbine-Tapabor

4 mars
13 h : © Ruffo #6187314 – Fotolia.com
À table ! : © Jean-Baptiste Hostache
Faune & flore : © Paul Montagne
Il était une fois en : © Collection IM/KHARBINE-TAPABOR

5 mars
13 h : © OTI Sartenais Valinco Taravo
Faune & flore : © Picture Catcher – Fotolia.com

6 mars
13 h : © Parc de Thoiry
À table ! : © AIPPV, Produits de Vendée
Faune & flore : ©Daniel Guilhaume
Il était une fois en : © Avant-Demain/KHARBINE-TAPABOR

7 mars
13 h : © Cédric Vanherzeeke
À table ! : © Collection IM/KHARBINE-TAPABOR
et © Jörg Beuge – Fotolia.com

8 mars
13 h : © philippe montembaut – Fotolia.com
À table ! : © Jean-Baptiste Hostache

9 mars/10 mars
De haut en bas :
© Christophe Brémont
© Collection IM/KHARBINE-TAPABOR

11 mars
13 h : © Office de Tourisme St-Jean-Cap-Ferrat
À table ! : © Fromagerie de Mussy
Faune & flore : © jagodka – Fotolia.com

12 mars
13 h : © Thierry DOMY – Fotolia.com
À table ! : © Collection KHARBINE-TAPABOR
Faune & flore : © Guy Dupuy
Il était une fois en : Collection IM/KHARBINE-TAPABOR

13 mars
13 h : © porschelegend – Fotolia.com
À table ! : Coll. MIGNY/KHARBINE-TAPABOR
Faune & flore : © Jean-Baptiste Hostache
Il était une fois en : © Mr J.P. EPIN

14 mars
13 h : © Florian Kleinefenn
À table ! : © laurent hamels – Fotolia.com

15 mars
13 h : © Maison de la Magie
À table ! : © Ever – Fotolia.com
et © Corbis – Fotolia.com
Il était une fois en : © Jean-Marie Polese – Fotolia.com

16 mars/17 mars
De haut en bas :
© Jean-Baptiste Hostache
© Bernard Bramoullé
© Pascal QUITTEMELLE/JACANA

18 mars
13 h : http://www.chateau-terreneuve.com/
À table ! : © FOOD-pictures – Fotolia.com
Il était une fois en : © vmonet – Fotolia.com

19 mars
13 h : © cynoclub – Fotolia.com
À table ! : http://www.chocadom.com/
Faune & flore : © Quentin Rome

20 mars
13 h : © D.Halleux, CEL
À table ! : © littleny – Fotolia.com
Il était une fois en : © JEAN VIGNE/KHARBINE TAPABOR

21 mars
13 h : © Office du tourisme Le Pays du Royans
À table ! : © IM/KHARBINE-TAPABOR
Faune & flore : © Collection IM/KHARBINE-TAPABOR
Il était une fois en : © Collection KHARBINE-TAPABOR

22 mars
13 h : Villa Majorelle, Nancy, porte d'entrée (détail), vers 1902-1903. © Nancy, cliché P. Mignot
À table ! : © Normandie Fraîcheur Mer

23 mars/24 mars
De haut en bas, de gauche à droite :
© Collection IM/KHARBINE-TAPABOR
© dutourdumonde – Fotolia.com
© Collection IM/KHARBINE-TAPABOR
© Phare de Verzenay

25 mars
13 h : © F. Debaisieux
À table ! : © Collection privee/KHARBINE-TAPABOR
Il était une fois en : © KEYSTONE-FRANCE

26 mars
13 h : © Gérard Féron
À table ! : © Picture Partners – Fotolia.com
Il était une fois en : © Collection IM/KHARBINE-TAPABOR

27 mars
13 h : © Christian Riviere/www.tourisme-tarn.com
À table ! : Collection IM/KHARBINE-TAPABOR
et © Λεωνιδας – Fotolia.com
Faune & flore : © Jean-Baptiste Hostache

28 mars
13 h : © Photo Musées de Cognac
À table ! : © Gilles Paire – Fotolia.com
Il était une fois en… : © KEYSTONE-FRANCE

29 mars
13 h : Christophe Brémont
À table ! : © PHB.cz – Fotolia.com
et © ChantalS – Fotolia.com
Il était une fois en : © Jean-Baptiste Hostache

30 mars/31 mars
De haut en bas :
© J.L. Sarda

© Jean-Baptiste Hostache
© La Cocagne
© La Cocagne
© La Cocagne
© La Cocagne

1er avril
À table ! : © Jean-Baptiste Hostache
13 h : © PackShot – fotolia.com
Faune & flore : © Mathieu Menand
Il était une fois en : © Vpe

2 avril
À table ! : © fafoutis – fotolia.com
13 h : © musée Unterlinden, Colmar
Faune & flore : © Mathieu Menand
Il était une fois en : © Jean-Baptiste Hostache

3 avril
À table ! : © Collection IM/KHARBINE-TAPABOR
13 h : © Dino-Zoo
Faune & flore : © Nelly Venue
Il était une fois en : © Jmalo

4 avril
À table ! : © Collection IM/KHARBINE-TAPABOR
13 h : © Communuaté de Communes de Ventadour
Faune & flore : © Ferme de Valcroze
Il était une fois en : © JEAN VIGNE/KHARBINE-TAPABOR

5 avril
À table ! : © Les Pointilleuses
13 h : © Jean-Louis Jully

6 avril/7 avril
© Coll. Perrin/KHARBINE-TAPABOR
© Collection IM/KHARBINE-TAPABOR

8 avril
À table ! : © Uncle Sam – fotolia.com
13 h : © Aurélie Gigan
Faune & flore : © Mathieu Menand
Savoirs d'Antan : © Collection IM/KHARBINE-TAPABOR
Il était une fois en : © Cyrus Cornut

9 avril
13 h : © Dominique Hervé
Il était une fois en : © Collection KHARBINE-TAPABOR

10 avril
À table ! : © Steflemulot
13 h : © Office de tourisme de Blaye
Faune & flore : © Monregard – fotolia.com

11 avril
À table ! : © Peetsa – fotolia.com
13 h : © Service communication mairie de Fontvieille
Faune & flore : © CTA – fotolia.com

12 avril
À table ! : © Association des producteurs de Ratafia de Champagne
13 h : © Les Pointilleuses
Faune & flore : © Philippe Jourde
Il était une fois en : © Cheuva/KHARBINE-TAPABOR

13 avril/14 avril
De gauche à droite :
© Gaëlle Vanherzeeke
© Collection KHARBINE-TAPABOR
© Gaëlle Vanherzeeke

15 avril
13 h : © Jean-Baptiste Hostache
Faune & flore : © Sica de Saint-Pol-de-Léon
Il était une fois en : © Coll. Jonas/KHARBINE-TAPABOR

16 avril
À table ! : © Collection IM/KHARBINE-TAPABOR
13 h : © CP Didillon
Faune & flore : © Nicola Destefano – fotolia.com
Il était une fois en : © Jean Vigne/KHARBINE-TAPABOR

17 avril
À table ! : © Georges Lièvre – fotolia.com et © Chef – fotolia.com
13 h : © PackShot – fotolia.com
Il était une fois en : © Jean-Baptiste Hostache

18 avril
À table ! : © Collection KHARBINE-TAPABOR et FOOD-images – fotolia.com
13 h : © France miniature
Faune & flore : © Jean-Baptiste Hostache
Il était une fois en : © Collection Mx/Kharbine-Tapabor

19 avril
13 h : © Daniel RAPAICH
Faune & flore : © Jean-Marie Polese – fotolia.com et © Studiophotopro – fotolia.com

20 avril/21 avril
De haut en bas :
© David Hameau – fotolia.com
© Philippe Surmely – fotolia.com
© Jean-Baptiste Hostache

22 avril
À table ! : © IPixela– fotolia.com
13 h : © Dianepix – fotolia.com
Il était une fois en : © Avant-Demain/KHARBINE-TAPABOR

23 avril
À table ! : © Laurent Giraud
13 h : © Ville de Crest

24 avril
À table ! : © hugo Meric
13 h : © OTSI Pays de Fougère
Faune & flore : © André Laforgue
Il était une fois en : © Collection Grob/Kharbine-Tapabor

25 avril
À table ! : © Studio DER – fotolia.com
13 h : © Ville de Limoges - Vincent Schrive
Faune & flore : © Uros Petrovic – fotolia.com
Savoirs d'Antan : Team 5 – fotolia.com
Il était une fois en : © Coll. Jonas/KHARBINE-TAPABOR

26 avril
À table ! : © Jean-Baptiste Hostache
13 h : © G. Sully
Il était une fois en : © Collection IM/Kharbine-Tapabor

27 avril/28 avril
© Les Pointilleuses
© Jean-Baptiste Hostache
© B. Piccoli – fotolia.com

29 avril
À table ! : © Marco Mayer – fotolia.com
13 h : © CMT17 M. Scattolin
Faune & flore : © Arnaud Lathuille – fotolia.com
Il était une fois en : © Collection KHARBINE-TAPABOR

30 avril
13 h : © Le parc de la Cité de l'espace-M. Huyr h
Faune & flore : © Aurélie Gigan
Il était une fois en : © KEYSTONE-FRANCE

1er mai
À table ! : © Collection IM/KHARBINE-TAPABOR
et © O Meerson – fotolia.com
13 h : © Photo Illustria

2 mai
À table ! : © Credit Collection LOU/Kharbine-Tapabor
13 h : © Laure Gautherot – OTSR
Faune & flore : © Guy – fotolia.com
Il était une fois en : © Micheline Canal

3 mai
À table ! : © SIFAm, Ludovic Combe
13 h : © histoire et Patrimoine
Faune & flore : © Mathieu Menand
Il était une fois en : © Collection KHARBINE-TAPABOR

4 mai/5 mai
De gauche à droite :
© Collection KHARBINE-TAPABOR
© Collection KHARBINE-TAPABOR
© Association GEVO – Village des Vieux Métiers

6 mai
À table ! : © Food-micro – fotolia.com
13 h : © Photothèque OMT Ajaccio
Il était une fois en : © Coll. Jonas/KHARBINE-TAPABOR

7 mai
À table ! : © Photlook – fotolia.com
13 h : © M.- J. Petitet
Faune & flore : © Alonbou – fotolia.com

8 mai
À table ! : © E. Gachot, Association
Les Amis de Milly-en-Gâtinais et Environs
13 h : © Aurélie Gigan
Faune & flore : © Mathieu Menand
Il était une fois en : © KEYSTONE-FRANCE

9 mai
À table ! : © Vitas – fotolia.com
13 h : © Efbee – fotolia.com
Faune & flore : © Confrérie Gourmande du Cochon de Bayeux
Il était une fois en : © Collection Kharbine-Tapabor

10 mai
À table ! : © Guy Buchheit
13 h : © Manoir d'Ango
Faune & flore : © Marco Barone – fotolia.com
Il était une fois en : © Collection Grob/Kharbine-Tapabor

11 mai/12 mai
De gauche à droite :
© Collection LOU/KHARBINE-TAPABOR
© Photos Jcc – fotolia.com
© KEYSTONE-FRANCE

13 mai
À table ! : © Illustrez-vous – fotolia.com
13 h : © Julien Charrier
Faune & flore : © Jean-Baptiste Hostache
Il était une fois en : © Coll. Perrin/KHARBINE-TAPABOR
et © Jean-Baptiste Hostache

14 mai
À table ! : © Corinne Matusiak – fotolia.com
13 h : © Julien Lièvre
Faune & flore : © Florian Andronache – fotolia.com
Il était une fois en : © Collection KHARBINE-TAPABOR

15 mai
À table ! : © Parc nturel régional du Vercors
13 h : © Pôle International de la Préhistoire
Faune & flore : © Collection MX/KHARBINE-TAPABOR
Il était une fois en : © KEYSTONE-France

16 mai
À table ! : © Illustrez-vous – fotolia.com
13 h : © Collection IM/KHARBINE-TAPABOR
Faune & flore : © S. R. Miller – fotolia.com

17 mai
À table ! : www.la-main-a-la-pate.fr
13 h : © Laurent Rousselin
Faune & flore : © Nicolas Blanche – sauvagement-bon.blogspot.com
Il était une fois en : © Jean Vigne/KHARBINE-TAPABOR

18 mai/19 mai
De haut en bas :
© Jean-Jacques Cordier – fotolia.com
© Collection IM/KHARBINE-TAPABOR
© Jean-Jacques Cordier – fotolia.com

20 mai
À table ! : © Dbvirago – fotolia.com
13 h : © Ville de Bastia – Photo : Pascal Renucci
Il était une fois en : © Coll. Jonas/KHARBINE-TAPABOR

21 mai
À table ! : © TwilightArtPictures – fotolia.com
13 h : © Archives municipales de Tours
Faune & flore : © Claudia Hake – fotolia.com
Il était une fois en : © KEYSTONE-FRANCE

22 mai
À table ! : © Collection MA/KHARBINE-TAPABOR
et © FOOD-pictures – fotolia.com
13 h : © Saut aux loups
Faune & flore : © Mathieu Menand
Il était une fois en : © Coll. Jonas/KHARBINE-TAPABOR

23 mai
À table ! :© Jean-Baptiste Hostache
13 h : © Grotte de Clamouse/Olivier Maynard
Faune & flore : © Icarus images – fotolia.com

24 mai
À table ! : © Atoss – fotolia.com
et © Umberto Leporini – fotolia.com
13 h : © Ville de Saint-Amand-les-Eaux
Faune & flore : © Florilegius/KHARBINE-TAPABOR
et © Italiapuglia73 – fotolia.com
Il était une fois en : © Jean Vigne/KHARBINE-TAPABOR

25 mai/26 mai
De gauche à droite, de haut en bas :
© B. Piccoli – fotolia.com
© Maurice SUBERVIE/HOA-QUI
© Coll. Perrin/KHARBINE-TAPABOR

27 mai
À table ! : © Food-micro – fotolia.com
13 h : © Abbaye Notre-Dame-de-Randol
Il était une fois en : © Fanacsp

28 mai
À table ! : © Collection IM/KHARBINE-TAPABOR
13 h : © Typhaine Joüon des Longrais
Il était une fois en : © Legabatch – fotolia.com

29 mai
À table ! : © Malena und Philipp K – fotolia.com
13 h : © Aquarium La Rochelle SAS
Il était une fois en : © Jean-Baptiste Hostache

30 mai
À table ! : © Snaptitude – fotolia.com
et © Svenja98 – fotolia.com
13 h : © OT de Noblat
Il était une fois en : © Collection IM/KHARBINE-TAPABOR

31 mai
À table ! : © Dean Moriarty – fotolia.com
13 h : © M. Teissedre
Faune & flore : © Jean-Baptiste Hostache
Il était une fois en : © Olivier Guerin – fotolia.com

1er juin/2 juin
De haut en bas :
© CDT Somme – AB
© Denis Courtois créateur de la Transbaie
© Chemin de Fer de la Baie de Somme
© CDT Somme – AB

3 juin
13 h : © Le Château des Énigmes
Faune & flore : © Mathieu Menand
Savoirs d'Antan : © Collection KHARBINE-TAPABOR
Il était une fois en : © Collection KHARBINE-TAPABOR

4 juin
13 h : © Sanctuaire Notre-Dame de Montligeon
Faune & flore : © Evgenyi – fotolia.com
Il était une fois en : © Collection KHARBINE-TAPABOR
et © Collection SSPL/KHARBINE-TAPABOR

5 juin
À table ! : © Atoss – fotolia.com
13 h : © Éric Gaty
Faune & flore : © Jean-Baptiste Hostache

6 juin
À table ! : © Tatjana Gupalo – fotolia.com
et © Svehlik – fotolia.com
13 h : © Jean-Pierre Kueny
Faune & flore : © Renaud Puissauve
Savoirs d'Antan : © Collection IM/KHARBINE-TAPABOR
Il était une fois en : © Collection KHARBINE-TAPABOR

7 juin
À table ! : © Brad Pict – fotolia.com
13 h : © Régis Debert
Faune & flore : © Syndicat de défense de l'ail violet de cadours – Sébastien Garacia
Il était une fois en : © Mairie de Beauvoir

8 juin/9 juin
© Steduca – fotolia.com
© Collection KHARBINE-TAPABOR

10 juin
À table ! : © Collection IM/KHARBINE-TAPABOR
13 h : © Prieuré de La Charité-sur-Loire
Faune & flore : © Frédéric Barbe

11 juin
À table ! : © Jean-Baptiste Hostache
13 h : © Raybecca – fotolia.com

12 juin
À table ! : © Collection IM/KHARBINE-TAPABOR
13 h : © Catherine Leroy
Faune & flore : © Mathieu Menand
Il était une fois en : © Collection Grob/KHARBINE-TAPABOR

13 juin
À table ! : © Collection IM/KHARBINE-TAPABOR
13 h : © Mairie de Valence, service communication
Faune & flore : © Florian Andronache – fotolia.com
Il était une fois en : © Croquant

14 juin
À table ! : © Senoldo – fotolia.com
et © Collection IM/KHARBINE-TAPABOR
13 h : © PackShot – fotolia.com
Faune & flore : © Florian Andronache – fotolia.com
Il était une fois en : © Collection KHARBINE-TAPABOR

15 juin/16 juin
De gauche à droite :
© Coll. Jonas/KHARBINE-TAPABOR
© Jean-Baptiste Hostache
© Tilio & Paolo – fotolia.com

17 juin
À table ! : © Frédéric Prochasson – fotolia.com
13 h : © Musée basque
Faune & flore : © David Delecourt – fotolia.com
Il était une fois en : © Collection IM/KHARBINE-TAPABOR

18 juin
À table ! : © Studio DER – fotolia.com
13 h : © SFG – fotolia.com
Il était une fois en : © KEYSTONE-FRANCE

19 juin
À table ! : © Jean Luc Girod
13 h : © Laurent Lechat

20 juin
À table ! : © Antonio Scarpi – fotolia.com
© Andy Listone – fotolia.com
13 h : © Jundream – fotolia.com
Faune & flore : © DR
Il était une fois en : © Cheuva/KHARBINE-TAPABOR

21 juin
13 h : © Loïc Langlet, ville des Herbiers
Faune & flore : © Evrard De Caqueray
Il était une fois en : © Chantal Ceccethi – fotolia.com
et © Mark Atkins – fotolia.com

22 juin/23 juin
De gauche à droite, de haut en bas:
© Jean Vigne/KHARBINE-TAPABOR
© Les Pointilleuses
© Les Pointilleuses

24 juin
À table ! : © Collection IM/KHARBINE-TAPABOR
13 h : © Musée des Beaux Arts de Chartres
Faune & flore : © Infinimentphoto – fotolia.com
Savoirs d'Antan : © Morchella – fotolia.com

25 juin
À table ! :© Distillerie Pierre GUY
13 h : © Jacques Driol
Faune & flore : © Coll. MIGNY/KHARBINE-TAPABOR
Il était une fois en : © Collection KHARBINE-TAPABOR

26 juin
13 h : © Michel Vincendeau – Mesvoyagesenfrance.com
Faune & flore : © Mathieu Menand
Il était une fois en : © Muséum de Toulouse/Eugène Trutat

27 juin
À table ! : © Christian Jung – fotolia.com
13 h : © Domaine du Montmarin
Il était une fois en : © KEYSTONE-France

28 juin
À table ! : Aisha – fotolia.com
13 h : © B. Gully
Faune & flore : © Collection MX/KHARBINE-TAPABOR
Savoirs d'Antan : © GeoM– fotolia.com
Il était une fois en : © Atmospheric – fotolia.com

29 juin/30 juin
De gauche à droite :
© Collection PERRIN/Kharbine-Tapabor
© Collection IM/KHARBINE-TAPABOR
© Collection IM/KHARBINE-TAPABOR
© Jean-Paul Bounine – fotolia.com

1er juillet
À table ! : © Michel Petit
13 h : © Office de tourisme des Gorges et des Causses
Faune & flore : © Mathieu Menand
Il était une fois en : © KERBY/GAMMA

2 juillet
À table ! : © g215 – fotolia.com

Faune & flore : © Jean-Baptiste Hostache
Il était une fois en : © Collection Kharbine-Tapabor

3 juillet
À table ! : © Brad Pict – fotolia.com
13 h : © Philippe Le Pareux
Faune & flore : © Zorandim75 – fotolia.com
Il était une fois en : © Coll. JeanVigne/KHARBINE-TAPABOR

4 juillet
À table ! : © Marco Mayer – fotolia.com
13 h : © Roland Gilberto
Faune & flore : © Kriss de Niort
Il était une fois en : © Collection IM/KHARBINE-TAPABOR

5 juillet
À table ! : © Syndicat AOP Ossau-Iraty
13 h : © Bibracte, cliché Antoine Maillier
Faune & flore : © Paul Deschaume – fotolia.com
Il était une fois en : © Marco Desscouleurs – fotolia.com

6 juillet/7 juillet
De haut en bas :
© Collection IM/KHARBINE-TAPABOR
© Gaëlle Vanherzeeke
© Gaëlle Vanherzeeke
© Collection KHARBINE-TAPABOR

8 juillet
À table ! : © VDV – http://www.finisteresud.com
13 h : © Cyril Comtat
Faune & flore : © Jean-Baptiste Hostache
Il était une fois en : © Collection KHARBINE-TAPABOR

9 juillet
À table ! : © pâtisserie Calvagnac
13 h : © Thierry Leroy
Faune & flore : © hotshotsworldwide – fotolia.com

10 juillet
À table ! : © correcaminos112 – fotolia.com
13 h : © Ghislain Vados/Mairie de Sochaux
Faune & flore : © Mathieu Menand
Il était une fois en : © Jean Vigne/KHARBINE-TAPABOR

11 juillet
À table ! : © Ter Créa/Comité de Promotion Nord-Pas de Calais
13 h : © Les Pointilleuses

12 juillet
13 h : © Photothèque CTC
Il était une fois en : © Éric CATARINA/STILLS/GAMMA

13 juillet/14 juillet
De haut en bas :
© Collection IM/KHARBINE-TAPABOR
© Collection KHARBINE-TAPABOR, photo S. AGEORGES/
KHARBINE-TAPABOR
© Regor Imperator – fotolia.com

15 juillet
À table ! : © Collection IM/KHARBINE-TAPABOR
13 h : © Édition R.Delon-Castelet
Il était une fois en : © KEYSTONE-France

16 juillet
À table ! : © Les Pointilleuses
13 h : © Les Parfumeries Fragonard – Grasse
Faune & flore : © Renaud Puissauve

17 juillet
À table ! : © FOOD-micro – fotolia.com
13 h : © Aurélien Pottier – fotolia.com
Faune & flore : © Coll. Jonas/KHARBINE-TAPABOR
Il était une fois en : © Coll. Galdespho/KHARBINE-TAPABOR

18 juillet
13 h : © Collection musée Hector-Berlioz
Faune & flore : © Jean-Baptiste Hostache
Il était une fois en : © maurosessanta – Fotolia.com

19 juillet
13 h : © henri Frontier – fotolia.com
Savoirs d'Antan : Coll. Jonas/KHARBINE-TAPABOR
Faune & flore : © Xaver Klaußner – fotolia.com
Il était une fois en : © KEYSTONE-France

20 juillet/21 juillet
© Collection KHARBINE-TAPABOR
© Collection KHARBINE-TAPABOR
© Alain Guérin

22 juillet
À table ! : © gerbera156 – fotolia.com
13 h : © : Office de Tourisme du Doullennais
Faune & flore : © Coll. Jonas/KHARBINE-TAPABOR
Il était une fois en : © Collection Grob/KHARBINE-TAPABOR

23 juillet
À table ! : © sassyphotos – fotolia.com
13 h : © Collection IM/KHARBINE-TAPABOR
Faune & flore : © MIGNY/KHARBINE TAPABOR
Il était une fois en : © Collection Kharbine-Tapabor

24 juillet
À table ! : © Syndicat Ail rose de Lautrec
13 h : © Musée Les Sources d'Hercule/Sébastien Bonhomme
Faune & flore : © E.Kernick – fotolia.com
Il était une fois en : © Collection IM/KHARBINE-TAPABOR

25 juillet
À table ! : © Unclesam – fotolia.com
13 h : © EPCC Théâtre Foirail Camifolia
Faune & flore : © snowwhiteimages – fotolia.com
Savoirs d'Antan : Collection KHARBINE-TAPABOR
Il était une fois en : © Jean-Jacques Cordier – fotolia.com

26 juillet
À table ! : © Lorenzo Galluzzi – fotolia.com
13 h : © ville de Romorantin
Faune & flore : © Sophie Alvacete – fotolia.com
Il était une fois en : © JEAN VIGNE/KHARBINE-TAPABOR

27 juillet/28 juillet
De haut en bas :
© Coll. Perron/KHARBINE-TAPABOR
© Musées des techniques et cultures comtoises/Cl. M. Paygnard
© Alexis Borg – fotolia.com

29 juillet
À table ! : © Alain Wacquier – fotolia.com
13 h : © ALTIMAGE Philippe Frutier
Faune & flore : © Jean-Baptiste Hostache
Il était une fois en : © DAVID SILPA/UPI/GAMMA

30 juillet
À table ! : © Studio DER– fotolia.com
13 h : © 6franc6
Faune & flore : © Michel SFEZ/KHARBINE-TAPABOR
Il était une fois en : © Collection IM/KHARBINE-TAPABOR

31 juillet
À table ! : © Laure Fons – fotolia.com
13 h : © J-M. Péricat/Collection Communauté de Communes de Guéret Saint-Vaury
Faune & flore : © Frédéric Bruschet
Il était une fois en : © John LAUNOIS/RAPHO

1er août
À table ! : © Paul Brighton – fotolia.com
13 h : © Philippe Fraysseix
Faune & flore : © Collection Grob/KHARBINE-TAPABOR

2 août
À table ! : © Collection IM/KHARBINE-TAPABOR
13 h : © Musée des Maisons comtoises
Faune & flore : © Fleurs des Causses et des Cévennes
Il était une fois en : © KEYSTONE-FRANCE

3 août/4 août
© Taonet – fotolia.com
© Gregory CEDENOT – fotolia.com
© Shoenberg – fotolia.com
© Romaneau – fotolia.com

5 août
À table ! : © Ziablik – fotolia.com
13 h : © Photo La Goélette/La Casadéenne
Faune & flore : © Jean-Baptiste Hostache
Il était une fois en : © PackShot – Fotolia.com

6 août
À table ! : © Svenja98 – fotolia.com
13 h : © Office du Tourisme de la Vallée du Louron/TDF
Faune & flore : © CDT Somme-AW

7 août
À table ! : © Jean-Baptiste Hostache
13 h : © Daniel Lerouge
Faune & flore : © M. Schuppich – fotolia.com

8 août
13 h : © Cédric Vanherzeeke
Faune & flore : © Design56 – fotolia.com
Il était une fois en : © Collection KHARBINE-TAPABOR

9 août
À table ! : © Délices de Marina
Faune & flore : © J.C. Périquet
Il était une fois en : © Collection IM/KHARBINE-TAPABOR

10 août/11 août
De haut en bas:
© Ionut Dobrescu– fotolia.com
© Collection Grob/KHARBINE-TAPABOR
© RDR_PUBLIC©EMMA_PROMPT

12 août
À table ! : © unpict – fotolia.com
13 h : © Thierry Vouriot
Faune & flore : © Geza Farkas – fotolia.com
Il était une fois en : © Jean-Baptiste Hostache

13 août
À table ! : © Balint Radu – fotolia.com
13 h : © Guiry – fotolia.com
Faune & flore : © Toenne – fotolia.com

14 août
À table ! : © Jean-Luc Girolet – fotolia.com
13 h : © Dany Dietmann
Faune & flore : © Jean-Baptiste Hostache
Savoirs d'Antan : © svl861 – fotolia.com
Il était une fois en : © Saffier de Bard – Tous droits réservés

15 août
À table ! : © Collection IM/KHARBINE-TAPABOR
13 h : © Département de Seine-Maritime
Faune & flore : © Mathieu Menand
Il était une fois en : © JEAN VIGNE/kharbine-tapabor

16 août
13 h : © Marvinette
Il était une fois en : © Jean-Baptiste Hostache

17 août/18 août
De haut en bas, de gauche à droite:
© Collection IM/KHARBINE-TAPABOR
© Collection IM/KHARBINE-TAPABOR
© Ville de Dax
© Serge Lafourcade - Ville de Dax
© Serge Lafourcade - Ville de Dax
© Ville de Dax – Joffo

19 août
À table ! : © Pierre Cotard
13 h : © Camille Didelon
Faune & flore : © Mathieu Menand

20 août
À table ! : © Jean-Baptiste Hostache
13 h : © Comité de promotion de Serre Ponçon
Faune & flore : © hervé Christophe/Panorama Volcanic
Il était une fois en : © Rossi Xavier

21 août
À table ! : © Claude Calcagno – fotolia.com
13 h : © Coll. Galdoc-Grob/KHARBINE-TAPABOR
Faune & flore : © Florian Andronache – fotolia.com
Il était une fois en : © Collection KHARBINE-TAPABOR

22 août
13 h : © Office de Tourisme de Senlis
Faune & flore : © Jocelyn Claude – www.maisondelareserve.fr
Il était une fois en : © Cheuva/KHARBINE-TAPABOR

23 août
À table ! : © Illustrez-vous – fotolia.com
13 h : © DR/Communauté de communes de Beaufort en Anjou
Faune & flore : © Jean-Baptiste Hostache
Il était une fois en : © Jean Vigne/KHARBINE-TAPABOR

24 août/25 août
De gauche à droite, de bas en haut :
© Collection KHARBINE-TAPABOR
© Office Saint-Rémy-de-Provence

26 août
À table ! : © Collection Grob/KHARBINE-TAPABOR
13 h : © Fraispertuis-City
Faune & flore : © Sasha Burkard – fotolia.com
Il était une fois en : © Coll. Jonas/KHARBINE-TAPABOR

27 août
À table ! : © Jean-Baptiste Hostache
13 h : © Collection Office de Tourisme du Lac du Der/
Pascal Bourguignon
Faune & flore : © Lagopède – fotolia.com
Il était une fois en : © Collection Kharbine-Tapabor

28 août
À table ! : © Malyshchyts – fotolia.com
13 h : © Conseil général du Loiret
Faune & flore : © Mathieu Menand
Il était une fois en : © Collection KHARBINE-TAPABOR

29 août
À table ! : © Collection IM/KHARBINE-TAPABOR
13 h : © DR
Faune & flore : © Jean-Baptiste Hostache
Il était une fois en : © Collection IM/KHARBINE-TAPABOR

30 août
À table ! : © Collection KHARBINE-TAPABOR
13 h : © Thierry Drosson
Savoirs d'Antan : Collection KHARBINE-TAPABOR
Il était une fois en : © Mariec32 – fotolia.com

31 août/1er septembre
De gauche à droite, de haut en bas :
© Collection IM/KHARBINE-TAPABOR
© Philippe Gisselbrecht/ Office de Tourisme Metz
© Philippe Gisselbrecht/ Office de Tourisme Metz

2 septembre
À table ! : © JPC Prod – fotolia.com
13 h : © Maison de la Porcelaine
Faune & flore : © Konstanze Gruber – fotolia.com

3 septembre
À table ! : © mesre7a10po.canalblog.com
13 h : © Marthe Knockaert
Faune & flore : © Coll. Jonas/KHARBINE-TAPABOR
Il était une fois en : © henri COSQUER/GAMMA

4 septembre
À table ! : © Mathieu Menand
13 h : © Samuel Borges – fotolia.com
Faune & flore : © Mattei – fotolia.com
Savoirs d'Antan : Collection IM/KHARBINE-TAPABOR

5 septembre
À table ! : © emer – fotolia.com
et Lilith da Vinci – fotolia.com
13 h : © Gabriel Vieille/Ville de Besançon
Il était une fois en : © Jean-Baptiste Hostache

6 septembre
À table ! : © Rossignol/KHARBINE-TAPABOR
et Sébastien Garcia – fotolia.com
13 h : © Office de tourisme du pays de Massiac
Faune & flore : © Guillaume Doucet

7 septembre/8 septembre
De gauche à droite, de haut en bas :
© Cheuva/KHARBINE-TAPABOR
© Marc Dantan
© Le Studio Alchimie – fotolia.com

9 septembre
13 h : © Sébastien Bergé
Faune & flore : © Morphart – fotolia.com
Il était une fois en : © Collection Grob/KHARBINE-TAPABOR

10 septembre
À table ! : © Web buttons – fotolia.com
13 h : © Pat on stock – fotolia.com
Faune & flore : © FOOD-micro – fotolia.com
Savoirs d'Antan : tsach – fotolia.com

11 septembre
À table ! : © Corinne Matusiak – fotolia.com
13 h : © Cité de l'huitre/O. Chanoit
Faune & flore : © Yves Dewulf – fotolia.com
Il était une fois en : © Coll. Perron/KHARBINE-TAPABOR

12 septembre
13 h : © Jimjag – fotolia.com

13 septembre
À table ! : © Collection IM/KHARBINE-TAPABOR
13 h : © Vallée de Kaysersberg
Faune & flore : © dm – fotolia.com
Il était une fois en : © Pascal Destercke – fotolia.com

14 septembre/15 septembre
De gauche à droite, de haut en bas :
© Collection IM/KHARBINE-TAPABOR
© Philippe BODY/HOA-QUI
© Jean-Daniel SUDRES/TOP

16 septembre
À table ! : © kaspar-art – fotolia.com
13 h : © Collection KHARBINE-TAPABOR
Faune & flore : © www.flickr.com/photos/jeanrouck
Il était une fois en : © Collection KHARBINE-TAPABOR

17 septembre
À table ! : © Rossignol/KHARBINE-TAPABOR
et © Comité de Promotion Nord-Pas de Calais
13 h : © Renaud Camus
Faune & flore : © Morphart – fotolia.com

18 septembre
À table ! : © Comugnero Silvana – fotolia.com
13 h : © Jessica Blanc – fotolia.com
Faune & flore : © Collection KHARBINE-TAPABOR
Il était une fois en : © Jean-Baptiste Hostache

19 septembre
À table ! : © Sergej Razvodovski – fotolia.com
13 h : © B. Piccoli
Faune & flore : © Jean-Baptiste Hostache
Il était une fois en : © Collection KHARBINE-TAPABOR

20 septembre
À table ! : © Dionisvera – fotolia.com
et Coprid – fotolia.com
13 h : © OTCM
Faune & flore : © Aleksander Bolbot – fotolia.com
Il était une fois en : © KEYSTONE-France

21 septembre/22 septembre
De haut en bas, de gauche à droite :
© Franck Cadeau – fotolia.com
© Isabelle Barthe – fotolia.com
© Collection KHARBINE-TAPABOR
© Coll. Galdoc-Grob/KHARBINE-TAPAB
© Coll. Galdoc-Grob/KHARBINE-TAPAB
© Collection IM/KHARBINE-TAPABOR
© Collection IM/KHARBINE-TAPABOR

23 septembre
À table ! : © Mike Meleski – fotolia.com
13 h : © Potager des princes
Faune & flore : © Mathieu Menand
Il était une fois en : © Collection KHARBINE-TAPABOR

24 septembre
À table ! : © Collection KHARBINE-TAPABOR
13 h : © Service photo/Ville de Grenoble
Faune & flore : © Shocky – fotolia.com

25 septembre
À table ! : © Packshot – fotolia.com
13 h : © David SHERWOOD

26 septembre
À table ! : © FOOD-micro – fotolia.com
13 h : © Sylvain Baret
Il était une fois en : © ra2 studio – fotolia.com

27 septembre
À table ! : © Syndicat de défense du Chasselas de Moissac AOC
13 h : © LLPhotography – fotolia.com
Faune & flore : © drakis – fotolia.com
Il était une fois en : © Collection Grob/KHARBINE-TAPABOR

28 septembre/29 septembre
De gauche à droite :
© Collection IM/KHARBINE-TAPABOR
© Collection IM/KHARBINE-TAPABOR
© FOOD-micro – fotolia.com
© jimlag – fotolia.com

30 septembre
À table ! : © Unclesam – fotolia.com
13 h : © Alexi Tauzin – fotolia.com
Faune & flore : © audalx – fotolia.com

1er octobre
À table ! : © papa1266 – fotolia.com
13 h : © vmonet – fotolia.com
Faune & flore : © Jean-Baptiste Hostache
Il était une fois en : © Yann K – fotolia

2 octobre
À table ! : © Mara Zemgaliete – fotolia.com
13 h : © PHB – fotolia.com
Faune & flore : © neko92vl – fotolia.com
Il était une fois en : © Coll. Jonas/Kharbine-Tapabor
et © Coll. Jonas/Kharbine-Tapabor

3 octobre
À table ! : © Sergiogen – fotolia.com
13 h : © Annie Delliaux/Ville Ambleteuse

Faune & flore : © Mathieu Menand

4 octobre
À table ! : © Marans-Club de France
13 h : © Jacques Lebar/Office Tourisme et des Congrès de Paris
Faune & flore : © Ecoview – fotolia.com
Il était une fois en : © Coll. JeanVigne/KHARBINE-TAPABOR

5 octobre/6 octobre
De haut en bas :
© CDT Somme – DM
Coll. Perrin/KHARBINE-TAPABOR
Brad Pict – fotolia.com

7 octobre
À table ! : © Jean-Baptiste Hostache
13 h : © www.quiberon.com
Faune & flore : © CICA-RISSOAN
Il était une fois en : © Jean-Baptiste Hostache
et © Collection Grob/KHARBINE-TAPABOR

8 octobre
À table ! : © muro – fotolia.com
13 h : © Christiane Pourrat/Ambert
Il était une fois en : © Yves Roland – fotolia.com
et mattei – fotolia.com

9 octobre
À table ! : © Confrérie des Chevaliers du brie de Melun
13 h : © Fanny Reno – fotolia.com

10 octobre
Savoirs d'Antan : © Collection IM/KHARBINE-TAPABOR
13 h : © CDT Orne
À table ! : © photothèque Pommes du Limousin
Il était une fois en : © Ville et Communauté Urbaine
de Strasbourg

11 octobre
À table ! : © Rossignol/KHARBINE-TAPABOR
13 h : © JGS25
Faune & flore : © Renaud Puissauve

12 octobre/13 octobre
À gauche, de haut en bas :
© Maculatus – fotolia.com
© Papayoyo94 – fotolia.com
© Papayoyo94 – fotolia.com
À droite, de haut en bas :
© Coll. Jonas/KHARBINE-TAPABOR
© Collection IM/KHARBINE-TAPABOR

14 octobre
À table ! : © SARL La Lentille Blonde de Saint-Flour
13 h : © photothèque Micropolis
Faune & flore : © mdalla – fotolia.com
Il était une fois en : © Coll. Jonas/KHARBINE-TAPABOR

15 octobre
13 h : © Pauline Onephithak-Marescaux
Il était une fois en : © JEAN VIGNE/KHARBINE TAPABOR

16 octobre
À table ! : © La cuisine de carotte
13 h : © Camille Didelon
Il était une fois en : © DR

17 octobre
À table ! : © Laurine45 – fotolia.com
et helenedevun – fotolia.com
13 h : © Mémorial Alsace Moselle
Faune & flore : © Franck Diapo – fotolia.com
Il était une fois en : © Collection IM/KHARBINE-TAPABOR

18 octobre
13 h : © Musées de la Ville de Rouen
Il était une fois en : © Coll. Perron/KHARBINE-TAPABOR

19 octobre/20 octobre
De gauche à droite :
© Collection KHARBINE-TAPABOR
© Jean-Baptiste Hostache

21 octobre
À table ! : © Florilegius/KHARBINE-TAPABOR
13 h : © Guillaume Besnard – fotolia.com
Faune & flore : © Nicolas Avril, CSLpsm ct

22 octobre
13 h : © Benoit Bru – fotolia.com
Faune & flore : © Les Pointilleuses
Il était une fois en : © Mairie de Saint-Sulpice-de-Royan – DR

23 octobre
À table ! : © Collection IM/KHARBINE-TAPABOR
13 h : © snake&luigi
Faune & flore : © Jimjag – fotolia.com
Il était une fois en : © Jean-Baptiste Hostache

24 octobre
À table ! : ©Anna Kucherova – fotolia.com
13 h : © Jean-Jacques Cordier – fotolia.com
Faune & flore : © Coll. MIGNY / KHARBINE-TAPABOR

25 octobre
À table ! : © Collection IM/KHARBINE-TAPABOR
13 h : © Crédit CDT Somme
Faune & flore : © Mathieu Menand
Il était une fois en : © Coll. Dixmier/Kharbine-Tapabor

26 octobre/27 octobre
De haut en bas, de gauche à droite :
© Jewish Memories/Kharbine-Tapabor
© Marie Derouet
© Marie Derouet
© Jewish Memories/Kharbine-Tapabor

28 octobre
13 h : © Gaëlle Vanherzeeke
Faune & flore : © Collection KHARBINE-TAPABOR
Il était une fois en : © Jean-Baptiste Hostache

29 octobre
À table ! : © Collection IM/KHARBINE-TAPABOR
13 h : © Jean-Baptiste Hostache
Faune & flore : © Mathieu Menand
Il était une fois en : © KEYSTONE-France

30 octobre
À table ! : © picsfive – fotolia.com
Faune & flore : © Pius Lee – fotolia.com

31 octobre
À table ! : © Inga Nielsen – fotolia.com
13 h : © Musée de la sorcellerie
Faune & flore : © Collection IM/KHARBINE-TAPABOR
Il était une fois en : © Pool CATARINA/VANDEVILLE/GAMMA

1er novembre
À table ! : © Collection IM/KHARBINE-TAPABOR
13 h : © Jean-François Frayssinet
Il était une fois en : © JONATHAN – fotolia.com

2 novembre/3 novembre
© JYF – fotolia.com
© Edouard Hardy – fotolia.com
© david6259 – fotolia.com

4 novembre
À table ! : © Joe Gough – fotolia.com
13 h : © Jean-Claude Kanny – Moselle Tourisme/ Office de Tourisme du Pays de Bitche – www.ot-paysdebitche.com
Faune & flore : © Eric Isselée – fotolia.com

5 novembre
À table ! : © compuinfoto – fotolia.com et Jiri Hera – fotolia.com
13 h : © Office de tourisme de Dole

6 novembre
À table ! : © natalikaevsti – fotolia.com
13 h : © pixarno – fotolia.com
Faune & flore : © Morphart – fotolia.com
Il était une fois en : © Christian SAPPA/HOA-QUI

7 novembre
À table ! : © nool – fotolia.com
13 h : © château d'Olhain
Faune & flore : © Mathieu Menand
Il était une fois en : © Regine Peterson

8 novembre
À table ! : © Jolival-Lecuyer concept
13 h : © Magali et Nicolas FROMENT
Faune & flore : © Jacques Palut – fotolia.com
Il était une fois en : © AKS – fotolia.com

9 novembre/10 novembre
De gauche à droite :
© Collection IM/KHARBINE-TAPABOR
© pp76 – fotolia.com

11 novembre
À table ! : © Collection IM/KHARBINE-TAPABOR
13 h : © Camille Didelon
Il était une fois en : © Serge DE SAZO/RAPHO

12 novembre
À table ! : © 1999istek – fotolia.com
13 h : © www.calvados-tourisme.com
Faune & flore : © qech – fotolia.com
Il était une fois en : © Coll. Galdespho/KHARBINE-TAPABOR

13 novembre
À table ! : © M. studio – fotolia.com
13 h : © grottes de Jonas
Faune & flore : © dule964 – fotolia.com
Il était une fois en : © Olivier GARROS/RAPHO

14 novembre
À table ! : © zirconicusso – fotolia.com
13 h : © Conseil général de la Charente-Maritime
Faune & flore : © Philippe Lemoine – Conseil général de la Haute-Marne
Il était une fois en : © Collection Kharbine-Tapabor

15 novembre
À table ! : © FOOD-micro – fotolia.com
13 h : © Patrick Bogner
Faune & flore : © Collection KHARBINE-TAPABOR
Il était une fois en : © KEYSTONE-France

16 novembre/17 novembre
© Beboy – fotolia.com
© Beboy – fotolia.com

18 novembre
À table ! : © L. Bouvier – fotolia.com
13 h : © Farmer – fotolia.com
Faune & flore : © Collection IM/KHARBINE-TAPABOR
Il était une fois en : © tuulimaa – fotolia.com

19 novembre
À table ! : © Jean-Francois Favreau/ restaurant Le crémet d'Anjou
13 h : © LOMBRIVES/Ussat-les-Bains/RN 20/09400 Tarascon-sur-Ariège
Faune & flore : © Jean-Baptiste Hostache
Il était une fois en : © Collection KHARBINE-TAPABOR

20 novembre
À table ! : © Jean-Baptiste Hostache
13 h : © Maunder-Intérieur Tour lanterne

Faune & flore : © Joël BEHR – fotolia.com

21 novembre
Il était une fois en : © Collection Grob/KHARBINE-TAPABOR

22 novembre
À table ! : © Vera Kuttelvaserova – fotolia.com
13 h : © photlook – fotolia.com
Faune & flore : © raulbaena – fotolia.com
Il était une fois en : © Coll. Dixmier/KHARBINE-TAPABOR

23 novembre/24 novembre
De gauche à droite :
© Christophe Brémont
© Collection IM/KHARBINE-TAPABOR
© Collection IM/KHARBINE-TAPABOR
© Collection IM/KHARBINE-TAPABOR
© Collection IM/KHARBINE-TAPABOR

25 novembre
À table ! : © Sébastien Garcia – fotolia.com
13 h : © Jean-François Amelot

26 novembre
À table ! : © Cuisine Collection/ja6@free.fr
13 h : © Palais du Pharo
Faune & flore : © Mathieu Menand
Il était une fois en... : © Jean Vigne/KHARBINE-TAPABOR

27 novembre
À table ! : © Florilegius/KHARBINE-TAPABOR
13 h : © Sébastien Chopin
Faune & flore : © Eric Isselée – fotolia.com
Il était une fois en : © Jean-Baptiste Hostache

28 novembre
À table ! : © Collection IM/KHARBINE-TAPABOR
et L. Bouvier – fotolia.com
13 h : © CDT Somme
Faune & flore : © Jürgen Fälchle – fotolia.com
Il était une fois en : © Collection CL/Kharbine-Tapabor

29 novembre
À table ! : © Anne Vallet
Faune & flore : © Collection Mx/Kharbine-Tapabor
Il était une fois en : © Collection KHARBINE-TAPABOR

30 novembre/1er décembre
© Matthias Krüttgen – fotolia.com
© Pascal DESTERCKE – fotolia.com
© mattei – fotolia.com

2 décembre
À table ! : © Subbotina – fotolia.com
13 h : © Jimjag – fotolia.com

3 décembre
À table ! : © B. Piccoli – fotolia.com
13 h : © Les Pointilleuses
Il était une fois en : © Eric CATARINA/GAMMA

4 décembre
À table ! : © Collection MX/KHARBINE-TAPABOR
et LUMIERES – fotolia.com
13 h : © Emilienne Parrot Bousquet
Faune & flore : © Tomas Cékanavičius
Il était une fois en... : © pp76 – fotolia.com, KEYSTONE-France

5 décembre
13 h : © Laurine45 – fotolia.com
Faune & flore : © emer – fotolia.com
Il était une fois en... : © Collection IM/KHARBINE-TAPABOR

6 décembre
À table ! : © MarcoBagnoli – fotolia.com
et michel_lanson– fotolia.com
13 h : © JM-Guyon – fotolia.com
Faune & flore : © chandelle – fotolia.com
Il était une fois en : © Collection KHARBINE-TAPABOR

7 décembre/8 décembre
De gauche à droite :
© nico – fotolia.com
© Collection IM/KHARBINE-TAPABOR
© Collection IM/KHARBINE-TAPABOR

9 décembre
À table ! : © Florilegius/KHARBINE-TAPABOR
13 h : © François Bonneville
Faune & flore : © Mathieu Menand
Il était une fois en : © Alain BENAINOUS/GAMMA

10 décembre
À table ! : © tsach – fotolia.com
13 h : © Jacques Lebar/Office Tourisme et des Congrès de Paris
Faune & flore : © Jean-Baptiste Hostache
Il était une fois en : © Jean-Michel TURPIN/GAMMA

11 décembre
À table ! : © Patrick J. – fotolia.com
13 h : © musée du Débarquement d'Arromanches
Faune & flore : © Lijuan Guo – fotolia.com
Il était une fois en : © Jean-Baptiste Hostache

12 décembre
À table ! : © Ferme de Valcroze
13 h : © La Coupole
Faune & flore : © Coll. Jonas/KHARBINE-TAPABOR
Il était une fois en : © Ville et Communauté urbaine de Strasbourg

13 décembre
13 h : © Office de Tourisme de Concarneau
Faune & flore : © MIGNY/KHARBINE TAPABOR

14 décembre/15 décembre
De gauche à droite :
© Cheuva/KHARBINE-TAPABOR
© Dominique REPERANT/HOA-QUI

16 décembre
À table ! : © Alain Wacquier – fotolia.com
13 h : © Bureau infos tourisme de Hérisson
Faune & flore : © Filière Porc Basque
Il était une fois en : © Collection IM/KHARBINE-TAPABOR

17 décembre
À table ! : © Gérard Derouet
13 h : © Abbaye de Valmagne
Faune & flore : © Coll. Jonas/Kharbine-Tapabor
Il était une fois en : © Collection NBL/KHARBINE-TAPABOR

18 décembre
À table ! : © illustrez-vous – fotolia.com
13 h : © musée du pain d'épices et de l'art populaire alsacien de Gertwiller
Faune & flore : © macroart – fotolia.com et Élisabeth Derouet
Il était une fois en : © Jean-Baptiste Hostache

19 décembre
À table ! : © Laurence Dambrine – fotolia.com
13 h : © Jean-Marie Chauvet d'Arcizas
Faune & flore : © FLORIAN ANDRONACHE – fotolia.com

20 décembre
À table ! : © Collection IM/KHARBINE-TAPABOR
13 h : © seb hovaguimian – fotolia.com
Faune & flore : © Bernard Gacongne-cucurbitophile.fr
Il était une fois en : © Coll. Jonas/Kharbine-Tapabor

21 décembre/22 décembre
De haut en bas :
© KarSol – fotolia.com
© PBH.cz – fotolia.com

23 décembre
À table ! : © Collection IM/KHARBINE-TAPABOR
13 h : © Daniel Bernal/Au fil de l'Ourcq
Faune & flore : © Mathieu Menand
Il était une fois en : © Marc Rigaud – fotolia.com

24 décembre
À table ! : © illustrez-vous – fotolia.com
13 h : © Jérôme Rattat
Faune & flore : © Mathieu Menand
Il était une fois en : © Rossignol/KHARBINE-TAPABOR

25 décembre
À table ! : © illustrez-vous – fotolia.com
13 h : © img85h – fotolia.com
Faune & flore : © Antrey – fotolia.com
Il était une fois en : © Poitiers, Médiathèque François-Mitterrand/ Olivier Neuillé

26 décembre
À table ! : © Les Pointilleuses
13 h : © A. Louche – fotolia.com
Faune & flore : © Serg Zastavkin

27 décembre
À table ! : © Anastasiya – fotolia.com
13 h : © Éric Teissedre
Faune & flore : © Julius Kramer – fotolia.com
Il était une fois en : © Jean-Pierre BOUCHARD/ KEYSTONE-France

28 décembre/29 décembre
© photlook – fotolia.com
© PHOTODED – fotolia.com
© Coll. Perrin/KHARBINE-TAPABOR
© Coll. Perrin/KHARBINE-TAPABO
© Collection IM/KHARBINE-TAPABOR

30 décembre
13 h : © P. Cheuva-Centre Historique minier

31 décembre
À table ! : © Pumba – fotolia.com
13 h : © Coll. JeanVigne/KHARBINE-TAPABOR
Faune & flore : © Eric Isselée – fotolia.com
Il était une fois en : © MUSEUM IMAGES/Kharbine Tapabor

ADAGP
Mercredi 16 octobre, 13 heures : Le Corbusier, Villa Savoye, achevée en 1931 © F.L.C./ADAGP, Paris, 2012

En couverture
de haut en bas et de gauche à droite :
© La Cocagne
Volcan de Lemptégy © Quatre Vents Montgolfières, F. Debaisieux
© Office du tourisme de Bonneval-sur-Arc
© Parc de Thoiry
© Céline Derouet/Jean-Baptiste Hostache
© SIFAm , Ludovic Combe
© Ville des Herbiers/Loïc Langlet
© Office de Tourisme Angoulême
© Georges SULLY
© Marc Dantan
© Office de tourisme de Rocroy et du NO ardennais

Photographie de Jean-Pierre Pernaut: © Mathieu Thauvin

Direction artistique
Isabelle Dupont

Direction éditoriale
Annabelle Roche

Réalisation
Aurélia Monnier

Avec la collaboration de
Aurélie Argellies
Corinne Burgaud
Céline Candie
Caroline Chalot
Nicolas Debussy
Céline Derouet
Elizabeth Derouet
Marie Derouet
Camille Didelon
Hélène Duhamel
Jean-Baptiste Hostache
Ana Sinde
Véronique Théo
Gaëlle Vanherzeeke

Achevé d'imprimer en Espagne par Macrolibros

Photogravure : Turquoise (77 Emerainville)
ISBN 13 : 978-2-7499-1712-2
Dépôt légal : octobre 2012
LAF : 1480

7-13 boulevard Paul-Émile Victor – Île de la Jatte
92521 Neuilly-sur-Seine Cedex

www.michel-lafon.com